Baedeker

Allianz Reiseführer

Burgund

www.baedeker.com

Verlag Karl Baedeker

TOP-REISEZIELE ★★

Burgunds landschaftliche Vielfalt und seine zahllosen Sehenswürdigkeiten kann man nicht einfach auf der Durchreise »mitnehmen«. Denn jeder Ort hat seine besonderen Reize. Ob Städte, Dörfer oder Schlösser und Klöster – wir haben die schönsten Reiseziele für Sie zusammengestellt.

1 ★★ Sens
1140 wurde hier mit dem Bau einer der ersten gotischen Kathedralen Frankreichs begonnen. ► **Seite 307**

2 ★★ Château Tanlay
Die Fresken der Schule von Fontainebleau sind der Stolz von Schloss Tanlay bei Tonnerre. ► **Seite 316**

3 ★★ Auxerre
Drei gotische Kirchen prägen das Bild der Stadt mit den ältesten Fresken Frankreichs. ► **Seite 141**

4 ★★ Ancy-le-Franc
Der mit Sicherheit »italienischste« Bau in Burgund entstand nach Plänen Sebstiano Serlios. ► **Seite 128**

5 ** Abbaye de Fontenay
Das am besten erhaltene Zisterzienserkloster aus der Zeit des Ordensgründers Bernhard von Clairvaux ► Seite 254

6 ** Semur-en-Auxois
Trutzige Mauern umschließen das alte Städtchen auf seinem hohen Felsen.
► Seite 304

7 ** Vézelay
Eine lange und illustre Gästeliste hat die gewaltige Pilgerkirche Ste-Madeleine vorzuweisen. ► Seite 322

Berühmte Kapitelle
Der Stolz der Magdalenenkirche sind ihre figürlichen Kapitelle aus der Zeit der Romanik. Fast jede einzelne Szene ist deutbar. In dieser erlegt David einen Löwen.

8 ** Dijon
Besuchen Sie den Herzogspalast, die Kirchen und Hôtels in der alten und neuen Hauptstadt Burgunds. ► Seite 227

9 ** Beaune
In der Hauptstadt des Weins kommt man nicht am Besuch des prächtigen Hôtel-Dieu vorbei. ► Seite 153

Benefiz-Versteigerung
Jährlicher Höhepunkt der »Trois Glorieuses« ist die Versteigerung der Hospiz-Weine in Beaune. Die Einnahmen fließen an das städtische Krankenhaus.

10 ** Autun
Römische Stadttore und die Skulpturen des Meisters Gislebertus – mit das Beste, was Frankreich diesbezüglich zu bieten hat.
► Seite 131

11 ** Mont Beuvray
Hier kann man sich an Ort und Stelle ein Bild von keltischer Kultur machen.
► Seite 268

12 ** Côte d'Or
Entlang des »Goldhanges« mit den besten Burgunderlagen ► Seite 214

13 ** Tournus
Ein faszinierender Gründungsbau der Romanik erhebt sich hoch über dem kleinen Städtchen an der Saône.
► Seite 317

14 ** Cluny
Mit viel Fantasie erahnt man heute die einstige Bedeutung der größten Kirche der Christenheit. ► Seite 197

15 ** Paray-le-Monial
Als »Taschenausgabe von Cluny III« hat dessen Ausgräber die Kirche von Paray einst bezeichnet. ► Seite 285

DIE BESTEN BAEDEKER-TIPPS

Von allen Baedeker-Tipps in diesem Buch haben wir hier die interessantesten für Sie zusammengestellt. Erleben und genießen Sie Burgund von seiner schönsten Seite!

! Fest der Schnecke
Liebhaber dieser kulinarischen Köstlichkeit kommen hier auf ihre Kosten. ► **Seite 80**

! Mit Mütze und Kochlöffel
Kulinarisches für Kinder ► **Seite 86**

! Auf Schusters Rappen unterwegs
Burgund erwandern! ► **Seite 116**

! Bei Kerzenlicht im Schloss
Ancy-le-Franc kann man auch zu Abendveranstaltungen im Schimmer von Kerzenlicht besuchen. ► **Seite 128**

! Autun bei Nacht
Eine Stadtführung der besonderen Art. Sie werden begleitet von Musik und Schauspiel. ► **Seite 138**

! Benefiz-Weinfest
Das spektakulärste burgundische Fest gipfelt in einer Weinversteigerung in Beaune. ► **Seite 156**

Wandern in Burgund
Insbesondere der Morvan ist ein ideales Wandergebiet. Den Naturpark durchquert ein Netz an Wanderwegen, die immer wieder Flüsse kreuzen oder kleine Seen passieren.

Montgolfière
Chalon ist Ausgangspunkt für Fahrten im Heißluftballon.

Das Museum im Erzbischofs- und Synodalpalast in Sens birgt einen der umfangreichsten Kirchenschätze Frankreichs. U. a. entdeckt man dort den Kamm des hl. Loup.
▸ **Seite 312**

HINTERGRUND

Preiskategorien

▸ **Hotels**
Luxus: ab 100 €
Komfortabel: 55 – 90 €
Günstig: unter 60 €
Für eine Übernachtung im Doppelzimmer mit Dusche/WC, ohne Frühstück

▸ **Restaurants**
Fein und teuer: ab 25 €
Erschwinglich: 15 – 25 €
Preiswert: unter 15 €
Für ein Drei-Gänge-Menü

PRAKTISCHE INFORMATIONEN

Eine geruhsame Art, die Region kennenzulernen: mit dem Hausboot auf dem Kanal wie hier bei Semur-en-Auxois

► **Seite 75**

TOUREN

REISEZIELE VON A bis Z

Auch Klettern kann man hier, z. B. am Rocher du Soissois
▸ **Seite 105**

Die ganze Pracht Burgunds strahlt am Hôtel Diue in Beaune.
▸ **Seite 158**

Hintergrund

WANN WAR BURGUNDS KULTURELLE BLÜTE UND WER FÖRDERTE DIE KÜNSTE? SEIT WANN WIRD HIER WEIN ANGEBAUT UND WIE UNTERSCHEIDEN SICH DIE ANBAUGEBIETE? HIER FINDEN SIE ALLE HINTERGRUNDINFORMATIONEN ZUR REGION BURGUND.

BURGUND VERWÖHNT

Mehr als 500 Jahre liegt die burgundische Herrschaft in den Niederlanden und im heutigen Belgien zurück, doch noch immer bezeichnet man dort Genussmenschen, die verstehen, es sich gut gehen zu lassen, als »echte Burgunder«.

An Burgund führt kein Weg vorbei – aber viele fahren auf ihrer Reise Richtung Süden immer noch einfach durch. Zu verlockend sind das Mittelmeer oder die spektakuläre Landschaft der Provence, als dass man sich für die Bourgogne viel Zeit nehmen würde. Doch wer anhält und sich einfühlt in den vielleicht etwas behäbigen Rhythmus dieser Region, bleibt gerne und wird immer wieder zurückkehren.

Den besonderen Reiz Burgunds macht der harmonische Zusammenklang aus: Die faszinierenden Kathedralen stehen inmitten gut erhaltener Altstädte und unweit jeder romanischen Dorfkirche findet sich garantiert ein Gasthaus, dessen Küche und Keller Köstlichkeiten zu bieten haben. Burgund spricht eben all unsere Sinne an – es ist das Reiseziel für Genießer.

Dégustation
Der Versuchung einer Weinprobe wird man in Burgund wohl häufiger erliegen.

Kulturelle Spuren

Aufsehen erregt Burgund früher wie heute vor allem auf kulturellem Gebiet – wenn man den Kulturbegriff in seiner umfassenden Bedeutung verwendet: Die Kunst, der Weinbau und die Küche sind die Disziplinen, in denen die Region immer wieder führend war und ist.

Überall stößt man in Burgund auf Spuren seiner einstigen Bewohner, die diese aus fast allen Epochen hinterlassen haben – und manche Relikte sind echte Meisterleistungen! So kann man heute im Cure-Tal nicht nur wunderbar spazieren gehen, sondern erfährt dort auch, dass diese Ecke Burgunds bereits vor 120 000 Jahren bewohnt war. Eine ganze Epoche der Altsteinzeit, das Solutréen, wurde nach einem kleinen Ort in der Umgebung von Mâcon benannt, wo am Fuße eines steil aufragenden Felsens Tausende von Pferdeskeletten gefunden wurden.

Auch die Keltenzeit ist in Burgund relativ gut belegt und kann sogar mit einem Superlativ aufwarten: Aus dem Grab einer keltischen Fürstin stammt der berühmte Krater von Vix im Museum von

Grüne Region

Die Vielfalt der Landschaften in Burgund lässt keine Langeweile aufkommen. Dunkle Wälder wechseln sich ab mit sanften Hügellandschaften, Weideland, Bergen, Flüssen und Seen und, nicht zu vergessen, den Weinbergen.

Spezialitäten der Region

Ob Senf oder Lebkuchen aus Dijon, Kastanienhonig aus dem Morvan oder Konfekt aus Nevers: Burgund ist ein Schlemmerparadies.

Historisches Ambiente

Auf einer Rundfahrt durch Burgund trifft man allerorten auf reizende alte Orte wie zum Beispiel Bourbon-Lancy.

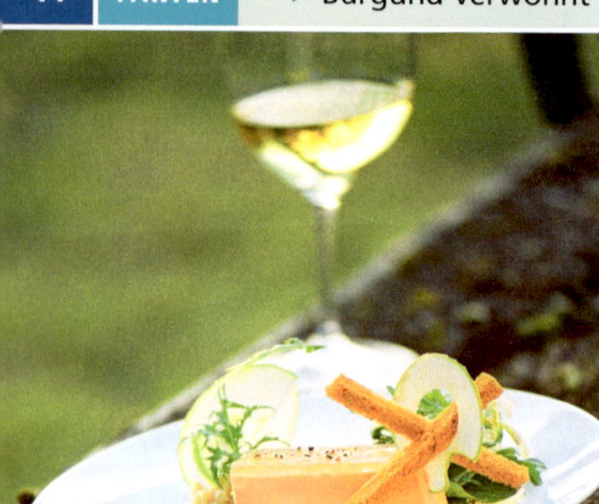

Ein Land für Genießer
Burgund ist nicht nur für seinen Wein bekannt, auch die traditionelle burgundische Küche bietet himmlische Gaumenfreuden. Neben den berühmten Sterneköchen wetteifern auch die jungen Kreativen um die Gunst der Kundschaft.

Ein Palast für die Armen
In Beaune findet sich mit dem Hôtel-Dieu das berühmteste burgundische Beispiel für Wohltätigkeit zur Rettung der eigenen Seele. Kanzler Rolin stiftete dieses prächtige Krankenhaus im 15. Jahrhundert.

Blühende Landschaften
Im Spätsommer taucht die Sonne die Landschaft in goldenes Licht. Weite Sonnenblumenfelder begleiten die Reisenden bei ihrer Fahrt.

Châtillon-sur-Seine, das größte Gefäß seiner Art, das uns aus der Antike überhaupt erhalten blieb. Zum Schauplatz großer Geschichte wird Burgund im letzten Kampf um die Herrschaft über das antike Gallien: Cäsar besiegte im nordburgundischen Alesia – heute Alise-Ste-Reine – die gallischen Truppen unter Vercingetorix.
Durch die europäische Bedeutung seiner zwei Reformorden glänzte Burgund im Mittelalter auf geistig-religiösem Gebiet: Die Cluniazenser und die Zisterzienser unterhielten ein weitverzweigtes Netz von Klöstern und besaßen zeitweise einen immensen politischen Einfluss. Die Ideale und der Machtanspruch dieser Orden fanden ihren Ausdruck in einer spezifischen Baukunst, die uns noch heute staunen lässt. Nimmt man die Fülle und die Qualität der Pfarrkirchen und der gotischen Kathedralen hinzu, wären sie alleine Grund genug für eine Burgundreise – gäbe es da nicht noch so viele andere!
Während der Regierungszeit der vier »grands ducs d'Occident« kommt es in der Spätgotik erneut zu einer kulturellen Blüte. Im niederländisch-burgundischen Großreich vermischen sich, gefördert durch den enormen Reichtum der Führungsschicht, die kulturellen Eigenheiten und Einflüsse aus den verschiedenen Landesteilen.

Wasserwege
Burgund ist durchzogen von einem Netz von Wasserwegen.

Nicht nur Rebland

Doch diese Region ist keineswegs nur ein Reiseziel für Kunstinteressierte! Wer denkt bei »Burgund« nicht sofort an Wein? An der Côte d'Or prägt der Weinbau nicht nur die Landschaft, sondern er ist auch aus dem Alltag, den Traditionen und Festen nicht wegzudenken.
Wobei Rebland nur ein Landschaftstyp im »grünen Herz Frankreichs« ist. Burgund ist extrem vielfältig. Zu den Flusstälern und ausgedehnten Ebenen kommt der Morvan, ein dünn besiedeltes Mittelgebirge mit dichten Wäldern, Bächen, Flüssen und Seen und satten, von weißen Rindern bevölkerten Weiden. Er eignet sich hervorragend zum Wandern, Kanu und Kajak fahren. Bequemer ist es, auf einem Hausboot die beschaulichen Kanäle entlangzutuckern.
Den krönenden Abschluss eines in jedem Falle erlebnisreichen Tages in Burgund bildet natürlich ein entsprechendes Abendessen. Burgund hat Restaurantsterne und Kochmützen wie kein anderer Landstrich Frankreichs vorzuweisen, doch auch wer es lieber bodenständig und ein bisschen weniger anspruchsvoll mag, kommt hier garantiert auf seine Kosten.

Fakten

Burgund hat, einer viel zitierten Äußerung zufolge, ein Zentrum, aber keine Grenzen. Es setzt sich zusammen aus einem vielfältigen, abwechslungsreichen Mosaik einzelner Landschaften, und weist enorme Unterschiede hinsichtlich Bevölkerungsdichte, Wirtschaftskraft und -struktur auf.

Naturraum

Die Landschaften

Morvan

Den Mittelpunkt Burgunds bildet der Morvan, der nördlichste Ausläufer des französischen Zentralmassivs. Das Gebirge ist ein Urgesteinmassiv, das zum Großteil aus Granit besteht und zumeist nur Böden minderer Qualität bietet. Im nördlichen Teil des Bas-Morvan erreichen seine Höhen bis zu 600 m. Im südlich von Montsauche gelegenen Haut-Morvan erheben sich die höchsten Berge Burgunds: der Haut-Folin mit 901 m, der Mont Préneley mit 855 m und der Mont Beuvray mit 821 m. Wie in vielen alten Gebirgen sind die Gipfel weniger jähe Erhebungen als vielmehr abgerundete Bergkuppen, fast sogar ausgedehnte Hochplateaus.
Der Morvan gilt nicht nur als das Land der dunklen und riesigen **Wälder**, sondern auch als das der **Flüsse, Bäche, kleiner Seen** und einiger großer Staubecken. Dies ist auf den Niederschlagsreichtum der Region und den undurchlässigen Untergrund zurückzuführen. Quer über das Gebirge verläuft eine Wasserscheide: Die Yonne (die auf dem Mont Préneley entspringt) mündet in die Seine, führt ihre Nebenflüsse Cure, Serein und Armançon also dem Ärmelkanal zu, während die Loire (mit Arconce, Bourbince und Arroux) in den Atlantik und die Saône (mit Ouche, Dheune und Grosne) über die Rhône ins Mittelmeer fließen.

Plateaux Bourguignons

Zwischen dem Nordrand des Morvan und dem Plateau von Langres (ungefähr zwischen Auxerre und Dijon) erstrecken sich die sogenannten niederburgundischen Plateaus. Von Westen nach Osten bilden Auxerrois, Tonnerrois und Châtillonais eine Folge von 400 bis 500 m hohen **Kalkhochflächen**. Gegen Nordwesten hin von zunehmender Höhe, fallen sie Richtung Südosten brüsk ab. Die weiträumige, mancherorts etwas monotone Landschaft wird durch Flüsse und Bäche belebt, die Täler in die Plateaus gegraben haben. Vor allem im Auxerrois entstanden in dem weißen Kalkstein einige imposante Felsböschungen. An den Schräghängen wird traditionellerweise Weinbau betrieben (u. a. Chablis, Auxerre, Irancy). Die Höhen waren einst bewaldet, wurden von den Klöstern urbar gemacht und verödeten und verkarsteten dann allmählich. Gegenwärtig werden sie wieder aufgeforstet.

Auxois

Zwischen dem Châtillonais und dem Nordostrand des Morvan liegt das Auxois. Vor allem in ihrem südlichen Teil weist die Region viele Gemeinsamkeiten mit dem Morvan auf. Hier wie dort findet sich Granitgrund, und auch Landschaftscharakter und Bodennutzung ähneln einander sehr.

←Burgunds Weinbau hat ganz Europa mitgeprägt.

Bassin d'Autun Im Süden des Auxois, zwischen Côte d'Or und Morvan, liegt das Becken von Autun. Sein **Reichtum an Bodenschätzen** (Kohle, Eisenerz) führte zur Ansiedlung von Schwerindustrie (Bergbau um Montceau-les-Mines und Blanzy, Metallindustrie um Le Creusot). Der das Becken durchfließende Arroux sowie die im Südosten gelegenen Granitrücken mit den Tälern von Dheune und Bourbince bestimmen das Landschaftsbild.

Dijonnais Die Ostgrenze Burgunds wird vom Dijonnais gebildet, in dem sich sämtliche Landschaftsformen der Region widerspiegeln: Kalkplateaus, Hügel, fruchtbares Grasland, weite Schwemmland-Ebenen und Rebland. Die **alte Hauptstadt** ist Zentrum der umliegenden Landschaften bis auf das Charolais und das Mâconnais, in denen man sich eher nach dem südlich gelegenen Lyon orientiert.

Côte d'Or Im Osten geht das Auxois in die Montagne über, die südliche Fortsetzung des Plateaus von Langres. Ihr östlicher Steilabfall bildet die burgundische Landschaft schlechthin: die Côte d'Or. Diese über der Saône-Ebene gelegene, rund 60 km lange Steilstufe eines Jura-Plateaus erstreckt sich von Dijon nach Chagny. Sie erlangte als **Anbaugebiet der besten Burgunderweine** Berühmtheit. Der Name dieses »Goldhanges« rührt von der herbstlichen Färbung des Weinlaubes her. Der nördliche Teil wird nach dem Städtchen Nuits-St-Georges als Côte de Nuits, der südliche nach der wichtigsten Weinhandelsstadt als Côte de Beaune bezeichnet. Nach Westen schließen sich auf dem rund 200 m höher gelegenen Plateau die gleichnamigen Hautes-Côtes an.

Charolais, Brionnais Die südliche Fortsetzung der Côte d'Or bilden das Charolais und dessen südlichster Teil (zwischen Paray-le-Monial und Charlieu), das Brionnais. Die sanft gewellte, mit Weiden überzogene Hügellandschaft gehört in geologischer Sicht zum Zentralmassiv, östlich sind ihr die sanft zur Saône abfallenden Monts du Mâconnais vorgelagert. Im Süden grenzt das Charolais an das Beaujolais, ein berühmtes Weinbaugebiet.

Côte Chalonnaise, Mâconnais Südöstlich geht die Côte d'Or in die Côte Chalonnaise (die allerdings keinen wirklichen Hang mehr bildet) und das Mâconnais über. Diese Region ist auf kleinem Raum von extremer landschaftlicher Vielfalt geprägt. Vor allem westlich der Saône, wo wie an der Côte d'Or hauptsächlich Kalk vorherrscht, mutet die Landschaft fast südländisch an. Eine kleine, bewaldete Bergkette trennt das Saône-Tal vom Tal der Grosne mit dem Zentrum Cluny. Hier dominiert wiederum Granitgestein.

Saône-Becken Östlich der Côte und des Mâconnais dehnt sich das von fruchtbarem Schwemmland aufgefüllte Saône-Becken mit Industrieansiedlungen um die Städte Chalon, Tournus und Mâcon aus.

Landschaften Orientierung

Bresse, Dombes

Östlich der Saône hat Burgund Anteil an der Bresse, einem wald- und seenreichen Hügelland, das im Osten vom Französischen Jura begrenzt wird. Südlich schließen sich die Dombes an, eine von eiszeitlichen Schottern des ehemaligen Rhône-Gletschers gebildete Hochfläche mit unzähligen Seen, die zum Rhône-Tal steil abbricht.

Nivernais

Vom Brionnais bis weit nach Norden bilden die Loire und der Allier die Westgrenze des heutigen Burgund. Zwischen den beiden Flüssen und dem Morvan liegt das Nivernais. Im engeren Sinne versteht man darunter hauptsächlich die östliche Umgebung von Nevers. Dabei handelt es sich um eine Abfolge von Plateaus, Hängen und Senken, die überwiegend in Nord-Süd-Richtung verlaufen. Die Plateaus bestehen zum Großteil aus Jurakalk, der oft mit einem wenig fruchtbaren Tonboden bedeckt ist. Nur ganz im Süden des Nivernais sind Sandböden vorherrschend.

Charolais-Rinder sind aus dem Landschaftsbild Burgunds nicht wegzudenken.

Sénonais, Gâtinais, Puisaye

Am äußersten nördlichen und nordwestlichen Rand des Départements Yonne liegen das Sénonais, das Gâtinais und die Puisaye. Die an die Ile-de-France und die Champagne grenzenden Gebiete gehören geologisch gesehen zur Kreidelandschaft der Champagne. Häufig sind die Kreideschichten mit Ton- und Sandablagerungen bedeckt, die Böden wenig wasserdurchlässig und daher feucht.

Den nördlichsten Teil der Region Bourgogne bildet das Sénonais, dessen Bewohner sich jedoch eher nach Paris als nach Burgund orientieren. Das westlich der Yonne gelegene Gâtinais erstreckt sich von Pont-sur-Yonne bis nach Charny und ist aufgrund seiner vielen Teiche **bei Anglern beliebt**. Das Relief ist regelmäßig, die Täler sind gewöhnlich nicht allzu tief eingeschnitten. Ähnlich bietet sich die Landschaft der sich südöstlich anschließenden Puisaye dar. Auch hier finden sich zahlreiche Seen, mit Hecken unterteilte Wiesen (Bocage) und noch relativ viele Wälder. Die Gehöfte liegen zumeist weit verstreut, die Städte sind nur klein.

Pflanzen

Wald

Der klimatischen Vielfalt verdankt Burgund seinen Artenreichtum in der Pflanzenwelt. Wald bedeckt rund 30 % der Oberfläche Burgunds (Frankreich: 25 %). Dabei überwiegt der Laubwald bei Weitem, doch nimmt der Anteil der Nadelbäume rasch zu. Die größten Waldflächen befinden sich im Châtillonais, gefolgt von der Montagne, den Plateaus des Tonnerrois, des Sénonais, des Nivernais und natürlich dem Morvan. Fast überall dominiert die Eiche, der Rest verteilt sich auf Buchen, Ulmen, Eschen, Pappeln, Espen und Ahorn.

Fast die Hälfte der Nadelbäume sind Kiefern. Hinzu kommen Fichten und verschiedene Tannenarten, die während der Aufforstungen im 19. Jh. gepflanzt wurden. Auch im Morvan nehmen die Nadelbäume stark zu, Fichten werden hier für den Verkauf als Weihnachtsbäume angepflanzt. Ansonsten überwiegen auch im Gebirge die Eichenwälder, hinzu kommen Buchen und verschiedene Sträucher wie Stechpalme und Vogelbeerbaum, in höher gelegenen Gegenden Himbeeren und Heidelbeeren sowie Holunder. Zahlreich sind auch die Heidekraut- und Ginsterarten, ebenso Moose, Farne und Waldpilze. Spaziergängern fällt v. a. zur Blütezeit der violette Fingerhut auf. Im südlichen Morvan wachsen Esskastanien, die wohl vor über 2000 Jahren von römischen Legionären eingeführt wurden.

Wiesen und Weiden

Das Weideland dehnte sich in Burgund mit der Verbreitung der Charolais-Viehzucht stark aus. Je nach Region finden sich unterschiedliche Wiesenblumen, die im Frühling und Sommer einen farbigen Akzent in der Landschaft setzen, u. a. Wiesenschaumkraut, Veilchen, Knabenkraut, verschiedene Nelkenarten, Eisenhut, Hahnenfuß, Johanniskraut und Arnika.

Moore

Im Morvan gibt es einige Moore, die nie für die Torfgewinnung genutzt wurden, weshalb sie einen idealen Lebensraum für spezialisierte Tiere und Pflanzen bilden. Das spektakulärste Gewächs ist der Sonnentau, eine fleischfressende (Insekten) Pflanze.

Heckenlandschaft

In vielen Gegenden Burgunds trifft man noch auf Wiesen und Weiden, die von Hecken aus Schlehen, Eichen, Eschen, Ahorn, Haselnussbüschen, Stechpalmen, Farn und Ginster eingefasst und abgegrenzt sind. Der Ursprung dieser so genannten **Bocages** ist nicht genau bekannt, jedoch lässt sich ihre Existenz im Nivernais teilweise bis ins Spätmittelalter zurückverfolgen. Eine Zunahme der Einhegungen war während der zweiten Hälfte des 18. Jh.s zu verzeichnen, als die Gemeindewiesen privatisiert wurden. An eine bestimmte Art der Bodennutzung scheint das Bocage-System nicht gebunden zu sein, es findet sich jedoch häufig in Viehzuchtregionen.

Bevölkerung · Politik · Wirtschaft

Grenzen

Will man die Lage Burgunds umreißen, muss man immer auch einen Zeitpunkt angeben, denn die Grenzen Burgunds änderten sich im Lauf der Geschichte unzählige Male. Eine natürliche Grenzlinie besitzt die Region nur im Osten, wo schon die Karolinger 843 die Saône zum Grenzfluss zwischen dem mittelfränkischen Reich Lothars und dem westfränkischen Reich Karls des Kahlen bestimmten. Weitere Herrschaftsbereiche folgten, der größte war das

Départements Orientierung

spätmittelalterliche Herzogtum, das sich bis in die Niederlande und ins heutige Belgien erstreckte. In der Französischen Revolution wurde das Überbleibsel dieses Riesenreichs aufgehoben und erst seit 1972, als im Zuge der Dezentralisierungspolitik die Regionen geschaffen wurden, erstand auch Burgund wieder neu.

Die **heutige Region Bourgogne** erstreckt sich von der Yonne und dem Plateau von Langres im Norden bis zur Rhône und den Erhebungen des Charolais (auch Charollais) und Beaujolais im Süden sowie von der Loire und dem Pariser Becken im Westen bis zum Jura-Massiv im Osten. Die im Norden Burgunds gelegene Stadt Sens liegt rund 100 km südöstlich von Paris, die südburgundische Stadt Mâcon nur noch etwa 70 km von Lyon entfernt.

Wenig einheitliche Struktur

Zu den wechselnden Grenzen Burgunds kommt eine heterogene Struktur hinsichtlich der natürlichen Gegebenheiten, der Bevölkerungsdichte, der Wirtschaft und vielleicht auch der Mentalität der Menschen. Die benachbarten Zentren üben auf viele Burgunder mehr Anziehungskraft aus als die eigene Hauptstadt. Der Norden Burgunds orientiert sich stark nach Paris und der Süden nach Lyon. Dijon selbst, die ehemalige Herzogsstadt und alte und neue Hauptstadt, liegt am Ostrand der Region und besitzt auch für die benachbarten, nichtburgundischen Départements große Bedeutung.

Ballungsgebiete

Die wichtigsten Ballungsgebiete sind die Achse Dijon – Beaune – Chalons-sur-Saône – Mâcon und der Raum Autun – le Creusot – Montceau-les-Mines. 15 % der Burgunder und Burgunderinnen leben im Großraum Dijon. Das Département Saône-et-Loire ist mit 64 Einw./km² das am dichtesten besiedelte, im Département Nièvre, auf das der größte Teil des Morvan entfällt, leben nur 33 Einw./km².

Durchgangsland

Seit der Antike ist Burgund ein Durchgangsland, durch das wichtige Straßen führen. Den antiken Handelsstraßen folgte der Pilgerweg nach Santiago de Compostela, und heute klagt die Gastronomie über Durchreisende, die durch die zunehmende Reisegeschwindigkeit nicht mehr zu einem Halt in Burgund »gezwungen« sind. Stets kam man hier in Kontakt mit fremden Gepflogenheiten, die man gegebenenfalls übernehmen oder abwandeln konnte. Die burgundische Kunstgeschichte belegt die Aufnahme und Umsetzung auswärtiger Einflüsse auf eindrucksvolle Weise. In der zentralen Lage der Region und in ihrer Rolle als Verkehrsknotenpunkt liegt nicht zuletzt auch eine Stärke der burgundischen Wirtschaft.

Wirtschaft

Wirtschaftszweige

Burgund gehört zu den Gegenden, in denen die Landwirtschaft lange der wichtigste Wirtschaftszweig war. Noch heute leben rund 33 % der Bevölkerung in ländlichen Gemeinden (in ganz Frankreich 18 %), und die Zahl der Beschäftigten in der Landwirtschaft liegt weit über dem Landesmittel. Fast 60 % der Gesamtfläche der Region werden landwirtschaftlich genutzt.

Lediglich eine Industrieregion Burgunds kann auf eine längere Tradition zurückblicken: das Kohlebecken von Le Creusot/Montceau-les-Mines, das sich im 19. Jh. zu einem **Zentrum der französischen Stahl- und Rüstungsindustrie** entwickelt hat. Inzwischen gehört die burgundische Industrie zu den breitgefächertsten in ganz Frankreich und beschäftigt mehr Menschen als im französischen Durchschnitt.

Mehr als zwei Drittel der Burgunder sind im Dienstleistungssektor tätig, wobei die Region hinter dem französischen Durchschnitt zurückbleibt, den nur das Département Côte d'Or erreicht.

Banken, Finanz- und Wirtschaftskrise

Nach einer Phase relativer Prosperität zu Beginn des neuen Jahrhunderts wurde auch Burgund ab Mitte 2008 von der internationalen Krise eingeholt. Sinkende Inlandsnachfrage und rückläufige Exporte führten zu leeren Auftragsbüchern und machten sich in nahezu allen Branchen bemerkbar. Die sinkende Nachfrage aus dem Ausland – Burgund exportiert hauptsächlich in die EU und nach Deutschland – trifft auch Landwirtschaft. Einzig der Weinbau äußerte sich halbwegs zufrieden. Die vier Départements waren unterschiedlich betroffen, wohl wegen der vielen Beschäftigten im Tertiärsektor und im öffentlichen Dienst kam Côte d'Or bisher am glimpflichsten davon. Deutlich wird die Wirtschaftslage an der steigenden Arbeitslosenquote und der zunehmenden Zahl der Menschen, die auf staatliche Unterstützung angewiesen sind. Die 2006/07 leicht rückläufigen Zahlen stiegen erneut erheblich an. Die Arbeitslosenquote betrug Mitte 2009 8,5 % (Frankreich 9,1 %). Unterhalb der Armutsgrenze lebten bereits vor der Krise (2004) 10,5 % der Burgunder. Gegen Ende des Jahres 2009 scheint sich eine leichte Belebung der Konjunktur abzuzeichnen, doch ist das alte Niveau noch lange nicht wieder erreicht.

Landwirtschaft

◄ Ackerbau

Auch wenn man bei der Landwirtschaft in Burgund immer zuerst an Weinbau denkt, spielen tatsächlich der Ackerbau und die Viehzucht eine überragende Rolle. Die größten Anbauflächen Burgunds liegen im Norden, angebaut werden Raps, Weizen und Gerste. Bekanntheit erlangten einige regionale Sonderkulturen wie die Johannisbeeren

Zahlen und Fakten Burgund

Lage
- zwischen 46° bis 48° nördlicher Breite sowie 3° westlicher bis 5° östlicher Länge

Hauptstadt
- Dijon

Verwaltung
- Eine der 22 Regionen Frankreichs, mit den vier Départements Yonne, Côte d'Or, Nièvre und Saône-et-Loire

Fläche
- 31 600 km² (6 % Frankreichs)
- davon Wald: 30 % (Frankreich: 25 %)

Höchste Erhebung
- Haut-Folin im Morvan (901 m ü.d.M.)

Bevölkerung
- Einwohner: 1,6 Mio. Menschen
- Bevölkerungsdichte: 52 Einw./km² (Frankreich 110)

Départements (mit Präfekturen)
- Yonne (Auxerre, 336 000 Einw.)
  Côte d'Or (Dijon, 510 000 Einw.)
  Nièvre (Nevers, 222 000 Einw.)
  Saône-et-Loire (Mâcon, 554 000 Einw.)

Wirtschaftssektoren nach Beschäftigten
- Dienstleistungssektor: 68,0 %
- Industrie: 20,2 %
- Bauwesen: 6,0 %
- Landwirtschaft: 5,8 %

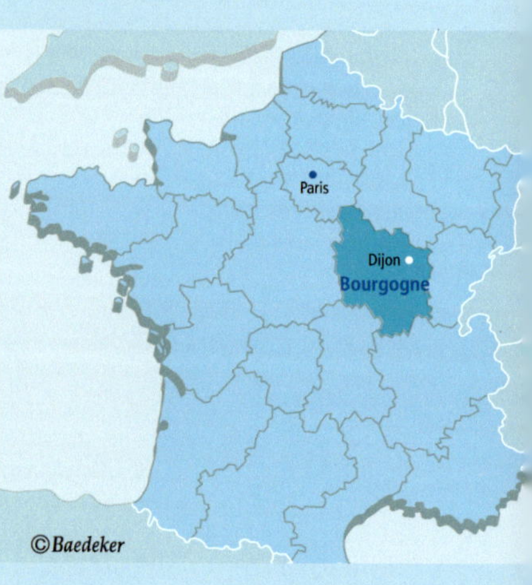

für Likör und Marmelade, die hauptsächlich auf den Hautes-Côtes wachsen, die Kirschen im Tal der Yonne und die Zwiebeln von Auxonne.

Viehzucht ► Manche Gegenden im Süden der Region haben sich gänzlich auf Viehzucht spezialisiert. An erster Stelle steht die Rinderhaltung, die früher der Milch- und der Fleischerzeugung diente, sich inzwischen allerdings mehr zur reinen Fleischproduktion entwickelt. Die weißen bis cremefarbenen **Charolais-Rinder** gehören in manchen Regionen Burgunds fest zum Landschaftsbild. Während die Charolais-Haltung in Südburgund vorherrscht, widmen sich in nördlicheren Regionen zahlreiche Betriebe der Milcherzeugung. Auch die Schafzucht (früher v. a. im Châtillonais beheimatet) spielt noch eine Rolle. Die Schweinehaltung ist im Rückgang begriffen.

◄ Forstwirtschaft

Wald bedeckt noch knapp ein Drittel der Gesamtfläche Burgunds. Bereits im 16. Jh. belieferte der Morvan Paris mit Brennholz, zu Beginn des 19. Jh.s deckte er den Bedarf der Landeshauptstadt nahezu gänzlich. Inzwischen kommen vor allem die Weihnachtsbäume für die Hauptstadt aus dem Morvan.

Industrie

Die industrielle Entwicklung setzte in Burgund im 19. Jh. ein. Außer dem Stahlunternehmen der Familie Schneider in Le Creusot (gegründet 1836) entstanden die keramische Industrie am Canal du Centre, Mühlen in der Umgebung von Dijon und Textilbetriebe im Süden des Départements Saône-et-Loire. Im 20. Jh. geriet Burgund allerdings ins Hintertreffen, und erst zwischen 1950 und 1975 wurde die Industrie wieder stärker ausgebaut. Dabei wirkten sich die Nähe zu Paris, der gute Anschluss an das Verkehrsnetz und das Arbeitskräftepotenzial Burgunds günstig aus. Vor allem durch die Arbeit von Frauen und Arbeitskräften aus ländlichen Gegenden konnten auswärtige Firmen in Burgund oft billiger produzieren als in der Pariser Region. Von der ab 1975 spürbaren allgemeinen Krise blieb auch Burgund nicht unberührt. Der Konkurs des Traditionsunternehmens Creusot-Loire im Jahr 1984 erschien als symptomatisch.
Heute gibt es in Burgund eine **extrem breit gefächerte Industrie** mit vielen Klein- und Mittelbetrieben sowie eine geringe Zahl von Großbetrieben, die in wenigen Branchen tätig sind und die sich in einigen wenigen Zentren konzentrieren. Industrielle Schwerpunkte bilden der Großraum Dijon, das Saône-Tal, die Region Le Creusot sowie die Täler der Loire, der Yonne und des Armançon. Hier dominieren die Metall- und Metall verarbeitende sowie die Chemieindustrie. Die Werke sind allerdings oft Niederlassungen von Unternehmen, die ihren Hauptsitz außerhalb Burgunds, teilweise auch außerhalb Frankreichs haben. Weniger konzentriert ist die Lebensmittel- und Lebensmittel verarbeitende Industrie, deren Bedeutung der Rolle der burgundischen Landwirtschaft entspricht (u. a. Konserven- und Süßwarenherstellung, Senf aus Dijon und Beaune). Weitere Branchen sind die Holzverarbeitung, die Kunststoffindustrie sowie die Textil- und Bekleidungsindustrie.

Dienstleistungssektor

Über zwei Drittel der Burgunder arbeiten im Dienstleistungsbereich: im Handel, im Verkehrs- und Transportwesen und in der Verwaltung. Am höchsten ist der Anteil des Tertiärsektors hinsichtlich der Beschäftigtenzahlen in den vier Präfekturstädten Auxerre, Dijon, Mâcon und Nevers und im Département Côte d'Or. Auch der Fremdenverkehr spielt eine wichtige Rolle.

Weinbau

Prägt die Landwirtschaft

Eine überragende Rolle in der burgundischen Landwirtschaft spielt der Weinbau. Zwar nimmt die Rebfläche mit rund 40 000 ha nur einen geringen Teil der landwirtschaftlich genutzten Fläche ein, aber die Weinbaubetriebe erzielen fast 30 % des Wertes der gesamten landwirtschaftlichen Jahresproduktion. Burgund erzeugt jedes Jahr ungefähr 1,5 Mio. hl AOC-Weine, was etwa 200 Mio. Flaschen bedeutet. Dabei handelt es sich um 61 % Weißwein und nur um 31 % roten Burgunder. 8 % der Trauben enden als Schaumwein. In den letzten Jahren kam es sogar zu Rekordernten, durch die zusammen mit der zurückgehenden Nachfrage die Preise sanken. Rund die Hälfte der Wein-Produktion wird exportiert, wiederum ungefähr die Hälfte des Exports bleibt in der Europäischen Union.

Warum gerade hier?

Für die Qualität der Burgunderweine sind – neben der Erfahrung der Winzer – verschiedene Faktoren verantwortlich.

So werden mit wenigen Ausnahmen nur vier Reben angepflanzt: die **Pinot-Noir- und die Gamay-Rebe** für die Rotweine, die **Chardonnay- und Aligoté-Rebe** für die Weißen. An der Yonne wachsen außerdem die selten gewordenen Rotweintrauben César und Tressot sowie Sacy, eine weiße Traube, aus der v. a. der Crémant hergestellt wird. In St-Bris-le-Vineux (Yonne) wachsen wie an der Loire Sauvignon-Reben.

Wichtig für den Weinbau sind trockene Böden, die das Wasser nicht speichern, sowie die mineralische Zusammensetzung des Untergrunds, die besonders an der Côte d'Or selbst auf kleinster Fläche stark schwankt.

Weinkeller und Weinproben gibt es in Burgund zuhauf. Man muss nur noch das richtige Tröpfchen für sich finden.

Klassifizierung

Für die Qualitätskontrolle und die Klassifizierung der Weine ist das Institut National des Appellations d'Origine (INAO) in Dijon zuständig. Nach einer Phase des Qualitätsverfalls wegen der erhöhten Nachfrage wurden nach dem Ersten Weltkrieg gesetzliche Bestimmungen für den Weinbau erlassen. Qualitätsweine mit kontrollierter Herkunftsbezeichnung, die sogenannten AOC-Weine (auch nur AC-Weine genannt, die Weine der Appellation d'Origine Contrôlée – und heute handelt es sich bei rund 95 % des in Burgund erzeugten Weines um AOC-Wein), unterliegen bestimmten Bedingungen: Herkunft aus fest umgrenzten Anbaugebieten, zugelassene Rebsorte, Begrenzung für die Anzahl der gepflanzten Weinstöcke pro Hektar und für den Ertrag in Hektolitern, Mindestalkoholgehalt vor der Zuckerzugabe und Ausbau des Weins, die sogenannte élevage. Entspricht das Produkt eines Winzers den festgelegten Richtlinien in einem dieser Punkte nicht, so bleibt ihm lediglich die Rückstufung seines Weines um eine Güteklasse.

Eine Gemeinde oder ein Weinbaugebiet heißt in Burgund »Finage«, die Lage eines Weinbergs innerhalb einer Finage »Climat«. Nur die besten Weine der besten Climats tragen die Bezeichnung **Grand Cru** (= großes Gewächs), es folgt der **Premier Cru** (= erstes Gewächs), der **Villages-Wein** (AOC Communal), bei dem statt einer genauen Lage nur der Name seiner Herkunftsgemeinde angegeben wird, sowie der **Regionalwein** (AOC Regional). Überall in Burgund wird Wein mit der Herkunftsbezeichnung Bourgogne bereitet, der noch etwas strengeren Anforderungen genügen muss als der Bourgogne Grand Ordinaire. Besonderes Augenmerk richten auch die burgundischen Winzer inzwischen auf den organischen und biodynamischen Weinbau unter Verzicht auf chemische Zusätze und der Erhaltung des natürlichen Gleichgewichts des Bodens.

Anbaugebiete

Das Weinbaugebiet Burgund umfasst von Nord nach Süd die Weinhügel von Chablis und Umgebung, die Weinterrassen der Côte de Nuits und der Côte de Beaune, die zusammen auch als Côte d'Or bezeichnet werden, die Rebflächen der Côte Chalonnaise, des Mâconnais und des Beaujolais. Die Erzeugnisse des Départements Nièvre werden bereits zu den Loire-Weinen gezählt.

◄ Chablis

Das Chablis-Gebiet liegt mit einigen Weinbaugemeinden im Yonne-Tal und nördlich von Tonnerre ganz im Norden Burgunds, weit ab von den übrigen Weinbaugegenden. Der trockene Chablis, vielleicht der berühmteste Weißwein der Welt, wird in einigen Dörfern rund um das gleichnamige Städtchen aus der Chardonnay-Rebe erzeugt (► Reiseziele von A bis Z, Chablis). In St-Bris-le-Vineux (südöstlich von Chablis) gedeiht die aus der Loire-Gegend eingeführte Sauvignon-Traube, außerdem kommt aus der Umgebung ein recht guter Bourgogne Aligoté. Um Irancy, Coulanges-la-Vineuse, im Tonnerrois und bei Joigny werden Rot- sowie Roséweine aus der César-Traube sowie ein Crémant (Qualitätsschaumwein) aus der Sacy-Traube gewonnen.

Nur vier Rebsorten werden in Burgund angebaut, davon zwei für Weißweine: Chardonnay und Alligoté.

WEINBAU SEIT ZWEI JAHRTAUSENDEN

Plinius und Plutarch nehmen es für die Römer in Anspruch, die Ersten gewesen zu sein, die in Burgund Wein pflanzten. Sie dachten dabei an die Verbreitung der römischen Kultur und das 1. nachchristliche Jahrhundert. Wahrscheinlicher ist jedoch, dass die Rebe schon viel früher nach Burgund gelangte, sei es über Italien oder mit den Griechen, die um 600 v. Chr. Marseille gegründet hatten.

Die weitere Entwicklung des Weinbaus ist eng mit der **Trinkkultur der Geistlichkeit** verbunden. Häufig gab es Landschenkungen der Könige und des Adels an Kirchen und Klöster, die die Weinberge nicht nur für die Herstellung von Messwein nutzten. Im 6. Jh. lobte bereits Gregor von Tour die um Dijon gekelterten Weine. Während die Weine der Côte d'Or im Hochmittelalter wenig bekannt waren, erfreuten sich die Getränke aus Niederburgund, hauptsächlich jene aus der Umgebung von Auxerre, größter Beliebtheit in Paris und London. Dies ist allerdings nicht nur auf die Qualität der Produkte – auch Weine aus Tonnerre und Chablis wurden als »Wein aus Auxerre« verkauft –, sondern auch auf die, dank der Yonne, verkehrsgünstige Lage Auxerres zurückzuführen. Erst im 14. Jh. wurden Weine der Côte d'Or bekannter. Vor allem die vier großen Herzöge von Burgund setzten sich für die Verbesserung des Weinbaus ein. Die Gamay-Rebe wurde durch die edlere Pinot-Rebe ersetzt, der lang währende Kampf zwischen Quantität und Qualität begann. Die Flamen und Holländer konnten als neue **Kunden** gewonnen werden und sind bis heute wichtige Abnehmer von Burgunderwein. Im 15. Jh. stiftete der burgundische Kanzler Nicolas Rolin hervorragende Weinlagen für den Unterhalt seines Hospitals in Beaune. Am Ende des Mittelalters galt der »Wein von Beaune« unangefochten als der beste überhaupt. Erst mit Ende der Regierungszeit Ludwigs XIV. (Anfang des 18. Jh.s) erhielten die Burgunder mit der Champagne eine ernst zu nehmende **Konkurrenz**. Im 18. Jh.

Beeindruckend sind die alten Gewölbe-Weinkeller, in denen der Wein in Fässern reift.

wurden in Beaune die ersten Weinhandelshäuser gegründet, weitere in Dijon und Nuits-St-Georges folgten. Die Unterscheidung von **Winzer und Weinhändler** ist für Burgund charakteristisch. Der Winzer füllt seinen Wein in eigener Regie ab und vertreibt ihn selbst, der Weinhändler kauft viele kleine Posten auf, mischt sie, baut sie gemeinsam aus und zieht sie dann auf Flaschen. So entstand die Bezeichnung Négociant-Eleveur.

Die Französische Revolution brachte die Aufhebung und Zerstückelung des kirchlichen und klösterlichen Großgrundbesitzes. Noch heute ist die Parzellierung des Bodens kennzeichnend für den burgundischen Weinbau. Im 19. Jh. wurden aufgrund der großen Nachfrage die Qualitätsbemühungen wieder hintangestellt, die Anbaufläche wurde stark ausgeweitet und mit Gamay-Reben bepflanzt.

Die Reblauskrise

Einschneidende Veränderungen im Weinbau folgten auf den extremen Mehltaubefall und die schwere Reblausepidemie in der zweiten Hälfte des 19. Jahrhunderts. Seit 1866 wanderte das gefürchtete Insekt das Rhône-Tal hinauf und vernichtete die Wurzeln der Rebstöcke. In den 1870er-Jahren hatte es Burgund erreicht – mit katastrophalen Folgen für viele Winzer. Als man endlich herausgefunden hatte, dass amerikanische Rebstöcke gegen Rebläuse resistent waren und man französische Sprosse auf diese importierten Pflanzen aufpfropfen konnte, war es für viele Weinbauern bereits zu spät. Hinzu kam, dass burgundischer Wein geringer Qualität mit den südlichen Weinregionen, die den Markt mit billigem Tischwein überschwemmten, nicht mehr konkurrieren konnte.

So entschloss man sich, ganz auf Qualität zu setzen und auf die Rekultivierung aller zweitrangigen Anbauflächen zu verzichten. Außerdem ist das **burgundische Rebsortiment** das kleinste aller französischen Weinbauregionen, da hier nur vier Reben angebaut werden: Pinot Noir und Chardonnay für die großen Rot- und Weißweine, der Gamay vor allem im Beaujolais und der weiße Aligoté dort, wo die Böden für Chardonnay nicht geeignet sind.

Pouilly-sur-Loire ► Am äußersten Westrand Burgunds befindet sich das Weinbaugebiet von Pouilly-sur-Loire, wo der bekannte Weißwein Pouilly-Fumé erzeugt wird, andere berühmte Namen sind Blanc-Fumé de Pouilly sowie (der etwas flussabwärts erzeugte) Sancerre.

Côte d'Or ► Die berühmtesten Weine Burgunds kommen von der Côte d'Or (► Reiseziele von A bis Z, Côte d'Or). Der schmale Streifen, der sich zwischen Dijon und Chagny erstreckt, wird in die Côte de Nuits (den nördlichen Teil zwischen Fixin und Corgolin) und die Côte de Beaune unterteilt. Nördlich von Fixin liegt – als einziges Überbleibsel der Côte de Dijon, die dem Wachstum der Stadt zum Opfer fiel – die Gemeinde Marsannay-la-Côte, wo einer der wenigen Roséweine Burgunds produziert wird. Es folgen die Orte Gevrey-Chambertin, Morey-St-Denis, Chambolle-Musigny, Vougeot, Vosne-Romanée und Nuits-St-Georges, wo lagerfähige Rotweine der absoluten Spitzenklasse aus der Pinot-Noir-Traube erzeugt werden. Eine Vielzahl großer Weine – auch hervorragende weiße – bietet die etwas ausgedehntere Côte de Beaune. Zwischen Aloxe-Corton und Santenay liegen Pernand-Vergelesses, Savigny-lès-Beaune, Beaune, Pommard, Volnay, Monthelie und Auxey-Duresses sowie Meursault, wo der Großteil des weißen Burgunders der Côte d'Or gedeiht, außerdem Puligny- und Chassagne-Montrachet. Im Wachsen begriffen ist der Ruf der Weine aus dem Hinterland der Côte d'Or, der Hautes-Côtes, wo die Böden magerer und die Temperaturen geringfügig niedriger sind. Hier werden nicht nur die Appellations Contrôlées Hautes-Côtes de Nuits und de Beaune produziert, sondern auch Bourgogne Passe-Tout-Grain (aus zwei Dritteln Gamay und einem Drittel Pinot) und Bourgogne Aligoté, ein guter Weißwein aus der gleichnamigen Rebe, der die Basis für den Aperitif Kir liefert.

? WUSSTEN SIE SCHON …?

- … dass es der Geistliche und ehemalige Widerstandskämpfer Félix Kir (1876 – 1968) war, der einem der bekanntesten Aperitifs Frankreichs zum Durchbruch verhalf? Der langjährige Bürgermeister von Dijon machte aus dem Gemisch aus Johannisbeerlikör (Crème de Cassis) und Aligoté-Wein den burgundischen Empfangscocktail schlechthin.

Côte Chalonnaise ► Im Süden setzt sich die Côte de Beaune im sehr viel breiteren Streifen der Côte Chalonnaise fort. Die beiden Regionen ähneln sich sowohl geologisch als auch in der Verwendung der Pinot- und Chardonnay-Rebe. Bekannte Rotweine kommen aus Mercurey und Givry, Weiße aus Rully und Montagny.

Mâconnais ► Die Grenze Burgunds zum Beaujolais bildet das Mâconnais – das Land des Chardonnay! Hier, wo die Landschaft schön südlich anmutet, bilden die Hänge keinen durchgehenden Streifen mehr, sondern teilweise beeindruckend schroffe Erhebungen. An den nach Osten und Südosten ausgerichteten Flanken gedeihen ausgezeichnete Weißweine. Berühmt sind die Weine aus den Gemeinden rund um den Felsen von Solutré: Pouilly-Fussé und Pouilly-Vinzelles sowie St-Véran und weiter im Norden Viré-Clessé. Südlich schließen sich die

Weinbaugebiete Orientierung

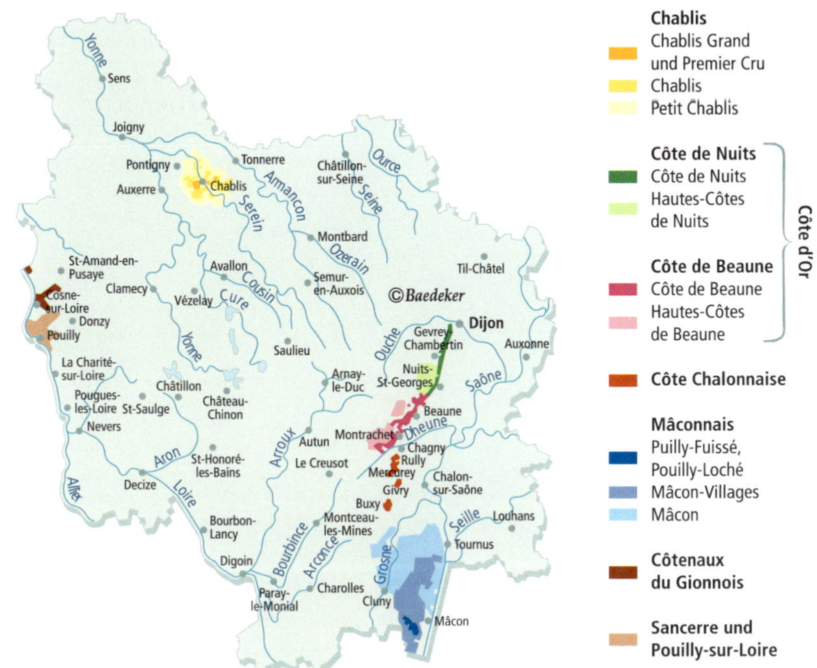

◄ Beaujolais

Weine des Beaujolais an. Die Weinberge des südlichsten Anbaugebiets erstrecken sich bis in die Nähe von Lyon. Hier wird die Gamay-Noir-Rebe (mit weißem Saft) angebaut, deren fruchtige Weine frisch und kühl getrunken werden. Bekannt sind Weine von St-Amour, Julienas, Chénas und Fleurie sowie die Beaujolais-Villages von La Chapelle de Guinchay, Romanée-Thorin, Pruzilly, St-Vérand und Symphorien d'Ancelles.

Crémants

Mittels Flaschengärung (Méthode Champegnoise) werden in ganz Burgund auch rote und weiße **Schaumweine** erzeugt; in den Keltern eines Kalksteinbruchs in Bailly (St-Bris-le-Vineux) lagern 1 Mio. Flaschen des anerkannten, aus der Sacy-Rebe hergestellten Crémant de Bourgogne. Eine weitere Spezialität ist der hochprozentige **Marc de Bourgogne**, ein Tresterschnaps.

Geschichte

Die Zeit des spätmittelalterlichen burgundischen Großreichs, das sich bis nach Flandern erstreckte und um dessen Erbe sich Frankreich mit Habsburg stritt, ist die berühmteste Epoche in der bewegten Geschichte dieser Region.

Vor- und Frühgeschichte

seit ca. 120 00 Jahren	Besiedlung Burgunds nachweisbar
20 000 – 17 000 v. Chr.	Epoche des Solutréen

Solutréen um 20 000 v. Chr.

Die Auswertung einiger Funde aus den Höhlen von Arcy und in den anderen Höhlen entlang der Cure belegen eine Besiedlung seit der Mittleren Altsteinzeit. Die beeindruckendsten Funde, viele tausend Pferdeskelette und bearbeitete Steinwerkzeuge, stammen vom Fuße des steil abfallenden Kalksteinfelsens von Solutré im Mâconnais. Dieser Felsen, der einer ganzen vorgeschichtlichen Epoche seinen Namen gegeben hat, diente während der jüngeren Altsteinzeit wohl als großer Jagd- oder Schlachtplatz und Kultort.

Jungsteinzeit ab 4 000 v. Chr.

Mit dem Ende der letzten Eiszeit wandelten sich die Jäger- und Sammlergemeinschaften zu sesshaften Ackerbauern und Tierhaltern. Während der Jungsteinzeit gehörte Burgund zu den am dichtesten besiedelten Gegenden Westeuropas. Funde beweisen, dass v. a. Ostburgund, wo sich Wege aus West-, Ost-, Süd- und Nordeuropa kreuzten, regen Handel mit dem Mittelmeerraum pflegte.

Eisenzeit ab 1000 v. Chr.

In der frühen Eisenzeit ließen sich in Burgund Stämme aus dem Osten nieder, neue Gewerbezweige entstanden. In der Hallstattzeit wurden befestigte Siedlungen auf zahlreichen Felsplateaus errichtet.

Keltenkultur ab 7. Jh. v. Chr.

Prägend für Burgund waren in der Folgezeit die zugewanderten Keltenstämme, an die noch einige Orts- und Flussnamen erinnern. Die Häduer, der mächtigste Stamm, hatten ihre Hauptstadt Bibracte auf dem Mont Beuvray angelegt. Das hohe Niveau ihrer Kultur sowie weitreichende Handelsbeziehungen sind ebenso archäologisch belegt wie die Einführung des Weinbaus durch griechische Kolonisatoren von Marseille aus über das Rhône-Tal nach Burgund.

Die Römer in Burgund

58 – 51 v. Chr.	Gallischer Krieg
52 v. Chr.	Cäsar schlägt Vercingetorix bei Alesia.

Gallischer Krieg

Nachdem die Römer Ende des 2. Jh.s v. Chr. das keltische Gallien von der Provence bis fast zum Genfer See erobert und in der Provinz

← Der Solutré-Felsen gab einer vorgeschichtlichen Epoche den Namen.

Colonia Narbonensis 118 v. Chr. zusammengefasst hatten, nutzten sie den Hilferuf der mit ihnen verbündeten Häduer 58 v. Chr., um weitere Eroberungen unter dem Feldherrn **Gaius Julius Cäsar** durchzuführen. Zwischen 58 und 51 v. Chr. besiegte Cäsar zunächst die eingedrungenen Helvetier und eroberte in der Folgezeit die freien Gebiete Galliens.

Römische Provinz 1.–4. Jh.

Nach dem Gallischen Krieg und dem Sieg über das Heer des Avernerfürsten **Vercingetorix** 52 v. Chr. nach harten Kämpfen bei Alesia, dem heutigen Alise-Ste-Reine, blieb Burgund Teil des Römischen Reichs bis zu dessen Vernichtung durch eindringende Germanen im 5. Jh. nach Christus. Römische Städte traten in die Nachfolge der keltischen Oppida. Die wichtigste Römergründung im heutigen Burgund war die Stadt Augustodunum (Autun). Weitere Zentren bildeten Mâcon, Nevers und Auxerre. Nach ersten Missionstätigkeiten, die mancherorts bis ins 2. Jh. zurückreichen, begann sich im 4. Jh. die Organisation der Kirche zu festigen. Die Zeit relativen Friedens unter der römischen Herrschaft endete mit den Einfällen der Alemannen und der Franken.

Baedeker TIPP

Folgen Sie Blau/Gelb!

120 km auf den Spuren von Vercingetorix und seinen Truppen von Bibracte nach Alesia – für geschichtsinteressierte Wanderer ein besonderes Erlebnis und auf dem durchgehend markierten Weg über Saulieu und Flavigny-sur-Ozerain kein Problem! Detailliertes Informationsmaterial gibt's bei Côte d'Or Tourisme (►S. 216)

Burgunder und Franken

436	Untergang des Burgunderreichs am Rhein
532	Burgund fällt an das fränkische Reich.
843	Teilung Burgunds im Vertrag von Verdun

Burgunder

Die ostgermanischen Burgunder, nach Plinius ein Zweig der Vandalen, waren um 100 v. Chr. von ihrer heute zu Dänemark gehörenden Heimatinsel Bornholm (»Burgundarholm«) nach Südwesten gezogen. Im 3. Jh. stießen sie am Main mit den Alemannen zusammen und breiteten sich in Richtung Süden aus. 406/407 überschritten sie den Rhein. Beim Versuch, ihr Siedlungsgebiet auszudehnen, wurden die Burgunder 436 durch den weströmischen Heerführer Aetius mit Hilfe hunnischer Truppen vernichtend geschlagen. Diese Ereignisse lieferten möglicherweise den historischen Hintergrund für das **Nibelungenlied**. Die Reste des Stammes wurden 443 im heutigen Savoyen, an der oberen Rhône und Saône, angesiedelt. Königssitz wurde 461 Lyon. In der zweiten Hälfte des 5. Jh.s gewannen die Burgunder eine gewisse Selbstständigkeit, auch konnten sie ihr Reich von Savoyen aus bis an den Bodensee und in die Provence erweitern. Die größte Ausdehnung erlebte es unter König Gundobad (um 480 – 516), der das burgundische Recht aufzeichnen ließ (Lex Gundobada oder Lex Burgundionum). Es erstreckte sich im Westen von Arles und Bourges bis nach Troyes, im Norden bis nach Langres und im Osten bis nach Vindonissa (Windisch im Kanton Aargau).

Franken

Die germanischen Franken beherrschten unter der Führung der Merowinger seit Mitte des 5. Jh.s weite Teile Galliens. Durch die Heirat des Frankenkönigs **Chlodwig** mit der burgundischen Königstochter Chrodegilde (Clothilde) geriet Burgund unter fränkischen Einfluss und wurde nach der Niederlage von Autun 532 dem Fränkischen Reich, zu dem noch Austrien (Ostreich, Champagne bis Maas und Mosel) und Neustrien (Westreich um Seine und Loire) gehörten, einverleibt. Als Teilreich behielt es jedoch eine gewisse Selbstständigkeit. Hauptstadt wurde Orléans, später Chalon-sur-Saône.

Teilung Burgunds

Im Zuge der Erbaufteilung nach dem Tod Karls des Großen (768 bis 814), der ein fränkisches Großreich geschaffen hatte, wurde 843 im **Vertrag von Verdun** das Reich und damit auch Burgund geteilt: Ludwig der Deutsche erhielt Ostfranken, Karl der Kahle Westfranken, Lothar Mittelfranken, ein Streifen, der von der Nordsee bis zum Mittelmeer reichte, zu dem die Kaiserkrone gehörte. Dadurch wurde Burgund entlang der Saône in eine östliche und eine westliche Hälfte geteilt. In der östlichen Hälfte entstanden in der Folge zwei Königreiche: das Königreich Provence, auch Niederburgundgenannt (855 zunächst unter Lothars Sohn Karl, 879 unter Boso von Vienne), und Hochburgund (888 unter Markgraf Rudolf, entspricht in etwa der heutigen Franche-Comté). Beide Reiche wurden 947 unter Konrad von Hochburgund zum Königreich Burgundvereinigt, das ab 1032 durch Erbfall unter der Bezeichnung Arelat(nach Arelate/Arles) an das Heilige Römische Reich fiel.

Das Herzogtum Burgund

910	Gründung des Klosters Cluny
1098	Gründung des Zisterzienserordens
1361 – 1477	Regierungszeit der vier »Großen Herzöge«

Burgund wird Herzogtum

Im westfränkischen Reichsteil nahm um 890 Graf Richard von Autun den Titel eines Herzogs von Burgund an. Bei seinem Tod 921 umfasste das Herzogtum etwa den Raum Autun, Auxerre, Langres sowie

Troyes und damit den Großteil der heutigen Bourgogne. Zwischen 1002 und 1016 besetzte der westfränkische Kapetingerkönig Robert II. Burgund und belehnte seinen zweiten Sohn Robert mit dem Herzogtum, das fortan zur burgundischen Kapetinger-Nebenlinie der Robertiner gehörte. Hauptstadt wurde Dijon, das 1016 an das Herzogtum gefallen war. 867 war bereits die Abtei von Vézelay gegründet worden, ein hochrangiges Pilgerziel in späteren Jahren. 910 folgte das **Reformkloster Cluny** als Ausstrahlungsort tief greifender religiöser Erneuerung.

Gründung des Zisterzienserordens

1098 gründete Robert von Molesme in Citeaux das »novum monasterium«, die **Keimzelle des Zisterzienserordens**, dem der 1112 eingetretene Bernhard von Clairvaux zu europaweiter Wirkkraft verhalf. Die durch Burgund verlaufenden Pilgerstrecken nach Santiago de Compostela waren viel besucht, bildeten wichtige Handels- und Nachrichtenwege, brachten Wohlstand in die Region und förderten die Künste.

Valois-Herzöge seit 1364

Nach dem Erlöschen der burgundischen Kapetingerlinie mit dem Tod Philipps von Rouvres fiel das frei gewordene Herzogtum 1361 an die französische Krone zurück. König Johann II. der Gute aus dem Haus Valois belehnte 1364 seinen Sohn Philipp den Kühnen mit Burgund. In der Folgezeit gelang es den sogenannten vier »Großen Herzögen« von Burgund, durch Heirat, Erbschaft,

Im Tod von zwei Engeln bewacht: Herzog Philipp der Kühne in seiner Grablege, die für die Karthause von Champol geschaffen wurde.

Diplomatie, Mut und Skrupellosigkeit ein Staatengebilde zusammenzufügen, das lange Zeit als gleichwertiges Reich zwischen Frankreich und Deutschland bestehen sollte.

Philipp legte durch seine Heirat mit Margarete, der Erbtochter des Grafen von Flandern, den Grundstein zum burgundischen Großreich, dessen Interessen alsbald mit denen Frankreichs kollidierten. Die flandrischen Städte – deren Reichtum die materielle Grundlage für die burgundische **Expansionspolitik** bildete – waren für ihre Tuchproduktion auf englische Wollimporte angewiesen, weshalb sie im Hundertjährigen Krieg (1339 – 1453) eher den Ausgleich mit England als mit Frankreich suchten. Herzog Philipp der Kühne (Philippe le Hardi) respektierte zwar die Interessen Frankreichs, als er zusammen mit seinen Brüdern, den Herzögen von Anjou und Berry, die Regentschaft für den unmündigen König Karl VI. führte, nutzte seine zeitweise dominierende Stellung im königlichen Rat aber auch für die burgundische Machterweiterung. Mit Hilfe seiner Gattin Margarete von Flandern konnte Philipp der Kühne ab 1384 seinen Besitz und Einflussbereich auf die Grafschaften Flandern, Artois, Rethel und Nevers sowie über die zum Deutschen Reich gehörende Franche-Comté ausdehnen, zudem erwarb er die Grafschaft Charolais. Diese Machtkonzentration führte zu heftigen Auseinandersetzungen mit dem Bruder des französischen Königs, Herzog Ludwig von Orléans.

◄ Herzog Philipp der Kühne (1342 – 1404)

Johann ohne Furcht, Philipps Sohn und Nachfolger, räumte 1407 seinen Widersacher, den Herzog von Orléans, durch Mord aus dem Weg. Es folgten **bürgerkriegsartige Auseinandersetzungen**, die als Krieg der Burgunder gegen die Armagnacs bekannt wurden. Herzog Johann ohne Furcht (Jean sans Peur) ließ der Aggression zunächst freien Lauf und starb 1419 selbst eines gewaltsamen Todes bei der Yonne-Brücke in Montereau, als er mit dem Dauphin, dem späteren Karl VII., versöhnlichen Kontakt aufnehmen wollte.

◄ Herzog Johann ohne Furcht (1371 – 1419)

Sein Sohn und Nachfolger Philipp der Gute (Philippe le Bon) schlug sich daraufhin im Vertrag von Troyes gänzlich auf die englische Seite. Diese Parteinahme führte 1430 zur **Auslieferung Jeanne d'Arcs** an die Engländer und schließlich zu ihrer Verbrennung in Rouen. Angesichts der erstarkenden französischen Königsmacht – Karl VII. erhielt die Unterstützung des römisch-deutschen Kaisers – wechselte Philipp die Fronten. Im 1435 geschlossenen Vertrag von Arras gewährte König Karl VII. dem Burgunderherzog als »Dank« für seinen politischen Sinneswandel die Entbindung von allen Lehnspflichten gegenüber dem französischen König, zudem konnte Philipp sein Reich um die Gebiete Namur, Holland, Seeland, Hennegau, Brabant, Limburg und Luxemburg erweitern. Durch seine niederländischen Besitzungen, die Reichslehen waren, unterstand er zwar noch dem römisch-deutschen Kaiser, praktisch regierte der Herzog jedoch als Souverän. Um den Hochadel an sich zu binden und seine Landesteile zu verknüpfen, begründete er den prestigeträchtigen **Orden vom Goldenen Vlies** (La Toison d'Or; ►Baedeker-Special S. 38).

◄ Herzog Philipp der Gute (1396 – 1467)

WUNDERSAMES WIDDERFELL

Herzog Philipp der Gute von Burgund stiftete 1430 den Ordre de la Toison d'Or, den Orden vom Goldenen Vlies, den prestigeträchtigsten Ritterorden des Abendlandes.

Gerade war das farbenprächtige Turnier anlässlich der Hochzeitsfeierlichkeiten Herzog Philipps des Guten mit der portugiesischen Prinzessin Isabella zu Ende gegangen. Da ertönten Posaunenklänge und der schmucke Herold von Flandern verkündete den Festgästen in Brügge am 10. Januar 1430, dass sein Gebieter, der durchlauchtigste und großmächtigste Fürst und Herr, Herzog von Burgund, Graf von Flandern, Artois, Pfalzgraf von Namur, einen Orden mit dem Namen »Goldenes Vlies« gestiftet habe.

Die erste Versammlung des Ordenskapitels fand am 30. November 1431, am Festtag des Schutzpatrons des Hauses Burgund und des neuen Ordens, des Apostels Andreas, in Lille statt. Anwesend waren der Herzog und die ersten von ihm ernannten 24 Ritter. Der Orden vom Goldenen Vlies verstand sich als ritterliche **Bruderschaft**, die dem jeweiligen Herzog von Burgund »wahrhaft zugetan« sein musste und deren durch das Ordenskapitel verliehene Mitgliedschaft auf Lebenszeit galt. Die Mitgliederzahl stieg zunächst auf 31, unter Kaiser Karl V. auf 51 und schließlich auf 70 Adelige. Sitz des Ordens war bis zum Aussterben des Hauses Burgund die herzogliche Palastkapelle in Dijon, die Versammlung des Ordenskapitels fand dagegen an verschiedenen Orten statt. Bis auf den Souverän durfte keiner zur gleichen Zeit einem anderen Ritterorden angehören.

Nach einer Art öffentlicher Beichte schwor jeder neu gewählte Ritter bei seiner Aufnahme auf die Evangelien und das Schwurkreuz mit seinem Kreuzpartikel, die Statuten einhalten zu wollen. Anschließend legte ihm der Ordenssouverän die Collane genannte Ordenskette mit dem goldenen

Collane mit Kleinod des Ordens vom Goldenen Vlies

Widderfellanhänger um. Bei festlichen Anlässen trugen die Vlies-Ritter ihre Ordenscollanen über prächtigem Ornat, der aus einem weiten Mantel mit zur rechten Schulter geraffter Schleppe aus karminrotem Samt und reicher Goldstickerei, dem rotsamtigen, mit weißer Seide gefütterten Untergewand und dem rotgoldenen Bundhut mit dem 165 cm langen Samtband bestand. Die Farben der Gewänder spiegeln das Emblem Herzog Philipps des Guten wider, der den Feuerstahl samt Flammen sprühendem Feuerstein zum Wahlspruch erkor: ante ferit quam flamme micet (zuvor der Schlag, dann glänzt die Flamme). Die Ordenskette bestand aus Feuereisen mit Flammen sprühenden Steinen dazwischen und dem mittig herabhängenden Goldenen Vlies als Ordenssymbol.

Symbole

Dieses Abzeichen verwies zunächst auf die antike Sage, nach der sich Phrixos in Todesangst auf einem sprechenden Widder mit Vlies von gesponnenem Gold nach Kolchis rettete, wo das Tier dem Sonnengott dargebracht wurde und König Aietes von Kolchis sein wundertätiges Fell erhielt. Nach diesem trachtete auch Jason, als er mit den Argonauten auszog. Für den burgundischen Ritterorden war aber die **biblische Interpretation** maßgeblich, wie sie in der Predigt anlässlich des ersten Ordenkapitels in Lille dargelegt wurde. Demnach hatte der Richter Gideon ein Zeichen dafür erbeten, dass er auserkoren sei, Israel vor seinen Feinden zu retten. Gott sollte das ausgelegte Vlies eines Widders mit Tau benetzen, während der umgebende Boden trocken blieb. Als dies erfüllt war, erbat Gideon von Gott dasselbe nur mit umgekehrten Zeichen, was ebenfalls geschah. Das vom Tau benetzte Vlies wurde als vorausweisendes Symbol der Unbefleckten Empfängnis Mariens interpretiert und das biblische Wunder zur religiösen Verbrämung des Ritterordens herangezogen.

Ziele

Zwar war es das Hauptziel des Ordens, die Ehre Gottes und die Verteidigung des christlichen Glau-

Der österreichische Orden vom Goldenen Vlies

bens zu fördern, doch spielten auch **politische Aspekte** eine Rolle. Der Vliesorden sollte die nur locker verbundenen Gebiete Burgunds durch ein festes Band unter den Mitgliedern des Hochadels verknüpfen. Gottesliebe, Edelmut, Schonung der Feinde, Tapferkeit waren Ideale, die laut Ordensstatuten auch umgesetzt werden sollten. Als äußerste Schande, bestraft mit dem Ausschluss aus dem Orden, galten Häresie, Treuebruch gegenüber dem Herzogshaus und Feigheit vor dem Feind. Zu allen schwerwiegenden politischen Angelegenheiten, besonders im Fall eines Krieges, sollten die Mitglieder zuvor konsultiert werden. Beim Blick auf die frühen Ordenslisten fällt auf, dass die Edlen aus Burgund und Flandern etwa gleich stark vertreten waren. Später wurden auch **auswärtige Fürsten** aufgenommen, sodass allmählich die europäische Hochadelselite im Orden vereint war.

Ordensgeschichte

Nach dem Tod Herzog Karls des Kühnen 1477 und seiner einzigen Tochter Maria, die mit dem späteren römisch-deutschen Kaiser Maximilian vermählt war, fiel der Vliesorden an **Habsburg**. Von Kaiser Karl V. ging der Vorsitz an den spanischen König Philipp II. über, der 1559 in Gent das letzte Ordenskapitel gemäß den ursprünglichen Statuten einberief. Nachdem er entgegen der Bestimmung, dass Mitglieder nur von ihren Mitbrüdern abgeurteilt werden durften, die Grafen Egmont und Horn 1568 hatte hinrichten lassen, berief Philipp II. das Ordenskapitel nicht mehr ein und erwirkte vom Papst die Vollmacht, künftig frei werdende Plätze durch Ernennung zu besetzen. Nach dem Aussterben der spanischen Linie des Hauses Österreich erhielt Kaiser Karl VI. den Vorsitz, der jedoch 1713 auf die spanische Krone verzichtete, die damit an das Haus Bourbon fiel. Seitdem gibt es **zwei Orden vom Goldenen Vlies**: Der habsburgisch-österreichische Orden, 1953 von der Republik Österreich als »Rechtspersönlichkeit ausländischen Rechts« anerkannt, wird vom Chef des Hauses Habsburg verliehen, der andere vom spanischen König aus dem Geschlecht der Bourbonen.

Doch mit Philipp war der Gipfel burgundischer Macht auch bereits überschritten. Zwar übernahm Karl der Kühne (Charles le Téméraire) von seinem Vater ein gut organisiertes und nach innen trotz seiner Heterogenität relativ gefestigtes Reich, doch führte seine unbesonnene Großmachtpolitik zum jähen **Untergang der Dynastie**. Auch fand er in Ludwig XI. von Frankreich einen überragenden Gegner. Karl, der auf eine Königskrone aus der Hand des habsburgischen Kaisers Friedrich III. hoffte, scheiterte bei dem Versuch, die südlichen Gebiete, das Herzogtum Burgund und die Franche-Comté mit den nördlichen niederländischen Besitzungen zu verbinden. Noch rascher, als sich der Aufstieg des Herzogtums abgespielt hatte, vollzog sich sein Niedergang. Bei dem Versuch, Lothringen und das Elsass zu erobern, wurde Karl im Januar 1477 bei Nancy von den verbündeten Schweizern, Lothringern und Elsässern vernichtend geschlagen und verlor dabei sein Leben. Erst sein Urenkel Karl V. aus der Ehe seiner Erbtochter Maria von Burgund mit Maximilian von Habsburg ließ Karls Gebeine schließlich 1550 nach Brügge überführen, an die Seite seiner Tochter Maria. Karls des Kühnen Großreich wurde nach seinem Tod aufgeteilt. König Ludwig XI. von Frankreich zog das Kerngebiet des Herzogtums mit der Bourgogne sofort als erledigtes Lehen ein. Durch die Heirat von Karls Tochter, Maria von Burgund, mit dem Habsburger Maximilian I., dem späteren Kaiser, fiel der Rest der ehemaligen burgundischen Besitzungen, die Niederlande, Artois und die Franche-Comté, nach einigen Auseinandersetzungen an die Habsburger.

◄ Herzog Karl der Kühne (1433 – 1477)

Das französische Burgund

1631 – 1789	Die Fürsten Condé sind Gouverneure von Burgund.
1678	Burgund bildet nicht mehr die französische Ostgrenze.
Ende 19. Jh.	Reblauskrise im Weinbau

Burgund wird französische Provinz

Das alte Herzogtum wurde französische Provinz und einem auswärtigen königlichen Gouverneur unterstellt. König Franz I. betraute damit zunächst die Prinzen aus dem lothringischen Haus Guise, König Heinrich IV. übertrug 1595 das Amt seinem Marschall, dem Herzog von Gontaud, bis es auf die Prinzen von Condé überging, die es bis zur Französischen Revolution 1789 innehatten. Durch die Einsetzung eines Parlaments, der Übertragung gewisser Rechte an die drei Stände, die regelmäßig in Dijon zusammenkamen, und eines Gerichtshofes behielt Burgund eine gewisse Eigenständigkeit. Zahlreiche an der Ostgrenze Frankreichs zur kaiserlichen Franche-Comté und der savoyardischen Bresse hin gelegene Orte wurden befestigt. Fast ein Jahrhundert lang entfalteten sich Gewerbe und Handel, bis auch Burgund in die **Religionskriege** hineingezogen wurde. Seit 1601 gehören zur Provinz Burgund zusätzlich die östlichen Gebiete Bresse, Bugey und Valmorey. Auch unter dem Dreißigjährigen Krieg (1618–1648) hatte Burgund zu leiden. Durch die Annexion der Franche-Comté 1678 verschob sich die französische Grenze nach Osten über Burgund hinaus. Im 17./18. Jh. blieb die alte Herzogsresidenz Dijon geistiger und kultureller Mittelpunkt der Region. Seit 1723 war die Stadt Sitz einer juristischen Fakultät und seit 1740 einer Akademie.

Französische Revolution

Die Französische Revolution nahm in Burgund einen relativ gemäßigten Verlauf, veränderte aber das gesellschaftliche, politische und wirtschaftliche Leben. 1791 wurde die ehemalige Provinz in drei Départements eingeteilt: Côte d'Or, Yonne und Saône-et-Loire, wo Mâcon gegen die Konkurrenz von Autun und Chalon-sur-Saône Präfektur wurde. Aus der ehemaligen Grafschaft Nivernais, die nicht den burgundischen Ständen unterstand, wurde das Département Nièvre mit seiner Hauptstadt Nevers. Der Grundbesitz aller Adligen und Geistlichen wurde aufgeteilt, die Klöster und Kirchen säkularisiert, ihre Besitztümer zerschlagen und veräußert, monumentale Bauten wie Cluny sogar auf Abbruch verkauft. Die neue bürgerliche Gesellschaft setzte auf wirtschaftliche Expansion, und so wurde 1794 der Canal du Centre als Verbindung zwischen Saône und Loire eröffnet.

Wirtschaftsentwicklung im 19. Jh.

Die Napoleonische Zeit war zunächst durch wirtschaftlichen Aufschwung geprägt, doch machten sich ab 1811 Geld- und Arbeitskräftemangel bemerkbar. Die Metallindustrie im Nivernais und in Le Creusot geriet in Schwierigkeiten und brauchte lange zur Wiederbelebung. Nicéphore Niepce (► Berühmte Persönlichkeiten) hatte 1822 erste Erfolge, mit optisch-chemischen Verfahren Bilder zu erzeugen und gilt somit als Erfinder der Fotografie. Ab 1830 verursachte die starke Industrialisierung Frankreichs eine erste Welle der Landflucht. Dank des damit verbundenen wirtschaftlichen Fortschritts wurde das Verkehrsnetz ausgebaut, zwischen 1832 und 1842 entstanden der Canal de Bourgogne, der Canal du Rhône au Rhin, der Canal latéral à la Loire und der Canal du Nivernais sowie in den Folgejahren die **Eisenbahnverbindung nach Paris**. Politisches Sprachrohr des liberalen Bürgertums in dieser Zeit war Alphonse de Lamartine, der bei der Präsidentenwahl 1848 Louis-Napéolon Bonaparte unterlag. 1854 wütete eine schwere Cholera-Epidemie in den Départements Côte d'Or und Yonne. Ab dem Jahr 1865 zerstörte die Reblaus die burgundischen Weinberge; ein großer Teil der Anbauflächen wurde nicht rekultiviert. Die Schwerindustrie konnte als Arbeitgeber mit geringem Lohn die Verelendung breiter Massen und die Landflucht für sich nutzen. Mit 1 713 000 Menschen erreichte Burgund 1881 seine bislang höchste Einwohnerzahl (6 % mehr als heute).

20. und 21. Jahrhundert

1940–1944	Besetzung Frankreichs durch deutsche Truppen
1960/1972	Schaffung der Région Bourgogne
1971	Gründung des Nationalparks Morvan

Vom Ersten zum Zweiten Weltkrieg

Bei Ausbruch des Ersten Weltkriegs war Burgund mit Ausnahme weniger kleinerer Gebiete politisch sozialistisch orientiert. Infolge des Kriegs starben 3,8 % der burgundischen Bevölkerung. General Joffre befahl am 6. September 1914 in Châtillon-sur-Seine, seinem Hauptquartier, den Gegenangriff auf das vorrückende deutsche Heer, das in der Marne-Schlacht gestoppt wurde. In der Nachkriegszeit entluden sich auch in Burgund soziale Spannungen, in der Mehrzahl unterstützten die Bewohner Linksparteien. Der Schock der Weltwirtschaftskrise konnte durch die Wiederbelebung und Qualitätsverbesserung des Weinbaus zum Teil ausgeglichen werden.In diesem Zuge wurde auch 1934 in Nuits-St-Georges die Weinbruderschaft **Chevaliers du Tastevin** gegründet, welche zum Ziel hatte, den Burgunderweinen wieder zu ihrem früheren Ansehen zu verhelfen. Teil ihres »Marketings« ist heute noch das berühmte Event der »Trois Glorieuses«.

Im Zweiten Weltkrieg wurde Burgund ohne große Zerstörungen innerhalb von fünf Tagen im Juni 1940 von deutschen Truppen besetzt. Als Reaktion formierte sich die Résistance, bis Burgund im September 1944 von den Alliierten befreit wurde. In der Nachkriegszeit hielt die **Landflucht** an, nur wenig kompensiert durch Einwanderer aus Portugal, Spanien, der Türkei und Nordafrika, die insgesamt bis zum Jahr 2000 rund fünf Prozent der Bevölkerung Burgunds ausmachen.

Nachkriegszeit

Die vier Départements Côte d'Or, Saône-et-Loire, Yonne und Nièvre wurden 1960 zur Wirtschaftsregion Bourgogne zusammengefasst, aus der 1972 die Région Bourgogne mit eigener Verwaltung hervorging, die im Wesentlichen der historischen Provinz des Ancien Régime entspricht. Nachdem der Conseil Régional seit 1982 direkt gewählt wird, können die rund 1,6 Mio. Bewohner Kultur, Schul- und Ausbildungswesen, Wirtschaftsentwicklung und Landwirtschaft selbst bestimmen. Einer der größten Naturparks Frankreichs, der Parc Naturel Régional du Morvan wurde 1971 ins Leben gerufen. Seit 1982 durchqueren Burgund zwei französische Hochgeschwindigkeitszüge TGV (Paris – Le Creusot – Màcon – Lyon und Paris – Dijon – Besançon). 1984 wurden die Stahlwerke von Le Creusot stillgelegt, wo seither ein Technologiezentrum neben Industriedenkmälern zu Hause ist. Bei den Regionalwahlen 2010 siegte wie in allen Regionen außer dem Elsass die vereinigte Linke und der Sozialist François Patriat bleibt weiterhin Präsident des Regionalrats.

Kunst und Kultur

Immer wieder nahmen die Künstler in Burgund – sofern sie nicht selbst zugewandert waren – fremde Einflüsse auf, integrierten sie und schufen eigenständige, gelungene Synthesen.

Vor- und Frühgeschichte

Altsteinzeit

Die ersten Spuren von Menschen im heutigen Burgund stammen aus der Älteren Altsteinzeit (der Periode bis 120 000 Jahre v. Chr.). Zahlreicher und vielfältiger sind allerdings erst die Funde aus der folgenden Epoche, der Mittleren Altsteinzeit (ca. 120 000 – ca. 35 000 v. Chr.). In allen burgundischen Regionen außer im Morvan siedelten damals Neandertaler der Moustérien-Kultur, die von der Jagd auf Pferde, Bisons, Hirsche und Mammuts lebten.
Während der Jüngeren Altsteinzeit (ca. 35 000 – ca. 8000 v. Chr.) lassen die wieder spärlicher werdenden Funde auf eine weniger entfaltete Kultur bzw. eine geringere Besiedlung Burgunds schließen. Dies hing höchstwahrscheinlich mit ungünstigen klimatischen Bedingungen zusammen. Die Burgund wohl mehr durchstreifenden als wirklich bewohnenden Menschen waren immer noch in erster Linie Jäger. Weit verbreitet war der Gebrauch von **Steinspitzen**, neben die in dieser Epoche nun auch aus Knochen hergestellte Werkzeuge traten. Zum ersten Mal wurden jetzt auch **Kunstwerke** geschaffen: An schwer zugänglicher Stelle brachte man in den Grotten von Arcy-sur-Cure Gravuren von Tieren an. Die Bilder machen einen Kontakt ihrer Schöpfer mit Südwestfrankreich wahrscheinlich, wo entsprechende Funde wesentlich zahlreicher sind.

Das Solutréen

Nach einem Fundort in Burgund ist eine der späten Perioden der Jüngeren Altsteinzeit benannt: Die Zeit zwischen 20 000 und 17 000 v. Chr. wird nach der Ortschaft Solutré im Mâconnais als Solutréen bezeichnet. Charakteristisch für diese Kulturstufe sind eine bestimmte Art sehr sorgfältig bearbeiteter Blattspitzen. Berühmt wurde der **Felsen von Solutré** allerdings durch eine ältere Fundschicht, die aus einer immensen Zahl von Pferdeskeletten (über 100 000) bestand und darauf schließen ließ, dass der Ort lange ein wichtiger, immer wieder aufgesuchter Jagdplatz war.

Mittlere Steinzeit, Jungsteinzeit

Die Mittlere Steinzeit (Mesolithikum, 8200 – 5500 v. Chr.) ist in Burgund schlecht dokumentiert. Zur Jagd als Lebensgrundlage kam nun das Sammeln pflanzlicher Nahrung, was durch ein günstiges Klima mit üppiger Vegetation ermöglicht wurde. Burgund war während des Mesolithikums von zahlreichen kleinen Bevölkerungsgruppen besiedelt, lediglich im Nordwesten der Region fehlen Spuren. Auch der Morvan einschließlich der Gipfel war zeitweise bewohnt.
Während der Jungsteinzeit gehörte Burgund zu den am dichtesten besiedelten Gebieten Westeuropas. Zwischen 5500 und 1800 v. Chr. änderten sich die Lebensbedingungen radikal. Die zumindest zeitweilig sesshaften Bevölkerungsgruppen, die verschiedenen Kulturkreisen angehörten, lebten nun von Ackerbau und Viehzucht.

←Claus Sluter schuf den Mosesbrunnen in der Kartause von Chapmol.

Bandkeramikkultur ►

Anfang des 4. Jt.s v. Chr. erreichte die Bandkeramikkultur von Norden her Burgund. Es fanden sich Reste von Dörfern und Gräbern im Yonne-Tal.

Das Chasséen

Gegen Ende desselben Jahrtausends wird die aus dem Mittelmeerraum stammende Chasséenkultur fassbar, die nach der burgundischen Ortschaft Chassey (Saône-et-Loire) benannt ist. Als Merkmal dieser Kulturstufe gilt ihre mit geometrischen Mustern verzierte Keramik. Das Chasséen beeinflusste entscheidend die sogenannte Mittlere Burgundische Jungsteinzeit, deren Hochphase in die erste Hälfte des 3. Jt.s fällt. Sie war v. a. im späteren Département Côte d'Or verbreitet. Die bevorzugten Siedlungsplätze dieser Zeit bildeten günstig gelegene Hochflächen, von denen einige mit einem Wall vor Angreifern geschützt wurden.

Ab 2500 v. Chr. wird die Situation in Burgund sehr unübersichtlich, da immer mehr Menschen die Region bewohnen oder durchwandern. So zeigt sich der Norden hauptsächlich von der Kultur des Seine-Oise-Marne-Kreises beeinflusst, während im Süden die Saône-Gruppe fassbar wird. Ihre aus großen rechteckigen Häusern bestehenden Siedlungen standen direkt am Saône-Ufer. Weiter in Burgund nachweisbar sind Menschen der **Megalithkultur** (große Steingräber, die u. a. Kupfergegenstände enthielten, um 2000 v. Chr.) und Vertreter der **Glockenbecherkultur**, die wahrscheinlich als erste Metallgegenstände nach Burgund brachten (ebenfalls gegen 2000 v. Chr.). Hinzu kommen unzählige Fundorte, die mangels Keramikobjekten keiner Kulturstufe eindeutig zuzuordnen sind.

Bronzezeit

Bronze, das Metall verändert die Wirtschaft

Während der Bronzezeit (1800 – 725 v. Chr.) blieb das Klima im Wesentlichen unverändert. Überliefert sind aus dieser Periode hauptsächlich Gräber sowie Metall- und Keramikobjekte. Wohnstätten, die mit Vorliebe in den Tälern errichtet wurden, sind fast völlig verloren gegangen. Die Einführung der aus Kupfer und Zinn hergestellten Bronze war bahnbrechend. Das neue Metall revolutionierte nicht nur die Werkzeug- und Waffenherstellung, sondern führte auch zum Ausbau der Handelswege und einer allgemeinen **Belebung der Wirtschaft**. War die Metallbearbeitung während der Älteren Bronzezeit noch relativ wenig verbreitet, so entstand während der Mittleren Bronzezeit auch in Burgund ein einheimisches Metallhandwerk. Diesen Zeitabschnitt prägte die Einwanderung von Bevölkerungsgruppen aus Südwestdeutschland oder dem Elsass, die wegen ihrer Bestattungsgewohnheiten der **Hügelgräberkultur** zugerechnet werden. Neuankömmlinge, die eine andere Begräbnisweise mitbrachten, trafen in der folgenden Periode wahrscheinlich aus dem Oberrheingebiet in Burgund ein: Die Bestattungsmethoden dieser der Urnenfelderkultur zugehörenden Gruppen wurden in Burgund von den Einheimischen jedoch nicht übernommen, sodass parallel verschiedene Begräbnisarten praktiziert wurden. Da die Einwanderung offensichtlich nicht ohne Konflikte vonstatten ging, ist wieder eine zeitweise Besiedlung der Schutz bietenden Plateaus zu beobachten. Die Höhen des Morvan scheinen in der Bronzezeit verlassen worden zu sein.

Eisenzeit

Zwei Perioden

Die Eisenzeit wird in zwei sich voneinander unterscheidende Perioden eingeteilt: die nach einem Fundort in Österreich benannte **Hallstatt-Zeit** zwischen 725 und 450/425 v. Chr. und die zwischen 425/450 und 52 v. Chr. – dem Jahr des Abschlusses der römischen Eroberung – angesetzte **La-Tène-Zeit** (nach einem Ort in der Westschweiz).

Details des Bronzekraters von Vix

Die Menschen der Hallstatt-Kultur besiedelten in Burgund die Plateaus. Häufig fand man ihre Spuren auf nach drei Seiten abfallenden Felsvorsprüngen, die an der vierten Seite mit einer Mauer geschützt wurden. Auch sie beerdigten ihre Toten in Hügelgräbern, die während der zweiten Phase der Hallstatt-Zeit mit kunstvollen Objekten ausgestattet wurden. Der spektakulärste Fund war ein Fürstinnengrab unweit des Dorfes Vix bei Châtillon-sur-Seine. Hier entdeckte man einen fast 1200 l fassenden Bronzekrater, das größte aus der Antike erhaltene Gefäß dieser Art. Er belegt zu dem die Wiederaufnahme weitreichender Handelsbeziehungen. Seit die Griechen sich im westlichen Mittelmeerraum niedergelassen hatten (Gründung Marseilles um 600 v. Chr.), führte eine der bedeutendsten Süd-Nord-Verbindungen von Massalia (Marseille) über Rhône und Saône nach Alesia und nach Westen oder über die Burgundische Pforte in die keltisch besiedelten Gebiete an Rhein und Donau.

Auf die enorme Prosperität zum Ende der Hallstatt-Zeit scheint eine lange Periode des Niedergangs gefolgt zu sein. Zwar wurden die Toten weiterhin in Hügelgräbern bestattet, doch nahmen Umfang und Qualität der Grabausstattungen ab. Auch die Handelsbeziehungen mit dem Mittelmeerraum dürften unterbrochen worden sein.

Einen neuen Aufschwung brachte erst die um 120/100 v. Chr. einsetzende dritte Phase der La-Tène-Zeit, während der die keltische Kultur deutlicher erkennbar wird. Nun wurden **befestigte Siedlungen** (Oppida) errichtet, von denen manche durchaus städtische Züge aufwiesen (Stadtmauer, sozial und nach Funktionen differenzierte Viertel, Märkte etc.). Hauptort der Häduer, des wichtigsten Keltenstammes im heutigen Burgund, war Bibracte auf dem Mont Beuvray. Der bis dahin eher sporadisch besiedelte Morvan entwickelte sich zu einem regionalen Zentrum. Auch auf wirtschaftlichem Gebiet lässt sich ein deutlicher Aufschwung verzeichnen: **Das Handwerk blühte**, der Mittelmeerhandel wurde neu belebt, und zum ersten Mal befinden sich unter den reichen Funden auch Münzen.

Gallo-römische Epoche

Archäologische Funde belegen für die gallo-römische Epoche die Besiedlung weiter Teile Burgunds. Nicht nur nahezu alle größeren Städte gehen bis auf diese Zeit zurück, sondern auch die heute dichten Waldgebiete im Morvan und im Châtillonais waren zumindest teilweise bewohnt. In den Tälern von Saône, Yonne und Armançon wurden die **Reste mehrerer Villen** gefunden, d. h. großer landwirtschaftlicher Betriebe mit Wohn- und Wirtschaftsgebäuden. Trotz der Bedeutung der römischen Stadtkultur lebte der Großteil der Bevölkerung in ländlichen Regionen.

Da die Häduer schon ab dem 2. Jh. gute Beziehungen zu Rom unterhielten, war mit der nach der Besetzung verstärkten Durchdringung des Landes mit der Kultur der Sieger kein nennenswerter Bruch in der Entwicklung zu verzeichnen. Zentren römischen Einflusses waren große Städte, allen voran Sens und Autun. In **Augustodunum (Autun)**, dem als Schulstadt die Rolle eines intellektuellen Zentrums zugedacht war, kam man dem Vorbild einer römischen Stadt mit rechtwinkligem Straßennetz, Forum und entsprechenden Monumentalbauten wohl am nächsten, hier haben sich auch einige Reste erhalten. In kleineren Landstädten, die als Verwaltungszentren höchstens lokale Bedeutung besaßen, war man dazu kaum in der Lage (z. B. Alesia/Alise-Ste-Reine). Auch hier übernahm man zwar schrittweise griechisch-römische Strukturen und Formen, doch bestanden die alten keltischen Traditionen durchaus fort bzw. gingen mit den neuen Anregungen originelle spezifische Verbindungen ein. Dies ist auch auf dem Gebiet der handwerklichen Techniken zu beobachten, die nun auf andere Materialien angewendet wurden (Stein anstelle von Holz oder Metall), oder bei der Übertragung aus dem Holzbau stammender Bauformen auf die Steinarchitektur, der Kombination verschiedener Mauertechniken und anderem mehr. An der Seine-Quelle wurde noch in römischer Zeit die keltische Göttin der Gewässer und Heilkräfte, Sequana, verehrt, in Fontaines-Salées (bei St-Père-sous-Vézelay) nutzten Römer die bereits den Kelten bekannten Thermalquellen.

Überregionale Bedeutung genoss das Metallhandwerk, dessen Erzeugnisse – Werkzeuge, Waffen und Schmuck aus Bronze und Eisen – wichtige Handelsgüter waren. Eher für die lokalen Märkte wurden dagegen die Keramikwaren hergestellt.

Mittelalter

Christentum

Griechische Grabinschriften in Autun zeigen die allmähliche Ausdehnung des Christentums. Mit der fränkischen Eroberung und v. a. nach der Taufe Chlodwigs (496/97) gewann die römische Kirche rasch an Bedeutung, was die wachsende Zahl der Bischofssitze in Auxerre, Autun, Mâcon und Chalon-sur-Saône (Ende 4. bis Ende 5. Jh.) zeigt.

Karolingerzeit

Während der Regierungszeit der Karolinger (2. Hälfte des 8. bis 10. Jh.) bildeten sich mit der Entwicklung des Feudalwesens allmählich festere Strukturen einer **Agrargesellschaft** heraus. Führend wurde eine Aristokratie römischer, burgundischer und fränkischer Herkunft, die ihre Macht auf ausgedehnte Landgüter stützte. Wenige große Familien besetzten die gesellschaftlichen Schlüsselpositionen, zu denen auch Bischofs- und Abtsstühle gehörten. Die weit reichenden Verbindungen dieser herrschenden Schicht schlugen sich in der Kunst in Form fremder Einflüsse (v. a. aus Süddeutschland und der Nordschweiz) nieder. Nach außen hin war die Karolingerzeit für Burgund eine Epoche großer Unsicherheit.

◄ Klosterkirchen

Die Kunst der Zeit wird v. a. anhand der erhaltenen Klosterkirchen fassbar. Zwar existierten in Burgund bereits karolingische Vorgängerbauten der gotischen Kathedralen, doch zerstörten spätere Umbauten fast alle Spuren. Herausragende Beispiele karolingischer Architektur sind die Abteikirche St-Germain in Auxerre und die Klosterkirche St-Pierre in Flavigny-sur-Ozerain. St-Germain, eine merowingische Gründung, wurde 841 – 859 umgebaut. Bis 865 entstand hier zwischen einer Vorkirche im Westen und einem mehrgeschossigen Kryptentrakt im Osten ein Baukomplex von über 100 m Länge. Seinem Vorbild folgte man höchstwahrscheinlich in Flavigny, wo man 860 bis 880 an einen kurz zuvor ausgeführten Kernraum Umgänge und ein östliches Oratorium anbaute.

Auffallend ist die überaus reiche Gestaltung der Ostpartien der Kirchen (besonders der Anbau von Rundbauten am Chor), was als Folge des Reliquienkultes und neuer liturgischer Bedürfnisse angesehen wird. In diesen Zusammenhang ist wohl auch die kurz nach dem Jahr 1000 entstandene, einst drei-

Skulptur am Gerlanus-Bogen in Tournus

geschossige Rotunde am Chor von St-Bénigne in Dijon zu stellen, die bereits an der Schwelle zur Romanik steht. Auf der Westseite wurden die Sakralbauten damals um zweigeschossige Vorkirchen oder sogar um Krypten erweitert.
Noch spärlicher als die Architektur ist die Malerei der Epoche überliefert, die jedoch in St-Germain in Auxerre mit den ältesten bekannten Fresken Frankreichs hervorragend repräsentiert ist.

Glanzvolle Romanik

Entstehung Der romanische Stil entstand im Zuge eines allgemeinen wirtschaftlichen und sozialen Aufschwungs in den verschiedenen französischen Landschaften mit zeitlicher Verschiebung und in verschiedener Ausprägung. Burgund war sowohl mit seiner einheimischen Bautradition als auch mit der Architektur des Cluniazenserordens **maßgeblich an der Entwicklung der neuen Kunst beteiligt**. Nach der Mitte des 10. Jh.s entstanden hier die ersten Großbauten. Obwohl sie nicht erhalten ist, sei auf die zweite, 981 geweihte Abteikirche von Cluny hingewiesen, deren Einfluss nicht auf den burgundischen Kirchenbau beschränkt blieb.

Premier Art Roman Die wichtigsten überlieferten Beispiele der frühen Romanik (des Premier Art Roman) sind die bereits erwähnte Rotunde der ehemaligen **Abteikirche St-Bénigne in Dijon und die Vorhalle von St-Philibert in Tournus** (beide Anfang 11. Jh.). Charakteristisch ist die Verwendung kleiner Bruchsteine im Gegensatz zu dem späteren Mauerwerk aus Großquadern. Daraus ergeben sich bestimmte Möglichkeiten der Wandgliederung. Beliebt waren v. a. die sogenannten lombardischen Bögen, kleine Rundbogenfriese über Lisenen, die sich nur wenig von der Wand abheben und sie mehr überziehen denn durchgreifend gliedern. Die Bezeichnung leitet sich von lombardischen Bauleuten ab, die diesen Stil auch außerhalb ihrer Heimat verbreiteten. Zum ersten Mal taucht in dieser frühen Epoche auch wieder eine in die Architektur eingebundene Skulptur auf, wobei man sich damals noch auf ein ganz flaches Relief beschränkte, das mehr eingeritzt als herausgearbeitet wirkt (Kapitelle von St-Bénigne in Dijon, Skulpturen am Gerlanus-Bogen in St-Philibert in Tournus). Die Bauleute von St-Philibert in Tournus führten eine weitere Neuerung ein, die ein zentrales Problem der romanischen Architektur betraf: Ihr Bau war **eine der ersten Kirchen, die vollständig eingewölbt war**. Dadurch entledigte man sich endlich der stets vorhandenen Brandgefahr durch die bislang üblichen offenen Dachstühle, außerdem wirkten Gewölbe repräsentativer als Holzdecken und verbesserten die Akustik der Räume. Auch zur Herausbildung der später nahezu verbindlichen Zweiturmfassade und zur Ausdifferenzierung der Ostpartie (Umgangschor mit mehreren Radialkapellen) wurde mit St-Philibert ein wichtiger Beitrag geleistet.

Kapitell in der Kathedrale von Autun: Teufel helfen Judas beim Selbstmord.

Ende 11. Jh., Anfang 12. Jh.

Während das 11. Jh. insgesamt noch als eine Zeit der Suche und des Experimentierens betrachtet werden kann, finden die Bauleute zwischen dem Ende des 11. und der ersten Hälfte des 12. Jh.s für die neuen Bauaufgaben und die religiösen Bedürfnisse dieser Zeit **überzeugende Lösungen**. Die einzelnen Raumteile werden nun harmonisch zusammengefügt und durch eine übergreifende Gliederung verbunden. Die Skulptur wird integrierender Bestandteil der Architektur. Im Figurenkapitell und in der Portalplastik gelangt man zu bildhauerischen Höchstleistungen, für die u. a. der **Meister Gislebertus** steht. Seine Skulpturen in der Kathedrale von Autun unterscheiden sich von anderen aus der gleichen Zeit durch eine feinere Zeichnung der schlanken Figuren. Weitere herausragende Beispiele sind in Vézelay und Saulieu zu sehen.

Die Kultur der Klöster

Cluny

Das Selbstbewusstsein der Mönche, die während der romanischen Epoche als die wichtigste »Kultur tragende« Gesellschaftsgruppe angesehen werden können, fand seinen überwältigenden architektonischen Niederschlag in der dritten Abteikirche von Cluny. Hier wurde mit dreigeschossigem Aufriss, bestehend aus hohen Arkaden, einem Blendtriforium und der Fensterzone, in Verbindung mit einem Spitztonnengewölbe gebaut. Als neues Bauelement taucht der kannelierte Pilaster auf, der, dem Formenschatz der Antike entlehnt, wahrscheinlich die enge Verbindung von Rom und Cluny versinnbildlichen sollte. Auch wenn keine Kirche jemals die Dimensionen der – infolge der Französischen Revolution nahezu völlig zerstörten – Mutterkirche in der Ordenshauptstadt erreichte, so scheint der Einfluss von Cluny III doch schier grenzenlos. Am ehesten lässt sich heute noch in der ehemaligen Prioratskirche (jetzt

Sacré-Cœur) von Paray-le-Monial und in Autuns Kathedrale St-Lazare ein Eindruck von der verlorenen Pracht gewinnen. Bei ersterer arbeiteten wahrscheinlich dieselben Handwerker mit.

Anzy-le-Duc, Ste-Madeleine in Vézelay

Prototyp der älteren burgundischen Bautradition (vor dem weit reichenden Einfluss der dritten Abteikirche von Cluny) ist die ehemalige Prioratskirche von Anzy-le-Duc (zweite Hälfte 11. Jh.) in Südburgund. Die dreischiffige Basilika mit Querschiff und ausgeschiedener Vierung besitzt im Osten einen Staffelchor mit fünf Kapellen. Man baute hier mit dem statisch günstigeren Kreuzgratgewölbe über zweigeschossigem Wandaufriss (Arkaden und Fensterzone). Dieser Bautyp bestand neben dem cluniazensischen Modell fort und fand zu Beginn des 12. Jh.s seine berühmteste Nachfolge in der Kirche Ste-Madeleine in Vézelay.

Cîteaux

Zumindest für die klösterliche Kunst vertrat Bernhard von Clairvaux (1090 – 1153), das **Oberhaupt des Zisterzienserordens**, eine neue, der herrschenden Kunstauffassung radikal entgegengesetzte Meinung. Konnte für Cluny keine Kirche prächtig genug sein, so verboten die Generalkapitel von Cîteaux alles, was als Luxus verstanden werden konnte (aufwendige Fassaden, Türme und Glocken, Verwendung von Farbe, Anbringung von Bauskulptur). Alle Klostergebäude einschließlich der Kirche sollten nüchtern und völlig schmucklos bleiben, da jede Art von Bauschmuck nur vom Gebet ablenken und das mönchische Leben gemäß der Ordensregel stören könnte. Statt eines Chorumgangs erhielt der Mönchschor einen einfachen Rechteckschluss. Zu jedem Querschiffarm gehörten gewöhnlich zwei (bis vier) Kapellen.

Abtei Fontenay ►

Eines der besterhaltenen Beispiele früher Zisterzienserarchitektur ist die Abtei Fontenay bei Montbard. Die Wirkung ihrer trotz aller **Schmucklosigkeit** überaus beeindruckenden Räume beruht auf der sorgfältigen Bearbeitung des Steinmaterials, ihren harmonischen Proportionen und einer schlichten Monumentalität. Große Bedeutung räumten die Zisterzienser, bei denen Architektur auch ihre dem ganzen Mittelalter geläufige offenbarende Funktion als Sinnbild höherer Wahrheiten zu spielen hatte, der Zahlensymbolik ein.

Wandmalerei

Die verschiedenen Ausprägungen romanischer Architektur boten unterschiedliche Voraussetzungen für die Wandmalerei, die in erster Linie von der Gestaltung der Wand abhängig waren. Allerdings sind unsere Kenntnisse romanischer Malerei aufgrund der mehr als lückenhaften Überlieferung höchst unzureichend.

Als wichtigstes Zeugnis cluniazensischer Malerei gilt die in der ersten Hälfte des 12. Jh.s entstandene Kapelle der Mönche in Berzé-la-Ville, auch wenn sie nicht die einzige Richtung der Malerei des Ordens darstellen dürfte. Außerdem sei auf die ikonographisch ungewöhnlichen Fresken in der Krypta der Kathedrale St-Etienne in Auxerre (um 1100) hingewiesen.

Die Gotik

Entstehung

Der gotische Stil wurde im 12. Jh. in der Ile-de-France geschaffen, einer fruchtbaren, wirtschaftlich entwickelten Region, die das Kerngebiet kapetingischer Herrschaft bildete. Damals bedingte das **Aufblühen städtischer Kultur** die Verdrängung der Klöster als wirtschaftliche und kulturelle Zentren. Dies bedeutete auch, dass den Kathedralen nach und nach die Funktion architektonischer Leitbilder zukam, die bis dahin die Abteikirchen innegehabt hatten.
Burgund übernahm die neue Bauweise als eine der ersten französischen Landschaften. Trotz gewisser stilistischer Eigenarten der Region ist es problematisch, von einer »burgundischen Sondergotik« zu sprechen. Zum einen setzt man sich dabei über die politischen Verhältnisse im 12. und 13. Jh. hinweg, zum anderen finden sich zahlreiche »typisch burgundische« Kennzeichen des Stils auch in anderen Gebieten.

Anfänge

Der erste gotische Kirchenbau außerhalb des französischen Kronlandes wurde nach 1165 in Vézelay errichtet (Chor). Dabei handelte es sich wahrscheinlich um eine bewusste Orientierung am »französischen« Baustil, um einer Distanzierung von den örtlichen Bautraditionen Ausdruck zu verleihen. Gegen 1140 wurde in Sens, das damals zur Krondomäne gehörte, mit dem Neubau der Kathedrale St-Etienne in frühgotischem Stil begonnen. Damit gehört Sens zu den ersten gotischen Kirchen überhaupt. Dies ist wohl mit der überragenden Stellung und den persönlichen Beziehungen des Erzbischofs (dem u. a. das Bistum Paris unterstand) zu erklären. Er entschloss sich zu einer vergleichsweise einfachen Ausführung seiner Kathedrale. Beim Bau wurde – vermutlich unter dem Einfluss der kirchlichen Reformbestrebungen Bernhards von Clairvaux – nicht nur auf manche Schmuckformen, sondern auch auf ein Querhaus verzichtet. Außerdem entschied man sich unter Wegfall der Emporen für einen dreigeschossigen Wandaufriss. Strebepfeiler und Strebebögen fanden in Sens schon früh eine gelungene Verwendung. Auch wenn sich St-Etienne von anderen frühgotischen Kathedralen grundlegend unterscheidet, fand der Bau eine reiche Nachfolge bis ins 13. Jahrhundert.
Auch wenn in Vézelay mit dem Chor der Magdalenenkirche 1165 der erste gotische Bau auf burgundischem Boden entstand, gilt der 1215 – 1234 errichtete Chor der **Kathedrale St-Etienne von Auxerre** als Gründungsbau der burgundischen Gotik im eigentlichen Sinn. Er diente den kleineren Kirchen in den Diözesen Auxerrre und Nevers lange Zeit als Muster, bis sein Einfluss dem des Langhauses der Kathedrale von Nevers wich.
Am stilreinsten findet sich das, was als »burgundische Gotik« bezeichnet wird, in der **Pfarrkirche Notre-Dame in Dijon** (1220 – 1240). Charakteristisch ist die konsequente Auflösung der Wand in zwei Schichten. Häufig finden sich Laufgänge im Triforiumsgeschoss und/

oder vor den Obergadenfenstern. Die Wand wird plastisch durchgestaltet, wobei den einzelnen Baugliedern (Dienste, Konsolen etc.) ein hohes Maß an Selbstständigkeit belassen wird. Diesen Eindruck verstärkt die in Burgund oft angewandte Technik, v. a. Dienste und schlanke Säulchen nicht im Mauerverband auszuführen, sondern sie tatsächlich vollplastisch auszuarbeiten und vor die Wand oder die Pfeiler zu stellen. Das für die Gotik geltende Streben nach Höhe tritt in Burgund im Vergleich zu anderen Kunstlandschaften nur in gemilderter Form auf. Ein nahezu regelmäßig wiederkehrendes Motiv der Bauzier sind Konsolen in Form von Köpfen.
Auch in den südöstlichen Teilen des heutigen Burgund finden sich bedeutende gotische Bauten. Der Machtzuwachs des kapetingischen Königshauses hatte die Stellung der burgundischen Herzöge geschwächt, und selbst die Reformorden hatten sich zu diesem Zeitpunkt bereits eng an das Königshaus angeschlossen, was nicht zuletzt der Neubau der Gemeindekirche Notre-Dame in Cluny belegt, der trotz der eigenständigen, hoch entwickelten Ordensarchitektur in gotischen Formen ausgeführt wurde.

Glasmalerei Im 13. Jh. erlebte auch die Glasmalerei eine regelrechte Blüte. Schöne Beispiele haben sich in Auxerre (St-Etienne) und in Semur-en-Auxois (Notre-Dame) erhalten.

Blütezeit unter den Grand Ducs

Spätgotik Das burgundisch-niederländische Großreich entstand während der Regierungszeit der vier Valois-Herzöge (1363 – 1477; ► Geschichte). Dieses Staatsgebilde war eines der reichsten Europas und ermöglichte eine Blüte spätgotischer Kunst. War damals der kulturelle Austausch überall besonders rege – die Kunst der Zeit um 1400 wird auch als die Internationale Gotik bezeichnet –, so trafen in Burgund auch noch zwei unterschiedlich organisierte Gesellschaften aufeinander: Die höfische Kultur der heutigen Bourgogne wurde durch die Erwerbungen der Großherzöge mit der bürgerlich ausgerichteten Kultur Flanderns konfrontiert. Während die Durchführung großer sakraler Bauvorhaben (insbesondere die Fortführung der Kathedralen) stagnierte, übernahmen nun **weltliche Mäzene** eine entscheidende Aufgabe im Bereich der Kunstproduktion: Nicht nur der französische König Karl V., auch seine Brüder, die Herzöge von Anjou, Berry und Burgund, sowie deren Höflinge, der wohlhabende Adel und das kunstverständige Bürgertum beschäftigten die fortschrittlichsten und fähigsten Künstler der Zeit. Dies führte zur Lösung der Kunst von rein religiösen Zwecken, zu einer Verweltlichung, die neben neuen Darstellungsinhalten auch eine größere Betonung ästhetischer Eigenwerte mit sich brachte.
Wie so oft spielte Burgund – jetzt v. a. durch die politische Konstellation bedingt – die Rolle eines kulturellen Sammelbeckens und Strahlungszentrums.

Kartause von Champmol

Den Mittelpunkt künstlerischen Schaffens bildete über Jahre hinweg die Kartause von Champmol, die neue herzogliche Grablege. Für sie wurden von überall her die führenden Künstler nach Dijon geholt. 1383 wurde mit dem Bau begonnen, an dessen Ausstattung sehr lange gearbeitet wurde. Mit seinem Lehrer Jean de Marville kamen auch **Claus Sluter** (um 1355 bis 1406) sowie sein Vetter **Claus de Werve** (ab 1396) aus Brüssel nach Burgund. Sluter schuf in Champmol die bedeutendsten Skulpturen der Zeit um 1400. Am Kirchenportal, das nur noch wenig mit einem herkömmlichen gotischen Figurenportal zu tun hat, räumte er dem Herrscherbildnis einen völlig neuen Platz ein. Den Sockel seines berühmten Mosesbrunnens umstehen gewaltige Prophetenstatuen, bei denen Sluter ein **genaues Detailstudium** am Naturvorbild mit der eindringlichen Vermittlung geistig-religiöser Inhalte verbindet. Besonders die Pleurants, die Figuren des Trauerzugs am Grabmal Philipps des Kühnen (heute im Musée des Beaux-Arts in Dijon), fanden eine qualitätvolle Nachfolge. Im 15. Jh. reichte der Einfluss Sluters über Burgund und Frankreich hinaus.

Jacques de Baerze und Melchior Broederlam (nachweisbar zwischen 1381 und 1409) schufen für die Kartause von Champmol Schnitzaltäre mit bemalten Flügeln, die zu den Hauptwerken des Weichen Stils (der Internationalen Gotik) gehören. Obwohl die Bilder ihre Herkunft von der Miniaturmalerei noch ahnen lassen, finden sich

Die Gräber der »Großen Herzöge« in der Salle des Ducs in Dijon

Wiedergabe der Landschaft. Flandrische Schnitzaltäre, die im Lauf des 15. Jh.s zu einem begehrten Exportartikel wurden, stellten in Frankreich eine Neuerung dar.

Die Malerei

Rogier van der Weyden

Einen weiteren Schritt in Richtung auf eine wirklichkeitsnahe Gestaltungsweise tat Rogier van der Weyden (um 1400 – 1464) mit dem Altarbild für das Hospiz in Beaune. Im Auftrag des Kanzlers von Burgund, Nicolas Rolin, malte er eine Darstellung des Jüngsten Gerichts. Im Gegensatz zu früheren Gerichtsszenen beschränkte er die Zahl der Seligen und Verdammten auf wenige exemplarische Gestalten und baute seine Komposition streng und übersichtlich auf. Wie bereits Broederlam zeigt sich auch Rogier van der Weyden **von der italienischen Malerei beeinflusst**. Doch ordnet er ebenfalls, bei aller Detailtreue und aller Stofflichkeit der Wiedergabe, diese Elemente stets der Darstellung religiöser Gehalte unter. Ein weiterer beachtenswerter Maler aus Dijon war Pierre Spicre, der die Vorlagen für die Tapisserien von Notre-Dame in Beaune zeichnete.
Unabhängig von dieser dem Umkreis der Herzöge entstammenden Kunst behielten jedoch auch zahlreiche burgundische Künstler ihre alte Arbeitsweise bei, was sich besonders an der Skulptur verfolgen lässt. Gegen 1500 setzten neue Strömungen ein, die zusammen mit dem italienischen Einfluss zum Ende der Gotik führten.

Die Neuzeit

Geringere Bedeutung als Kunstzentrum

Der Anschluss Burgunds an Frankreich nach dem Tod Karls des Kühnen im Jahre 1477 führte auf künstlerischem Gebiet nicht unmittelbar zu Veränderungen. Burgund verlor jedoch mit dem Hof seiner Herzöge eine für das kulturelle Leben wichtige Institution. Während der Folgezeit trafen in Burgund zwar nach wie vor die unterschiedlichsten kulturellen Einflüsse zusammen, doch nahm seine Anziehungskraft als Kunstzentrum deutlich ab. War es für die vorigen Epochen bereits schwierig, von einer »burgundischen Kunst« zu sprechen, so wird dies mit der einsetzenden Provinzialisierung vollends unmöglich. Die Durchsetzung des absoluten Königtums brachte die **Zentralisierung des kulturellen Lebens am Hof** in Paris bzw. Versailles mit sich. Von hier gingen die richtungsweisenden Impulse aus, die im Land aufgegriffen wurden. Erste Anfänge dieser Entwicklung zeigten sich zu Beginn des 16. Jahrhunderts.

Renaissance

Der Stil der Renaissance wurde in Frankreich zunächst durch italienische Künstler verbreitet, die von der Regierungszeit Franz I. (1515 – 1547) an verstärkt ins Land kamen. Der Inbegriff dieser »italienischen« Bauten in Burgund ist das 1546 begonnene **Schloss**

Italienischer Einfluss: Renaissance-Schloss Tanlay

Ancy-le-Franc, dessen Entwurf Sebastiano Serlio aus Bologna zugeschrieben wird. Als weitgehend von Italien beeinflusst erweisen sich auch die Schlösser von Sully und Tanlay; letzteres wurde mit Fresken im Stil der am königlichen Schloss Fontainebleau tätigen Künstler geschmückt. Das einzige erhaltene Beispiel eines ausgemalten Kirchenraumes steht in La Ferté-Loupière (bei Joigny).

Der aus Gray stammende Möbelschreiner **Hugues Sambin** (um 1520 – 1601/1602) arbeitete während der zweiten Hälfte des 16. Jh.s u. a. in Dijon, wo sein Werk zu einigem Einfluss gelangte. Als vielseitige Renaissancepersönlichkeit war er sowohl als Bildschnitzer als auch als Architekt tätig, er gestaltete die feierlichen Einzüge der Könige in Dijon und befasste sich mit Festungsbau. Der Stil seiner reich dekorierten, schon fast überladenen Fassaden (u. a. die Türen des ehemaligen Justizpalastes in Dijon) fand an zahlreichen Stadtpalästen (Hôtels) in Dijon Nachahmer. In Dijon, Noyers, Flavigny-sur-Ozerain oder Châteauneuf-en-Auxois haben sich schöne Stadthäuser wohlhabender Bankiers, Kaufleute und Beamter erhalten.

Der Kirchenbau trat damals in den Hintergrund, die meisten Bauten im Renaissance-Stil sind lediglich Um- oder Weiterbauten beschädigter oder nicht vollendeter Kirchen. Eine Ausnahme bildet die Kirche St-Michel in Dijon, das Hauptwerk sakraler Renaissance-Architektur in Burgund, das gegen 1570 fertiggestellt wurde.

Ein beliebtes Thema der Plastik des 16. Jh.s waren neben den Figuren einzelner Heiliger Grablegungen und Grabdenkmäler. Herausragende Beispiele solcher großen Grablegungsgruppen stehen in Châtillon-sur-Seine und Villeneuve-sur-Yonne.

Berühmte Persönlichkeiten

Vielen Geistesgrößen war Burgund Heimat und Wirkungsstätte: von Kirchenmännern, Dichtern und Politikern über den Naturforscher Buffon und den Erfinder Niepce bis hin zum großen französischen Romantiker Lamartine und den Schriftstellern Romain Rolland und Colette.

Jacques-Bénigne Bossuet (1627 – 1704)

Geschichtsphilosoph und Kanzelredner

Bossuet wurde 1627 als Sohn einer alteingesessenen Bürgerfamilie in Dijon geboren. Nach einer Ausbildung bei den Jesuiten machte er als Theologe, Kirchenpolitiker und Kanzelredner eine glänzende Karriere. Ab 1659 hielt er sich als Vertreter des Kapitels von Metz ständig in Paris auf, wo er durch seine Predigten auch am Hof Ludwigs XIV. bekannt wurde. 1670 – 1680 war ihm die Erziehung des französischen Thronfolgers anvertraut, für den er mehrere politische und historische Schriften verfasste. Darunter befindet sich auch sein Hauptwerk, die »Abhandlung über die Weltgeschichte«, der letzte große Versuch, Geschichte vom Standpunkt der christlichen Heilslehre aus zu deuten. Berühmtheit erlangten seine Trauerreden, die er für hochgestellte Persönlichkeiten hielt und die bereits zu seinen Lebzeiten gesammelt und veröffentlicht wurden. Bossuet, der stets die Bedeutung der Monarchie betonte, die absolutistische Herrschaft Ludwigs XIV. rechtfertigte und der französischen Kirche weit gehende Ansprüche gegen Rom einräumte, wandte sich andererseits gegen alle Versuche, die Autorität des Katholizismus zu untergraben. Seine umfassende klassische Bildung und seine brillante Ausdrucksweise machten Bossuet zu einem Meister der französischen Rhetorik und einem der bedeutendsten Schriftsteller seiner Zeit.

Georges-Louis Leclerc, Conte de Buffon (1707 – 1788)

Ein Vorläufer moderner Biologie

Der auf Schloss Montbard geborene Gelehrte war einer der berühmtesten Naturforscher im 18. Jh., auch wenn er sich bei der breiten Öffentlichkeit wesentlich größerer Beliebtheit erfreute als bei seinen Kollegen. Er studierte am Jesuitenkolleg von Dijon und veröffentlichte nach Reisen in die Schweiz, nach England und Italien verschiedene wissenschaftliche Arbeiten. 1739 wurde Buffon Leiter der königlichen Gärten in Paris, wo er fortan vier Monate des Jahres verbrachte. Die restliche Zeit lebte er in Montbard, leitete seine Schmiede im benachbarten Buffon und verfasste sein Hauptwerk, die »Allgemeine und spezielle Naturgeschichte«, ein durchaus der »Enzyklopädie« vergleichbares Unternehmen. Dank der Unterstützung eines ganzen Mitarbeiterstabes erschienen zwischen 1749 und 1767 die ersten fünfzehn Bände, denen noch zahlreiche folgten.
Trotz Fehlern, Auslassungen und aus heutiger Sicht absurden Hypothesen gehört Buffons Werk zu den großen Errungenschaften der Aufklärung. Seine Naturgeschichte, in der er mehr Wert auf das große Ganze und umfassende Reflexion als auf Detailforschung legt, besitzt eine systematische Gesamtkonzeption und einen beeindruckenden, wenn auch im Wesentlichen damals schon überholten Stil. Bis gegen Ende des 19. Jh.s erlebte »der Buffon« unzählige Auflagen.

←*Kultschriftstellerin aus Burgund: Sidonie-Gabrielle Colette*

Bussy-Rabutin, Graf von Bussy (1618 – 1693)

Enfant terrible

Als Spross einer der ältesten Familien Burgunds begann Bussy-Rabutin (eigentlich Roger de Rabutin) schon sehr jung eine glänzende militärische Laufbahn. Doch mehr noch als seine Erfolge auf den Schlachtfeldern des Dreißigjährigen Krieges machten ihn seine Skandalgeschichten bekannt, die ihn 1641 das erste Mal in die Bastille brachten. Nachdem er sowohl bei kirchlichen Autoritäten als auch bei Ludwig XIV. Anstoß erregt hatte, musste er sich auf sein Schloss im Auxois zurückziehen (► Reiseziele, Bussy-Rabutin). Hier verfasste er seine »Histoire amoureuse de la Gaule« (»Liebeschronik der Gallier«), die zahlreiche Mitglieder des französischen Hofes kompromittierte. Sie erschien 1665, als er in die Académie Française gewählt wurde. Bussy-Rabutin wurde erneut verhaftet und nach einem guten Jahr in der Bastille wieder auf sein Schloss verbannt. Hier widmete er sich unter anderem der teilweise kuriosen Innenausstattung seines Landsitzes, war weiterhin schriftstellerisch tätig und unterhielt eine umfangreiche Korrespondenz. Ab 1672 durfte Bussy-Rabutin wieder zu kurzen Besuchen nach Paris, ab 1682 wurde er wieder bei Hofe empfangen. Er starb 1693 in Autun, wo er auch begraben worden ist.

Bernhard von Clairvaux (1090 – 1153)

Charismatiker der Kirchenlehre

Bernhard wurde 1090 auf Schloss Fontaines, im heutigen Fontaines-lès-Dijon, geboren. Nach seiner Ausbildung an der Stiftsschule von ►Châtillon-sur-Seine trat er 1112 in den Zisterzienserorden ein, der dem Einfluss Bernhards einen Gutteil seiner raschen Entwicklung verdankt. Bernhard selbst blieb nur drei Jahre in Cîteaux, das er 1115 verließ, um in der Champagne wiederum Kloster Clairvaux zu gründen, dessen Abt er dann zeitlebens blieb. Dennoch verlief das Leben Bernhards ganz im Gegensatz zu seinem mönchischen Ideal der Weltabgeschiedenheit. Zwar lehnte er stets alle kirchlichen Ämter einschließlich des Papstthrones ab, doch stand er mit den wichtigsten Persönlichkeiten seiner Zeit in regem Kontakt, und sein großes Ansehen verschaffte ihm weit reichenden Einfluss. So unterstützte er während des Schismas die Partei des Papstes Innozenz II. gegen den Gegenpapst Anaklet II. und engagierte sich mit Erfolg für den Zweiten Kreuzzug, zu dem er u. a. in Vézelay und Speyer aufrief. Die damals aufblühende Philosophie der Scholastik lehnte Bernhard ab: 1140 betrieb er auf dem Konzil von Sens die Verurteilung der Lehre von Petrus Abaelard, später die Vertreibung von dessen Schüler Arnold von Brescia aus Frankreich. Mit dem Abt von Cluny, Petrus Venerabilis, stand Bernhard in einem berühmt gewordenen Schriftwechsel über das Mönchtum. Bernhard selbst meinte, er sei zur »Chimäre seines Jahrhunderts« geworden: »nicht Priester, nicht Laie. Ich trage zwar noch das Kleid eines Mönches, ohne dessen Leben zu führen.«

Sidonie-Gabrielle Colette (1873 – 1954)

Einst eine Kultautorin

Colette wurde in St-Sauveur-en-Puisaye im äußersten Nordwesten Burgunds geboren. Dank ihrer unkonventionellen, liberal denkenden Mutter verbrachte sie dort eine unbeschwerte Kindheit und Jugend. Nach anfänglichen literarischen Erfolgen mit ihrer »Claudine«-Serie entwickelte sich Colette zu einer Meisterin einfühlsamer psychologischer Schilderungen. In ihren Romanen, in deren Mittelpunkt stets Frauengestalten stehen, beschäftigt sie sich fast ausschließlich mit der Problematik von Liebesbeziehungen. Intensiv setzt sich Colette mit der Institution Ehe auseinander, die ihr – obwohl selbst dreimal verheiratet – im Wesentlichen als Hemmschuh weiblicher Entwicklung erscheint. Eindringlich wird der Konflikt zwischen weiblichem Unabhängigkeitsstreben und dem Drang nach Selbstverwirklichung auf der einen Seite und leidenschaftlicher Liebe und emotionalen Wünschen auf der anderen Seite dargestellt. Gefühlsbetonte Frauen stehen dabei zumeist beziehungsunfähigen Männern gegenüber. Sich theoretischer Argumente enthaltend, schrieb Colette aus eigenem Erleben und persönlicher Erfahrung heraus. Als einzige Frau war Colette Mitglied der Belgischen Akademie, 1944 wurde sie in die Académie Goncourt gewählt.

Alphonse de Lamartine (1790 – 1869)

Literat und Politiker

Zusammen mit Victor Hugo und Stendhal gehört de Lamartine zur ersten Generation französischer Romantiker. Seine »Méditations poétiques« von 1820 können sogar als der erste große Erfolg romantischer Literatur in Frankreich überhaupt bezeichnet werden.

Lamartine wurde 1790 in Mâcon geboren. Er war der Sohn eines durch Grundstücksspekulation reich gewordenen Landadligen und verbrachte seine Kindheit in dem heute nach ihm benannten Milly. Nach seiner Erziehung bei den Jesuiten begab sich Lamartine in diplomatischen Dienst. Diese Karriere fand mit der Julirevolution von 1830 ihr Ende. Der politische Umbruch brachte auch eine Wende in der dichterischen Tätigkeit Lamartines, mit der er früh begonnen hatte und die ihm 1833 die Aufnahme in die Académie Française einbrachte. Von einer eher individualistisch-religiös geprägten Richtung kommend, begann sich der Dichter politisch zu engagieren: Er ließ sich 1833 als Deputierter in die Abgeordnetenkammer wählen. Sein Einsatz für die Rechte der Bürger war geradezu revolutionär. Er forderte kostenlosen Schulunterricht für jeden sowie das allgemeine Wahlrecht. Durch seine Schriften und politischen Reden soll er mit zum Sturz der Julimonarchie beigetragen haben. Seine politsche Karriere nahm ein abruptes Ende, als er im Anschluss an die Revolution von 1848, trotz eines gewaltigen finanziellen Aufwandes, die Wahl um das Präsidentschaftsamt gegen den Prinzen Louis-Napoléon Bonaparte verlor. Fortan verfasste der liberale Adelige hauptsächlich historische Schriften. Lamartine starb 1869 in Paris.

M. E. Mac-Mahon (1808 – 1893)

Militär und konservativer Präsident

Mac-Mahon, mit vollem Namen Marie Edme Patrice Maurice Graf von Mac-Mahon, Herzog von Magenta, stammte aus einer alten irischen Familie und wurde 1808 auf Schloss Sully bei Autun geboren. Als General nahm er am Krimkrieg teil und brachte 1859 den Österreichern bei Magenta eine entscheidende Niederlage bei. 1864 bis 1870 war er Generalgouverneur in Algerien. Im Deutsch-Französischen Krieg 1870/1871 geriet er in Gefangenschaft in Sedan. Im Mai 1871 schlug er den Aufstand der Pariser Kommune nieder, und zwei Jahre später wählte ihn die monarchistisch-klerikale Mehrheit der Nationalversammlung zum zweiten Präsidenten der Dritten Republik. Er starb im Jahr 1893 auf seinem Schloss La Forêt bei Montargis.

François Mitterrand (1916 – 1996)

Staatsmann

Als sich im Januar 2006 zum zehnten Mal der Todestag von François Mitterrand jährte, zeigte sich erneut, welche Faszination von der Gestalt des ehemaligen Staatspräsidenten ausgeht. 1916 in Jarnac im Südwesten geboren, betätigte er sich zunächst für das Vichy-Regime, dann für die Résistance und wurde später der prominente Gegenspieler de Gaulles. Staatspräsident war Mitterrand über zwei Amtsperioden à sieben Jahre: von 1981 bis 1995. Während seine erste Amtszeit mit viel beachteten Maßnahmen begann – der Abschaffung der Todesstrafe, der Anhebung der Mindestlöhne und der Familienbeihilfen, der Verstaatlichung von Schlüsselindustrien und Banken – kehrte Mitterrand angesichts der wirtschaftlichen Krise bald wieder zu einer liberalen Wirtschaftspolitik zurück und setzte auch die Nuklearverteidigung fort. Er war ein vehementer Befürworter der Europäischen Union und unterstützte nach anfänglichem Zögern auch die deutsche Wiedervereinigung.

Machte Mitterrand sich in Paris durch seine »Grands Projets« unsterblich – gigantische Bauvorhaben wie die »Grande Arche de la Défense«, die Louvre-Umgestaltung mit der Glas-Pyramide, die Bastille-Oper und die Nationalbibliothek – so erinnern in Burgund unzählige nach ihm benannte Straßen und Plätze an ihn. Er war von 1952 bis 1981 Bürgermeister von Château-Chinon im Morvan, und ab 1962 Abgeordneter des Départements Nièvre, später dessen Generalrat.

Schon seit 1946 pilgerte Mitterrand alljährlich an Pfingsten zum Felsen von Solutré. Was als Treffen ehemaliger Mitkämpfer begann, entwickelte sich als fester Bestandteil seiner Selbstinszenierung zum regelmäßigen Medientermin. Dabei entbehrt es nicht einer gewissen Komik, dass er einmal zur Abwechslung den benachbarten Felsen von Vergisson bestieg, während die Journalisten wie üblich an dem von Solutré warteten. Mitterrand erlag im Alter von 80 Jahren seinem langen Krebsleiden.

Nicéphore Niepce (1765 – 1833)

Glückloser Erfinder

Nur wenig Glück war dem aus Chalon-sur-Saône stammenden Nicéphore Niepce mit der bedeutendsten seiner Erfindungen beschieden. Als es ihm nach rund zehn Jahren Versuchszeit 1822 gelang, mechanisch die erste Landschaftsfotografie zu erzeugen, hatte nahezu niemand Interesse an seiner neuen Errungenschaft. Die erste erhaltene Fotografie der Welt – sie ist die einzige von Niepce, die der Zerstörung entging – zeigt den Blick aus dem Fenster seines Arbeitszimmers in St-Loup-de-Varennes unweit von Chalon.

Niepce, der schon als Kind technisches Geschick bewies, hatte als Sohn eines Königlichen Rates die finanziellen Mittel, um sich zunächst fast uneingeschränkt seinen Forschungen zu widmen. Bevor er sich mit der »Heliographie«, der »Sonnenzeichnung«, wie er seine Arbeiten nannte, beschäftigte, hatte er gemeinsam mit seinem Bruder einen Verbrennungsmotor entwickelt. Der Apparat erwies sich sogar als Schiffsantrieb tauglich, doch fanden die Brüder keine Möglichkeit einer kommerziellen Nutzung. Als sein Familienvermögen zur Neige ging, schloss Niepce zur Weiterentwicklung und Propagierung seiner fotografischen Methode 1829 einen Vertrag mit dem wesentlich geschäftstüchtigeren Daguerre, der sich Niepce' Erfindung zunutze machte. Doch auch dies konnte den Ruin der Familie nicht aufhalten, die nach dem Tode von Niepce im Jahre 1833 gezwungen war, den Landsitz in St-Loup zu verkaufen. Angesichts des spektakulären Erfolges von Daguerre, der ohne die Arbeiten von Niepce aber gar nicht denkbar gewesen wäre, blieb letzterem selbst der Nachruhm für lange Zeit versagt.

Durch Niepce erblickte die Fotografie das Licht der Welt. Leider war er mehr Erfinder als Marketingstratege.

MACHT UND DEMUT

Durch spektakuläre Mildtätigkeit, wie der Gründung des Hospitals Hôtel-Dieu in Beaune, und demonstrative Marienverehrung, wie in van Eycks Gemälde »Die Madonna des Kanzlers Rolin«, suchte im 15. Jh. der mächtige, skrupellose Kanzler des Herzogtums Burgund, Nicolas Rolin, sein Seelenheil zu sichern.

Während seiner fast 40-jährigen Amtszeit zunächst als Berater von Johann ohne Furcht und ab 1422 als Kanzler unter Philipp dem Guten machte Nicolas Rolin (1376–1462) Burgund zu einer gefürchteten europäischen Großmacht. Dass ein Mann aus eher bescheidenen Verhältnissen, sein Vater war Rechtsanwalt in Autun, an einem hocharistokratischen, etiketteversessenen Hof Karriere machen konnte, spiegelt die burgundische Gesellschaft zu einer Zeit wider, in der sich aus der Vereinigung einer französischen feudalen Adelselite mit den fleißigen flämisch-niederländischen Stadtbewohnern eine **höfisch-bürgerliche Mischkultur** mit hohem kulturellem Feinsinn entwickelte. Nicolas Rolin sagte man die sprichwörtlichen Eigenschaften der burgundischen Bauern nach: Zähigkeit, Schlauheit und Realitätssinn.

Der rechte Mann

Nicolas Rolin war der rechte Mann zur rechten Zeit, als der junge, durch die Ermordung seines Vaters 1419 plötzlich an die Macht gekommene Herzog Philipp von Burgund in einer Staatskrise politische Verantwortung tragen musste. Da waren die Talente eines skrupellosen Emporkömmlings wie Nicolas Rolin nützlich, der innerhalb von drei Jahren zum Kanzler aufstieg. Wie Georges Chastelain in seiner Chronik (1454–1458) schreibt, war Rolin ein Mann, »... der alles auf eigene Faust zu handhaben und auszuführen pflegte, sei es Krieg, Frieden oder Finanzen; dessen Natur es war, dass er keinem ein Amt abtreten wollte, um sich zurückzuziehen, sondern immer höher zu steigen und seine Macht zu vermehren trachtete.« Seine **Machtfülle** nutzte der Kanzler, um den Besitz Burgunds zu vergrößern, durch Erbe, Heirat oder Länderkauf. Im Jahr 1429 gelang ihm die Angliederung der Grafschaft Namur, es folgten 1430 die Herzogtümer Brabant und Limburg, 1433 die Grafschaften Hennegau, Friesland und Seeland sowie 1443 das Herzogtum Luxemburg. Zusammengehalten wurde dieses burgundische Großreich durch die Person des Herzogs und die Klugheit seines Kanzlers Rolin. Er

Machtgierig und geldhungrig und doch sah er sich selbst als frommer Mann: Kanzler Nicolas Rolin als Stifterfigur im Altar von Rogier van der Weyden.

zentralisierte und vereinheitlichte Verwaltung und Rechtswesen, schränkte die Privilegien des Adels ebenso ein wie die der Städte und befriedigte die Geldbedürfnisse seines prunkliebenden Herzogs durch das Eintreiben immer neuer Abgaben. Rolins hartes Regiment, sein kaufmännischer Spürsinn und sein diplomatisches Geschick machten Burgund in den Wirren des Hundertjährigen Kriegs zwischen Frankreich und England zu einem ebenso geschätzten wie gefürchteten Allianzpartner. **Rolins Meisterstück** war der Friedensvertrag von Arras im September 1435, der zur Aussöhnung zwischen Frankreichs König Karl VII. und Herzog Philipp dem Guten führte. Während Karl VII. Sühne und materiellen Ausgleich gelobte für die Beteiligung an der Ermordung des Burgunderherzogs Johann ohne Furcht 1419, entzog Herzog Philipp den Engländern seine Unterstützung, die wenige Jahre zuvor noch die von den Burgundern gefangene und gegen horrendes Lösegeld ausgelieferte königstreue Jeanne d'Arc auf dem Scheiterhaufen hatten verbrennen lassen. Dass bei solchen politischen Geschäften auch etwas in die Privatschatulle des Kanzlers von Burgund gelangte, versteht sich von selbst. Rolin war nach dem Herzog der mächtigste, aber auch der meistgehasste Mann im Staat.

Gewissen

Am Ende seines Lebens begriff er wohl, dass das Totenhemd keine Taschen hat und wandelte sich zum **Wohltäter**. 1443 gründete er in Beaune ein Hospital für Arme, 1461 stiftete er seiner Tauf- und Pfarrkirche Unserer Lieben Frau in Autun eine 7 kg schwere, silberne Madonnenstatue. Für die Nachwelt hat sich der große Staatsmann von den bekanntesten Malern seiner Zeit, von Jan van Eyck und Rogier van der Weyden in andächtiger Haltung porträtieren lassen. Nicolas Rolin hat aber auch für seine Stiftungen vorgesorgt, so vermachte er dem Hôtel-Dieu in Beaune hervorragende, heute auf 58 ha angewachsene Weinlagen. Alljährlich kommt es am 3. Novembersonntag zur berühmten Weinverkostung und anschließenden -versteigerung. Der Erlös kommt kranken und bedürftigen Menschen zugute, ein Krankenhaus und Seniorenheim sind an die Stelle des von Rolin gestifteten Hospitals getreten, das heute Museum ist. Rolins Initialen sind mit denen seiner Gemahlin Guigone de Salins überall anzutreffen und der Kanzler selbst ist auf dem Weltgerichtsaltar van der Weydens verewigt. Ob seine reichen Stiftungen seine Seele in den Himmel brachten, wissen wir nicht, auf Erden jedenfalls werden sie bis heute außerordentlich geschätzt.

Romain Rolland (1866 – 1944)

Für Völkerverständigung und Pazifismus

Romain Rolland wurde 1866 in Clamecy geboren. Um dem Sohn eine gute Ausbildung zu ermöglichen, übersiedelte die Familie 1880 nach Paris. Sein Interesse für Deutschland weckte Malwida von Meysenbug, eine deutsche Literatin, die er während seines Studiums in Rom kennenlernte. Bis 1912 arbeitete Rolland in Paris als Professor für Musikgeschichte, dann entschied er sich endgültig für den Beruf des Schriftstellers. Zunächst widmete er sich historischen Themen und verfasste mehrere Biografien. Für seinen zwischen 1904 und 1912 erschienenen zehnbändigen Bildungs- und Entwicklungsroman »Jean-Christophe« erhielt er 1915 den Nobelpreis. Während des Ersten und auch während des Zweiten Weltkrieges setzte sich Rolland konsequent für Völkerverständigung und Frieden ein. Sein 1914 publizierter Artikel »Über den Schlachten« trug ihm in Frankreich heftige Kritik ein. Seit der Russischen Revolution stand Rolland in Briefwechsel mit Maxim Gorki, den er später mehrfach besuchte. Außer mit der Sowjetunion beschäftigte sich Rolland intensiv mit Indien. 1923 erschien seine Biographie Mahatma Gandhis. Entschieden wandte sich Rolland, der sich stets für eine Annäherung deutscher und französischer Kultur aussprach, seit 1933 gegen den deutschen Faschismus. Seine letzten Lebensjahre verbrachte er in Vézelay, wo er 1937 ein Haus gekauft hatte. Hier verfasste er autobiographische Schriften und eine Biographie seines Jugendfreundes Charles Péguy.

Romain Rolland war ein Mann mit weitreichenden Beziehungen: Hier im Gespräch mit Mahatma Gandhi 1948.

Sébastien Le Prestre de Vauban (1633–1707)

Festungsbaumeister Ludwigs XIV.

Vauban wurde wahrscheinlich 1633 in St-Léger-de-Foucheret geboren, einem kleinen Dorf im Morvan, das später auf Geheiß Napoleons I. in St-Léger-Vauban umbenannt wurde. Nach dem Besuch eines Karmeliterkollegs fand er dank der Beziehungen der Familie Aufnahme in das Regiment des Prinzen Condé, wo er seine militärische Ausbildung begann. Die zahlreichen Kriege Ludwigs XIV. boten Vauban Gelegenheit, sich intensiv mit den Problemen von Angriff und Verteidigung befestigter Plätze auseinanderzusetzen. 1678 wurde er Generalinspekteur des französischen Festungsbauwesens. Unzählige bestehende Festungsanlagen wurden von Vauban instandgesetzt und modernisiert, rund 30 ganz neu angelegt. Dabei fasste Vauban die Prinzipien der Militärarchitektur des 15. und 16. Jh.s zusammen, wandelte sie neuen Bedürfnissen entsprechend ab und passte sie geschickt den jeweiligen Gegebenheiten am Ort an. Bei seinen Neuanlagen erwies er sich auch als fähiger Stadtplaner. Seine Erfahrungen legte er in mehreren Schriften nieder. Trotz seiner Tätigkeit als Architekt und Ingenieur – Vauban beschäftigte sich u. a. mit der Wasserversorgung des Schlossparks von Versailles, der Schiffbarmachung von Flüssen und der Anlage von Kanälen – blieb er auch immer Militär. Zahlreiche Belagerungen wurden von ihm geleitet, sogar die der zuvor von ihm selbst befestigten Stadt Ath im heutigen Belgien. Kurz vor seinem Tod publizierte Vauban, der 1703 zum Marschall von Frankreich befördert worden war, ein Traktat über eine Steuer für alle Untertanen, womit er sich den Unwillen des Königs zuzog. Er starb 1707 in Paris. Sein Grab befindet sich in einer Seitenkapelle der Dorfkirche von Bazoche. Sein Herz wurde 1808 in den Invalidendom nach Paris überführt.

LY 1873

Praktische Informationen

WAS PRÄGT DIE BURGUNDISCHE KÜCHE UND WELCHE WEINE BIETEN DIE KELLER DER WINZER? WIE FINDET MAN EIN HAUSBOOT ODER DEN SCHÖNSTEN CAMPINGPLATZ? HIER GIBT ES NÜTZLICHE HINWEISE FÜR IHRE REISEPLANUNG.

Anreise · Reiseplanung

Autobahn Aus Norddeutschland erreicht man Burgund entweder über Paris und weiter auf der Autobahn (autoroute) A 6 oder – aus Westdeutschland – über Saarbrücken, Metz und Nancy. Wer mit dem Auto aus Süddeutschland, der Schweiz oder Österreich nach Burgund fährt, nimmt die Autobahn A 36 Mulhouse – Besançon bis zum Autobahnkreuz Beaune. Will man die Reise in Dijon beginnen, verlässt man die A 36 bei der Ausfahrt Dôle. Auf diese Strecke trifft auch, wer aus der Westschweiz über Pontarlier nach Burgund fährt. Eine weitere Anfahrtsmöglichkeit führt über die Autobahn A 40 Genf – Bourg-en-Bresse – Mâcon. Bis auf einzelne Teilstrecken sind die französischen Autobahnen **gebührenpflichtig**. Infos hierzu gibt es unter www.aprr.fr mit Gebührenrechner.

Nationalstraße Die Nationalstraßen (routes nationales, N) verlaufen meistens parallel zu den Autobahnen, ihre Benutzung ist **kostenlos**. Aus dem Norden Deutschlands kommend, führt die N 6 ab Paris über Melun nach Sens; die N 7 führt in den Westen Burgunds, an die Loire. Aus Westdeutschland empfiehlt sich die Strecke über Metz – Nancy auf die N 74 Neufchâteau – Langres – Dijon – Beaune; aus Süddeutschland, der Schweiz und Österreich kommend, führt die N 83 über Mulhouse und Belfort nach Besançon, von wo aus man Beaune erreicht. Aus der Westschweiz führt eine Route über Genf – Nantua – Bourg-en-Bresse nach Mâcon.

Mit der Bahn Burgund besitzt ein gut ausgebautes Bahnnetz. Aus Norddeutschland fährt man am besten über Paris (Gare de Lyon), von wo der Hochgeschwindigkeitszug TGV nach Montbard, Dijon, Beaune und Chalon-sur-Saône bzw. nach Le Creusot-Montceau-Montchanin und Mâcon-Loché fährt. Weitere Fernverbindungen führen von Wien über München nach Zürich – Bern – Dijon, Saarbrücken – Metz – Dijon, Karlsruhe – Straßburg – Dijon sowie Karlsruhe – Basel – Dijon.

INFORMATIONEN ANREISE

BAHN

▶ **In Deutschland**
Reiseservice der Bahn:
Tel. 0180/599 66 33 (Festnetz: 14 Cent, mobil max. 42 Cent)
kostenlose Fahrplanauskunft:
Tel. 0800/150 70 90
Die Internetseite www.bahn.de informiert über die Anreise und innerfranzösische Verbindungen.

▶ **In Frankreich**
Französische Staatsbahnen SNCF
www.sncf.com
Tel. aus dem Ausland:
0033 892 35 35 35 und
www.voyages-sncf.com

Für den Regionalverkehr:
www.ter-sncf.com (Region Bourgogne angeben)

Mit dem Flugzeug

Vom Flughafen Dijon-Bourgogne (in Longvic, 6 km südöstlich von Dijon, Tel. 03 80 67 67 67; www.dijon.aeroport.fr) gibt es keine Direktverbindungen mit dem deutschsprachigen Ausland.

Reisepapiere, Zoll

Personalpapiere

Zur Einreise nach Frankreich genügt für Bürger der EU und der Schweiz ein gültiger Personalausweis oder Reisepass. Für Kinder unter 16 Jahren ist ein Kinderausweis oder ein Eintrag im Elternpass erforderlich.

Fahrzeugpapiere

Der nationale Führerschein und der Kraftfahrzeugschein sind mitzuführen. Die Mitnahme der grünen Internationalen Versicherungskarte ist ratsam. Kraftfahrzeuge müssen, wenn sie kein EU-Kennzeichen haben, das Nationalitätenkennzeichen tragen.

Haustiere

Wer Haustiere mitnehmen möchte, benötigt für sie den Heimtierpass der EU. Das Tier muss zur Identifizierung eine Tätowierung oder einen Mikrochip tragen, außerdem muss eine gültige Tollwutimpfung nachgewiesen sein.

Kopien

Für den Fall, dass Papiere verloren gehen, sind Fotokopien sehr hilfreich, um der Polizei den Verlust zu melden und beim Konsulat provisorische Papiere zu bekommen. Die Kopien sind getrennt von anderen Dokumenten aufzubewahren.

EU-Binnenmarkt

Innerhalb der EU, zu der auch Frankreich, Deutschland und Österreich gehören, ist der Warenverkehr für private Zwecke weitgehend zollfrei. Zur Abgrenzung zwischen privater und gewerblicher Verwendung gelten folgende Richtmengen: 800 Zigaretten, 400 Zigarillos, 200 Zigarren, 1 kg Rauchtabak; 10 l Spirituosen, 20 l Zwischenerzeugnisse, 90 l Wein (davon maximal 60 l Schaumwein) und 10 kg Kaffee. Bei einer Kontrolle ist glaubhaft zu machen, dass die Waren nur für den privaten Verbrauch bestimmt sind.

Einreise nach Frankreich aus Nicht-EU-Ländern

Für Reisende aus Nicht-EU-Ländern (z. B. Schweizer Staatsbürger) liegen die Freigrenzen für Personen über 17 Jahre bei 200 Zigaretten oder 100 Zigarillos oder 50 Zigarren oder 250 g Rauchtabak, ferner bei 2 l Wein, 2 l Schaumwein oder 1 l Spirituosen mit mehr als 22 Vol.-% Alkoholgehalt oder 2 l Spirituosen mit weniger als 22 Vol.-% Alkoholgehalt, 500 g Kaffee oder 200 g Kaffeeauszüge, 100 g Tee oder 40 g Tee-Extrakt, 50 g Parfüm oder 0,25 l Eau de Toilette. Zollfrei sind außerdem Waren bis zu einem Wert von 300 Euro.

Wiedereinreise in die Schweiz

Abgabenfrei für Personen ab 17 Jahre sind 200 Zigaretten oder 50 Zigarren oder 250 g Tabak, an alkoholischen Getränken 2 l mit bis zu 15 Vol.-% Alkoholgehalt und 1 l mit über 15 Vol.-% Alkoholgehalt, ferner andere Waren; der Gesamtwert darf 300 CHF nicht über-

schreiten. Auskunft gibt die Eidgenössische Obe... n-
bijoustr. 40, 3000 Bern, Tel. (031) 322 61 11, www.ez...

Transit durch die Schweiz Da die Schweiz nicht zur EU gehört, sind beim Transit W... den privaten Gebrauch anzumelden, wenn man mehr dabei h... die für die Schweiz geltenden Freimengen (s. o.) oder wenn die W... ren über 5000 CHF wert sind. Für Waren, die das Limit überschrei... ten, muss eine Kaution in CHF oder Euro hinterlegt werden, die bei der Wiederausfuhr in CHF erstattet wird.

Kranken- und Reiseversicherung

Krankenversicherung Die Anspruchsbescheinigung E 111 der gesetzlichen Krankenkassen wurde durch die Europäische Krankenversichertenkarte (European Health Insurance Card, EHIC) ersetzt. Sie ist nur gültig für die Versorgung bei Notfällen und chronischen Krankheiten. Sie gilt nicht, wenn sich jemand bewusst für eine Behandlung im Ausland anstatt in Deutschland entscheidet. Die EHIC-Karte ist beim Arzt oder Krankenhaus in Frankreich vorzulegen. Die medizinischen Leistungen im Frankreich werden wie bisher nach dem dort gültigen Recht behandelt. In vielen Fällen sind Zuzahlungen zu leisten. Wird die EHIC nicht akzeptiert, sind die Rechnungen zu bezahlen und zur Erstattung der Krankenkasse vorzulegen. Aus den quittierten Rechnungen müssen die erbrachten Leistungen hervorgehen. Der Abschluss einer privaten **Auslandsreisekrankenversicherung** ist weiterhin empfehlenswert, da auch eine Rückholung von den gesetzlichen Krankenkassen nicht bezahlt werden darf. Schweizer Staatsbürger müssen ihre Krankheitskosten selbst tragen. Privat Versicherte reichen zur Kostenerstattung die französischen Unterlagen ein.

Auskunft

WICHTIGE ADRESSEN

AUSKUNFT ZU HAUSE

► **Atout France Französisches Fremdenverkehrsamt**
Fragen zu Sehenswürdigkeiten, Unterkünften, Veranstaltungen, Straßenverkehr etc. beantwortet das Französische Fremdenverkehrsamt Atout France (früher Maison de la France).

► **In Deutschland**
Zeppelinallee 37
60325 Frankfurt / a. Main
Tel. 09 00 / 157 00 25
(0,49 €/Min. aus dem deutschen Festnetz)
Fax 09 00 / 159 90 61
info.de@franceguide.com
www.franceguide.com

► **In Österreich**
Lugeck 1/1/7, 1010 Wien
Tel. 09 00 / 25 00 15 (0,68 €/Min.)
Fax 09 00 / 503 28 72
info.at@franceguide.com
www.franceguide.com

► **In der Schweiz**
Rennweg 42, 8023 Zürich
Tel. 044 / 217 46 00
Fax 044 / 217 46 17
info.ch@franceguide.com
www.franceguide.com

AUSKUNFT IN BURGUND

► **Comité Régional du Tourisme de Bourgogne (CRT)**
Regionales Fremdenverkehrsamt (kein Besucherempfang, verschickt ausführliches Material zur ganzen Region)
B.P. 20623, 21006 Dijon Cedex
Tel. 03 80 28 02 80
Fax 03 80 28 03 00
documentation@crt-bourgogne.fr
www.bourgogne-tourisme.com (auf Französisch)
www.burgund-tourismus.com (auf Deutsch)

Die vier Départements unterhalten eigene Fremdenverkehrsämter:

► **Côte d'Or Tourisme**
B. P. 1601, 21035 Dijon Cedex
Tel. 03 80 63 69 49
Fax 03 80 49 90 97
documentation@cdt-cotedor.fr
www.cotedor-tourisme.com

► **Agence du developement touristique de la Nièvre**
2, Avenue St-Just, 58000 Nevers
Tel. 03 86 36 39 80
Fax 03 86 36 36 63
info@nievre-tourisme.com
www.nievre-tourisme.com

► **Comité Départemental du Tourisme de Saône-et-Loire**
389, Avenue Maréchal-de-Lattre-de-Tassigny
71000 Mâcon
Tel. 03 85 21 02 20
Fax 03 85 38 94 36
cdt71@wanadoo.fr
www.bourgogne-du-sud.com

► **Agence du developement touristique de l'Yonne**
1-2, Quai de la République
89000 Auxerre
Tel. 03 86 72 92 00
Fax 03 86 72 92 09
adt-89@tourisme-yonne.com
www.tourisme-yonne.com

► **Einzelne Orte**
Im Kapitel »Reiseziele von A bis Z« werden die Adressen der jeweils zuständigen Office de Tourisme oder Syndicats d'Initiative genannt.

INTERNET

► **www.franceguide.com**
Sehr informative Site der französischen Tourismuszentrale Atout France (►S. 72).

► **www.tourisme.fr**
Portal aller französischer Offices de Tourisme und Syndicats d'Initiative: Sammlung von Links zu (fast) allen Orten.

► **http://fr.wikipedia.org/wiki/Portail:Bourgogne**
Die freie Enzyklopädie unterhält ein Burgund-Portal.

► **www.vins-bourgogne.fr**
Website des Bureau Interprofessionnel des Vins de Bourgogne mit Informationen zum Thema Wein

► **www.cybercommunes.com**
Plattform vieler Gemeinden der Départements Côte d'Or, Saône-et-Loire und Yonne

DIPLOMATISCHE VERTRETUNGEN

► **Deutsches Honorarkonsulat**
Maison de la Rhénanie-Palatinat
29, Rue Buffon, 21000 Dijon
Tel. 03 80 68 07 01
Fax 03 80 68 07 04
meyer@maison-rhenanie-palatinat.org

► **Österreichische Botschaft**
6, Rue Fabert, 75007 Paris
Tel. 01 40 63 30 63
Fax 01 45 55 63 65
paris-ob@bmeia.gv.at
www.amb-autriche.fr

► **Schweizer Konsulat**
18, Cours du Général de Galle
21000 Dijon
Tel. 03 80 67 30 10
Fax 03 80 66 36 46
dijon@honorarvertretung.ch

Mit Behinderung unterwegs

Behindertenfreundliche Einrichtungen kennzeichnet **das staatliche Gütesiegel »Tourisme et Handicap«**, das teilweise auch in den Broschüren der Tourismusverbände der Region und der Départements (► Auskunft) angegeben wird. So enthalten beispielsweise auch die Hefte über Hotels und Restaurants sowie Campingplätze Angaben zur Barrierefreiheit. Eine Liste von mit dem Label ausgezeichneten Einrichtungen und Sehenswürdigkeiten findet sich unter www.bourgogne-tourisme.com.

NÜTZLICHE ADRESSEN

► **BAG der Clubs Behinderter und ihrer Freunde e. V.**
Langemarckweg 21
51465 Bergisch Gladbach
Tel. 022 02 / 989 98 11
Fax 022 02 / 989 99 10
www.bagcbf.de

► **Bundesverband Selbsthilfe Körperbehinderter e. V.**
Altkrautheimer Straße 20
74238 Krautheim
Tel. 062 94 / 42 81 0
Fax 062 94 / 42 81 79
www.bsk-ev.org
Vermittlung von Reiseassistenten

► **Mobility International Schweiz**
Reisefachstelle für Menschen mit Behinderungen
Froburgstrasse 4
4600 Olten
Tel. 06 22 0 / 6 88 35
Fax 06 22 06 / 88 39
www.mis-infothek.ch

► **Verlag FMG GmbH**
Fachverlag für Reisende mit Mobilitätseinschränkung
Nordkanalstr. 52
20097 Hamburg
Tel. 040 / 54 80 78 77
www.fmg-verlag.de

Bootstourismus

Kanäle

Freizeitkapitäne finden in Burgund fast 1200 km Wasserstraßen in einem Netz von acht Kanälen und schiffbaren Flüssen vor.
Normalerweise werden die Kanäle von Mitte November bis Mitte März geschlossen. Andere Termine – zum Beispiel Schließungen von Schleusen wegen Wartungsarbeiten oder Ruhetagen der Schleusenwärter – werden an Verleihstationen, Schleusen und Anlegeplätzen ausgehängt (»Avis à la batellerie«). Geschlossen sind die Schleusen am Ostersonntag, am 1. Mai, am Pfingstsonntag und am 14. Juli sowie 1. November.

Hausboote für Selbstfahrer

Hausboote (Bateaux habitables) gibt es tage- und wochenweise und in unterschiedlicher Größe zu mieten. Ein Führerschein ist nicht erforderlich, lediglich ein Mindestalter von 18 Jahren. Das Reisetempo beträgt maximal 10 km pro Stunde. Die unterschiedlichen Wasserwege und vor allem die Zahl der Schleusen bestimmen die möglichen Tageskilometer. Als Anhaltspunkt gilt, dass rund 20 bis

◀ weiter auf S. 79

Wasserwege Orientierung

»MAN SIEHT DAS LAND BESSER«

Ein Hausboot auf Frankreichs Flüssen und Kanälen zu manövrieren, ist ein Kinderspiel. Und gerade Burgund bietet zahlreiche Möglichkeiten, Landschaften, Städte und Dörfer geruhsam vom Wasser aus kennenzulernen.

Vielleicht hat man anfangs noch etwas Herzklopfen und denkt mit leichtem Schaudern an die erste Schleuse und das erste Anlegemanöver. Immerhin hat der Bootsvermieter ausführlich erklärt, wie man sein Schiff lenkt (Vorwärtsgang, Rückwärtsgang, Gas), wie man durch eine Schleuse gelangt und was zu tun ist, um das rund 12 m lange und knapp 4 m breite Hausboot sicher anzulegen.

Ein Motorboot-Führerschein ist nicht erforderlich. Die Hausboote erreichen nur eine Höchstgeschwindigkeit von 10 Stundenkilometern. Und mit großem Schiffsaufkommen ist nicht zu rechnen, denn die meisten Kanäle und Flüsse werden von der kommerziellen Schifffahrt nicht mehr genutzt. Etwas Muskelkraft benötigt man schon – und zwar bei den **Schleusen**, die nicht per Knopfdruck, sondern mit der Hand bedient werden. Natürlich gibt es an solchen Schleusen immer einen »éclusier«, einen Schleusenwärter, der die Kurbelei auch allein bewerkstelligt. Aber die meisten Wärter freuen sich, wenn ihnen ein Freizeitkapitän zur Hand geht, denn einer Plauderei sind sie meist nicht abgeneigt. Außerdem erfährt man dabei einiges über Land und Leute und erhält nicht selten die besten Tipps für Lokale in der Umgebung.

Die **Boote** (je nach Größe für 2 bis 12 Personen) sind mit allem ausgestattet, was man erwarten darf: eine komplett eingerichtete Küche, geräumige Schlafkabinen sowie Dusche und WC. Versorgen können sich die Hausboot-Urlauber in den Dörfern unterwegs. Dabei sind mitgeführte, an den Bootsbasen zu mietende Fahrräder sehr hilfreich. Angelegt werden darf fast überall, außer in Kurven, unter Brücken oder wo es durch spezielle Verbotsschilder untersagt ist.

Rund 1200 km Wassserwege stehen den Freizeitskippern in Burgund zur Verfügung. Und »en passant« entdeckt man auch die kulturellen Sehenswürdigkeiten des Landes.

Geruhsame Fahrt

Die Fahrt in einem Hausboot ist mit Sicherheit die geruhsamste Möglichkeit, Burgund kennenzulernen. »Man sieht das Land besser als von der Postkutsche aus«, schwärmte schon der französische Schriftsteller Stendhal (1783–1842). Auf den Flüssen und Kanälen gleitet man gemächlich an Wiesen, Feldern, Wäldern und kleinen Ortschaften vorbei, durch stille Landschaften, tiefe Täler oder weite Weinfelder. Man sieht Wildenten, Reiher und andere Flussbewohner, am Ufer Kühe und Pferde, Spaziergänger auf dem Treidelpfad und Angler auf Klappstühlen, während vielerorts Pappeln und Platanen, Zypressen und Pinien mit ihrem Laubwerk für eine angenehme Kühle sorgen. Langeweile kommt nie auf. Dafür sorgen schon die Schleusen, die An- und Ablegemanöver, die täglichen Besorgungen und mancherorts auch Angler, die bereits von Weitem gestikulieren, dass man einen Bogen um ihre ausgelegten Angeln fahren soll. Man kann Ausflüge in Ortschaften und zu Sehenswürdigkeiten unternehmen, auf den alten Treidelpfaden joggen oder radeln, während vielleicht ein anderes Besatzungsmitglied das Boot nebenherlenkt.

Reiserouten

Mitten in Burgund liegt eine Wasserscheide, die den Atlantik (über die Loire und die Seine) vom Mittelmeer (über die Saône bzw. Rhône) trennt. Deshalb wurden zwischen dem 17. und 19. Jh. mehrere **Kanäle** gebaut. Einst ein wichtiger Faktor für die burgundische Wirtschaft und die Versorgung von Paris, spielen sie heute vor allem für die Freizeitschifffahrt eine Rolle. Mitten durch die Region verlaufen der Canal de Bourgogne, der Canal du Nivernais, der über weite Strecken durch den Morvan führt, und der Canal du Centre. Die Schifffahrtsstraßen im Loire-Tal und entlang der Saône flankieren die Grenzen Brugunds.

Die **Yonne** wird von Freizeitkapitänen über eine Länge von gut 100 km zwischen Auxerre und Montereau befahren, wo sie in die Seine mündet. Außer Auxerre reizt hier neben vielen kleineren Städtchen natürlich vor

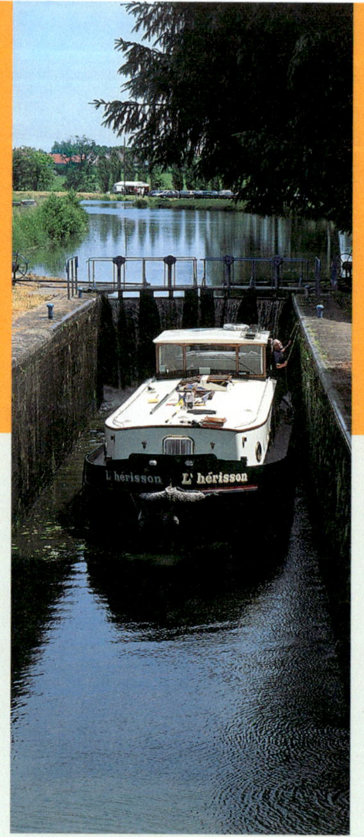

Bei der geruhsamen Fahrt kann die Arbeit an der Schleuse schon auch mal eine gerne gesehene Abwechslung sein.

allem die alte Bischofsstadt Sens. Der längste Kanal Burgunds ist mit 424 km der Canal de Bourgogne, der die Yonne bei Laroche-Migennes mit der Saône bei St-Jean-de-Losnes verbindet. Er wurde 1832 eröffnet und bietet den Bootstouristen außer einem 3,3 km langen Tunnel unter der Hauptwasserscheide hindurch auch einige der »obligatorischen« Sehenswürdigkeiten im Norden und Osten Burgunds, darunter Dijon.

Etwas abseits der touristischen Highlights – hier lockt eher die Natur – verläuft der Canal du Nivernais mit einer Schleusentreppe und drei Tunnel.

Schon in der Region Centre, am Ostrand Burgunds, liegt der die Loire flankierende Canal Latéral à la Loire. Bei Digoin überquert er den Fluss auf einer Kanalbrücke. Hier hat er Anschluss an den Canal de Roanne à Digoin, der die kleine, aber sehr sehenswerte Hügellandschaft des Brionnais begrenzt. Im Norden bildet der Loire-Seitenkanal die Verlängerung des Canal de Briare. Er wurde schon unter Heinrich IV. und seinem Wirtschaftsminister Sully gebaut, die Planung begann 1597. Ebenfalls in Digoin beginnt der Canal du Centre, der die Loire mit der Saône bei Chalon verbindet. Er durchquert Burgund in Ost-West-Richtung und bietet den Schiffern viel Abwechslung: Von der romanischen Kirche in Paray-le-Monial geht es über das alte industrielle Zentrum Burgunds bis zu den Spitzenweinlagen der Côte de Beaune. Dieser am Ende des 18. Jh.s fertiggestellte Kanal hat bis heute noch eine kommerzielle Bedeutung, erst 1950 wurde seine Mündung in Chalon verlegt, viele der insgesamt 61 Schleusen sind automatisiert.

HAUSBOOTE

► **Tourisme fluvial en Bourgogne**
Diese Broschüre ist auf der Internetseite des Comité Régional du Tourisme (►CRT, Auskunft) herunterzuladen. Hier findet man u. a. die Liste aller Veranstalter und Bootsverleiher.

► **Voies Navigables de France**
www.vnf.fr

25 km pro Tag zurückgelegt werden, d. h. ca. 150 km in einer Woche. Angeboten werden Hin- und Rückfahrten oder sogenannte Einwegfahrten. Die Preise richten sich nach Saison, Größe und Komfort der Boote sowie Aufenthaltsdauer. Bei den Luxusausstattungen sind sogar Geschirrspüler und Waschmaschine integriert.

Hotelschiffe, Ausflugsboote

Auf den Wasserstraßen verkehren auch Ausflugs- und Hotelboote (Bateaux-promenades und Péniches-hôtels) für kürzere oder längere Aufenthalte.

Elektrizität

In Frankreich sind die meisten Stromanschlüsse auf 220 V umgestellt. In manchen Hotels findet man aber auch noch 110-V-Wechseldosen vor. Flachstecker passen in französische Steckdosen, bei Schukosteckern helfen Adapter.

Essen und Trinken

Esskultur

Nirgendwo in Frankreich ist die Dichte an »ausgezeichneten« Restaurants so groß wie in Burgund: Die Region wartet mit fast einem Drittel der großen **Feinschmeckeradressen** des Landes auf. Regionale Spezialitäten spielen eine große Rolle.

Gastronomie

Die Speiselokale tragen die Bezeichnungen Restaurant, Rôtisserie, Bistro (ursprünglich ein einfacheres Lokal, kann aber auch höheren Ansprüchen genügen), Brasserie (ursprünglich Brauereiausschank, heute allgemein Speiselokal). Kleinere Gerichte, belegte Brote u. ä. werden auch in manchen Cafés und Bars serviert. In den größeren Städten gibt es preisgünstige Selbstbedienungsrestaurants (self) oder Schnellgaststätten (buffet).

Mahlzeiten Der Tag beginnt mit dem Petit déjeuner, dem einfachen Frühstück mit Kaffee, Baguette mit Butter und Marmelade oder dem sehr beliebten Croissant. Das Déjeuner, Mittagessen, wird von etwa 12.00 bis 14.30 Uhr serviert; in den meisten Restaurants gibt es ein oder mehrere Menues mit Vor-, Haupt- und Nachspeise, man kann es sich aber auch à la carte selbst zusammenstellen. Dîner gibt es zwischen 19.00 und 21.00 Uhr, ebenso reichlich wie das Mittagessen.

Preise Gewöhnlich ist es in Frankreich wesentlich preisgünstiger, statt einzelner Gerichte von der Karte ein Menü zu essen. Etwas billiger sind meistens außerdem das Tagesgericht (plat du jour) sowie das Mittagsmenü.

Burgundische Küche Eine lange gastronomische Tradition und beste Ausgangsprodukte – weiße Rinder aus dem Charolais, Geflügel aus der Bresse, Pilze, Kastanien und Honig aus dem Morvan, Wild, Gemüse, Süßwasserkrebse und Fische aus den Bächen, Flüssen und Seen, Käse und nicht zuletzt die Weinbergschnecken (die heutzutage in sogenannte Hélicultures gezüchtet werden) – bilden die Basis der burgundischen Küche, die sich eher durch Einfachheit als zu viel Raffinement auszeichnet. Wie viele althergebrachte Gerichte sind auch die Spezialitäten Burgunds meist recht deftig und erfordern eine längere Zubereitungszeit. Die Grundlage vieler Gerichte bilden die Saucen, die oft mit Wein bereitet werden. Zu Fleisch, Fisch oder Eiern wird die Meurette, eine würzige Rotweinsauce, gereicht. Saupiquet, eine Wein-Sahnesauce, deren Rezept sich bis ins 16. Jh. zurückverfolgen lässt, wird vornehmlich zu Schinken gegessen. Vieles kann auch à la crème, d. h. in einer Sahne- oder Senfsauce, verzehrt werden.

! *Baedeker* TIPP

Fest der Schnecke

Der Verzehr von Weinbergschnecken ist zwar nicht jedermanns Sache, doch Liebhaber dieser Spezies werden ihre helle Freude haben beim alljährlichen Fest der Schnecke in Andryes am 13. Juli.

Vorspeisen Als typisch burgundische Vorspeisen gelten Schnecken, Schinken und Wurst aus dem Morvan, Jambon persillé, gekochter Schinken in Petersiliensülze, Würste (andouillettes) in verschiedenen Variationen, kleine salzig gefüllte Windbeutel (gougères), pochierte Eier in Weinsauce (óufs en meurette) sowie Fischsuppe mit Süßwasserfischen.

Hauptgerichte Als Hauptgerichte erfreuen sich Bœuf bourguignon (geschmortes Charolais-Rindfleisch in Weinsauce), Côte de bœuf (Rinderlende) und Coq au vin (Huhn in Weinsauce), im Idealfall au Chambertin, Lapereau à la Moutarde (Kaninchen in einer Senfsauce), und Civet de Lièvre (Hasenpfeffer), großer Beliebtheit. Nicht vergessen werden dürfen die Fische aus den Flüssen und Seen, eine der Spezialitäten ist Pôchouse (Flussfisch-Ragout).

Käse

Überregional bekannt sind Epoisse, Soumaintrain und St-Florentin, Käsesorten, die während der Reifung mit Marc de Bourgogne, Tresterschnaps, oder Wein abgerieben werden und in reifem Zustand weich bis fließend sind, sowie Chaource (Käse mit Weißschimmel) und die zahlreichen Ziegenkäse, die vornehmlich aus dem Morvan und dem Loire-Tal kommen.

Kochkurse

Einführung in die Geheimnisse der burgundischen Küche bieten verschiedene Veranstalter und Köche an. Auskünfte erhält man bei den Fremdenverkehrsbüros (►Auskunft) sowie unter www.burgund-tourismus.com, Aktivitäten und Freizeit.

Feiertage, Feste und Events

In Burgund wird gerne gefeiert. Im Mittelpunkt stehen der Wein, ländliche Spezialitäten, die Heiligen und ganz allgemein die Freude an Musik, Tanz und Geschichte – nur um ein paar Anlässe zu nennen. Im Folgenden eine (natürlich unvollständige) Übersicht. Weitere Informationen, genaue Daten und Programme erhält man bei den Verkehrsämtern der Region und der Départements (►Auskunft), vor Ort sowie unter www.burgund-tourismus.com.

FESTKALENDER

FEIERTAGE

1. Januar (Neujahr)
Ostermontag
1. Mai (Tag der Arbeit)
8. Mai (Waffenstillstand 1945)
Christi Himmelfahrt
14. Juli (Nationalfeiertag: Sturm der Bastille 1789)
15. August (Mariä Himmelfahrt)
1. November (Allerheiligen)
11. November (Kriegsende 1918)
25. Dezember (Weihnachten)

JANUAR

► **Côte d'Or**
St-Vincent Tournante: in verschiedenen Orten Fest zu Ehren des hl. Vincent, Schutzpatron der Winzer, am Wochenende vor oder nach dem 22. Januar

FEBRUAR BIS MÄRZ

► **In verschiedenen Orten**
Carneval: Karnevalsfeiern in verschiedenen Orten, unter anderem in Chalon-sur-Saône, Auxonne und Châtillon-sur-Seine

MÄRZ

▶ **Côte d'Or, Saône-et-Loire und Yonne**
Les Grands Jours de Bourgogne: Veranstaltungen rund um den Wein

▶ **Nuits-Saint-Georges**
Verkauf der Hospizweine und Halbmarathon

APRIL

▶ **Auxerre**
Wanderung Auxerre – Vézelay

▶ **Montbard**
Wein- und regionale Spezialitätenmesse

▶ **Tonnerre**
Weinfest

▶ **Mâcon**
Foire Nationale des Vins: Französische Weinmesse

MAI

▶ **Yonne**
Weinfeste in verschieden Städten u. a. Chablis

▶ **Chalon-sur-Saône**
Montgolfiades: Heißluftballon-Treffen

▶ **Semur-en-Auxois**
Course des Chausses: Wettlauf zu Fuß, der auf das Jahr 1369 zurückgeht; Fête de la Bague: Frankreichs ältestes Pferderennen (Ende Mai bis Anfang Juni)

▶ **Paray-le-Monial**
Herz-Jesu-Wallfahrt

▶ **Saulieu**
Journées gourmandes du Grand Morvan: Spezialitätenmesse

▶ **Pontigny**
Saison musicale (bis September)

JUNI

▶ **Auxerre**
Sommerfarben in Auxerre: Weltmusikfestival »Les nuits métisses«

▶ **Cosne-sur-Loire**
Loire-Fest

▶ **Escolives-Sainte-Camille**
Foire aux Cerises, Kirschfest

▶ **Le Creusot**
Nationales Bluesfestival

▶ **Mont St-Vincent**
Johannisfeuer am Wochenende um den 24. Juni

▶ **Saint-Jean-de-Losne**
Grand Pardon des Mariniers auf der Saône: Segnung der Flussschiffe (3. Sonntag)

▶ **Sens**
Syndodales: Ballettfestival

JUNI BIS JULI

▶ **Beaune**
Festival International de Musique Baroque et Classique

JUNI BIS AUGUST

▶ **Dijon**
Estivade: Musikalischer Sommer mit Klassischer Musik

JUNI BIS SEPTEMBER

▶ **Auxerre**
Son et Lumière (Ton- und Lichtschau) in der Kathedrale

JULI

▶ **Autun und Morvan**
Musique en Morvan: Chortreffen zu geistlicher Musik

- **Chalon-sur-Saône**
  Chalon dans la Rue: Fest der Straßenkünstler
- **Clamecy**
  Fischerstechen auf der Yonne
- **Couches**
  Jazz à Couches
- **Magny-Cours**
  Großer Preis von Frankreich in der Formel 1
- **Pouilly-sur-Loire**
  Fête des Terroirs: Schmackhaftes vom Lande
- **Nevers**
  Straßenkünstlerfest und Europäisches Chortreffen
- **St-Fargeau**
  Historisches Schauspiel Son et Lumière mit rund 600 Schauspielern im Schloss
- **Vézelay**
  Pelerinage de la Ste-Madeleine: Magdalenenwallfahrt (22.7.)

JULI BIS AUGUST

- **Semur-en-Auxois**
  Ton- und Lichtschau zur Ortsgeschichte in der Stiftskirche
- **Anost, Saint-Léger-sous-Beuvray**
  Grand Morvan Festival: traditionelle Musik und Kulinarisches aus dem Morvan
- **Tournus**
  Tournus Passions: verschiedene kulturelle Veranstaltungen

JULI BIS NOVEMBER

- **An vielen Orten**
  Festival des Grands Crus de Bourgogne: u. a. in Chablis, Cluny, Meursault, Noyers-sur-Serein, Gevrey-Chambertin (v. a. Weinkunde und klassische Musik)

Vézelay, eine Station auf dem Pilgerweg nach Santiago de Compostela

AUGUST

- **Autun**
  Historisches Schauspiel: »Augustodunum – Il était une fois« im Amphitheater

- **Châtillon-sur-Seine und Umgebung**
  Mittelaltermusikfestival

- **Cluny**
  Les Grandes Heures de Cluny: erlesene Musik und Weine (bis November)

- **La Charité-sur-Loire**
  Mittelalterliches Festival, Blues-Festival und Fest des Buches

- **Mézilles**
  Bricabrac: großer Trödelmarkt am 2. Aug.-Wochenende

- **Mhère im Morvan**
  Festival Fruits de Mhère: Musik, bildende Künste, Theater, Film

- **Nolay**
  Mittelalterlicher Markt und Antiquitätenmesse

- **Paray-le-Monial**
  Musikfestival (Klassik)

- **Saulieu**
  Fête du Charolais: Fest zu Ehren der berühmten Rinderrasse mit Premierung der schönsten Tiere

- **Pouilly-sur-Loire**
  Weinfest

- **Saint-Honoré-les-Bains**
  Blumenfest

- **Semur-en-Auxois und Umgebung**
  Festival Musicales en Auxois

- **Treigny**
  Töpfermarkt

AUGUST BIS SEPTEMBER

- **Dijon und verschiedene Orte in Côte d'Or**
  Folklore- und Weinfest

SEPTEMBER

- **Alise-Ste-Reine**
  Pèlerinage et Mystère de Ste-Reine: Wallfahrt in historischen Kostümen

- **Château-Chinon**
  Transmorvandelle: Nationale Mountainbikefahrt

- **Chenôve**
  Fête de la Pressée: Federweißer aus der Kelter von 1404, Musik- und Dorffest

- **Gevrey-Chambertin**
  Fête du Roi Chambertin: Weinfest

- **Vielerorts**
  Musiques en Voûtes: Konzerte unter Kirchengewölben

OKTOBER

- **Côte d'Or**
  Marathon des Grands Crus de Bourgogne entlang der Côte d'Or Anfang des Monats

- **Magny-Cours**
  Bol d'Or: Motorradrennen

- **Joigny, Chablis**
  Weinlese-Fest

- **Nuits-St-Georges**
  Federweißer-Fest

- **Montceau-les-Mines**
  Tango- und Swingfestival

► **St-Léger-sous-Beuvray**
Foire aux Marrons: Kastanienfest am letzten Wochenende

► **Dijon**
Internationale Gastronomiemesse (Ende Okt./Anf. Nov.)

NOVEMBER

► **Nuits-St-Georges, Beaune und Meursault**
Les Trois Glorieuses: traditionelles Weinfest am 3. Wochenende. Samstags Auftakt im berühmten Weingut Clos de Vougeot, Kapitelsitzung der Chevaliers du Tastevin; sonntags Versteigerung der Hospizweine in Beaune (►Tipp S. 156); montags La Paulée, Festmahl in Meursault (nur nach Anmeldung!)

► **Auxerre**
Internationales Musik- und Filmfestival

► **Chablis**
Weinfest

► **Nevers**
D'jazz: Internationales Jazzfestival

DEZEMBER

► **Dijon, Auxerre, Avallon, Ouroux-en-Morvan, Sens**
Weihnachtsmarkt

► **Louhans, Bourg-en-Bresse**
Les Quatre Glorieuses und Bresse-Geflügelmarkt

► **St-Bris-le-Vineux**
Weihnachtsmarkt in Kellereien

Geld

Der Euro (€) ist in Frankreich – wie in Deutschland, Österreich und anderen Ländern der Europäischen Union – das offizielle Zahlungsmittel.
Für die Schweiz, die nicht der EU-Währungsunion angeschlossen ist, gilt: 1 € = 1,29 CHF, 1 CHF = 0,76 €.

Geldautomaten, Kreditkarten

An französischen Geldautomaten (bancomat) kann man mit Kredit- und Bankkarten (in Kombination mit der Geheimnummer) rund um die Uhr Geld abheben. Den Verlust der Bank- oder Kreditkarte sollte sofort gemeldet werden, die Karte wird dann umgehend gesperrt.

◄ Sperrnotruf

Unter der **Rufnummer 00 49/116 116** (aus dem Ausland) kann man verlorengegangene Bank- und Kreditkarten, Handys und Krankenkassenkarten sperren lassen (www.sperr-notruf.de).
Postbank: 01 80 / 304 05 00
American Express: 00 49 / 69 / 979 71 000
Diners Club: 00 49 / 180 50 70 74
Mastercard International: 08 00/ 90 13 87
Visa: 08 00 / 90 11 79
BLZ, Konto- und Kartennummer sowie Gültigkeitsende bereithalten!

Gesundheit

Ärzte Die Adressen der Ärzte (médecins) und Zahnärzte (dentistes) findet man in den »Pages Jaunes« (Gelbe Seiten) des örtlichen Telefonbuchs und auf www.pagesjaunes.fr. Die Tourismusbüros verfügen oft über Listen von Ärzten mit Fremdsprachenkenntnissen (meist Englisch). Auch die Polizei hilft bei der Suche nach einem Arzt. Der Bereitschaftsdienst der Ärzte wird in der Lokalpresse veröffentlicht.

Apotheken Apotheken (Pharmacie) werden durch ein grünes Kreuz signalisiert. Viele sind 8.00 – 20.00 Uhr geöffnet, manche machen Mittagspause. Welche Apotheke nachts und am Wochenende Bereitschaftsdienst hat, wird an den Apotheken und in der Lokalpresse angezeigt.

Krankenversicherung ►Anreise

Mit Kindern unterwegs

Angebote Die Region bemüht sich zunehmend, zusätzlich zu ihrem klassischen Kulturangebot auch andere Aktivitäten, darunter viele für Familien mit Kindern, anzubieten.

Freizeitparks Es gibt große Anzahl von Freizeit- und Themenparks, hier seien nur einige genannt: **Parc de l'Auxois** in Arnay-sous-Vitteaux bei Vitteaux (Schwimmbad, Tiere, Spielplatz, Labyrinth, 10/12 €); **Cardo-Land** in Chamoux bei Vézelay (der spanische Bildhauer Cardo hat einen Wald mit Sauriern und einer Steinzeithöhle bestückt, 6,50/6,50 €); **Stade nautique de Decize**, Decize (Freizeitpark an der Loire, Baden, Rutschbahn, Spielplatz, Eintritt frei); **Diverti'Parc** in Toulon-sur-Arroux (Saône-et-Loire, Labyrinthe, Spiele für Jung und Alt, 8/8,80 €); **Parc touristique des Combes** in Le Creusot (Sommerrodelbahn, verschiedene Zugfahrten, u. a. in einem aufgelassenen Bergwerksstollen, komplett 9/14/17 €, auch Einzeltickets erhältlich).

Ein wenig sportlich sollte man für den Besuch des **Acro'bath-Parcours** in Bergesserin (10/13/17 €) bei Cluny sein, wo man sich nach einer Einweisung angeseilt und bei Bedarf mit Unterstützung von Baum zu Baum schwingen kann. Die Schwierigkeitsgrade sind auf die Altersgruppen zugeschnitten. Weitere Möglichkeit für diese allerdings nicht billige Beschäftigung: **Le Parc Aventure des Châtelaines** bei Avallon (mindestens 20 €).

! *Baedeker* TIPP

Mit Mütze und Kochlöffel

In Verdun-sur-le-Doubs können Kinder an einem halbtägigen Kochkurs teilnehmen (mind. Kleingruppe erforderlich). Probieren inklusive! (Hostellerie Bourguignonne, Tel. 03 85 91 51 45, www.hostelleriebourguignonne.com)

Tierparks

Tierparks gibt es in Quarre-les-Tombes (südl. von Avallon, Damwild, gratis), Romanech-Thorins (Touroparc, südlich von Mâcon, Zoo, mit 120 Tierarten, 15,50/18 €), Sagy (bei Louhans, heimische Arten), im Parc naturel de Boutissaint, Treigny (bei Saint-Fargeau Wild, 8/12 €) und in Mesvres (südl. von Autun, Lamas und Alpakas).

Infos

Viele Museen bieten Aktivitäten und spezielle Führungen für Kinder an. Das Département Saône-et-Loire gibt eine eigene Broschüre mit Angeboten für Kinder in Südburgund heraus (»Aventures mômes« auch als Download ►Auskunft). Weitere Infos unter www.burgund-tourismus.com und auf der Seite des Fremdenverkehrsamts des Départements Nièvre (»Esprit de famille«, ►Auskunft).

Knigge

Begrüßung

Obwohl die Unterschiede in Europa hinsichtlich Modeerscheinungen und Warenangebot immer geringer werden, gibt es doch – glücklicherweise – noch einige Verhaltensweisen, die sich hartnäckig von Land zu Land unterscheiden.
In Frankreich beginnt dies im Vergleich zu den deutschsprachigen Ländern bereits bei der Begrüßung: Unter Freunden und vor allem unter Frauen und zwischen Männern und Frauen gibt es **Küsschen** rechts und links, ansonsten steht am Beginn einer Begegnung nach wie vor das Händeschütteln. Dann stellt sich natürlich sofort die Frage der Kommunikation, ist doch die »Grande Nation« stolz auf ihre Sprache und kein Franzose schätzt es, gleich in einer fremden Sprache angesprochen zu werden. Es empfiehlt sich daher – wie in anderen Ländern auch – sich wenigstens zu Beginn ein bisschen Mühe zu geben. Nach einem freundlichen »Bonjour«, »pardon« oder dem allseits üblichen **»ça va?«** ist das Gegenüber dann auch meistens willens, langsamer zu sprechen oder, soweit möglich, in eine Fremdsprache zu wechseln.

Im Restaurant

Obwohl auch in Frankreich die Fast-Food-Ketten und Billig-Supermärkte florieren und für viele Burgunder der eigene Wein zu teuer ist, wird dem Essen und Trinken noch immer eine andere Bedeutung beigemessen als in deutschsprachigen Ländern. So ist auch beim Betreten eines besseren Restaurants Zurückhaltung geboten: Man hat zu warten, bis die zuständige Bedienung einen Platz vorschlägt, gelegentlich auch ziemlich bestimmt zuweist. Dass die Kleidung in einem bestimmten Verhältnis zur Kategorie des Restaurants steht, und man sich abends generell besser als tagsüber anzieht, unterscheidet sich hingegen wenig von anderen Ländern. Unverzichtbarer Auftakt zu egal welchem Essen ist noch immer die Carafe d'eau, der Krug Leitungswasser, und der Korb mit Weißbrot. Kellner oder

Kellnerin heißen übrigens schlicht »Monsieur« und »Madame«, der Ruf nach dem »garçon« wäre ähnlich unpassend wie jener nach dem »Fräulein«. Und zum guten Schluss eines Essens lässt man sich, zufriedengestellt, zwar passend herausgeben, lässt aber das **Trinkgeld** auf dem Tisch liegen.

Rauchen

Das Rauchen ist in Frankreich in öffentlichen Gebäuden, Hotels,Restaurants, Bars, Discos und Cafés verboten.

Religion

In Frankreich ist Religion schon lange ausschließlich **Privatsache**, und viele Gotteshäuser, vor allem jene mit großem Touristenzuspruch, wirken heute nicht mehr sonderlich von einer religiösen Atmosphäre erfüllt. Aus Respekt vor jeder Religion versteht es sich jedoch von selbst, dass man hier ein Mindestmaß an Rücksichtnahme hinsichtlich der Bekleidung übt.

Literaturempfehlungen

Einige Titel gibt es nur noch antiquarisch oder in Bibliotheken

Heinrich Pleticha, Erich Spiegelhalter: »Burgund – Spurensuche im Land der Klöster und der großen Herzöge«, Verlagshaus Würzburg
Eine umfassende Darstellung der Geschichte Burgunds

Serena Sutcliff, Michael Schuster: »Burgund«, Hallwag Verlag
Ein idealer Begleiter für Wein-Interessierte. Vorgestellt werden die berühmtesten Lagen und die Erzeuger, dazu gibt es Infos zu den Themen Weinhandel, Rebsorten und Qualität der Jahrgänge.

Baedeker TIPP

Singende Steine

Der Roman des Architekten Fernarnd Pouillon (1912 – 1986) schildert in Tagebuchform das Entstehen eines romanischen Zisterzienserklosters in Frankreich Mitte des 12. Jahrhunderts. Darüber hinaus erfährt man vieles über das harte, entsagungsreiche Leben der Mönche, über ihre Architektur und die Zeitgeschichte.

Martina Meuth, Bernd Neuner-Duttenhofer: »Burgund – Kulinarische Landschaften«, Droemer Knaur. Das bekannte Autorenteam beschreibt Küche, Land und Leute Burgunds, der »kulinarischen Seele Frankreichs«.

Hermann Kaup: Burgund. Geschichte und Kultur. C. H. Beck
Eine sehr gut lesbare Geschichte Burgunds auf 120 Seiten

Ernst Mitschke: Nordost-Frankreich per Rad. Burgund, Elsass, Lothringen, Kettler, Neuenhagen. Zahlreiche Streckenvorschlägen und Kartenskizzen

Thorsten Droste: DuMont Kunst Reiseführer Burgund, DuMont
Beschreibung der Klöster, Schlösser und historischer Städte

Alphonse de Lamartine: »Le tailleur de pierre de Saint-Point«
Frankreichs berühmtester Romantiker starb 1869 auf Schloss St-Point. Auf dem Dorffriedhof ruht er nun neben den kunstvoll gestalteten Steinkreuzen jenes Dorfsteinmetzes, dem er in seinem 1851 erschienenen Roman ein Denkmal gesetzt hat.

Colette: »Claudine erwacht«, Droemer Knaur
Das Werk der französischen Schriftstellerin Colette hat die Ansichten ihrer Generation über Ehe, Sexualität und Mutterschaft umgestoßen. In ihren »Claudine«-Romanen, genauer im ersten Band »Claudine erwacht«, lässt sie ihre Kindheit und Jugend auf dem Land wieder lebendig werden – die ersten zwanzig Jahre verbrachte Colette in St-Sauveur-en-Puisaye, im Westen Burgunds.

Medien

Angebot

Zeitschriften und Tageszeitungen sind in der **»Maison de la Presse«**, die es in jeder größeren Stadt gibt, in Papierwarengeschäften, Buchhandlungen, Tabakläden, Kiosken und an Bahnhöfen erhältlich. Deutsch- und englischsprachige Medien findet man nur in größeren Städten, in der Regel einen Tag nach Erscheinen.

Überregionale Zeitungen

Die wohl einflussreichste Tageszeitung ist die liberale »Le Monde«. Beilagen gibt es Di. (Wirtschaft), Mi. (Kultur) und Fr. (Literatur). Die andere große Tageszeitung, der konservative »Figaro«, enthält samstags die Beilagen »Figaro Magazine« und »Figaro Madame«, Mi. erscheint er mit dem »Figaroscope«, dem wöchentlichen Veranstaltungskalender. Die Tageszeitung »France-Soir« gehört zum selben Haus wie »Le Figaro«. »L'Humanité« ist das Sprachrohr der kommunistischen Partei Frankreichs, »Libération« ist die Lieblingszeitung linksliberaler Mittelständler. »Le Canard Enchaîné« nimmt politische und gesellschaftliche Ereignisse satirisch aufs Korn.

Überregionale Zeitschriften

Donnerstags erscheinen drei Nachrichtenmagazine: »Le Nouvel Observateur« (politisch Mitte-links) sowie »L'Express« und »Le Point« (beide eher Mitte-rechts). Für Unterhaltung im französischen Zeitschriftenwald sorgt vor allem das Klatschblatt »Paris Match«.

Regionale Medien

Neben den überregionalen französischen Tageszeitungen gibt es in Burgund auch mehrere regionale Blätter. In Dijon erscheint »Le bien public«, im Süden »Le Journal de Saône-et-Loire«, im Nièvre »Le Journal du Centre« und im Nordwesten der Region »L'Yonne républicaine«. Ein umfangreich bebildertes Reisemagazin ist das an Kiosken erhältliche **»Bourgogne Magazine«**, das einzelnen Gebieten gewidmet ist oder gerade aktuelle Themen aufgreift.

Notrufe

DIE WICHTIGSTEN RUFNUMMERN

IN FRANKREICH

Polizei, Notarzt und Feuerwehr können von öffentlichen Telefonen aus ohne Münzen oder Télécarte gerufen werden.

- **Europaweiter Notruf**
  Tel. 112
- **Polizei**
  Police de secours Tel. 17
- **Krankenwagen und Notarzt**
  SAMU Tel. 15 (auch in Englisch)
- **Feuerwehr**
  Sapeurs pompiers Tel. 18
- **ADAC-Notrufzentrale Lyon**
  Tel. 04 72 17 12 22 (0 – 24 Uhr)
- **Pannenhilfe**
  AIT Assistance
  Tel. 08 00 08 92 22 (0 – 24 Uhr)
  Deutschsprachig, zuständig für alle Straßen außer Autobahnen
- **SOS Help**
  Tel. 01 46 21 46 46
  Englischsprachige Lebenshilfe

IN DEUTSCHLAND

- **ACE-Notruf**
  Tel. 00 49 18 02 34 35 36
  (0 – 24 Uhr) Fahrzeug- und Krankenrückholdienst
- **ADAC-Notrufzentrale München**
  Tel. 00 49 89 76 76 76
  Medizinische Beratung, Rückholdienst Tel. 00 49 / 89 / 22 22 22
  (0 – 24 Uhr)
  Beratung bei Pannen, Unfällen, Verlust von Dokumenten etc.
- **Deutsche Rettungsflugwacht**
  Tel. 00 49 / 7 11 70 10 70
- **DRK-Flugdienst Bonn**
  Tel. 00 49 / 2 28 23 00 23

Autopanne Wer mit dem Mietwagen unterwegs ist, wendet sich bei einer Panne am besten an den jeweiligen Vermieter.

Post und Telekommunikation

Postämter Die Postämter erkennt man am gelben Schild »La Poste«. Manchmal weisen noch alte PTT-Schilder den Weg (Postes, Télégraphes, Téléphones). Außer Briefe, Pakete und Telegramme aufgeben kann man dort telefonieren, häufig auch faxen und ins Internet gehen.

Öffnungszeiten

In größeren Städten haben die Postämter Montag bis Freitag durchgehend von 8.30 bis 18.00 bzw. 19.00 Uhr geöffnet (sonst von 9.00 bis 12.00 und von 14.00 bis 17.00 bzw. 18.00 Uhr) sowie am Samstag bis 12.00 Uhr.

Porto

Briefmarken (timbre) erhält man einzeln oder in Heftchen (carnets) zu zehn Stück in Postämtern, Tabakläden (tabac) und Bars mit Zigarettenverkauf. Postkarten und Briefe nach Deutschland, Österreich und in die Schweiz sind mit 0,70 € zu frankieren. Post innerhalb Europas benötigt normalerweise 2 bis 3 Tage.

Briefkästen

Die Briefkästen in Frankreich sind gelb und haben in der Regel zwei Einwurfschlitze: einen für das Département, in dem man sich befindet, den anderen für den Rest der Welt (Autres destinations).

Telefonzellen

Die Telefonzellen sind auf die Bezahlung mit Telefonkarten (Télécartes) eingerichtet, die in Postämtern, Büros der France Telecom, Tabakläden, SNCF- und Metrostationen zu unterschiedlichen Preisen erhältlich sind. Unter der Woche von 21.30 bis 8.00 Uhr morgens, Sa. ab 14.00 und So. telefoniert man günstiger

◄ Tarife

RUFNUMMERN

LÄNDERVORWAHLEN

► **Nach Frankreich**
00 33
Die führende Null der zehnstelligen Teilnehmernummer entfällt.

► **Von Frankreich**
nach Deutschland 00 49
nach Österreich 00 43
in die Schweiz 00 41
Die führende Null der Ortsvorwahl entfällt.

TELEFONAUSKUNFT

national 12
international 3212

Mobiltelefon

Das französische Mobiltelefonnetz wird von drei Betreibern versorgt: Bouygues, Orange und SFR. Informieren Sie sich bei Ihrem eigenen Provider über die Bedingungen für Auslandsaufentahlte. Es kann sonst leicht teuer werden. **Prepaid-Karten** bekommt man in Supermärkten, Tabakläden, FNAC-Filialen und bei der Post.

Internetzugang

In vielen Postämtern in ganz Frankreich kann man ins Internet gehen. Man kauft dafür am Schalter eine Chipcard (Karten zum Nachladen sind billiger). Komfortabler, aber teurer ist es in einem der vielen Internetcafés; manche rechnen nach Minuten ab, was günstiger sein kann. Wer seinen eigenen Computer nutzen will, sollte sich ein internationales Adapterset besorgen.

Preise · Vergünstigungen

Preisniveau Das Preisniveau ist im Allgemeinen vergleichbar mit demjenigen in Deutschland. Als Untergrenze für das Budget sind – ohne Fahrtkosten und für zwei Menschen, die sich ein Zimmer teilen – etwa 50 Euro pro Nacht anzusetzen. Hinzu kommen Verpflegungskosten, je nach Anspruch zwischen 15 und 20 Euro für ein einfaches Menü aus drei Gängen und 10 bis 15 Euro für ein Hauptgericht. Erheblich zu Buche schlagen können kulturelle Interessen: Museen und Schlösser verlangen für Erwachsene manchmal bis zu 10 Euro Eintritt. Dafür ist der Besuch aller staatlichen Museen für Personen unter 26 Jahren seit 2009 kostenlos.

Möglichkeiten zum Sparen Es ist von Vorteil, wenn man die Reise in die Nebensaison legen kann; in der Hochsaison sind die Preise spürbar höher. Manche Städte bzw. Touristenbüros bieten preisgünstige Arrangements an, die die Benützung des ÖPNV, Museumseintritt, Rundfahrten und Führungen umfassen. Einige Hotels bieten Preisreduzierungen bei der Buchung von mehreren Nächten an.

> ! *Baedeker* TIPP
>
> **Kostenloser Kunstgenuss**
>
> Seit 2004 ist der Besuch des Musée des Beaux Arts in Dijon – eines der schönsten Kunstmuseen des Landes – gratis.

In Cafés bezahlt man am wenigsten an der Bar, am Tisch sowie draußen kostet es mehr. Will man richtig speisen, ohne seinen Geldbeutel allzu sehr zu belasten, tue man das mittags. Nicht nur um zu sparen kann man auf dem Markt, in einem Supermarkt oder bei einem Traiteur (Feinkostgeschäft mit fertigen Speisen) zum Picknicken einkaufen.

Die Benzinpreise schwanken in Frankreich erheblich deutlicher als in Deutschland, da dort viel mehr für die Bedienung gezahlt werden

WAS KOSTET WIE VIEL?

Einfaches DZ ab 40 €

Milchkaffee 2,50 €

Glas Wein ab 3,50 €

Einfaches Menue ca. 15 €

1 l Bezin 1,45 €

muss. Wer sparen will, sollte bei den großen Supermärkten tanken, die in Self-Service betrieben werden. Vorsicht ist an den Wochenenden und abends geboten. An Tankstellen mit dem Hinweis »7/7« (7 Tage von 7 geöffnet) kann man zwar rund um die Uhr tanken, aber nur mit französischen Bankkarten, nicht mit ausländischen Kreditkarten.

Reisezeit

Regionale Schwankungen

Auch klimatisch erweist sich Burgund als wenig einheitlich, da die Region zwischen atlantischen und kontinentalen Klimaeinflüssen liegt. Westburgund, in Luvlage zu den Regen fangenden Höhen des Morvan, ist atlantisch geprägt mit relativ kühlen und unbeständigen Sommern und feuchtmilden Wintern. Dagegen überwiegen in Ost- und Südburgund kontinentale Klimaakzente mit geringeren Niederschlägen und größeren jahreszeitlichen Temperaturgegensätzen.

Temperaturen

So liegen die mittleren Julimaxima im Osten und Süden mit 25 °C bis 26 °C um rund 1 °C höher als in Westburgund, die Januarminima um etwa 1 ° C darunter (Dijon: -1 °C). Hitzewellen aus dem Mittelmeerraum können das Quecksilber im Hochsommer überall in den Niederungen auf über 35 °C treiben (Maximum in Auxonne mit 41 °C Ende Juli). Am anderen Ende der Skala sind bei Kaltlufteinbrüchen aus Osteuropa Temperaturen bis -20 °C möglich (Rekord bei -29 °C in Charolles im Januar). Nebelreiche Inversionswetterlagen halten die Winterkälte jedoch normalerweise in Grenzen.

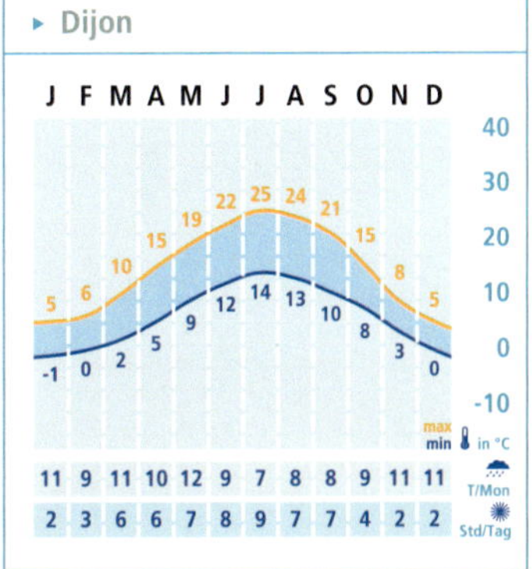

Herz des burgundischen Weinbaus ist der lange Höhenzug der Côte d'Or. Die Osthänge sind durch die abschirmende Wirkung der Hügelkette niederschlagsarm und bis in den Spätsommer hinein sehr sonnig, was für eine exzellente Qualität der Trauben bürgt (Dijon: Juli bis September 689 Std. bei 1831 Std./Jahr).

Niederschläge

Mit 1200 Litern Jahresniederschlag gilt der Morvan als ausgesprochenes **Schlechtwettergebiet**. Der Grund: Für die feuchten Westwinde ist er das erste größere Hindernis auf dem Weg vom Atlantik ins Binnenland. In der Gipfelregion regnet es durchschnittlich fast jeden zweiten Tag. Der Winter ist eher wegen des anhaltend ungemütlichen Wetters als aufgrund seiner Kälte gefürchtet. Zwar bestehen einige Wintersporteinrichtungen (insbesondere Loipen), doch liegt selten ausreichend Schnee.

Reisezeit Alles in allem empfiehlt es sich, im Frühjahr nicht zu früh und im Herbst nicht zu spät zu reisen. Besonders reizvoll ist eine Fahrt an die Côte d'Or im September, wenn die Weinstöcke bereits ihre herbstliche Färbung angenommen haben.

Shopping

Öffnungszeiten In Frankreich gibt es keine gesetzlich geregelten Ladenschlusszeiten. Als Richtschnur kann gelten: Wochentags sind die Geschäfte von 9.00 bis 12.30 und von 14.00 bis 19.00 Uhr geöffnet, große Geschäfte meistens durchgehend. Dies gilt meist auch für den Samstag, daher ist der Montag für den Einzelhandel oft Ruhetag. Davon ausgenommen sind häufig größere Supermärkte, Tabak- und Souvenirläden sowie Bäckereien.

Spezialitäten Burgund ist ein Schlemmerparadies, und ein Einkaufsbummel über einen der vielen Wochenmärkte (die Markttage erfährt man in den Fremdenverkehrsämtern) oder durch die verschiedenen Läden eine Augenweide. Hier gibt es alles, was die Region zu bieten hat.

Der Feinkostladen Mulot-Petitjean an der Place Bousset in Dijon ist in jeder Hinsicht einen Besuch wert.

Die berühmtesten kulinarischen Spezialitäten sind Burgunderweine, Marc de Bourgogne und Cassis (Spirituosen sind in Frankreich jedoch kaum preisgünstiger), Senf aus Dijon, Honig aus dem Morvan und Käse sowie die Anisbonbons aus Flavigny. Mancherorts kann man diese **Produkte direkt beim Erzeuger kaufen** (beispielsweise Käse in der Fromagerie Gaugry in Gevrey-Chambertin, Senf in der Fabrik Fallot in Beaune oder die süße Spezialität Négus von Nevers in der gleichnamigen Boutique ebenda).
Mehrere burgundische Sterneköche haben inzwischen ebenfalls Läden eröffent, so Marc Meneau in St-Père-sous-Vézelay, die Bernard-Loiseau-Gruppe in Saulieu und Jean-Michel Lorain in Joigny. Beliebte Mitbringsel sind außerdem Korbwaren, Gebrauchsgegenstände rund um den Wein (Karaffen, Flaschenöffner und Flaschenhalter etc.) und Keramik, die in vielen größeren und kleineren Orten (v. a. in der Puisaye) angeboten wird; Nevers ist bekannt für künstlerisch hochwertige Fayencen.

MÄRKTE

- **Brancion**
  Erster und dritter Sonntagvormittag: Biomarkt unterhalb des mittelalterlichen Dörfchens
- **Chablis**
  Sonntagvormittags Markt
- **Chalon-sur-Saône**
  Freitag- und sonntagvormittags: Markt auf der Place de la Cathédrale
- **Dijon**
  Dienstags, freitags und samstags rund um die Markthalle von Eiffel
- **Corbigny**
  Montagnachmittag Viehmarkt
- **Louhans**
  Montagvormittag Bresse-Geflügelmarkt
- **Marcigny**
  Zweiter Montag im Dezember: Truthahn- und Gänsemarkt
- **Moulins-Engilbert**
  Dienstags Rinderauktion
- **St-Bris-le-Vineux**
  Im Dezember Weihnachtsmarkt
- **St-Christophe-en-Brionnais**
  Mittwochs: Charolais-Rindermarkt von nationaler Bedeutung, Ausstellung ab 10.00, Verkauf ab 13.00 Uhr
- **St-Léger-sous-Beuvray**
  letzter Sonntag im Oktober: Kastanienfest mit Markt
- **Saulieu**
  Am Wochenende nach dem 15. August: Ausstellung und Charolais-Rinderfest
- **Sens**
  Mo., freitag- und samstagmorgens: Markt in den Hallen
- **Toucy**
  Samstagvormittags Markt

Sprache

Sprachkurse Verschiedene deutsche und französische Veranstalter bieten Sprachkurse, z. T. mit Besichtigungsprogramm. Über spezielle Angebote, Termine, Anreise, Unterbringung und Kosten informieren das Französische sowie das regionale Fremdenverkehrsamt (►Auskunft). Zwei- bis achtwöchige Kurse kann man an der Universität in Dijon belegen, die Unterricht auf allen Niveaus anbietet. Informationen findet man unter www.u-bourgogne.fr/CIEF.

SPRACHFÜHRER FRANZÖSISCH

Das Wichtigste

Ja / Nein	Oui / Non
Vielleicht	Peut-être
Bitte	S'il vous plaît (s. v. p.)
Danke	Merci
Gern geschehen.	De rien.
Entschuldigen Sie!	Excusez-moi !
Wie bitte?	Comment ?
Ich verstehe nicht.	Je ne comprends pas.
Ich spreche nur wenig Französisch.	Je parle un tout petit peu français.
Können Sie mir bitte helfen?	Vous pouvez m'aider, s. v. p.?
Sprechen Sie Deutsch / Englisch?	Vous parlez allemand / anglais ?
Ich möchte / würde gerne ...	J'aimerais ...
Haben Sie ... ?	Vous avez ... ?
Wieviel kostet das?	Ça coûte combien ?

Grüßen

Guten Morgen / Tag !	Bonjour !
Guten Abend !	Bonsoir !
Hallo / Grüß dich !	Salut !
Wie heißen Sie ?	Comment vous appellez-vous ?
Wie heißt du ?	Comment t'appelles-tu?
Wie geht es Ihnen ?	Comment allez-vous / vas-tu ?
Auf Wiedersehen !	Au revoir !
Tschüs !	Salut!

Unterwegs

links / rechts	à gauche / à droite
geradeaus	tout droit

nah / weit	près / loin
Verzeihung, wo ist … ?	Pardon, où se trouve … , s. v. p.?
Wieviele Kilometer sind das?	C'est à combien de kilomètres d'ici?
Was ist der kürzeste Weg nach … ?	Quel est le chemin le plus court pour aller à … ?

Tanken

Wo ist die nächste Tankstelle?	Où est la station-service la plus proch?
Ich möchte … Liter …	Je voudrais … litres …, s'il vous plaît.
… Super	… du super
… Diesel	… du diesel
… bleifrei / mit … Oktan	… du sans-plomb / … octanes.
Volltanken, bitte	(Faites) Le plein, s. v. p.

Panne

Ich habe eine Panne.	Je suis en panne.
Können Sie mir einen Abschleppwagen schicken?	Est-ce que vous pouvez m'envoyer une dépanneuse?
Gibt es hier in der Nähe eine Werkstatt?	Est-ce qu'il y a un garage près d'ici?
… ist defekt.	… est défectueux.

Unfall

Hilfe!	Au secours!
Achtung! Vorsicht!	Attention!
Rufen Sie bitte schnell …	Appelez vite …
… einen Krankenwagen.	… une ambulance.
… die Polizei.	… la police.

Essen gehen

Wo gibt es hier …	Pourriez vous m'indiquer …
… ein gutes Restaurant?	… un bon restaurant?
… ein nicht zu teures Restaurant?	… un restaurant pas trop cher?
Gibt es hier ein nettes Café (Bistro)?	Y-a-t'il un café (bistrot) sympa?
Reservieren Sie uns bitte für heute Abend einen Tisch für 4 Personen.	Je voudrais réserver une table pour ce soir, pour quatre personnes.

Wo ist bitte die Toilette?	Où sont les toilettes, s. v. p.?
Auf ihr Wohl!	A votre santé! / A la vôtre!
Die Rechnung bitte.	L'addition, s. v. p.
C'etait bon?	Hat es geschmeckt?
Das Essen war ausgezeichnet.	Le repas était excellent.

Übernachtung

Können Sie mir bitte … empfehlen?	Pourriez-vous m'indiquer …?
… ein gutes Hotel	… un bon hôtel
… eine Pension	… une pension de famille
Haben Sie noch … frei?	Est-ce que vous avez encore …?
… ein Einzelzimmer	… une chambre pour une personne
… ein Doppelzimmer	… une chambre pour deux personnes
… mit Bad	… avec salle de bains
… für eine Nacht	… pour une nuit
… für eine Woche	… pour une semaine
Was kostet ein Zimmer mit …	Quel est le prix de la chambre …
… Frühstück?	… petit déjeuner compris?
… Halbpension?	… en demi-pension?

Arzt

Können Sie mir einen guten Arzt empfehlen?	Pourriez-vous me recommander un bon médecin, s. v. p.?
Ich habe hier Schmerzen.	J'ai mal ici.
Où est la pharmacie la plus proche?	Wo ist die nächste Apotheke?

Post

Was kostet …	Quel est le tarif pour affranchir
… ein Brief	… une lettre
… eine Postkarte	… une carte postale
… nach Deutschland?	… pour l'Allemagne?

Zahlen

0	zéro	19	dix-neuf
1	un, une	20	vingt
2	deux	21	vingt et un, une
3	trois	22	vingt-deux
4	quatre	23	vingt-trois

5	cinq	30	trente
6	six	40	quarante
7	sept	50	cinquante
8	huit	60	soixante
9	neuf	70	soixante-dix
10	dix	80	quatre-vingts
11	onze	90	quatre-vingt-dix
12	douze	100	cent
13	treize	200	deux cents
14	quatorze	1000	mille
15	quinze	2000	deux mille
16	seize	10 000	dix mille
17	dix-sept	1/2	un demi
18	dix-huit	1/4	un quart

Petit déjeuner / Frühstück

café noir	schwarzer Kaffee
café au lait	Kaffee mit Milch
décaféiné	koffeinfreier Kaffee
thé au lait / au citron	Tee mit Milch / Zitrone
tisane	Kräutertee
chocolat (chaud)	(heiße) Schokolade
jus de fruit	Fruchtsaft
œuf mollet	weiches Ei
œufs brouillés	Rühreier
œufs au plat avec du lard	Spiegeleier mit Speck
pain / petits pains / toasts	Brot / Brötchen / Toast
croissant	Hörnchen
beurre	Butter
fromage	Käse
charcuterie	Wurst und Schinken
jambon	Schinken
miel	Honig
confiture	Marmelade
yaourt	Joghurt

Soupes et hors-d'œuvres / Suppen und Vorspeisen

bisque d'écrevisses	Krebssuppe
bouchées à la reine	Königinpastetchen
bouillabaisse	südfranzösische Fischsuppe
consommé de poulet	Hühnerbrühe
crudités	verschiedene Gemüse, roh oder blanchiert
galette	Crêpe aus Buchweizenmehl

pâté de campagne	Bauernpastete
pâte de foie	Leberpastete
salade lyonnaise	grüner Salat mit gebratenen Speckwürfeln und Croûtons
salade niçoise	grüner Salat mit Tomaten, Ei, Käse, Oliven und Thunfisch
saumon fumé	Räucherlachs
soupe à l'oignon	Zwiebelsuppe
soupe de poisson	Fischsuppe

Viandes / Fleisch

agneau / gigot d'agneau	Lamm / Lammkeule
bifteck	Steak
bœuf	Rindfleisch
cassoulet	Fleisch und weiße Bohnen aus dem Ofen
confit	eingemachtes Fleisch
côte de bœuf	Ochsenkotelett
crépinette	kleine Frikadelle im Netzmantel
filet de bœuf	Rinderfilet

Ein bisschen Wortschatz schadet nicht, wenn man direkt auf dem Markt einkauft und nicht im Supermarkt.

foie gras	Gänse-/Entenstopfleber
foie	Leber
grillades	Grillplatte
mouton	Hammel
porc	Schwein
rognons	Nieren
rôti	Braten
sauté de veau	Kalbsragout
steak tatare	Tatar
tripes	Kutteln
saignant	blutig
à point / medium	medium / halb gar
bien cuit	durchgebraten

Volailles et gibier / Geflügel und Wild

canard à l'orange	Ente mit Orange
cerf	Hirsch
cuissot de chevreuil	Rehkeule
coq au vin	Hahn mit Rotwein
faisan	Fasan
lapin chasseur	Kaninchen nach Jägerart
oie	Gans
poulet rôti	Brathähnchen
sanglier	Wildschwein

Poissons et crustacés / Fisch und Krustentiere

cabillaud	Kabeljau
calmar frit	gebackener Tintenfisch
daurade	Goldbrasse
lotte	Seeteufel
loup de mer	Seewolf
maquereau	Makrele
morue	Stockfisch
omble chevalier	Saibling
perche	Barsch
petite friture	gebackene kleine Fische
rouget	Rotbarbe
sandre	Zander
sole au gratin	überbackene Seezunge
truite meunière	Forelle Müllerin
turbot	Steinbutt
coquilles Saint-Jacques	Jakobsmuscheln
crevettes	Garnelen, Shrimps
homard	Hummer

huîtres ..... Austern
moules ..... Miesmuscheln
plateau de fruits de mer ..... Meeresfrüchteteller

Légumes, pâtés, riz / Gemüse, Teigwaren, Reis

artichaut ..... Artischocke
choucroute ..... Sauerkraut
épinards ..... Spinat
fenouil ..... Fenchel
haricots (verts) ..... (grüne) Bohnen
nouilles ..... Nudeln
oignons ..... Zwiebeln
petits pois ..... Erbsen
poivrons ..... Paprikaschoten
pommes dauphine / pommes duchesse ..... Kartoffelkroketten
pommes de terre ..... Kartoffeln
pommes de terre nature ..... Salzkartoffeln
pommes de terre sautées ..... Bratkartoffeln
riz au curry ..... Curryreis
tomates ..... Tomaten

Desserts / Nachspeisen

charlotte ..... Süßspeise aus Löffelbiskuits, Früchten und Venillecreme
crème brûlée ..... Karamellisierteer Sahnepudding
gâteau ..... Kuchen
glace ..... Speiseeis
pâtisserie maison ..... Dessert nach Art des Hauses
profiteroles ..... kleine Windbeutel mit Creme- oder Sahnefüllung
sabayon ..... Weinschaumcreme
tarte aux pommes ..... Apfelkuchen
tarte Tatin ..... gestürzter karamellisierter Apfelkuchen

Fruits / Obst

abricots ..... Aprikosen
cerises ..... Kirschen
fraises ..... Erdbeeren
framboises ..... Himbeeren
macédoine ..... Fruchtsalat
pêches ..... Pfirsiche
poires ..... Birnen

pommes .... Äpfel
prunes .... Pflaumen
raisins .... Trauben

Liste des consommations / Getränkekarte

coca .... Cola
eau minérale .... Mineralwasser
bière .... Bier
bière blonde .... helles Bier
bière brune .... dunkles Bier
bière pression .... Bier vom Fass
bière bouteille .... Flaschenbier
bière sans alcool .... alkoholfreies Bier
vin .... Wein
café arrosé .... Kaffee mit Schuss
café exprès .... Espresso
un (verre de vin) rouge .... ein Glas Rotwein
un quart de vin blanc .... ein Viertel Weißwein
jus de fruit .... Fruchtsaft
jus d'orange / jus de pamplemousse .... Orangen- / Grapefruitsaft
lait .... Milch
limonade .... Limonade

Übernachten

Qualität

Die Hotels in Frankreich sind im Allgemeinen gut. Verbreitet sind Zimmer mit grand lit, einem französischen Doppelbett mit durchgehender Matratze und gemeinsamer Bettdecke. Wenn man getrennte Betten vorzieht, sollte man gezielt nach »deux lits« oder »des lits séparés« fragen. Die meisten Hotels sind »Hôtels de Tourisme« und mit Hilfe eines Sternensystems klassifiziert. Es gibt Häuser mit einem Stern (unterste Kategorie) bis zu vier Sternen (oberste Kategorie) sowie dem Zusatz L (für Luxushotels).

Reservierungen

Buchungen sind vor allem während der Feriensaison im Juli und August ratsam. Bei telefonischer Reservierung wird von Hotelseite häufig die Kreditkartennummer des Buchenden erfragt.

Preise

Die in diesem Reiseführ empfohlenen Hotels sind in folgende Preiskategorien eingeteilt (Doppelzimmer pro Nacht): Luxus ab 100 Euro, Komfortabel 55 bis 90 Euro, Günstig unter 60 Euro.

INFORMATIONEN ZU UNTERKÜNFTEN

HINWEIS

Die Touristenbüros schränken zunehmend den Versand von gedrucktem Informationsmaterial ein. Es gibt auch kein regionales Hotelverzeichnis mehr: Es empfiehlt sich, Unterkünfte auf den Internetseiten der vier Départements zu suchen (►Auskunft). Auch Gästezimmer und Ferienwohnungen findet man am einfachsten im Internet.

► **Les Logis de France en Bourgogne**
Logis de France versammelt eine große Anzahl von Hotels verschiedener Kategorien.
Der Katalog ist erhältlich bei:
Logis de Bourgogne
2 bis, Rue du Cap Vert
21800 Quetigny
Tel. 03 80 66 43 06
www.logis-de-Bourgogne.com

PRIVATE ZIMMER UND FERIENHÄUSER

► **Gîtes de France**
Die Organisation vermittelt Gästezimmer, Ferienwohnungen und Ferienhäuser privater Besitzer an Touristen. Der Service beinhaltet eine Qualitätskontrolle, eine Klassifizierung und ein zentrales Reservierungssystem.
www.gites-de-france-bourgogne.com

► **Realais du Silence**
Ist ein weiterer Verband, der nur Hotels meist gehobener Preisklasse in – wie der Name schon sagt – absolut ruhiger Lage aufnimmt.
www.relaisdusilence.com/fr

JUGENDHERBERGEN

► **Deutsches Jugendherbergswerk**
Travel Section
DJH Service GmbH
Bismarckstr. 8
32704 Detmold
Tel. 0 52 31/ 74 01 0
Fax 0 52 31 / 74 01 49
www.djh.de

► **Österreichischer Jugendherbergsverband (ÖJHV)**
Gonzagagasse 22
1010 Wien
Tel. 01 533 53 53, 533 53 54
Fax 01 533 53 50
www.oejhv.or.at

► **Schweizer Jugendherbergen**
Schaffhauser Str. 14
Postfach 161
8042 Zürich
Tel. 0 44 360 14 14
Fax 0 44 360 14 60
www.youthhostel.ch

► **Fédération Unie des Auberges de Jeunesse (FUAJ)**
27, Rue Pajol
75018 Paris
Tel. 01 44 89 87 27
Fax 01 44 89 87 49
www.fuaj.org

► **Ligue Française pour les Auberges de Jeunesse (LFAJ)**
67, Rue Vergniaud
75013 Paris
Tel. 01 44 16 78 78
Fax 01 44 16 78 80
www.auberges-de-jeunesse.com

Privatzimmer

Chambres d'Hôtes sind – vor allem in ländlichen Gegenden – eine meist preiswerte Alternative zum Hotel. Frühstück ist immer im Preis inbegriffen. In einigen Fällen wird auch Table d'Hôtes angeboten, Halb- oder Vollpension. Die Zimmer sind in Kategorien eingeteilt, es gibt einfache Zimmer (eine Ähre), Zimmer mit gutem bis ausgezeichnetem Komfort (bis zu vier Ähren).

Ferienhäuser

In Burgund gibt es auch eine stattliche Anzahl an Ferienwohnungen und -häusern von privaten Besitzern zu mieten.

Camping und Caravaning

In Burgund gibt es viele Campingplätze, häufig liegen sie am Wasser. Je nach Komfort sind die Plätze amtlich mit einem Stern bis vier Sternen klassifiziert. Adressen findet man auf den Internetseiten des Burgund (►Auskunft) oder auch über www.campingfrance.com. Unter www.bourgogne-camping.com kann auch ein gedrucktes Verzeichnis bestellt werden.

Jugendherbergen

Voraussetzung für die Übernachtung in Jugendherbergen in Frankreich ist die **Mitgliedschaft im Jugendherbergswerk** des Herkunftslandes. Der Jahresbeitrag in Deutschland beträgt 12,50 Euro bis einschließlich 26 Jahre, darüber und für Familien 21 Euro.

Urlaub aktiv

Vielseitiges Angebot

Sportlich Interessierte finden in Burgund mit seinen Wäldern, Flüssen und Seen ein buntes Angebot. Es reicht von Wandern, Angeln, Kajak-Touren, Rafting, Segeln, Surfen über Klettern (auch Höhlenklettern), Reiten, Golf und Tennis bis zu Fahrten mit dem Heißluftballon sowie anderen Flugsportarten.
Auf der Internetseite des Comité Régional du Tourisme de Bourgogne (►Auskunft) findet man unter dem Stichwort »Sport- und Freizeitaktivitäten« sämtliche Sportmöglichkeiten und Adressen für weitere Informationen.

Höhlentourismus

Höhlenbesuche werden in Azé und Blanot (► Reiseziele, Cluny, Umgebung) und in Arcy-sur-Cure (►Reiseziele, Vézelay) angeboten. Weitere Informationen erteilen die örtlichen Fremdenverkehrsbüros und die Ligue Spéléologique de Bourgogne.

Kanu- und Kajakfahren

Ein beliebtes Revier für Kanu- und Kajakfahrer und ideal für Tages- oder Langstreckenfahrten ist beispielsweise die Loire zwischen St-Hilaire-Fontaine und Neuvy-sur-Loire, aber auch die Cure wird befahren und die Seen im Morvan bieten Gelegenheit zum Wassersport. Informationen gibt es auf den Internetseiten der Verkehrsämter der Départements (►S. 73).Bootstourismus ►S. 75

AUSKUNFT

GOLF

Ligue de Bourgogne de Golf
Tel. 03 80 25 09 72, http://lbgolf.fr
Auf der Internetseite werden alle Golfplätze Burgunds vorgestellt.

REITEN

► **Comité Régional d'Equitation**
15, Rue Pierre de Coubertin
21000 Dijon
Tel. 03 80 38 29 95
www.cheval-bourgogne.com

RADFAHREN

Umfangreiche Informationen gibt es unter: www.le-tour-de-bourgogne-a-velo.com

WANDERN

► **Parc Naturel Régional du Morvan**
Maison du Parc
58230 St-Brisson
Tel. 03 86 78 79 00
www.parcdumorvan.org

► **France Randonnée**
9, Rue des Portes Modelaises
35000 Rennes, Tel. 02 99 67 42 21
www.france-randonnee.fr
Vorschläge und Unterstützung bei der Planung und Durchführung von Touren (organisiert oder auf eigene Faust, zu Fuß, mit dem Fahrrad, Kanu, Pferd etc.)

Außerdem informieren die ***Comités Départementaux de Randonnée Pédestre:***
Côte d'dor: www.cotedor-randonnee.com
Nièvre: www.ffrandonnee.nievre.monsite.wanadoo.fr
Yvonne: http://rando-pedestre-89.com
Saône-et-Loire:
http://comiterando71.fr

Wandern Wandern steht in Burgund an erster Stelle. Mehrere der großen nationalen **Fernwanderwege**, der Sentiers de Grande Randonnée (GR), durchqueren Burgund. Sie folgen oft jahrhundertealten Pilger- und Handelswegen, weshalb man hier kulturelle Interessen optimal mit Bewegung verbinden kann. Die Wege sind rot-weiß markiert und mit Karten in Broschüren (»Topoguides«) publiziert, die im örtlichen Buchhandel erworben werden können. Ein ideales Wanderrevier, auch für **organisierte Touren, Wandern zu Pferde** etc., ist der Morvan. Die Touristenbüros vor Ort informieren über kürzere Wege und Spaziergänge; im Buchhandel gibt es auch spezielle Wanderführer.

Radfahren Burgunds Nebenstraßen sind ein ideales Revier für Radfahrer. Die Bandbreite des Streckenangebots reicht von sanft gewellt bis sportlich anspruchsvoll.
Seit 1997 wird in burgund intensiv am Ausbau des Radwegenetzes gearbeitet. Ziel ist eine 800 km lange Runde durch Burgund, die über weite Strecken den Kanälen folgt, aber auch am Fuß der Côte d'Or

die Weinberge passiert und einen Abstecher nach Mâcon umfasst. Weitere Informationen finden Sie in dem diesem Reiseführer beiliegenden ►Special Guide; beim Comité Régional ist die **Informationsbroschüre »Le Tour de Bourgogne à vélo«** erhältlich.

Wellness

Wer neben einem Besuch in den üblichen Saunen und Fitnessstudios etwas für sein körperliches Wohlbefinden tun möchte, dem seien die beiden **Thermalkurorte** im Südwesten Burgunds empfohlen: Bourbon-Lancy (Saône-et-Loire, ►Nevers) und St-Honoré-les-Bains (Nièvre, ►Morvan). Ob man hier mit medizinischer Indikation oder schlicht zur Erholung herkommt, das Angebot ist umfangreich und reicht vom Antistressprogramm bis zur Raucherentwöhnung. In St-Honoré gibt es auch spezielle Angebote für Kinder (www.st-honore-les-bains.com und www.bourbon-lancy.com).

An der Loire findet man idyllische Angelplätzchen, die den Sport zur Meditation machen.

Verkehr

Öffentliche Verkehrsmittel Burgund ist durch öffentliche Verkehrsmittel (Bahn und Bus) gut erschlossen, nur in manchen dünn besiedelten Gebieten wie z. B. im Morvan gibt es wenig Bus- und gar keine Bahnverbindungen.

Bahn Der Eisenbahnbau begann in der Mitte des 19. Jahrhunderts. Eine der wichtigsten Strecken Frankreichs, die zwischen Paris, Lyon und Marseille, verlief über Dijon, wo eine Ost-West-Querverbindung einmündete. Diese exponierte Stellung der burgundischen Hauptstadt änderte sich mit dem Bau der Trasse für den TGV (Train à Grande Vitesse, Hochgeschwindigkeitszug; 1984). Dijon liegt nun nicht mehr an der Hauptroute Paris – Lyon, verfügt jedoch über eine Anschlussstrecke (Paris – Dijon – Besançon), die die Fahrzeit von Dijon nach Paris auf 1 Std. 40 Min. verkürzt.

Das französische Bahnnetz wird von der staatlichen Gesellschaft SNCF (Société Nationale des Chemins de Fer) unterhalten. Diese führen, teils in Zusammenarbeit mit örtlichen Unternehmen, Besichtigungs- und Ausflugsfahrten mit Bahn, Boot und Bus durch. Informationen erhält man bei den Fremdenverkehrsbüros (▶Auskunft) sowie an Bahnhöfen.

? WUSSTEN SIE SCHON ...?

- Seit 2006 wird die Nummerierung der Straßen in Frankreich geändert: Viele Nationalstraßen werden seitdem der Verwaltung der Départements unterstellt und heißen nun nicht mehr »Route Nationale«, sondern »Route Départementale«. Häufig bleiben die letzten beiden Zahlen jedoch gleich (Beispiel: Aus der N 74 entlang der Weinstraße wurde die D 974). Also vorerst nicht über Uneinheitlichkeiten auf Karten oder Schildern wundern!

Auto Frankreich verfügt über ein gut ausgebautes Straßennetz mit Autobahnen (autoroutes), Schnellstraßen (routes nationales) sowie Landstraßen (routes départementales). Die durch blau-weiße Straßenschilder markierten Autobahnen sind fast alle gebührenpflichtig (péage). Ein Gebührenrechner ist im Internet unter der Adresse www.aprr.fr (»Itineraires et tarifs«) zu finden. Die Gebühren können auch mit Eurocard, Mastercard und Visa bezahlt werden.

Wichtigster Teil des 400 km langen burgundischen Autobahnnetzes ist die Verbindung Paris – Lyon durch die A 6, die Autoroute du Soleil. Sie bietet einen Anschluss nach Dijon, das sowohl von Pouilly-en-Auxois als auch von Beaune aus angefahren werden kann. Bei Beaune – dem bedeutendsten burgundischen Autobahnkreuz – mündet die Ost-West-Verbindung aus dem Elsass bzw. aus Deutschland (A 36) in die A 6. Die A 31 von Beaune nach Dijon führt nach Langres und weiter nach Lothringen und Luxembourg.

Höchstgeschwindigkeit ▶ Die Höchstgeschwindigkeiten betragen in Frankreich in Ortschaften: 50 km/h, auf Landstraßen in der Regel: 90 km/h, auf vierspurigen Nationalstraßen mit Mittelstreifen: 110 km/h, auf Autobahnen:

Entfernungen in km

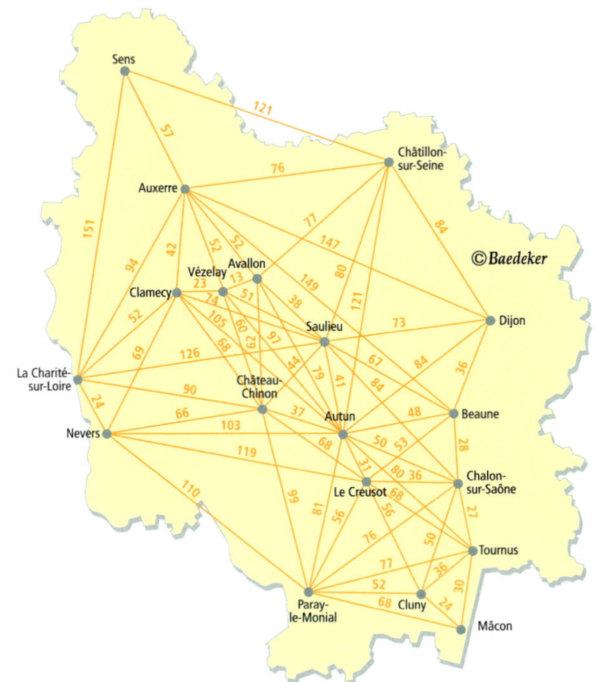

130 km/h, bei Regen 110 km/h. Viele Franzosen fahren zügig, man kann auch sagen halsbrecherisch, trotz häufiger Radarkontrollen. Schon geringe Tempoüberschreitungen sind teuer – zwischen 90 und 2300 Euro – und sofort zu bezahlen, sonst kann das Fahrzeug beschlagnahmt werden. Bei ausländischen Verkehrssündern macht die Polizei keine Ausnahmen.

◄ Weitere Hinweise

Auf allen Sitzplätzen, die mit einem Gurt ausgestattet sind, muss er angelegt werden. Das Telefonieren während des Fahrens wird mit einer Geldbuße bestraft. Seit 2004 wird das Einschalten des Abblendlichts auf allen außerörtlichen Straßen tagsüber empfohlen. Kinder unter 10 Jahren müssen hinten sitzen.

Bei den zahlreichen, mittlerweile auch in Deutschland verbreiteten Verkehrskreiseln haben – soweit nichts anderes durch Verkehrszeichen geregelt ist – Fahrzeuge, die in den Kreisverkehr einfahren wollen, grundsätzlich Vorfahrt. Meistens gewähren Schilder jedoch den bereits im Kreisverkehr fahrenden Autos die Vorfahrt, und für die Einfahrenden gilt: »Vous n'avez pas la priorité« (Sie haben keine Vorfahrt). Die **Höchstgrenze für Alkohol im Blut** liegt bei 0,5 Promille.

Pannen Auf Autobahnen und Schnellstraßen können bei einer Panne die Dépanneurs-remorqueurs über Notrufsäulen angefordert werden. Auf Landstraßen und in Städten oder Ortschaften ruft man die Polizei (► Notrufe). Seit 2004 ist es in Frankreich Pflicht, eine **Pannenweste** nach EU-Norm mitzuführen.

Mietwagen In allen größeren Städten Burgunds findet man internationale Autovermietungen wie Avis, Hertz, Europcar und Sixt sowie regionale Anbieter. Um ein Auto mieten zu können, braucht man einen Führerschein, der mindestens ein Jahr alt sein muss, sowie eine internationale Kreditkarte. Mindestalter ist meist 21 Jahre; bei Fahrern unter 25 Jahre wird manchmal ein Zuschlag verlangt. Die Mietpreise in Frankreich sind viel höher als in Deutschland. Es lohnt sich daher vom jeweiligen Heimatland aus zu buchen.

Parken Im Bereich der Innenstädte gibt es die sogenannte **Zone bleue** (beschildert), in der die Verwendung einer Parkscheibe obligatorisch und die maximale Parkzeit oft auf 1 Std. beschränkt ist (ausgenommen So. und Fei.). In Ortschaften können Kraftfahrzeuge nur in der Richtung des Straßenverkehrs halten und parken (was oft nicht beachtet wird). In Einbahnstraßen kann auf beiden Seiten gehalten und geparkt werden. Oft wechselt die zum Parken freigegebene Straßenseite halbmonatlich (stationnement alterné). Außerhalb der Ortschaften sollen Fahrzeuge nur neben der Straße geparkt werden. **Gelbe Linien** am Fahrbahnrand bedeuten Parkverbot. Parkuhren sind selten geworden. Meist sind an öffentlichen Parkflächen in den Städten **Parkscheinautomaten** (horodateurs) aufgestellt.

Taxi Nicht immer lassen sich Taxis in den Großstädten auf der Straße anhalten (bei leeren ist das Taxizeichen auf dem Dach erleuchtet). Nur in Ausnahmefällen darf man auf dem Beifahrersitz Platz nehmen. Viele Taxifahrer weigern sich, mehr als drei Personen zu befördern. Der Fahrpreis besteht aus Grundgebühr und Zeitgebühr. An den Bahnhöfen gilt eine erhöhte Grundgebühr.

Wein

Im Kapitel »Hintergrund« ist dem Thema »Wein« ein eigener Abschnitt gewidmet (► S. 25). Bei kommentierten Weinproben, in Kursen über Weingeschichte- und -anbau erfährt man mehr über die Geheimnisse des Weins und der Weinprobe mit ihrem Ritual des Schauens, Riechens, Schmeckens, Beschreibens und Erkennens. Die Fremdenverkehrsbüros in den Weinorten vermitteln Adressen über Winzerorganisationen, die **Kellerbesuche und Weinseminare** anbieten. Auf der Internetseite der burgundischen Weinwirtschaft findet man ebenfalls eine Liste zugänglicher Weingüter.

ADRESSEN

VERBAND DER BURGUNDISCHEN WEINWIRTSCHAFT

Unter **www.vins-bourgogne.fr** finden sich allerhand interessante Informationen zum Burgunderwein, z. T. auch auf Deutsch.

WEINHÄUSER

Weinproben (dégustations) bieten auch folgende Weinhäuser an:

► **La Maison des Vins de la Côte Chalonnaise**
Promenade Ste-Marie
71100 Chalon-sur-Saône
Tel. 03 85 41 64 00
Fax 03 85 41 99 83
tgl. außer So., Fei. 9.00 – 19.00 Uhr; mit Restaurant

► **La Maison des Vins**
484, Avenue de Lattre de Tassigny, 71000 Mâcon
Tel. 03 85 22 91 11
Fax 03 85 22 91 12
www.maison-des-vins.com
tgl. 8.00 – 22.00 Uhr;
mit Restaurant

Zeit

In Frankreich gilt die Mitteleuropäische Zeit (MEZ), von Ende März bis Ende Oktober die mitteleuropäische Sommerzeit (MEZ + 1 h).

P

Touren

BURGUND VEREINIGT DIE UNTERSCHIEDLICHSTEN LANDSCHAFTSTYPEN UND BIETET SO FÜR JEDEN ETWAS. BEI DER WAHL DER REISEROUTEN SOLLEN IHNEN DIE FOLGENDEN VORSCHLÄGE HELFEN.

TOUREN DURCH BURGUND

Die folgenden Routen verbinden die interessantesten Sehenswürdigkeiten, Orte und Landschaften Burgunds. Sieverlaufen teilweise parallel, man kann sie kombinieren, Abstecher machen oder Teilstrecken auslassen. Wo Burgund am schönsten ist? Viel Spaß dabei, das herauszufinden!

TOUR 1 **Der Inbegriff Burgunds**
Wer sich auf eine Tour beschränken muss, sollte zweifelsfrei diese wählen. Von der Hauptstadt Burgunds führt sie in die wichtigsten Städte, zu mehreren Schlössern und den bedeutendsten Kirchenbauten der Region. Und am Schluss ein weiterer Höhepunkt: Beaune und die Weinhänge der Côte d'Or. ▸ **Seite 116**

TOUR 2 **Kirchen- und Weinroute**
Diese Tour führt entlang der Côte d'Or in die Weinberge des Mâconnais. Wenn hier den Weinliebhabern das Wasser im Mund zusammenläuft, so schlagen die Herzen der Mittelalterfans bei Namen wie Tournus, Cluny, Paray-le-Monial und Autun höher. Warum nicht beides miteinander verbinden? ▸ **Seite 118**

TOUR 3 **Morvan und Nivernais**
Von Autun aus in den Morvan und über den Mont Beuvray an die Loire nach Nevers führt diese Tour. Hier geht es ruhig zu, denn viele Burgundreisende dringen gar nicht so weit nach Westen vor. ▸ **Seite 120**

St-Christophe im Brionnais
Burgunds größten Charolais-Markt sollte man sich bei einer Tour durchs Brionnais nicht entgehen lassen.

Dijon
Claus Sluter schuf die Prophetenfiguren am Mosesbrunnen in der Chartreuse de Champmol.

Vézelay
Berühmt ist Ste-Madeleine in Vézelay u. a. für ihre reich geschmückten figürlichen Kapitelle.

Unterwegs in Burgund

Zahlreiche Verkehrswege

Burgund gehört zu den Gegenden Frankreichs, die am besten mit Verkehrswegen aller Art ausgestattet sind – schließlich war es seit jeher eine Durchgangsregion, die das Mittelmeer mit dem Atlantik und das Pariser Becken mit Italien und der Schweiz verbindet. Das eigene Auto ist mit Sicherheit das am häufigsten genutzte Fortbewegungsmittel, doch entscheiden sich auch nicht wenige für eine beschauliche Tour auf den Kanälen Burgunds (► Baedeker Special S. 76), andere nutzen die Fernwanderwege – jedes Jahr werden neue markiert –, die meistens historisch interessante und landschaftlich besonders reizvolle Punkte miteinander verbinden. Dies gilt auch für die Radwege, auf deren Ausbau die Region besonders stolz ist (►Baedeker Special Guide). Nur wer sich mit öffentlichen Verkehrsmitteln fortbewegen möchte, vor allem auf dem Land, muss leider immer noch lange Wartezeiten in Kauf nehmen und sorgfältig planen.

Abwechslungsreiche Landschaft

Abwechslungsreich ist eine Tour durch Burgund allemal, zumal die Landschaft extrem vielfältig ist und auch auf kleinem Raum schnell wechselt. Ob man nun die Weingebiete im Norden um Chablis und an der Yonne oder im teilweise schon fast mediterran anmutenden Süden bevorzugt, ob man sich fürs Felsenklettern und Höhlenbesuche begeistert oder ob man die dunklen Wälder des Morvan durchstreifen möchte, ob man in Dijon einkaufen oder lieber an der Côte die Weine verkosten will, ob man schlichte Dorfkirchen oder prächtige Kathedralen bevorzugt – in Burgund lässt sich alles ganz einfach miteinander vereinbaren.

! *Baedeker* TIPP

Auf Schusters Rappen unterwegs

Immer mehr Menschen entscheiden sich dafür, sich wieder zu Fuß fortzubewegen – und Burgund bietet hierzu fantastische Möglichkeiten. Warum nicht wie die mittelalterlichen Pilger nach Vézelay, im Brionnais von Kirche zu Kirche oder wie Cäsar von Alesia nach Bibracte wandern?

Rundfahrten und Ziele

Im Kapitel »Reiseziele von A bis Z« sind die Hauptsehenswürdigkeiten alphabetisch aufgeführt, weniger besuchte Orte in der Nähe sind hier und über das Register zu finden. Eigene Tourenvorschläge für Fahrten durch das Mittelgebirge im Herzen Burgunds, den Morvan, werden dort gemacht, eine eigene Rundfahrt wird auch für das Brionnais im Süden beschrieben. Die Côte d'Or fährt man am besten von Norden nach Süden mit Abstechern in die Hautes-Côtes ab, in dieser Reihenfolge sind die Orte an den berühmtesten Weinhängen Burgunds dargestellt.

Burgund für Eilige

Wer nur sehr wenig Zeit hat, der sollte sich Dijon, die alte Hauptstadt der Region, auf keinen Fall entgehen lassen. Das berühmte Weinbaugebiet der Côte d'Or und Beaune, die historische Weinhandelsstadt, lassen sich in einem Tagesausflug von Dijon erreichen.

Tour 1 Der Inbegriff Burgunds

Länge der Tour: 700 km **Dauer:** Eine Woche

Von der Residenzstadt der Herzöge führt diese Route über die alten Städte Sens und Auxerre und durch das reizvolle Cure-Tal zur gewaltigen Pilgerkirche von Vézelay. Nach einem Besuch in Autun geht's zu den Pilgerzielen der Weinkenner an die Côte d'Or.

Dijon – Beaune

Ausgangspunkt der Tour ist ❶ ** **Dijon**, wo die großen Herzöge residierten und einmalige Kunstschätze hinterließen. Das Stadtbild prägen nicht nur eindrucksvolle Kirchenbauten, sondern eine Vielzahl sogenannter Hôtels, Stadtpaläste mit teilweise prächtigen Fassaden, Höfen und Treppen.

Dijon
In der Cathédrale St-Bénigne lohnt ein Gang in die Krypta. Hier sind Teile der Vorgängerbauten erhalten.

Chablis
Wein so weit das Auge reicht

Nicht weit ist es ins hübsch gelegene ❷ ★ **Saint-Seine-l'Abbaye** und zur Quelle der Seine. ❸ ★ **Flavigny-sur-Ozerain** diente nicht ohne Grund als Filmkulisse, denn ein derart unberührter, stark befestigter Ort mit gut erhaltenen Häusern aus dem Mittelalter und der Neuzeit ist selten. Im benachbarten ❹ ★ **Alise-Ste-Reine** erinnert die Statue von Vercingetorix an die Niederlage des Keltenfürsten gegen die Truppen Cäsars im Jahr 52 v. Christus. Abstecher führen ins mittelalterliche Städtchen **Semur-en-Auxois** und ins **Schloss Bussy-Rabutin**, Sitz des zeitweilig aus Paris verbannten Grafen, der genug Zeit hatte, sein Schloss auch mit einigen Skurrilitäten auszustatten.
Absolut zwingend ist ein Besuch der zum Weltkulturerbe zählenden ehemaligen Zisterzienserabtei ❺ ★★ **Fontenay**. Sie liegt noch heute abgeschieden im Wald und kaum irgendwo lässt sich so ein guter Eindruck von einem Kloster aus der Frühzeit des Ordens gewinnen

wie hier. 6 ✶ **Châtillon-sur-Seine** wurde durch den »Trésor de Vix« berühmt, die Grabbeigaben einer keltischen Prinzessin, die heute im Museum des freundlichen Städtchens zu sehen sind. Über **Schloss Tanlay**, das Fresken der Schule von Fontainebleau besitzt, und den Renaissancebau **Ancy-le-Franc** gelangt man ins hübsche **Tonnerre** und schließlich nach 7 ✶ **Chablis**, das viel kleiner und beschaulicher ist, als es sein Ruf erwarten ließe.

Im äußersten Nordwesten Burgunds liegt die alte Bischofsstadt 8 ✶✶ **Sens** mit ihrer frühgotischen Kathedrale und einem hervorragenden Museum. 9 ✶✶ **Auxerre** ist die alte Hauptstadt von Niederburgund und rühmt sich, neben seiner Kathedrale – einem Hauptwerk der burgundischen Gotik – die ältesten erhaltenen Fresken des Landes zu besitzen. Landschaftlich reizvoll wird es dann im **Yonne- und im Cure-Tal**, dem man bis nach 10 ✶✶ **Vézelay**, dem berühmten Wallfahrtsort folgt. Ob man die Skulpturen, das romanische Schiff oder den gotischen Chor der Magdalenenkirche bevorzugt, einen Besuch würde alleine schon die Lage des weithin sichtbaren Gotteshauses lohnen.

In die alte Römer- und Pilgerstadt 11 ✶✶ **Autun** kann man nun mitten durch den **Morvan**, das dünn besiedelte, waldreiche Gebirge fahren oder über **Avallon und Saulieu**, die beide sehenswerte romanische Kirchen besitzen. Auf dem Weg nach Beaune lohnt der Besuch des **Château de Sully**, das Madame de Sévigné als das Fontainebleau Burgunds bezeichnete. Die unbestrittene »Weinhauptstadt« Burgunds ist 12 ✶✶ **Beaune** mit seinem berühmten spätmittelalterlichen Hospital, dessen buntes Dach – eine Erinnerung an die Zeit, als sich Burgund bis nach Flandern erstreckte – fast schon ein Markenzeichen der Region abgibt.

Tour 2 Kirchen- und Weinroute

Länge der Tour: 350 bzw. 450 km **Dauer:** 5 Tage

Kaum irgendwo stehen so viele romanische Kirchen so dicht beieinander wie in Südburgund. Zu einer Unzahl von Dorfkirchen kommen gewaltige Klosterkirchen wie Tournus, Cluny und Paray-le-Monial. Aber auch die Weinliebhaber kommen auf ihre Kosten, denn die Route verbindet die Rebhänge der Côte d'Or mit jenen des Mâconnais.

Dijon – Auton

Die Tour in den Süden Burgunds beginnt ebenfalls in 1 ✶✶ **Dijon** und führt entlang der **Côte d'Or** über die Winzerdörfer der Côte de Nuits nach 2 ✶✶ **Beaune** (► oben). 3 **Chalon-sur-Saône** erinnert mit einem Museum an den hier geborenen Fotopionier Nicéphore Niepce. Ein Muss für Kunstinteressierte ist die ehemalige Abteikirche

Tournus
Den Gerlanusbogen in St-Philibert ziert eines der ältesten Stücke romanischer Bauplastik in Frankreich.

Dijon
Der würzige Senf aus Dijon ist ein beliebtes Mitbringsel.

Brancion
St-Pierre beeindruckt durch seine schlichte Formensprache.

St-Philibert in ❹✶✶ **Tournus**, wo die Bauleute in mehr als einer Hinsicht Pionierleistungen vollbrachten. Dies gilt auch für das Kloster von ❺✶✶ **Cluny**, wo einst die größte Kirche der Christenheit stand. Auch wenn heute nur noch ein verschwindend geringer Teil der Anlage erhalten ist, lohnt der Versuch, im Museum, anhand der Überreste der Abteikirche und der romanischen Häuser in den Gassen von Cluny etwas vom Geist des Ortes zu erspüren.
Erreichbar ist Cluny auf zwei verschiedenen Strecken. Über das malerische, von seiner Burgruine überragte winzige Dorf **Brancion** und die romanische **Kirche von Chapaize** kommt man auf der Ostroute nach Cormatin mit seinem Wasserschloss aus dem 17./18. Jahrhundert. Bleibt man weiter westlich, fährt man nach Mâcon, in die Geburtsstadt des Dichters Lamartine. Von hier empfiehlt sich ein Abstecher nach **Bourg-en-Bresse** zur Klosterkirche im Vorort Brou, in der die Spätgotik wahre Triumphe feiert. Ein weiteres Argument

für diese Streckenwahl sind der berühmte **»Pferdefelsen« von Solutré**, ein für die Vorgeschichte bedeutender Fundort, und die kleine **Kapelle von Berzé-la-Ville**, wo die einzigen cluniazensischen Fresken erhalten blieben. Verehrer des Romantikers Alphonse de Lamartine passieren einige Orte, die mit dem Leben des Dichters und Politikers verbunden sind.

Von Cluny aus geht es nach 6 ✶✶ **Paray-le-Monial**. Dort kann man sich – wenn auch nur in stark verkleinerter Form – in der Klosterkirche einen vagen Eindruck davon verschaffen, wie die zerstörte dritte Abteikirche von Cluny einmal ausgesehen haben könnte. Paray ist ein guter Ausgangspunkt für einen Ausflug ins **Brionnais**, wo bullige weiße Charolais-Rinder und romanische Kirchen das Landschaftsbild prägen. Dazu passt ein Besuch in 7 ✶ **Charlieu** mit dem herrlichen Skulpturenschmuck an der einstigen Benediktinerabtei St-Fortunat. Die frühe und die späte romanische Skulptur sind dort direkt nebeneinander zu sehen.

Über **Le Creusot**, das zur Abwechslung Denkmäler aus dem Manufaktur- und Industriezeitalter bietet, geht es nach 8 ✶✶ **Autun**. Der Bildschmuck der Kathedrale gehört zu den besten Arbeiten romanischer Skulptur in Frankreich. Hier hat man Anschluss an die Touren 1 und 3.

Tour 3 Morvan und Nivernais

Länge der Tour: 320 km **Dauer:** 5 Tage

Der Mont Beuvray mit seinem keltischen Oppidum ist eine gut besuchte Ausnahme im sonst eher stillen Morvan, durch den diese Route ins Département Nièvre führt. In der ehemaligen Hauptstadt der Grafschaft Nivernais und in La Charité stehen beeindruckende romanische Pilgerkirchen.

Autun – Auxerre

1 ✶✶ **Autun** ist der Ausgangspunkt dieser Rundfahrt. Von hier aus geht es durch den **Morvan**, für den eigene Touren beschrieben sind (►Reiseziele von A bis Z, Morvan). Nach Nevers führt eine nördliche Strecke über **Château-Chinon** und eine südliche über den 821 m hohen **Mont Beuvray**. Wer wenig Zeit hat, sollte dennoch auf jeden Fall den Mont Beuvray besuchen. Hier laufen schon lange umfangreiche Grabungen und ein modernes Museum informiert über die keltische Kultur. Nevers erreicht man über den einen leicht verblichenen Glanz verströmenden Kurort 2 **St-Honoré-les-Bains** und Decize (etwa 140 km).

3 ✶ **Nevers** ist eine quirlige Provinzstadt mit einem Herzogspalast, einer ungewöhnlichen gotischen Kathedrale und einer stilreinen romanischen Pilgerkirche am Jakobsweg. Der Loire folgend gelangt

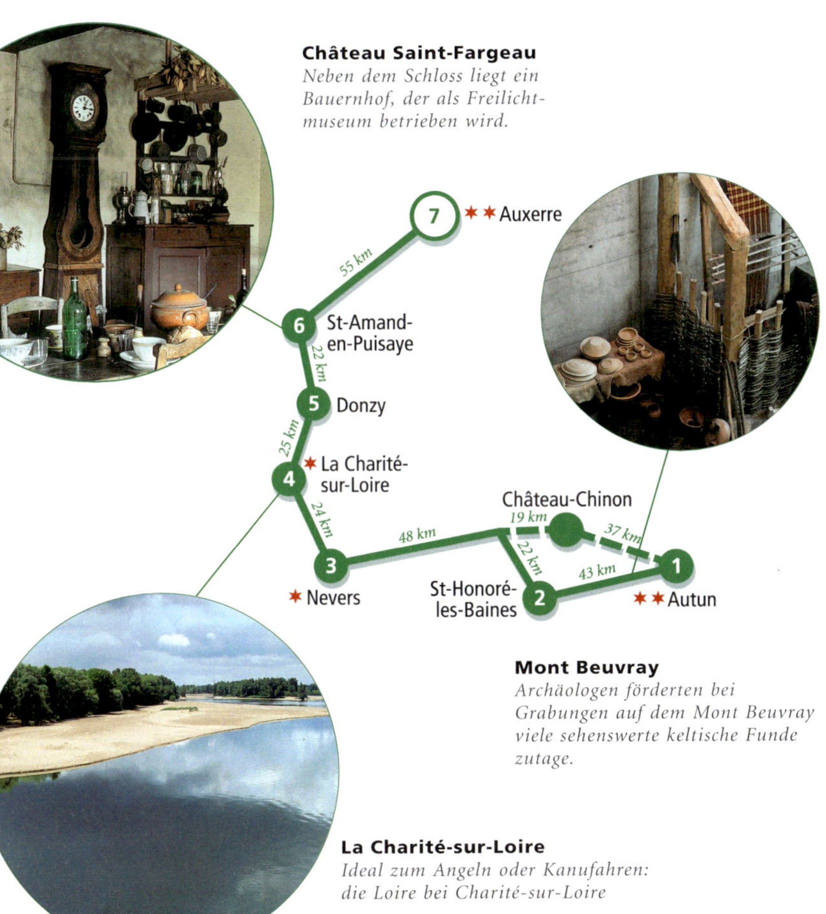

Château Saint-Fargeau
Neben dem Schloss liegt ein Bauernhof, der als Freilichtmuseum betrieben wird.

Mont Beuvray
Archäologen förderten bei Grabungen auf dem Mont Beuvray viele sehenswerte keltische Funde zutage.

La Charité-sur-Loire
Ideal zum Angeln oder Kanufahren: die Loire bei Charité-sur-Loire

man nach ❹✶ **La Charité-sur-Loire**, dessen Name an die Mildtätigkeit der Benediktiner erinnert, von deren Klosteranlage noch Teile erhalten blieben. Richtung Auxerre verläuft die Tour nun im Wesentlichen auf Nebenstraßen durch plattes Land, das nur dünn besiedelt und agrarisch genutzt ist. In ❺**Donzy** steht die Ruine einer romanischen Kirche, in ❻**St-Amand-en-Puisaye** gibt es die einzige Töpferschule Frankreichs. Das gewaltige **Schloss St-Fargeau** wurde durch Mademoiselle de Montpensier bekannt, die hier im Exil lebte. Außerdem wandelt man in der Puisaye auf den Spuren der in St- Sauveur geborenen Schriftstellerin Colette. In ❼✶✶ **Auxerre** trifft man auf Tour 1, der man nach Autun zurück folgen kann.

BPB
BPB

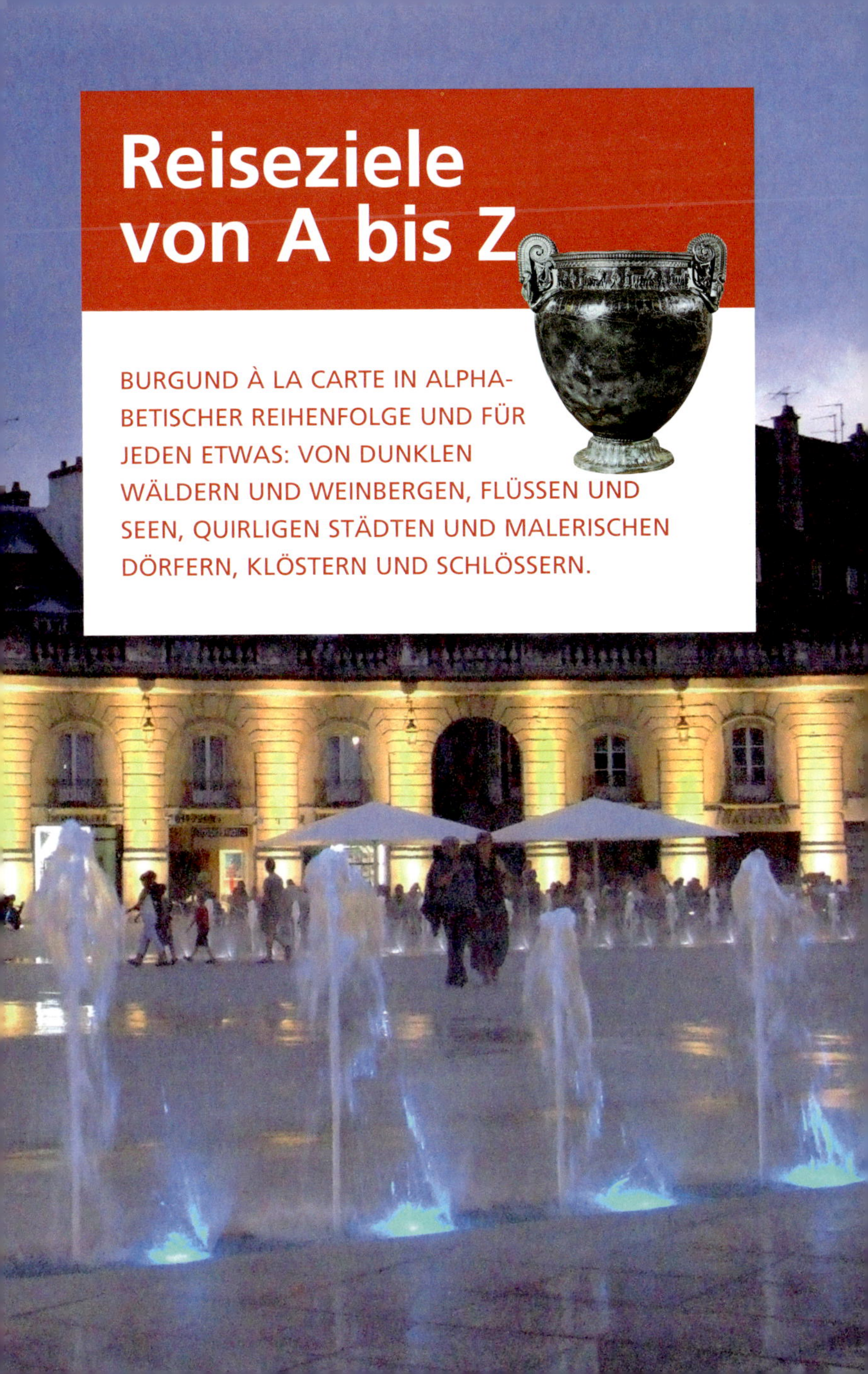

Reiseziele von A bis Z

BURGUND À LA CARTE IN ALPHABETISCHER REIHENFOLGE UND FÜR JEDEN ETWAS: VON DUNKLEN WÄLDERN UND WEINBERGEN, FLÜSSEN UND SEEN, QUIRLIGEN STÄDTEN UND MALERISCHEN DÖRFERN, KLÖSTERN UND SCHLÖSSERN.

★ Alise-Sainte-Reine

N 6

Département: Côte d'Or
Höhe: 344 m ü. d. M
Einwohnerzahl: 700

Anspruchsvolle Museumsbauten und die gigantische Bronzestatue des altertümlich bewaffneten Vercingetorix weisen darauf hin, dass Alise kein »ganz normales« französisches Dorf ist.

Geschichte

Die Statue des langhaarigen Recken erinnert daran, dass im antiken Alesia den Galliern unter Vercingetorix Führung von Cäsar die entscheidende Niederlage beigebracht wurde (► Baedeker Special S. 126). Sie besiegelte das Schicksal des Landes, dessen Romanisierung nun kein ernster Widerstand mehr entgegengesetzt werden konnte.
In dem viele Jahre ziemlich verschlafen wirkenden Alise wird seit 2009 in großem Stil gebaut. Nach Plänen von Bernard Tschumi entsteht der **MuséoParc Alésia** mit dem Centre d'Interprétation, das sich hauptsächlich der Belagerung widmet und u. a. eine Rekonstruktion der römischen Befestigungslinien bietet, mit dem Archäologische Museum, das die Funde präsentiert und die Besiedlung des Mont Auxois von der Vorgeschichte bis zum Ende des Mittelalters erläutert, und dem »Entdeckungsparcours«, lange, beschilderte Wege durch das Gelände. Im Mai 2011 soll das Centre d'Interpretation eröffnet werden, das Museum neben der Vercingetroixstatue soll 2014 folgen. Unter www.alesia.com lassen sich die Bauarbeiten verfolgen.

★ Ausgrabungen

Bis zur Eröffnung kann man das Grabungsgelände (franz. = fouilles) oberhalb des Ortes besichtigen (geöffnet April – Juni, Sept. 9.00 bis 18.00, Juli, Aug. bis 19.00, Okt., Febr., März 10.00 – 17.00 Uhr).

Geschichte und Rundgang

Ursprünglich befand sich auf dem Mont Auxois ein relativ großes keltisches Oppidum des wenig bekannten Mandubierstammes. Gesichert ist, dass ein Teil dieser Bevölkerung von der Metallbearbeitung lebte und, dass dort ein aus Holz errichteter Tempel

► ALISE-SAINTE-REINE ERLEBEN

AUSKUNFT

Office de Tourisme
Place Bingerbrück
21150 Venarey-les-Laumes
Tel. 03 80 96 89 13
alesiatourisme@wanadoo.fr
www.alesia.com

ESSEN

► Erschwinglich
Le Cheval Blanc
4, Rue du Miroir, Tel. 03 80 96 01 55
Bodenständige burgundische Küche bietet dieser Landgasthof mitten in Alise-Sainte-Reine.

existierte. Nach der Niederlage des Vercingetorix wurde Alesia nicht aufgegeben, sondern wieder besiedelt. Nach einiger Zeit hatte sich der Ort zu einem römischen Provinzstädtchen entwickelt.

Schon früh lässt sich das Christentum in Alesia nachweisen. In einem Brunnen fand man ein **Abendmahlsgeschirr aus dem 4. Jh.**, das zu den ältesten in ganz Frankreich gehört. Der Kult der hl. Regina, die bei einer bereits in der Antike verehrten Quelle 252 enthauptet worden sein soll, ist bis in die Merowingerzeit belegbar. Ihr verdankt Alise seinen Namenszusatz. Im 7. Jh., kurz vor Aufgabe der Siedlung auf dem Plateau, wurde zu Ehren der Heiligen eine kleine Kirche errichtet. Später diente das ehemalige Römerstädtchen zunächst als Steinbruch, dann wurde das Gelände landwirtschaftlich genutzt. Erst im 19. Jh. kam wieder Interesse für Alesia auf, als die Gemeinde Alaise in der Franche-Comté ebenfalls den Anspruch erhob, Nachfolgerin des von Cäsar erwähnten Ortes zu sein. In Alise wurden zwischen 1861 und 1865 erste Grabungen durchgeführt, die zunächst den Belagerungsanlagen Cäsars galten, die im Gelände nachgewiesen werden konnten. Erst später beschäftigte man sich auch mit der römischen Stadt. Die Grabungen dauern seit 1904 mit einigen Unterbrechungen bis heute an.

Ein Relikt aus der Vergangenheit: 1966 gefundene Figur der gallischen Göttin Epona

Der Gang durch das Grabungsgelände führt u. a. am Theater aus dem 2. Jh. n. Chr., einem Taranis-Tempel und der Basilika vorbei. Nördlich davon stand wahrscheinlich das Haus der Metallarbeiter von Alesia, die hier Gottheiten ihres Berufsstandes verehrten. Am Südostende des Grabungsgeländes stand ein Wohnviertel, in dem verschiedene Haustypen rekonstruiert werden konnten. Am Ende des Rundgangs kommt man zu den Resten der kleinen, der hl. Regina geweihten Kirche aus der Merowingerzeit.

Vercingetorix-Standbild

Auf dem höchsten Punkt des in der Nähe gelegenen Plateaus Mont Auxois wurde 1865 auf Veranlassung Napoleons III. eine 14 m hohe Monumentalstatue des gallischen Fürsten Vercingetorix aufgestellt. Die Skulptur schuf der Künstler Aimé Millet, der Sockel stammt von Viollet-le-Duc.

FREIHEIT FÜR GALLIEN

Lange Zeit vergessen, wurde Vercingetorix im 19. Jh. zum Nationalhelden stilisiert, der im Kampf gegen Römer und alles Fremde gallisch-französische Tugenden verkörperte.

Grimmig und selbstbewusst schaut der Avernerfürst seit 1865 vom Mont Auxois in Alise-Sainte-Reine herab, im Auftrag Kaiser Napoleons III. aus Bronzeteilen zu einer 7 m hohen Statue zusammengesetzt. Er blickt über jenes **Schlachtfeld**, das Ruhm und Niederlage für den jungen Krieger bedeutete, der sich 52 v. Chr. den Legionen von Gaius Julius Cäsar in den Weg stellte. In wenigen Wochen war es Vercingetorix gelungen, die verschiedenen Gallierstämme zu einigen und zum geschlossenen Widerstand gegen die Römer zu bewegen, die in jahrelangen Kämpfen fast ganz Gallien unterworfen hatten. Gestützt auf Bauern und kleine Leute brachte er ein mehr als 100 000-köpfiges Heer zusammen. Gegenüber den taktisch und technisch geschulten Römerlegionen erschien es wie ein ungeordneter Haufen, allerdings mit hervorragenden Einzelkämpfern. Einer direkten Konfrontation mit Cäsar wich Vercingetorix zunächst aus, vernichtete stattdessen Felder und befestigte Orte, um den Gegner zu zermürben und ihm die Versorgungs- und Nachschubmöglichkeiten abzuschneiden.

Vercingetorix Erfolgschancen stiegen, als Cäsars Belagerung Gergovias (bei Clermont-Ferrand), der Hauptstadt der Averner, blutig abgeschlagen werden konnte und nun auch die römerfreundlichen Häduer mit den Avernern paktierten.

Rekonstruktion des römischen Belagerungsringes um Alesia (Aquarell von Peter Conolly)

Die monumentale Statue des Vercingetorix zeigt, wie er im 19. Jh. zu einer identitätsstiftenden Figur für das französische Nationalbewusstsein hochstilisiert wurde. Mit dem Gallier als Mythos beschäftigt sich auch das neue Centre d'Information ausführlich.

Die Entscheidung

Auf einer Art Reichsversammlung im Oppidum Bibracte auf dem Mont Beuvray ließ sich Vercingetorix den Oberbefehl über die vereinigten gallischen Truppen bestätigen. Nach einer fehlgeschlagenen Attacke zog er sich mit seinem 80 000-köpfigen Heer auf den isoliert stehenden Mont Auxois zurück, um auf ein Ersatzheer zu warten. Den rund 50 000 römischen Soldaten blieb genügend Zeit, zwei Verteidigungsringe von 15 beziehungsweise 21 km Umfang zu errichten, um sich sowohl vor einem Ausfall der Eingeschlossenen als auch vor einem möglichen Angriff einer gallischen Hilfsarmee zu schützen.

Vercingetorix unternahm tatsächlich mehrere Ausfallsversuche. Der Hunger zwang die Belagerten jedoch schließlich zur **Kapitulation**. Nachdem die Zivilbevölkerung aus Alesia vertrieben worden war und zwischen den feindlichen Linien elend verhungerte, nahm Vercingetorix alle Schuld auf sich – unter Schonung seiner Mitkämpfer – und lieferte sich Cäsar im vollen Schmuck seiner Waffenrüstung aus. Der letzte ernst zu nehmende Versuch, die römische Besetzung Galliens zu verhindern, war gescheitert. Vercingetorix wurde als Gefangener nach Rom geschickt, im Triumphzug Cäsars vorgeführt und nach sechsjähriger Gefangenschaft ermordet, während Gallien von den Pyrenäen bis zum Rhein endgültig romanisiert wurde.

Source Ste-Reine Der Legende nach entsprang eine wundertätige Quelle an der Stelle, wo die junge Christin Regina um 252 n. Chr. enthauptet wurde. Zwar wurden ihre Reliquien bereits 866 ins benachbarte ► Flavigny-sur-Ozerain überführt, doch der Pilgerstrom riss auch in Alise nicht ab.

★★ Ancy-le-Franc

L/M 5

Département: Yonne
Höhe: 193 m ü. d. M.
Einwohnerzahl: 1100

Schloss Ancy-le-Franc ist das bedeutendste Bauwerk des 16. Jh.s in Burgund und wohl einer der gelungensten Renaissance-Bauten Frankreichs überhaupt. Das Schloss ist außen eher schlicht, jedoch wohlproportioniert. Es besitzt einen wunderbaren Hof und eine interessante Innenausstattung.

Château Ancy-le-Franc

Geschichte Bauherr war Graf Antoine III. von Tonnerre aus dem Haus Clermont. Er unterhielt persönliche Beziehungen zum Königshaus, war häufig am Hof und somit, als die Bauarbeiten 1546 begannen, in künstlerischer Hinsicht wohl auf dem Laufenden. Der Plan für die Anlage stammt von dem italienischen Architekten und Theoretiker Sebastiano Serlio, der 1540 auf Einladung von Franz I. nach Frankreich gekommen war, um am Schlossbau von Fontainebleau mitzuwirken. Allerdings wurde z. B. bei der Fassadengestaltung und den Dächern von seiner Gestaltung abgewichen, wodurch eine gelungene Mischung aus italienischen und französischen Elementen entstand, die ihrerseits vorbildlich wurde. 1622 war Ancy-le-Franc fertiggestellt; 1683 wurde es an Louvois, einen Minister König Ludwigs XIV., verkauft. Dieser ließ neue Wirtschaftsgebäude errichten und den Park nach Plänen des Gartenarchitekten Le Nôtre gestalten. Von Revolutionszerstörungen wurde das Innere des Schlosses, nicht jedoch der Bau selbst betroffen.

> ! *Baedeker* TIPP
>
> **Bei Kerzenlicht im Schloss**
>
> Eine Abwechslung zur herkömmlichen Schlossbesichtigung bieten die abendlichen Führungen durch Ancy im Kerzenschein. Oder warum nicht mal ein Konzert im Renaissance-Rahmen genießen? (Tel. 03 86 75 14 63)

Anlage Ancy-le-Franc war einst ein Wasserschloss, dessen vom Armançon gespeiste Gräben erst im 19. Jh. zugeschüttet wurden. Die Gesamtanlage folgt einem bis dahin in Frankreich durchaus gebräuchlichen Schema: Vier gleiche Baukörper sind um einen Hof herum zusammengefügt und an den Ecken mit Türmen verstärkt. Neu an Ancy

Eines der Schlüsselwerke der französischen Renaissance: das klassisch-strenge Schloss Ancy-le-Franc

sind hingegen die Regelmäßigkeit und Symmetrie sowie die angenehme Proportionierung, in der dieses Prinzip umgesetzt wurde. Sämtliche Flügel sind neun Fensterachsen lang und besaßen zunächst in der Mitte ein Rundbogenportal, wie es heute nur noch am Südtrakt zu sehen ist. Im Gegensatz zum recht italienisch anmutenden Bau folgt das steile Dach mit vier kleinen Lukarnen und auffallend hohen Kaminen dem damaligen französischen Geschmack. Eine Treppe im Nordflügel führt in den höher gelegenen Innenhof. Auch hier bestechen die klare symmetrische Gliederung und der Eindruck völliger Ausgewogenheit.

Inneres

Auch bei der Innendekoration des Schlosses arbeiteten einheimische Künstler mit aus Italien stammenden zusammen, darunter der bedeutendste Maler dieser Schule, Francesco Primaticcio (1505 – 1570), und sein Schüler Niccolo del'Abbate (1512 – 1571). Im Erdgeschoss befindet sich u. a. der **»Saal der römischen Kaiser«**, so benannt nach deren Bildnissen unterhalb der Spiegelgewölbe, sowie der **»Saal der Diana«** mit einer hohen Wandvertäfelung mit Einlegearbeiten. Im nordwestlichen Eckpavillon liegt der **»Saal der Judith«** mit einer Serie von neun Bildern, die ihre Geschichte erzählen. Judith zeigt auf ihnen die Züge der Diane de Poitiers, Holofernes ähnelt König Franz I. Die Medaillons im **»Zimmer der Künste«** werden Primaticcio zugeschrieben.

ANCY-LE-FRANC ERLEBEN

AUSKUNFT

Château Ancy-le-Franc
Tel. 0 38 67 54 63
www.chateau-ancy.com
Schlossführungen:
Ostern bis Allerheiligen tgl. außer Mo. 10.30, 11.30, 14.00, 15.00, 16.00 Uhr, April bis Sept. auch 17.00 Uhr

ÜBERNACHTEN / ESSEN

► **Günstig**

L' Hostellerie du Centre
34, Grande Rue
Tel. 03 86 75 15 11
Fax 03 86 75 14 13
Angenehmes Haus von Logis de France mit Pool und regionaler Küche

Fayencerie Das Fremdenverkehrsamt präsentiert in der ehemaligen Fayence-Manufaktur von Ancy, die von 1765 bis 1807 produzierte, eine kleine Ausstellung zu deren Geschichte und zeigt weitere lokale Fayencen (59 Grande Rue, Öffnungszeiten: April bis Okt. 10.00 – 13.00 und 14.00 – 18.00 Uhr, sonst Mo – Fr 8.30 – 12.30 Uhr).

Arnay-le-Duc

N 9

Département: Côte d'Or
Einwohnerzahl: 1700
Höhe: 375 m ü. d. M.

Typisch burgundisch, der Esskultur ein ganzes Museum zu widmen! Es liegt in Arnay-le-Duc, einem Ort oberhalb des Arroux, der sich für jene als Standort eignet, die es etwas ruhiger mögen.

Sehenswertes in Arnay-le-Duc und Umgebung

Maison Régional des Arts de la Table Das Museum ist in einem ehemaligen Hospiz aus dem 17. Jh. untergebracht und widmet sich in jährlich wechselnden Ausstellungen verschiedenen Themen rund um Kochkunst, Esskultur und Gastronomie (15, Rue St-Jacques, Öffnungszeiten: April – Okt. tgl. 10.00 bis 12.00 und 14.00 – 18.00 Uhr).

St-Laurent Die dem hl. Laurentius geweihte Pfarrkirche geht auf die ehemalige Schlosskapelle zurück und stammt in wesentlichen Teilen aus dem 15. und 16. Jahrhundert. Im Chor blieb das ursprüngliche Rippengewölbe erhalten. Direkt hinter dem Chor befindet sich der einzige Rest der Burg von Arnay, die **Tour de la Motte-Forte**. Der trutzige Rundturm aus dem 15. Jh. ist mit einem Wehrgang ausgestattet.

Bard-le-Régulier 17 km westlich liegt Bard-le-Régulier (100 Einw.), dessen Kirche St-Jean-l'Evangéliste aus dem 12. und 13. Jh. wegen ihrer Ausstattung

ARNAY-LE-DUC ERLEBEN

AUSKUNFT

Office de Tourisme du Pays d'Arnay
15, Rue St-Jacques
21230 Arnay-le-Duc
Tel. 03 80 90 07 55
www.arnay-le-duc.com

ÜBERNACHTEN / ESSEN

► **Komfortabel**
Chez Camille
1, Place Edouard-Herriot
Tel. 03 80 90 01 38
Fax 03 80 90 04 64
www.chez-camille.fr
Kleines Hotel mit gutem Restaurant

★ **St-Jean-l'Evangéliste**

einen Besuch lohnt (zugänglich von Juni bis September). Das Chorgestühl (zweite Hälfte des 14. Jh.s) gilt als eines der schönsten in Burgund. Die 34 Sitze sind auf vier Reihen verteilt. Die Wangen zeigen geschnitzte Szenen aus der Johannes- und der Mariengeschichte. Beachtenswert ist außerdem eine Johannes-Statue an der Nordwand des Chores, die wohl im Auftrag des Kardinals Jean Rolin (Prior des Stiftes in Bard) in der zweiten Hälfte des 15. Jh.s angefertigt wurde und Juan de la Huerta zugeschrieben wird.

★★ Autun

M 10

Département: Saône-et-Loire **Einwohnerzahl:** 15 000
Höhe: 306 m ü. d. M.

Einen Höhepunkt jeder Burgundreise bildet der Besuch von Autun, der »Schwester und Verbündeten Roms«, der Stadt des hl. Lazarus und der Eva des Gislebertus. Wer sich zwischen den römischen und romanischen Denkmälern nicht entscheiden mag, dem bleiben ein Altstadtbummel und ein Kaffee an der Place du Champ de Mars mit Blick auf das städtische Treiben im angenehmen Rhythmus einer Provinzstadt.

Südliches Tor zum Morvan

Die Bischofsstadt Autun liegt auf einem Hügel im Tal des Arroux, eines Nebenflusses der Loire. Der historische Stadtkern ist eine **Hochburg burgundischer Kunst und Kultur** und ein guter Ausgangsort für Ausflüge in den ►Morvan.
Von mehreren Seiten bietet sich eine schöne Sicht auf das von der Kathedrale St-Lazare überragte Autun. Am weitesten ist der Blick, wenn man von Norden kommt. Dann fallen außerdem zwei gewaltige Abraumhügel ins Auge, die auf den bereits 1955 eingestellten Abbau von Ölschiefer zurückgehen.

Heute ist Autun Unterpräfektur des Départements Saône-et-Loire, nachdem die Frage der Hauptstadt 1790 zugunsten von Mâcon entschieden worden war. Der Dienstleistungssektor ist ein bedeutender Arbeitgeber der Stadt, gefolgt von der Industrie, vor allem der Möbelproduktion, und natürlich dem Tourismus.

Geschichte Der römische Kaiser Augustus gründete Autun 10 v. Chr. als Augustodunum. Die »feste Stadt des Augustus« lag rund 20 km östlich des gallo-keltischen Oppidums Bibracte, der auf dem ►Mont Beuvray gelegenen Hauptstadt der Häduer. Dank ihrer Lage an der Via Agrippa, der Straße von Lyon nach Boulogne, erlebte die Stadt einen raschen Aufschwung. Sie wurde nach Nîmes zweitgrößte Kommune des römischen Galliens und mit den in der Provinz üblichen Monumentalbauten ausgestattet. Nach mehreren verheerenden Invasionen, von denen sich die Stadt nie mehr ganz erholte, lag die Stadtverwaltung Ende des 9. Jh.s weitgehend in den Händen der Bischöfe, seit 956 gehörte Autun schließlich zum Herzogtum Burgund.

Die wichtigste Attraktion in Autun ist die Kathedrale St-Lazare. Sie steht auf dem höchsten Platz in der Oberstadt.

Neue Impulse brachte der Bau der Wallfahrtskirche und späteren Kathedrale St-Lazare im 12. Jh., die bald große Pilgerströme in die Stadt zog. Einen erneuten Aufschwung im Spätmittelalter verdankte Autun u. a. der Familie Rolin, die in ihrer Heimatstadt ein wichtiger Auftraggeber war. 1376 kam hier **Nicolas Rolin** zur Welt, der spätere Kanzler Herzog Philipps des Guten (► Baedeker Special S. 64). Sein Sohn, Jean Rolin, ließ im 15. Jh. in seiner Funktion als Kardinal und Bischof, die Kathedrale fertigstellen und ausstatten.
Nachdem Burgund im Königreich Frankreich aufgegangen war, sank Autun langsam zur Provinzstadt herab. Im 19. Jh. verstärkten sich die Folgen der ungünstigen Verkehrslage. Ein neuer Aufschwung, der ein Bevölkerungswachstum mit sich brachte, setzte erst nach dem Zweiten Weltkrieg ein.

Sehenswertes in Autun

Historische Oberstadt

Obwohl sich Autun der Industrialisierung öffnete, blieb das alte Ortsbild erhalten. Der historische Stadtkern liegt in der sogenannten Oberstadt, wo damals auch der Bischof residierte. Die neuen

Autun Orientierung

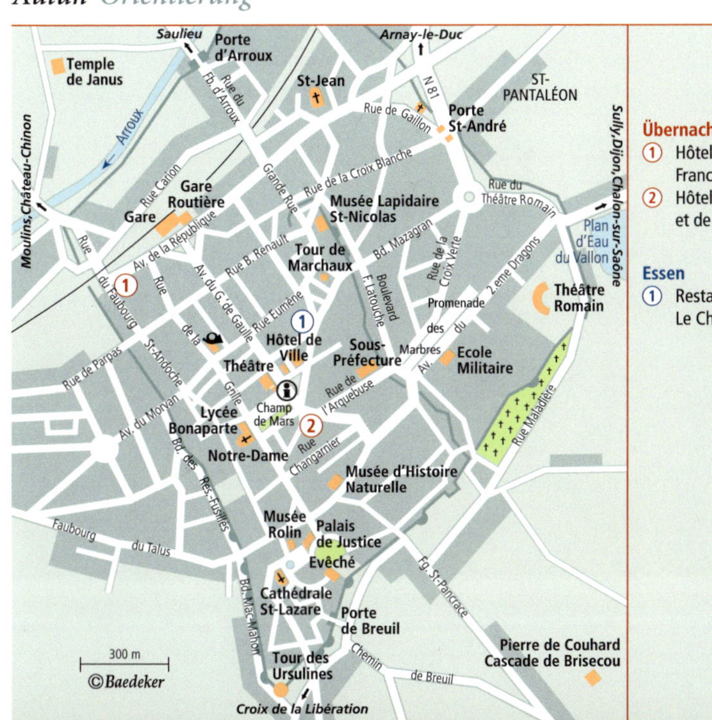

Übernachten
① Hôtel de la France
② Hôtel St-Louis et de la Poste

Essen
① Restaurant Le Chalet Bleu

AUTUN ERLEBEN

AUSKUNFT

Office de Tourisme
13, Rue Général Oemetz
71400 Autun
Tel. 03 85 86 80 38
Fax 03 85 86 80 49
www.autun-tourisme.com

STADTFÜHRUNGEN

Das Office de Tourisme bietet ganzjährig Stadtführungen für Gruppen an, die auf Wunsch auch mit einem Imbiss auf einem Bauernhof verbunden sind. Im Sommer auch Führungen für Einzelpersonen sowie Nachtführungen mit Schauspielern.

ESSEN

Am zentralen Platz in Autun (der Place du Camp de Mars) liegen mehrere empfehlenswerte Bistros.

► Preiswert

① ***Le Chalet Bleu***
3, Rue Jeannin
Tel. 03 85 86 27 30
Sympathisches Restaurant in zentraler Lage. Vor allem burgundische Küche; Reservierung empfohlen.

ÜBERNACHTEN

► Komfortabel

② ***St-Louis et de la Poste***
6, Rue de l' Arbalète
Tel. 03 85 52 01 01
Fax 03 85 86 32 54
www.hotelsaintlouis.net
Altes, stilvolles Posthotel im Stadtzentrum, in dem schon Kaiser Napoleon und George Sand abgestiegen sind.

► Günstig

① ***Hôtel-Restaurant de la France***
18, Avenue de la République
Tel. 03 85 52 14 00
Fax 03 85 86 14 52
www.hotel-de-france-autun.fr
Typisch französisches Hotel: sympathisch-altmodisch und gegenüber des Bahnhofs gelegen. Das Stadtzentrum ist zu Fuß zu erreichen. Gute Parkmöglichkeiten

Ganz im Empire-Stil: das Napoleon-Zimmer im Hotels St-Louis

Betriebe und Wohnviertel sind in der etwa 70 m tiefer gelegenen Unterstadt angesiedelt.

Place du Champ de Mars

Das Stadtzentrum bildet die Place du Champ de Mars. Der weitläufige Platz wird vom Rathaus aus dem 19. Jh. und vom Theater flankiert. An der Westseite befindet sich das einstige Jesuitenkolleg (heute Lycée Bonaparte), an dem u. a. Bussy-Rabutin (► Berühmte Persönlichkeiten) und 1779 die Brüder Napoléons, Joseph und Lucien Bonaparte, Schüler waren. Das Gebäude wurde zu Beginn des 18. Jh.s nach Plänen von M.-A. Charistie errichtet. Sein schmiedeeisernes Tor weist Symbole für die unterrichteten Fächer auf. Neben dem Kolleg steht die heutige Pfarrkirche Notre-Dame, deren Bau 1757 ebenfalls auf die Jesuiten zurückgeht.

★★ Cathédrale St-Lazare

Geschichte

Auf der höchsten Stelle des Stadthügels erhebt sich die Kathedrale, die dem hl. Lazarus geweiht ist. Sein Kult lässt sich für Autun schon ab dem 10. Jh. nachweisen, auch wenn unbekannt ist, wie seine Reliquien nach Burgund gelangten. Sie wurden in St-Nazaire, der alten, nördlich von St-Lazare gelegenen Bischofskirche, aufbewahrt (von ihr ist nur noch eine Kapelle erhalten). Um ihnen einen würdigeren Rahmen zu geben, wurde 1120 unter Bischof Etienne de Bagé mit dem Bau der Lazaruskirche nach dem Vorbild von Cluny III (► Cluny) begonnen. Das Gelände für den Bau stiftete der Herzog von Burgund. Bereits 1130 weihte Papst Innozenz II. die noch nicht vollendete Kirche, in die 1146 die **Lazarus-Reliquien** überführt wurden. Bischof Etienne de Bagé II. ließ für die Gebeine 1170 von dem Mönch und Bildhauer Martinus ein prachtvolles Mausoleum errichten. 1195 erhielt die Lazarus-Kirche den Rang einer Kathedrale, den sie zunächst mit der älteren St-Nazaire teilen musste. Als im 13. Jh. die Langhauswände dem Gewölbeschub nachgaben, wurden sie durch äußere Strebepfeiler abgestützt. Dann wurden erst wieder in der zweiten Hälfte des 15. Jh.s größere Veränderungen vorgenommen: Nach einem Blitzschlag ließ Kardinal Jean Rolin einen neuen gotischen Vierungsturm errichten, die in Mitleidenschaft gezogene obere Chorpartie umgestalten und die Seitenkapellen anfügen. Gegen Ende des 18. Jh.s wurde die Kirche entsprechend dem Zeitgeschmack modernisiert, später leitete Viollet-le-Duc die erneute »Romanisierung« von St-Lazare. Er ersetzte die Pfeiler im Vierungsbereich, ließ die neuromanischen, an Paray-le-Monial erinnernden Portaltürme errichten und die im Westen gelegene Freitreppe vor der Vorhalle anlegen.

Äußeres

Durch die Umbauten des 15. Jh.s, vor allem den 80 m hohen Vierungsturm und die Maßwerkfenster der Seitenkapellen, erscheint St-Lazare von außen eher als spätgotische Kathedrale denn als Kirche des 12. Jh.s. Das Innere erweist St-Lazare jedoch als hervorragendes

★★ Tympanon des Westportals ►

Beispiel cluniazensischer Romanik. Eine Darstellung des Jüngsten Gerichts im Tympanon des Westportals, die zum Bedeutendsten gehört, was auf dem Gebiet romanischer Skulptur erhalten ist, schmückt das Bogenfeld des heutigen Hauptportals. Die Entstehungszeit der ungewöhnlich expressiven Darstellung dürfte auf etwa 1135 anzusetzen sein. Die Mitte des Bildfeldes nimmt Christus in der von vier Engeln gehaltenen Mandorla ein. Die Figur ist über 3 m hoch. Kein gemeinsamer Maßstab verbindet die stark gelängten Figuren. Zur Rechten Christi werden die Auserwählten ins Paradies geführt und dort von Maria empfangen. Zur Linken Christi werden die Seelen der Auferstandenen gewogen, um die der Erzengel Michael und ein Dämon streiten. Der Türsturz zeigt Auserwählte auf der linken Bildhälfte und Verdammte auf der rechten Bildhälfte; in der Mitte ein Engel. Unter den Seligen sind einige Kleriker sowie ein Jerusalem- und ein Jakobspilger zu erkennen. Der Bildhauer, sich offensichtlich der Bedeutung seines Werkes bewusst, signierte genau unter der Mandorla mit den Worten **»Gislebertus hoc fecit«** (Gislebertus hat dies gemacht). Zwei skulptierte Archivolten umgeben das Bogenfeld: innen Blattranken, außen Tierkreiszeichen und Monatsbilder. Ganz innen fehlt wahrscheinlich die Darstellung der Vierundzwanzig Ältesten (abgearbeitet, Fragmente im Musée Rolin). Vollständig erneuert sind der Mittelpfeiler mit der Lazarusgestalt und die Kapitelle (Fragmente in der Salle Capitulaire).

Christus als Weltenrichter im Tympanon des Westportals von St-Lazare

Cathédrale St-Lazare Orientierung

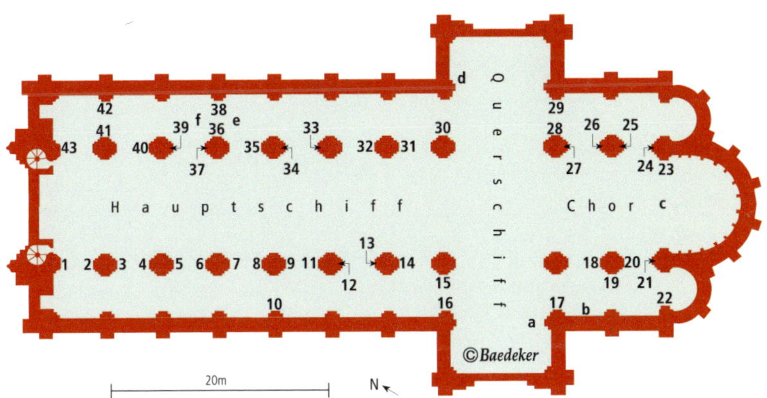

Kapitelle

1 Teufelspaar mit Sünder
2 Greif
3 Leichnahm des hl. Vinzenz
4 Traum Nebukadnezars (?)
5 Sturz des Magiers Simon
6 Flug des Simon
7 Der vierte Ton der Musik
8 Fußwaschung Christi
9 Samson und der Löwe
10 Moses zerstört das goldene Kalb
11 Steinigung des hl. Stephanus
12 Samson
13 Arche Noah
14 Zwei Tugenden und zwei Laster
15 Gott und Kain (Kopie)
16 Selbstmord des Judas (Kopie)
17 Kampfszene mit Basilisken-schlange (Kopie)
18 Vogel mit drei Köpfen (Kopie)
19 Kampfszene (Kopie)
20 Kaiser Konstantin (Kopie)
21 Erste Versuchung Christi
22 Faun und Sirene
23 Paradiesflüsse
24 Emmausszene
25 Wollust
26 Flucht nach Ägypten (Kopie)
27 Traum der Könige (Kopie)
28 Die Könige vor Herodes (Kopie)
29 Anbetung der Könige (Kopie)
30 Kirchenstiftung
31 Tod Kains (Kopie)
32 Wurzel Jesse
33 Christus vor Maria Magdalena
34 Daniel in der Löwengrube
35 Zweite Versuchung Christi
36 Bekehrung des Paulus
37 Befreiung des Petrus
38 Hahnenkampf
39 Drei Jünglinge im Feuerofen
40 Verkündigung an Anna
41 Opferung Isaaks
42 Geburt Christi
43 Teufel und Schlange

Sonstige Bauteile

a Eingang in die Sakristei
b Eingang in den Kapitelsaal
c Hauptaltar
d Kirchturm
e Grisaillefenster (16. Jh.)
f Altarbild von Ingres (1834)

Inneres

Die dreischiffige Basilika mit Querhaus und drei Parallelapsiden zeigt einen steil proportionierten Innenraum (67 m lang, im Mittelschiff 21,10 m breit, Gewölbehöhe 23,40 m). Dies ist, wie auch der Aufriss der Mittelschiffwand, typisch für die von Cluny beeinflussten Kirchenbauten. Auf Kreuzpfeilern mit vorgelegten kannelierten Pilastern ruhen Spitzbögen, darüber folgen das Triforium und der Obergaden mit nur einem Fenster pro Joch (wahrscheinlich eine Konsequenz des Gewölbeeinsturzes von Cluny III im Jahr 1125). Diese Wandgliederung wird um den ganzen Innenraum herumgeführt (Obergeschoss des Chores im 15. Jh. verändert). Das Mittelschiff ist mit einer Spitztonne überwölbt, die Seitenschiffe besitzen Kreuzgratgewölbe. Die weite Vierung überspannt eine Kuppel (15. Jahrhun-

! Baedeker TIPP

Autun bei Nacht

In Begleitung von Musikern und Schauspielern zieht man bei den Visites Spectacles Nocturnes durch das mittelalterliche Autun. Startpunkt der nächtlichen Tour ist im Juli und August um 22.00 Uhr die Kathedrale St-Lazare (Infos beim Office de Tourisme).

dert). Beachtenswert ist der Kapitellschmuck der Kirche (101 Kapitelle, davon 49 figürliche), der zum Teil Gislebertus und seiner Werkstatt zugeschrieben wird (► Plan S. 137). Die dritte Kapelle links schmückt ein **Altarbild von J.-A.-D. Ingres**, welches das Martyrium des heiligen Symphorianus vor der antiken Porta Ligonensis (Porte St-André) zeigt (1843). Die vierte Kapelle links besitzt ein bemerkenswertes Grisaillefenster (Darstellung der Wurzel Jesse, 16. Jh.). Im rechten Chorseitenschiff befinden sich zwei Marmorfiguren vom zerstörten Grabmal des Parlamentspräsidenten Pierre Jeannin und seiner Frau (1623); im angrenzenden Querhaus eine Guercino (1591 – 1666) zugeschriebene Pietà.

✶✶ Salle Capitulaire, Kapitelle

Durch eine Kapelle auf der rechten Seite des Chores erreicht man über eine Wendeltreppe den ehemaligen Kapitelsaal (16. Jh.). Hier befinden sich Originalkapitelle vor allem aus dem Bereich der Vierung, die dort im 19. Jh. durch Kopien ersetzt worden sind und zu den Meisterleistungen romanischer Bauplastik gehören.

Turmbesteigung

Die Wendeltreppe (230 Stufen) im linken Querhaus führt auf die Plattform des 80 m hohen Vierungsturms; von dort genießt man einen schönen Blick über die Stadt und zu den Höhen des Morvan.

Weitere Sehenswürdigkeiten in Autun

Lazarus-Brunnen

Der Brunnen auf der Place St-Louis, die Fontaine St-Lazare, ist die Kopie eines Renaissance-Brunnens von 1543. Einer Inschrift zufolge wird derjenige, der hier trinkt, nie mehr Durst erleiden.

✶ Musée Rolin

Das unterhalb der Kathedrale gelegene Museum ist in den erhaltenen Teilen des ehemaligen Stadtpalais der Familie Rolin (1. Hälfte 15. Jh.) und im benachbarten Hôtel Lacomme untergebracht.

Gezeigt werden Funde aus der gallo-römischen und frühchristlichen Epoche, unter anderem aus Bibracte (► Mont Beuvray), sowie jungstein- und bronzezeitliche Funde aus dem nordwestlich von Chalon-sur-Saône gelegenen Chassey-le-Camp.

Durch den Hof gelangt man zu den von St-Lazare stammenden Ausstellungsgegenständen. Darunter befindet sich auch die berühmte **»Versuchung Evas«**, ein Flachrelief vom ehemaligen Nordportal der Kathedrale, ein Werk von Gislebertus, das er kurz vor dem Weltgerichtsportal schuf. Eine erhellende Rekonstruktionszeichnung informiert über das im Barock zerstörte Lazarus-Grabmal des Mönchs Martinus (es stand ursprünglich hinter dem Hochaltar der Kathedra-

Eine der sinnlichsten Skulpturen der Romanik: »Versuchung Evas« im Musée Rolin

le), von dem nur Fragmente erhalten blieben. Im Obergeschoss werden Bildwerke der Gotik präsentiert, hervorzuheben ist die »Geburt Christi« des Meisters von Moulins (15. Jh., eine Stiftung von Kardinal Rolin), die »Madonna von Autun« (polychrome Steinskulptur, Mitte 15. Jh.) und die »Hl. Katharina«, die dem spanischen Bildhauer Juan de la Huerta (gestorben 1462) zugeschrieben wird. Andere Abteilungen sind der Stadtgeschichte von Autun und der französischen Malerei (Ende 16. Jh. – Anfang 20. Jh.) gewidmet (5, Rue des Bancs; Öffnungszeiten: tgl. außer Di., Fei. April bis Sept. 9.30 – 12.00, 13.30 – 18.00, Okt. bis März 10.00 – 12.00, 14.00 – 17.00, So. 10.00 – 12.00, 14.30 – 17.00 Uhr).

Musée d'Histoire Naturelle

Das Naturwissenschaftliche Museum zeigt Mineralien, Insekten und Vögel aus Burgund sowie eine Dokumentation zur Entstehung des Morvan (14, Rue St-Antoine; Öffnungszeiten: Mi. – So. außer feiertags 14.00 – 17.00 Uhr).

Römische Altertümer

Im Vergleich zur einstigen Bedeutung von Augustodunum sind die Überreste der römischen Stadt spärlich. Vom Forum, von den Tempeln und den in der Antike berühmten Schulen der Stadt fehlt fast jede Spur. So gut wie verschwunden ist auch das Amphitheater, das neben dem Bühnentheater lag und der größte Bau dieser Art nach dem Kolosseum in Rom war.

Théâtre Romain

Das römische Theater von Autun (bei der Ave du 2ème Dragons gelegen) gilt mit seinen 148 m Durchmesser als der größte Theaterbau Galliens. Es konnte zwischen 10 000 und 15 000 Personen aufnehmen. Münzfunde sprechen für eine Entstehungszeit um 70 n. Chr. Lange Zeit diente das Theater als Steinbruch, sodass nur die Orchestra und der unterste Rang erhalten blieben.

Stadtmauer Das antike Augustodunum war mit einer zinnenbekrönten, 6 km langen Stadtmauer umgeben, die 54 halbrunde Wacht- und Wehrtürme sowie vier Stadttore hatte. Teile der 2,40 m starken Römermauer, deren Verlauf sich streckenweise mit der mittelalterlichen Mauer deckt, sind im Südwesten der Stadt erhalten.

Stadttore Von den ursprünglich vier Toren stehen noch die **Porte d'Arroux** an der Straße nach Sens und Boulogne (der heutigen D 980 nach Saulieu) und die **Porte Saint-André** an der Straße nach Langres (heutige N 81 Richtung Arnay-le-Duc/Dijon). Beide Stadttore sind zweigeschossig und besitzen jeweils zwei große Bogenöffnungen für Fahrzeuge und seitlich zwei kleinere für Fußgänger.

Die Porte d'Arroux zeigt im Obergeschoss noch sieben Rundbogenarkaden, deren Gebälk kannelierte Pilaster mit korinthischen Kapitellen tragen, ein Motiv, das sich später im Kirchenbau der Cluniazenser und deren Einflussbereich wiederfindet.

Temple de Janus Der sogenannte Janustempel liegt am westlichen Stadtrand. Die zwei Mauern der heute noch ungefähr 23 m hohen Ruine könnten zur Cella eines Tempels aus dem 1. Jh. n. Chr. gehört haben. Dass dieser Tempel dem Gott Janus geweiht war, lässt sich allerdings nicht belegen.

Umgebung von Autun

★ Château Sully 15 km nordöstlich von Autun liegt das Schloss Sully – von Madame de Sévigné als das Fontainebleau Burgunds bezeichnet. Gaspard de Saulx-Tavannes (1509 – 1573), Marschall von Frankreich und Gouverneur der Provence, ließ gegen 1570 mit dem Bau beginnen. Seit 1573 zeichnete der seinerzeit bekannte Architekt Nicolas Ribonnier aus Langres für die Ausführung verantwortlich. Es entstand eine Vierflügelanlage um einen Innenhof. Über Eck gestellte viereckige Türme vermitteln noch einen Rest mittelalterlicher Wehrhaftigkeit. Den originalen Zustand zeigt nur die Westfassade, zu der eine Steinbrücke über den Wassergraben führt. 1808 wurde auf Sully Edme-Patrice de Mac-Mahon geboren (► Berühmte Persönlichkeiten). Das Schloss gelangte im Jahre 1748 in den Besitz seiner Familie (geöffnet: April – Okt. tgl. 10.00 bis 18.00, Juli / Aug. bis 19.00 Uhr).

Schloss Sully, ein mehrfach umgebautes Schloss aus der Renaissance

★★ Auxerre

H 5

Département: Yonne
Höhe: 102 m ü. d. M.
Einwohnerzahl: 40 000

Eine lebendige Altstadt in hübscher Lage am Ufer der Yonne und zwei bedeutende mittelalterliche Kirchen – um nur die wichtigsten Sakralbauten von Auxerre zu nennen – ziehen Besucher heute zu Recht in die Hauptstadt der Landschaft Niederburgund.

Hauptstadt des Départements Yvonne

Bis zur Reblauskrise lag Auxerre inmitten eines Weinbaugebietes, von dem nur spärliche Reste blieben. Heute ist – mitbedingt durch die Tatsache, dass Auxerre Präfektur des Départements Yonne ist – der öffentliche Dienst der wichtigste Arbeitgeber der Stadt. Auch Verkehr und Handel spielen noch immer eine bedeutende Rolle; die Industriebetriebe liegen v. a. auf dem rechten Yonne-Ufer.

Auxerre geht auf die von den keltischen Senonen gegründete Siedlung Autricum zurück. Sie lag an der Via Agrippa und unterhielt Verbindungen nach Nevers und Paris, was ihre Entwicklung zur Handelsstadt begünstigte. Infolge der Germaneneinfälle im 3. Jh. und ihrer erheblichen Zerstörungen zog sich die Bevölkerung immer mehr auf die Hügel zurück. Während der ersten Hälfte des 4. Jh.s wurde die erste Kathedrale am Yonne-Ufer errichtet. Berühmtester Bischof von Auxerre war der hl. Germain, der 448 in Ravenna am Hof der Kaiserin Galla Placidia verstarb. Ins 12. und 13. Jh. fällt die Blütezeit der mittelalterlichen Handelsstadt, damals umgab sie sich mit einer neuen Mauer, deren Verlauf heute an der Ringstraße noch deutlich zu erkennen ist. Im Jahr 1371 verkaufte der Graf von

Blick über die Yonne auf die Kathedrale St-Etienne in Auxerre

Auxerre Orientierung

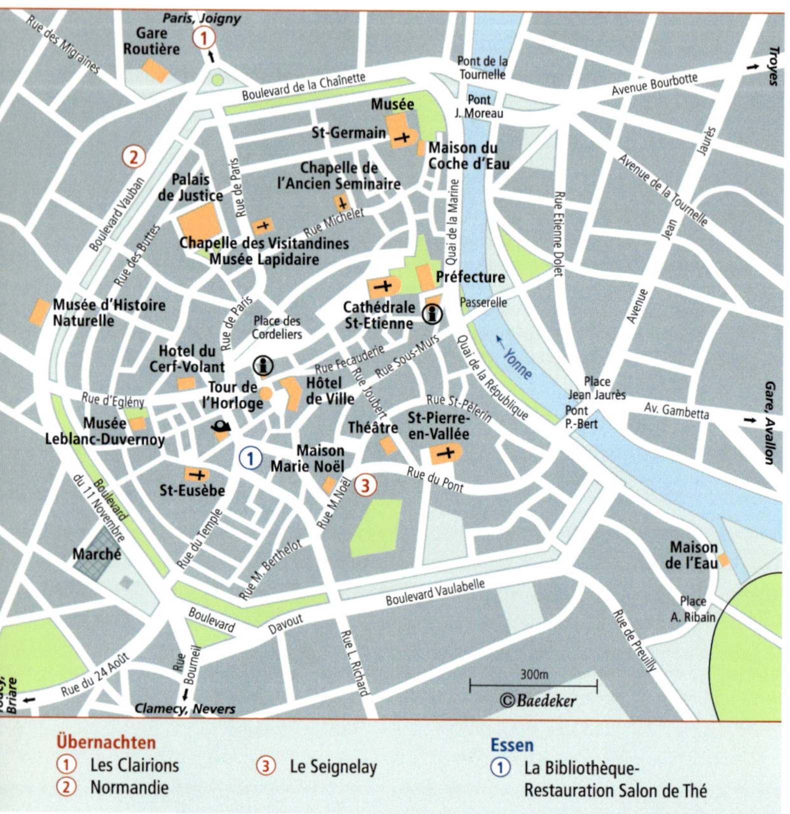

Nevers, dem die Stadt seit dem 11. Jh. unterstand, Auxerre an die französische Krone, die die Stadt 1434 an das Herzogtum Burgund abtrat. 1883 kam hier die Lyrikerin Marie Noël (gest. 1967) zur Welt. Neben Gedichten schrieb sie Erzählungen über ihre Heimatprovinz in der Tradition von Villon und den Fabliaux.

★★ Cathédrale St-Etienne

Baugeschichte

Vier Kirchenbauten an der gleichen Stelle gingen der heutigen gotischen Kathedrale voraus. Bischof Guillaume de Seignelay begann 1215 nach dem Abbruch einer gleich großen, völlig intakten romanischen Kirche mit dem Neubau. Um 1400 waren Chor, südliches Querhaus und Mittelschiff aufgeführt; im 15. Jh. wurde die Einwölbung des Schiffes vorgenommen und der nördliche Querhausarm errichtet. An der Westfassade wurde nur der 65 m hohe

AUXERRE ERLEBEN

AUSKUNFT

Office de Tourisme
1 – 2, Quai de la République, wochentags auch bei der Tour de l'Horloge, 89000 Auxerre
Tel. 03 86 52 06 19, Fax 03 86 51 23 27
www.ot-auxerre.fr

STADTRUNDGANG

Bei der Orientierung hilft der mit dreieckigen Bronzenägeln markierte Weg »Auf den Spuren des Cadet Roussel«. Die dazugehörige Broschüre ist für 1,50 € im Touristenbüro erhältlich.

ESSEN

► Erschwinglich

① ***La Bibliothèque – Restauration Salon de Thé***
13, Rue Rene Schaeffer
Tel. 03 86 51 44 17
Gemütlich eingerichteter Raum mit Leseecke. Jeder Tisch sowie der Tee tragen Namen von Schriftstellern. Leckere Tartes.

ÜBERNACHTEN

► Komfortabel

① ***Les Clairions***
RN 6 Richtung Paris
Tel. 03 86 94 94 94
www.clairions.com
Etwas atmosphäreloser, moderner Bau etwa 2 km außerhalb des Zentrums gelegen. Dafür ist er mit Freibad, guten Parkmöglichkeiten, Garten und Tennisanlage ausgestattet. Zwei Zimmer sind behindertengerecht ausgestattet. Das Restaurant ist ordentlich.

② ***Normandie***
41, Bd. Vauban
Tel. 03 86 52 57 80
Fax 03 86 51 54 33
www.hotelnormandie.fr
Hotel garni in einem Bürgerhaus aus dem 19. Jh. am Altstadtring. Schöne Frühstücksterrasse.

► Günstig

③ ***Le Seignelay***
2, Rue du Pont
Tel. 03 86 52 03 48
Fax 03 86 52 32 39
Charmantes Fachwerkhaus in der Altstadt gelegen und mit begrüntem Hof. Die Zimmer sind sehr unterschiedlich ausgestattet. Das Restaurant ist eher bodenständig.

Nordturm vollendet, der 1543 seine Renaissance-Haube erhielt. Als die Kathedrale 1567 von den Hugenotten geplündert wurde, litt der Skulpturenschmuck des Westportals erheblich, das Chorgestühl und die Altäre wurden zerstört. Der Lettner (16. Jh.) fiel der Französischen Revolution zum Opfer. Vor allem dem Einsatz Prosper Mérimées, Viollet-le-Ducs sowie des Architekten Piéplu ist der Erhalt von St-Etienne zu verdanken.

Portalskulptur

Interessantester Teil der Westfassade ist die Portalskulptur. Ihr liegt ein ausgeklügeltes, originelles Programm zugrunde, das noch nicht vollständig gedeutet ist. Die großen Themen der christlichen Heilsge-

St-Etienne *Orientierung*

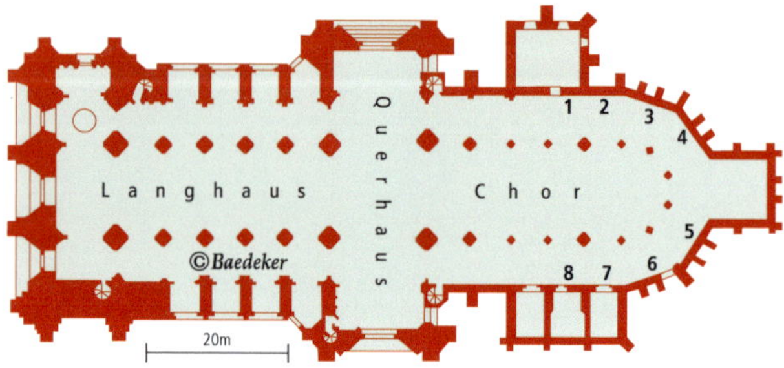

Glasmalereien im Chor
(von links nach rechts und von unten nach oben)

Nordseite

1 David, hl. Mammès
2 Genesis, Noah, Abraham
3 Joseph, hl. Margarete, Andreas
4 Genesis und Exodus
oben: Samson
Mitte unten:
Paulus, Apostel
oben: hl. Laurentius
Petrus und Paulus

Südseite

5 hl. Martin
oben: hl. Eustachius
hl. Germain
oben: hl. Nikolaus
Johannes Ev.
oben: Verlorener Sohn
6 hl. Stephanus
oben: Jakobus
hl. Elois
oben: hl. Nikolaus
7 Engel und Apostel
oben:
Maria von Ägypten
oben:
Maria Magdalena
8 hl. Vincentius
oben: hl. Bris
hl. Katharina v. Alexandria

Chorscheitelkapelle

Nördliche Seitenwand	Maria mit Jesus
Südliche Seitenwand	hl. Stephanus
Stirnwand	Wurzel Jesse (modern); Mariengeschichte (modern); Theophiluslegende (teilw. original, teilw. modern)

schichte werden mit teilweise selten dargestellten erzählenden Zyklen und einzelnen Figuren verbunden. Das rechte Portal, das älteste (um 1260), ist Johannes dem Täufer gewidmet. Szenen aus seinem Leben werden im Tympanon und in den Archivolten gezeigt. Im Gewände ist die Geschichte von David und Bathseba (gedeutet als Sinnbilder für Christus und die Kirche) zu sehen; in den Zwickeln Darstellungen der Philosophie und der freien Künste, wahrscheinlich ein Hinweis auf die ehemals wichtige Domschule von Auxerre. Stilistisch stehen die Figuren der Kathedralskulptur von Reims nahe.

Rechtes Portal ►

Portail du Jugement Dernier ►

In der Mitte befindet sich das Gerichtsportal, das im Tympanon Christus auf der Weltkugel, Maria und Johannes zeigt, im Türsturz Gerichtsszenen. Die Bogenläufe sind dem Leben der Apostel gewidmet. An den beiden Türpfosten befinden sich Darstellungen der Klugen und der Törichten Jungfrauen. Im nicht mehr gestuften Gewände ist die Geschichte vom Verlorenen Sohn (rechts) und von Joseph aus Ägypten (links) zu sehen. Diese unteren Partien dürften um 1270 entstanden sein, die übrigen im 14. Jahrhundert.

Portail du Couronnement de la Vierge ►

Links das Marienportal, das im Türsturz die Krönung der Gottesmutter zeigt, in den Archivolten Szenen aus dem Marienleben. Von

hoher Qualität ist die Darstellung der Genesis im Gewände, wobei zwischen Maria und Eva und zwischen Christus und Adam wohl ein typologischer Bezug vorliegt. Die Skulpturen sind ebenfalls ins 14. Jh. zu datieren.
Weniger bedeutend sind die Skulpturen der Querhausportale. Auf der Südseite (2. Hälfte 14. Jh.) ist die Geschichte des hl. Stephanus zu sehen, auf der Nordseite (Anfang 15. Jh.) die des hl. Germain.

Inneres

Der Gesamteindruck des Innenraums wirkt heute noch überwältigend. Auxerre folgt dem klassischen gotischen Kirchengrundriss (dreischiffiges Langhaus, kurze Querhäuser, Vierung und Chor mit halbrundem Apsidialschluss, Umgang und Achsialkapelle; im Westen Zweiturm-Fassade). **Die Besichtigung sollte im Chor beginnen**, dem ältesten, zwischen 1215 und 1234 errichteten Bauabschnitt, dem die Krypta des Vorgängerbaus als Fundament diente. Er bildet das architektonische Glanzstück der Kathedrale St-Etienne und gehört zu den gelungensten Schöpfungen der burgundischen Gotik, die er grundlegend beeinflusste (vor allem Notre-Dame in ►Dijon).
Der Chor ist länger als das Langhaus der Kathedrale und besteht aus vier querrechteckigen Jochen und einem siebenteiligen Chorhaupt, das von einem Umgang ohne Kapellenkranz umgeben wird. Durch das Fehlen der Kapellen (die neue Unterbauten erforderlich gemacht hätten) entsteht eine ununterbrochene Lichtzone. Im Osten öffnet sich der Umgang in eine viereckige Chorscheitelkapelle. Der Wandaufriss ist dreigeschossig, wobei das Triforium vergleichsweise hoch ausfällt. Es ist mit schlanken Säulchen besetzt und wirkt wie vergittert. Sowohl im Triforium als auch vor den Obergadenfenstern befinden sich die typisch burgundischen Laufgänge, die die Strebepfeiler in beiden Geschossen durchbrechen. Das Prinzip der zweischaligen Wand ist konsequent angewandt.

**** Kirchenfenster**

Besondere Beachtung verdienen die Glasmalereien im Chor von St-Etienne. Auxerre besitzt den besterhaltenen Fensterzyklus aus dem 13. Jh. nach Chartres und Bourges. Die Scheiben wurden während des Episkopats von Henri de Villeneuve 1220 – 1234 geschaffen. Von den Hugenotten stark beschädigt, wurden sie im 16. und 19. Jh. restauriert. Einige Fenster befinden sich nicht mehr an ihrem ursprünglichen Platz. Ungewöhnlich sind die Grisailleflächen in den Scheiben des Hochchores. Die Fenster in der Scheitelkapelle sind Christus gewidmet, die seitlichen Märtyrerinnen, Kirchenpatronen, Propheten und Aposteln. Die Umgangsfenster zeigen alttestamentarische Szenen und Heiligenlegenden.

Quer- und Langhaus

Für die jüngeren Bauteile der Kathedrale blieb die Gestaltung des Chores verbindlich, ohne dass seine künstlerische Qualität erreicht wurde. Querschiff und Langhaus wurden ab 1309 errichtet, erst im 15. Jh. wurde das Langhaus eingewölbt. Hier macht sich ein Zug zur Vereinheitlichung und zur zunehmenden Vertikalisierung bemerkbar.

Die plastischen Formen werden reduziert, an die Stelle der Säulen treten Bündelpfeiler. Die Dienste steigen fast ohne Unterbrechung zu den Schlusssteinen im Gewölbe auf. Der Laufgang im Triforium wechselt im Querhaus nach außen und setzt sich erst im Langhaus wieder innen fort, im Obergaden wird er ganz aufgegeben. Die Fenster im Langhaus stammen zum Großteil aus dem 16. Jh., wenige aus dem 15. Jahrhundert. Dargestellt sind Heilige, Bischöfe und Könige. Die Rosen im Westen und in den Querhausportalen wurden im 16. Jh. geschaffen.

In einer Chorseitenkapelle auf der rechten Seite werden mittelalterliche Kleinkunstwerke und Handschriften ausgestellt sowie eine Tunika des Heiligen Germain aus dem 5. Jahrhundert (Öffnungszeiten ►Krypta).

✶ **Krypta**

Vom rechten Querhaus aus gelangt man in die unter dem Chor gelegene Krypta, Rest des romanischen Vorgängerbaus der heutigen Kathedrale. Sie wurde nach 1023 errichtet und besteht aus einem dreischiffigen, kreuzgewölbten Kernraum mit einem Umgang. Eine Scheitelkapelle im Osten besteht aus einem tonnengedeckten Raum und einer kleinen, halbrunden Apsis. Das Hauptinteresse der Besucher gilt dem **romanischen Fresko im Tonnengewölbe**, das auf etwa 1100 zu datieren ist. Es zeigt Christus auf einem weißen Pferd, umgeben von berittenen Engeln. Die Darstellung steht im Zusammenhang mit der Apokalypse, wurde aber auch mit römischen Imperatoren in Verbindung gebracht (Öffnungszeiten: April bis Okt. tgl. 9.00 – 18.00, So. 14.00 bis 17.00, Nov. – März tgl. außer So. 10.00 – 17.00 Uhr).

Das Fresko in der Krypta zeigt Christus auf einem Schimmel.

Nördlich der Kathedrale steht der **ehemalige Bischofspalast** (1115 bis 1136), der jedoch nicht zu besichtigen ist.

✶ Musée und Abbaye St-Germain

Geschichte

Keinesfalls sollte man einen Besuch des ehemaligen Benediktinerklosters St-Germain versäumen, dessen Wurzeln bis in die spätrömische Zeit zurückreichen. In seinen Räumen werden die städti-

Krypta St-Germain Orientierung

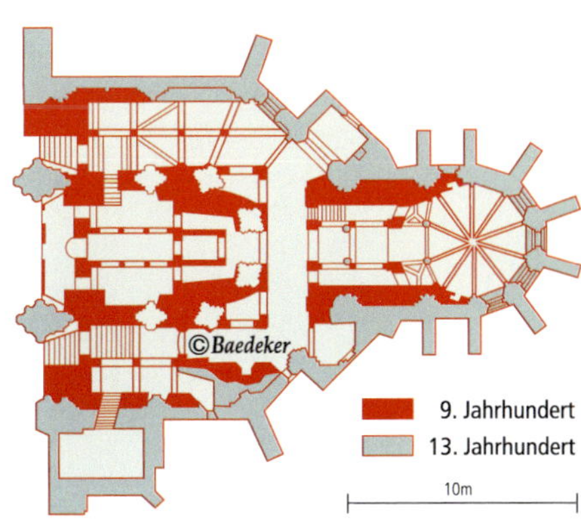

schen Sammlungen präsentiert. Zu sehen sind die archäologische Abteilung mit der vorgeschichtlichen und der gallo-römischen Epoche, Darstellungen zum Leben von St-Germain und der Geschichte der Abtei, zum Alltag im Mittelalter sowie eine Münzsammlung (geöffnet: tgl. außer Di., Juni – Sept. 10.00 – 12.30, 14.00 – 18.30, Okt. bis Mai 10.00 – 12.00, 14.00 – 18.00 Uhr; Krypta nur mit Führung: 10.30, 11.30, 14.15, 15.15, 16.15 und 17.15 Uhr).

Der hl. Germain, 378 als Sohn einer adligen Familie in Auxerre geboren, wurde 418 Bischof seiner Vaterstadt. Als er 448 am Hof der Kaiserin Galla Placidia in Ravenna starb, wurde er nach Auxerre überführt und in einem kleinen Oratorium außerhalb der römischen Stadtmauer beigesetzt, das er selbst für diesen Zweck vorgesehen hatte. Nachdem sich am Grab des Heiligen Wunder ereigneten und die Zahl der Pilger stets wuchs, veranlasste die Frankenkönigin Chlothilde, Ehefrau Chlodwigs, während der ersten Hälfte des 6. Jh.s den Bau einer neuen Kirche und die Stiftung eines Klosters. Die Benediktiner unterhielten eine Schule, die große Bedeutung erlangte: An ihr wurde u. a. der hl. Odo, einer der Begründer Clunys, ausgebildet. Die merowingische Kirche wurde ab 841 umgebaut, 859 wurden die Reliquien des hl. Germain im Beisein Karls des Kahlen überführt. Die Kirche war schon damals über 100 m lang und bestand aus einem zweigeschossigen Kryptenkomplex im Osten und einer Vorkirche im Westen. Der heutige romanische Turm, der ursprünglich zu einer Zweiturm-Fassade gehörte, stammt aus dem 12. Jahrhundert. Mit der teilweise noch bestehenden gotischen Kirche, die sich an St-Etienne orientierte, wurde 1277 im Osten begonnen. Ihr Bau schritt zunächst rasch voran, stockte dann und kam durch den Hundertjährigen Krieg praktisch zum Erliegen. Endgültig eingestellt wurden die Bauarbeiten 1398, was die romanischen Westteile vor der Zerstörung bewahrte. Ihr Abbruch erfolgte erst 1811, wenig später wurde das Langhaus mit der bestehenden neugotischen Wand geschlossen. Unter dem heutigen Vorplatz der Kirche wurden nach mehrjährigen Grabungen die Überreste der Vorgängerbauten der gotischen Kirche freigelegt. Hier werden die immensen Ausmaße deutlich, die bereits die merowingische Kirche erreichte.

Krypta

Die Krypta von St-Germain stellt den bedeutendsten Komplex karolingischer Architektur in Frankreich dar und beherbergt die ältesten Fresken, die bisher im Land bekannt sind. Zentrum der

Anlage ist die Confessio, ein dreischiffiger Raum, der im Osten mit einer eckigen Apsis endet, in der ursprünglich der Sarkophag des hl. Germain stand. Die Gewölbe des Schiffes ruhen auf Eichenholz-Architraven, die von Säulen antiker Herkunft getragen werden. Die Confessio umgibt ein rechtwinkliger Gang, der früher im Osten vier Kapellen besaß. Sie fielen zum Teil dem gotischen Neubau zum Opfer, dem die zehneckigen Ostkapellen in zwei Etagen angehören. Die gotischen Kapellen sind durch einen zweijochigen Gang mit dem Umgang der Confessio verbunden. Im Umgang ist heute ein Hochrelief aus der Merowingerzeit vermauert, welches das Christusmonogramm zeigt. Es gilt als **ältestes Relikt der ganzen Anlage** und ist der ersten Kirche oder dem Chlothilde-Bau zuzurechnen. Die erhaltenen Wandmalereien stammen aus der Mitte des 9. Jh.s und wurden 1927 wieder entdeckt. Die interessantesten Bilder sind dem hl. Stephanus gewidmet und folgen stilistisch noch antiker Tradition. Sie zeigen Stephanus vor dem Hohen Rat, seine Vision und die Bedrängung durch die Juden sowie seine Steinigung vor den Toren Jerusalems. Auf der Kämpferplatte eines Kapitells hat der ausführende Künstler, ein gewisser Fredilo, sein Werk signiert.

Weitere Sehenswürdigkeiten in Auxerre

Place de l'Hôtel de Ville

Das 1733 errichtete Rathaus steht an der Stelle des ersten Rathauses, dessen Bau den Bürgern 1412 erlaubt worden war. Die Fachwerkhäuser (Place de l'Hôtel de Ville Nr. 4, 6, 16, 17, 18) stammen aus dem 16. Jahrhundert.

Innenstadt

Am Ende der Rue de l'Horloge steht die Tour de l'Horloge (Uhrturm). Er wurde gegen Ende des 15. Jh.s an der Stelle der ehemaligen gallo-römischen Stadtmauer errichtet und flankierte später ein römisches Stadttor. Im Zentrum der Stadt sowie nahe dem Yonne-Ufer zwischen der Kathedrale und St-Germain blieben die meisten alten Wohnbauten Auxerres erhalten. Als **ältestes Bürgerhaus der Stadt** gilt das Hôtel du Cerf-Volant (14./15. Jh.) an der Place Robillard 5 gelegen.

Musée Leblanc-Duvernoy

In einem Stadtpalast des 18. Jahrhunderts (9, Rue d'Eglény) werden unter anderem Tapisserien aus Beauvais (18. Jahrhundert) sowie eine reichhaltige Sammlung von Fayencen und Gemälden des 17. bis 20. Jahrhunderts gezeigt (Öffnungszeiten: tgl. außer Di. 14.00 – 18.00 Uhr).

St-Eusèbe

Ältester Bauteil der ehemaligen Klosterkirche ist der fast 40 m hohe, aus dem 12. Jahrhundert stammende Turm, dessen quadratische Formen nach ►La Charité-sur-Loire weisen. Der Chor wurde nach dem Einsturz seines Vorgängerbaus ab 1530 neu errichtet und steht am Übergang von der Gotik zur Renaissance. Die Chorumgangskapellen bewahrten ihre alten Glasfenster aus dem 16./17. Jahrhundert.

Größter Schatz der Kirche ist ein 1,60 x 1,20 m großes Seidentuch aus dem 9. Jahrhundert, nach lokaler Überlieferung das Leichentuch des hl. Germain. Die schönen Holztüren stammen aus dem 17. Jahrhundert.

St-Pierre-en-Vallée

Auch die in der Rue Joubert gelegene Kirche Sankt-Peter-im-Tal prägt das Stadtbild. Die ehemalige Klosterkirche wurde von den Bürgern des Viertels, die den mit Flamboyantformen dekorierten Turm finanzierten, auch als Pfarrkirche benutzt. Der Turm wurde 1536 – 1554 errichtet und orientiert sich an dem damals gerade vollendeten Nordturm der Kathedrale. Der übrige Bau wurde 1656 abgeschlossen und zeigt Elemente der Gotik wie auch der Renaissance.

Baedeker TIPP

Sammelticket

Für den Besuch der wichtigsten Sehenswürdigkeiten kann man dort und beim Office de Tourisme einen Pass für den verbilligten Eintritt erwerben.

Weitere Museen

Neben Wechselausstellungen ist im Musée d'Histoire Naturelle eine naturwissenschaftliche Sammlung zu sehen (Bd. Vauban; Öffnungszeiten: tgl. außer Sa. und 24.12. – 2.1. 13.30 – 17.30 Uhr).
Zu besichtigen ist auch das ehemalige Wasserwerk der Stadt, Maison de l'Eau et de l'Environnement (Place Achille Ribain; Öffnungszeiten: tgl. außer Di. Juni – Sept. 14.30 – 18.00, April, Mai und Okt. tgl. 14.00 bis 17.30 Uhr, 2. Hälfte Aug. geschl.).

Avallon

K 7

Département: Yonne
Höhe: 254 m ü. d. M.
Einwohnerzahl: 8600

Das im Mittelalter stark befestigte Avallon erhebt sich malerisch auf einem Granitvorsprung über dem Tal des Cousin. Mit den beachtlichen Resten der Stadtmauer, seiner romanischen Kirche und seinem reizvollen Gesamtbild ist das Städtchen ein guter Ausgangspunkt für Tagestouren in den Morvan und die Umgebung.

Sehenswertes in Avallon

St-Lazare

Die ehemalige Kollegiatskirche wurde an der Stelle einer Marienkirche aus dem 10. Jh. errichtet, von der noch Reste einer Krypta erhalten sind. 1078 wurde diese den Cluniazensern unterstellt, die einen Neubau nach dem Vorbild der Kirchen in ►Vézelay sowie in Anzy-le-Duc errichteten. Dieser wurde 1106 durch den Papst geweiht. Zu diesem Zeitpunkt hatte die Kirche bereits ein doppeltes Patrozinium: Zur Gottesmutter war der hl. Lazarus hinzugekommen, dessen Kopf angeblich inzwischen nach Avallon gelangt war. Dies löste einen Konflikt mit Autun aus, das seinerseits behauptete, die Reliquien zu besitzen, und das sich bei einer Echtheitsprüfung 1482 auch durchsetzte. Dessen ungeachtet wurde Avallon rasch **Ziel zahlreicher Pilger**, sodass die Kirche auf der Westseite vergrößert werden musste. Mitte des 12. Jh.s war die Hauptfassade fertiggestellt. 1633 stürzte der Nordturm ein, Tympanon und Türsturz des Mittelportals fielen 1793 den Zerstörungen der Französischen Revolution zum Opfer. Erst seit 1821 wurden die Gewändefiguren und die Gestalt am Mittelpfeiler zu Säulen umgearbeitet.

★ Westportal ►

Von der ursprünglich dreiteiligen Portalanlage sind nur das Haupt- und das Südportal weitgehend erhalten. Das Mittelportal umgeben inzwischen drei bzw. zwei Säulen mit korinthischen Kapitellen, wobei nur noch eine der Gewändefiguren, eine lang gestreckte Prophetengestalt mit einem Buch in der Hand, erhalten blieb (nicht am ursprünglichen Platz). Die inneren Archivolten zeigen Engel und die Vierundzwanzig Ältesten der Apokalypse, es folgen nach außen die Monatsarbeiten und die Tierkreiszeichen sowie Akanthus- und Weinblätter. Im Tympanon befand sich einst eine Darstellung der Majestas Domini. Etwas besser erhalten blieb das rechte Seitenportal. Das von Bogenläufen mit ausschließlich vegetabilem Dekor umgebene Tympanon zeigt unter drei Bögen Szenen mit den Heiligen Drei Königen, im Sturz die »Frauen am Grab« und »Christus in der Vorhölle«. Mit ihrem Formenreichtum und der virtuosen Handhabung der Ornamentik steht die Westfassade von St-Lazare am Ende der Entwicklung der burgundischen Romanik.

Langgestreckte Gewändefigur am Mittelportal von St-Lazare

Der **Innenraum** der dreischiffigen Kirche fällt geländebedingt vom Eingang zum Chor hin um rund 3 m ab. Im Unterschied zu der in vieler Hinsicht als Vorbild dienenden Kirche Ste-Madeleine in Vézelay wurde hier konsequent der Spitzbogen verwendet. Die Langhausarkaden liegen auf eckigen Pfeilern mit Halbsäulenvorlagen

AVALLON ERLEBEN

AUSKUNFT

Office de Tourisme
6, Rue Bocquillot
89200 Avallon
Tel. 03 86 34 14 19
Fax 03 86 34 28 29
www.avallonnais-tourisme.com

ESSEN

► Erschwinglich

Dame Jeanne
59, Grande Rue Aristide Briand
Salon de Thé mit hübschem Saal und Hof, gleich neben der Tour de l' Horloge.

ÜBERNACHTEN

► Komfortabel

Le Relais Fleuri
RN 6
Tel. 03 86 34 02 85
Fax 03 86 34 09 98
www.relais-fleuri.com
Gepflegtes, ruhiges Hotel 3 km außerhalb. Freibad, Tennis – für längeren Aufenthalt geeignet.

► Günstig

Les Capucins
6, Av. Paul-Doumer
Tel. 03 86 34 06 52
Fax 03 86 34 58 47
www.avallonlescapucins.com
Kleines, ruhiges Logis de France etwas abseits des Zentrums mit hübschem Garten und günstigen Menüs.

Baedeker-Empfehlung

Le Moulin des Templiers
Vallée du Cousin/Pontaubert
Tel. 03 86 34 10 80
www.hotel-moulin-des-templiers.com
Völlig ruhig gelegenes Hotel in einer ehemaligen Mühle aus dem frühen 18. Jh.; Zimmer 50 – 78 €, Abendmenü 19,50 €; freundliche Bewirtung.

auf. Ein schön dekoriertes Gesims unterteilt die Wand in zwei Geschosse. Im Ostteil der Kirche sollen noch Reste des 1106 geweihten Baus erhalten geblieben sein.

Burgareal

Im Zentrum Avallons folgten nacheinander das römische Castrum, die Residenz der Grafen von Avallon und die der Herzöge von Burgund. Reste des herzoglichen Schlosses blieben im »Tribunal«, dem Justizgebäude (gegenüber der Kirche) mit einer Fassade aus dem 19. Jh., erhalten. Den Zugang zum Burgareal bildete einst die Tour de l'Horloge aus der Mitte des 15. Jh.s, ein viergeschossiger Turm, der bis 1772 den Schöffen als Sitz diente.

Musée de l'Avallonnais

Das an der Place de la Collégiale gelegene Regionalmuseum ist in dem Mitte des 17. Jh.s erbauten Ancien Collège untergebracht. Gezeigt werden u. a. bedeutende frühgeschichtliche Funde (vor allem aus Arcy-sur-Cure, ► Vézelay, Umgebung) sowie Objekte aus gallo-römischer und mittelalterlicher Zeit. Sehenswert sind außerdem Stiche, Zeichnungen und Gemälde international bekannter, aber auch avallonesischer Künstler (Öffnungszeiten: Juli bis Sept. tgl. außer Di., sonst Sa., So., feiertags 14.00 – 18.00 Uhr; Eintritt frei).

Centre d'exposition du Costume

In einem alten Palais der Familie Condé ist ein nettes Trachtenmuseum untergebracht, das wechselnde Ausstellungen bietet (Rue Belgrand; Öffnungszeiten: Ostern bis Allerheiligen tgl. 10.30 – 12.30, 13.30 – 17.30 Uhr).

Umgebung von Avallon

Chastellux-sur-Cure

Auf einem 45 m hohen Granitfelsen erhebt sich das mittelalterlich anmutende Schloss von Chastellux (14 km südlich von Avallon), das seine heutige Form im Wesentlichen im 15./16. Jh. erhielt. Die ältesten Teile, u. a. die runde Tour St-Jean, gehen auf das 11. Jh. zurück. Die Anlage ist nicht zu besichtigen.

★ Montréal

12 km nordöstlich von Avallon liegt Montréal (220 Einw.), das mit seinem mittelalterlichen Stadtbild zu den schönsten Orten in Burgund gehört. Da ganz in der Nähe die Grenze zwischen Burgund und der Champagne verlief, war der Ort immer stark befestigt und häufig umkämpft. 1255 kam Montréal an die Herzöge von Burgund, 1477 an die französische Krone. Erst Heinrich IV. befahl 1597 die Niederlegung von Burg und Stadtmauer, von der nur geringfügige Reste erhalten sind, u. a. die Porte d'En-Bas und die Porte d'En-Haut (letztere dient nun als Glockenturm der Kirche Notre-Dame). Die ehemalige Kollegiatskirche Notre-Dame ist ein schönes Beispiel für die frühgotische Architektur Burgunds. Mit dem Bau wurde 1170/80 begonnen, im frühen 13. Jh. war er bereits fertiggestellt. Sowohl der Außenbau als auch das Innere der Kirche sind schlicht gehalten (vielleicht auf Einfluss der Zisterzienser). Vierung und Langhaus sind kreuzrippengewölbt, Gratgewölbe überfangen die Seitenschiffe. Der zweigeschossige Aufriss der Langhauswand folgt der burgundischen Tradition des romanischen Kirchenbaus (► Vézelay, ► Avallon, ► Anzy-le-Duc). Hervorzuheben ist das 1522 – 1550 geschnitzte Chorgestühl. Angeblich soll es sich bei der Darstellung der beiden trinkfesten Männer um **Selbstbildnisse der Schnitzer**, der Gebrüder Rigoley aus Nuits-sous-Ravières, handeln. An der Nordwand des Chores steht ein vielfiguriger englischer Alabasteraltar, der sogenannte Nottingham-Altar, aus dem 15. Jahrhundert. Er zeigt Szenen aus dem Marienleben.

! *Baedeker* TIPP

Kontrastprogramm

Autofans kommen im Schloss Montjalin in Sauvigny-le-Bois, wenige Kilometer nordöstlich von Avallon, auf ihre Kosten. Zwar können die dort ausgestellten Gefährte hinsichtlich ihres Alters nicht mit den Kirchen mithalten, doch handelt es sich immerhin um die Staatskarossen von de Gaulle, Kennedy, Eisenhower, Honecker und anderen Politikern (Öffnungszeiten: tgl. 9.00 – 19.00 Uhr).

★★ Beaune

P / Q 9

Département: Côte d'Or
Höhe: 219 m ü. d. M.
Einwohnerzahl: 23 000

Beaune ist die burgundische Weinstadt schlechthin. Hier scheint sich alles um Fässer und Flaschen zu drehen, von den Schaufensterauslagen nahezu sämtlicher Geschäfte bis zu den unzähligen Weinhandlungen, ja selbst im berühmten Hospiz, finanzierte es sich schließlich schon immer mit Einkünften aus dem Weinbau. Trotzdem scheint es für Besucher ratsam, die Sehenswürdigkeiten der Stadt vor einer Weinprobe zu besichtigen – es wäre zu schade, sie nicht richtig würdigen zu können.

Stadt des Weins und Verkehrsknotenpunkt

Die ersten Weinhandlungshäuser wurden in Beaune bereits im 18. Jh. gegründet, und noch heute leben viele der rund 23 000 Beaunois mit ihren Familien vom Wein.
Als wichtiger Verkehrsknotenpunkt an der Kreuzung der A 6 / A 30 (Paris – Ostschweiz) mit der A 31 (Beneluxstaaten – Südfrankreich) zog Beaune in jüngerer Zeit Logistik- und Transportunternehmen an.

Geschichte

Die Ursprünge von Beaune sollen auf ein römisches Militärlager zurückgehen, das an den Quellen der Aigue und der Bouzaise gestanden haben soll. Im 10. Jh. existierte eine Burg, um die sich allmählich eine Stadt entwickelte. Sie wurde gegen Ende des 12. Jh.s befestigt; die heute noch vorhandene Mauer entspricht ihrem damaligen Verlauf. 1203 erhielt Beaune Stadtrecht und wurde eine der bedeutendsten Residenzstädte und Sitz des burgundischen Parlaments. Die seit 1363 regierenden Valois-Herzöge bevorzugten jedoch das nördlicher gelegene Dijon. Am Ende des Hundertjährigen Krieges (1337 – 1453) litt die Bevölkerung schwer unter Überfällen und Plünderungen von umherziehenden, brotlos gewordenen Soldaten. Das Elend mag mit ein Grund dafür gewesen sein, dass der burgundische Kanzler Rolin sein Hospital in Beaune stiftete, der Heimatstadt seiner Mutter, und nicht in seinem eigenen Geburtsort Autun. Nach dem Tod Karls des Kühnen 1477 fiel Burgund an die Krone zurück. Beaune unterstützte jedoch die Herzogstochter Maria von Burgund (verheiratet mit dem späteren deutschen Kaiser Maximilian I.). Daraufhin ließ Ludwig XI. die Stadt wochenlang belagern und verlegte nach ihrer Einnahme das Parlament »zur Strafe« nach Dijon. Im Auftrag Ludwig XI. wurden aber die Stadtmauern verstärkt und in der Stadt eine nach außen als auch gegen die Bevölkerung selbst gerichtete Festung erbaut. Erst 1602 wurde sie unter Heinrich IV. teilweise niedergelegt, einige Gewölbe verwandelte man in Weinkeller. Im Gegensatz zu Dijon, das sich als Verwaltungs- und Industriestatdt entwickelte, blieb Beaune Weinstadt.

BEAUNE ERLEBEN

AUSKUNFT

Office de Tourisme
Porte Marie de Bourgogne
6 bd. Perpreuil
21203 Beaune
Tel. 03 80 26 21 30
Fax 03 80 26 21 39
www.ot-beaune.fr

STADTBESICHTIGUNG

In der Saison bietet das Office de Tourisme geführte Stadtrundgänge, Kutschfahrten durch die Stadt oder die Weinberge an (weitere Informationen Tel. 03 80 26 21 30).

PARKEN

Neben den kostenpflichtigen Parkmöglichkeiten im Zentrum kann man auch gratis auf der Place Madeleine und am Boulevardring parken.

AUSFLÜGE

Ausflüge in die Weinberge mit Besichtigung eines Weinguts und Kostproben mit Bus oder Fahrrad; Auskunft und Buchung über das Office de Tourisme.

EINKAUFEN

In Beaune gibt es etliche gute Vinotheken und Weinkeller, deren Angebot man in Ruhe probieren und kaufen kann. Schöne alte Weinkeller, die auch eine Besichtigung wert sind, befinden sich z. B. in den Türmen und Bastionen der Stadtmauer. Literatur zum Thema Wein, dazu allerlei praktisches Gerät rund um den Wein hält die Fachbuchhandlung L'Atheneum de la vigne et du vin bereit (5, Rue de l'Hôtel de Dieu).
Auf der Place de la Halle findet mittwochs ein Schlemmermarkt statt.

ESSEN

Die Place Carnot und die Place Fleury umgeben zahlreiche Restaurants.

► Preiswert

① ***La Douce Heure***
7, Place Monge
Leckere Crêpes auch im Menü an der weniger überlaufenen Place Monge.

② ***Les Tontons***
22, Rue Faubourg Madeleine
Tel. 03 80 24 19 64
In dem kleinen, gemütlichen Bistro werden Gerichte serviert, die selbst Feinschmecker begeistern.

ÜBERNACHTEN

► Luxus

③ ***Le Cep***
25-33, Rue Maufoux
Tel. 03 80 22 35 48
Fax 03 80 22 76 80
www.hotel-cep-beaune.com
Nobles Stadtpalais mit stilvoll eingerichteten Zimmern in absolut ruhiger, zentraler Lage. Raffinierte Küche.

④ ***Château de Challanges***
Rue des Templiers in Challanges
Tel. 03 80 26 32 62
Fax 03 80 26 32 52
www.chateaudechallanges.com
Schlösschen 2 km östlich von Beaune mit Park, geschmackvoller Einrichtung und gastfreundlicher Atmosphäre – eine wahre Oase zum Entspannen.

► Komfortabel

② ***Hôtel des Remparts***
48, Rue Thiers
Tel. 03 80 24 94 94
Fax 03 80 24 97 08
Innerhalb der Stadtmauer und ruhig gelegen.

► **Günstig**

⑤ ***Relais Motel 21***
Route de Verdun
Tel. 03 80 24 15 30
Fax 03 80 24 99 77
www.relaismotel21.com
46 moderne und gut ausgestattete Zimmer, zum Teil behindertengerecht. Im Garten gibt es einen Spielplatz mit Tischtennisplatten und ein Freibad. Das angeschlossene Restaurant bietet bodenständige Küche und ist sehr flexibel in der Zusammenstellung der Menüs und bietet auch Buffets an. An der Straße nach Lons-le-Saunier gelegen.

Baedeker-Empfehlung

① ***Abbaye de Maizières***
19, Rue de Maizières
Tel. 03 80 24 14 25
Fax 03 80 22 49 49
www.beaune-abbaye-maizieres.com
Ehemalige Zisterzienserabtei aus dem 12. Jh. mit zwölf ganz unterschiedlichen Zimmern mitten in der Altstadt von Beaune. Das Haus strahlt mit seiner Einrichtung alten burgundischen Charme aus und das Restaurant bietet traditionelle Küche unter alten Gewölben aus der Römerzeit.

Beaune Orientierung

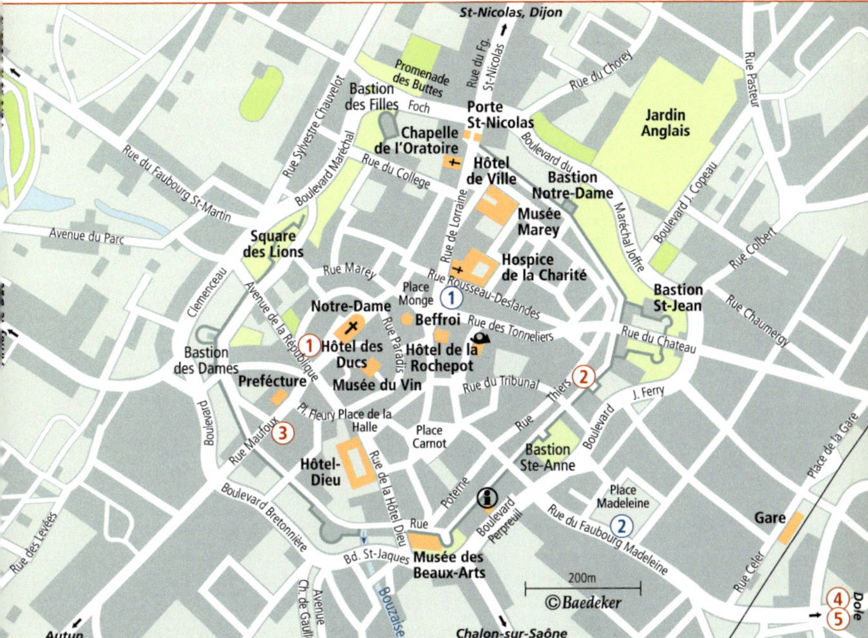

Übernachten
① Abbaye de Maizières
② Hôtel des Remparts
③ Le Cep
④ Château de Challanges
⑤ Relais Motel 21

Essen
① La Douce Heure
② Les Tontons

✶ ✶ Hôtel-Dieu (Hospice)

Geschichte

Das weit über die Grenzen Burgunds hinaus bekannte Hôtel-Dieu, auch Hospice (=Hospital) genannt, wurde im Jahr 1443 durch eine **Stiftung des Kanzlers von Burgund**, Nicolas Rolin (1376–1462; ► Baedeker Special S. 64), gegründet. Dieser Sohn eines Rechtsanwalts aus Autun entwickelte sich als Berater von Johann ohne Furcht und ab 1422 als Kanzler unter Philipp dem Guten zu einem der mächtigsten Männer des burgundischen Großreichs. Geschickt betrieb er nach dem Tod Jeanne d'Arcs die Lösung Burgunds aus der Allianz mit England. Von seinen Zeitgenossen gleichzeitig geschätzt und gefürchtet, wird er als schillernde Persönlichkeit beschrieben. Rolin verfügte über ein beträchtliches Vermögen, das er durch seine dritte Heirat mit Guigone de Salins noch vermehrte. Die Gründung des Hospitals bezeichnete er selbst in der Stiftungsurkunde als eine »glückliche Transaktion«, mit der er die »irdischen Güter gegen die himmlischen Güter vertausche«. Daher sparte er auch nicht an der Ausstattung des Hospitals, weder was die medizinische Versorgung noch was die künstlerische Ausgestaltung anging. Rogier van der Weyden, Stadtmaler von Brüssel und einer der bekanntesten Maler seiner Zeit, wurde mit den Altartafeln beauftragt. Außerdem gewährte Rolin dem Hôtel-Dieu eine Jahresrente. Er selbst begann mit dem **Erwerb von Weinland**, das noch heute zum erheblichen Teil die wirtschaftliche Grundlage des Städtischen Krankenhauses von Beaune, dem das Hôtel-Dieu untersteht, bildet. Der derzeitige Besitz beläuft sich auf 58 Hektar Land mit z. T. allerbesten Lagen zwischen Aloxe-Corton und Meursault. Zum Bau des Hospitals berief Rolin den niederländischen Architekten Jacques Wiscrère. Nach seinen Plänen konnten die Arbeiten Ende 1451 abgeschlossen werden. Am 1. Januar 1452 wurde der erste Kranke aufgenommen. Als Vorbild diente das Krankenhaus von Valenciennes; von dort wurden auch die ersten sechs Schwestern abgestellt, die die Pflege der Patienten übernahmen. Nach dem Tode Rolins im Jahre 1462 zog sich seine Frau ganz nach Beaune zurück, um sich der Leitung des Hospitals zu widmen, in dessen Kapelle sie auch begraben wurde.

Abgesehen von Umbauten im südlichen und östlichen Flügel der Anlage während des 17. und 18. Jh.s und der Errichtung der Salle St-Louis im Westen (heutiger Museumstrakt) blieb das Hospiz in außerordentlich gutem Zustand erhalten. Erst im 19. Jh. und in

> ! *Baedeker* TIPP
>
> **Benefiz-Weinfest**
>
> Hundert Tage nach der Weinblüte beginnt die Lese. Ihren Abschluss findet sie in den »Les Trois Glorieuses«, dem spektakulärsten burgundischen Fest am dritten November-Wochenende. Auftakt ist am Samstag in Vougeot, die Versteigerung der Hospiz-Weine erfolgt am Sonntag vor dem Rathaus in Beaune. Die Einnahmen kommen dem städtischen Krankenhaus von Beaune zu. Wer an dem damit verbundenen Festessen teilnehmen möchte, muss sich lange im Voraus beim Office de Tourisme anmelden.

jüngster Zeit wurden Restaurierungen vorgenommen. Bis 1971 diente es der Krankenpflege. Eines der Nebengebäude beherbergt heute noch ein Altenwohnheim sowie einen berühmten Weinkeller (Öffnungszeiten: Ende März bis Mitte Nov. tgl. 9.00 – 18.30, sonst 9.00 – 11.30, 14.00 – 17.30 Uhr).

Anlage

Das Hôtel-Dieu bildet eine Vierflügelanlage um einen lang gestreckten Hof. Seine schlichte Außenfassade aus grauem Kalkstein verrät nichts von der Pracht des Inneren. Zwei ungleich große Portale, eines für Fuhrwerke, das schmalere für Fußgänger, öffnen den Bau zur Place des Halles. Ein steiles, schiefergedecktes Dach, das durch einige Dachfenster und einen schlanken Turm belebt wird, überragt den Bau. Im Hof ziehen zunächst die beiden farbenprächtigen Flügel die Aufmerksamkeit auf sich. Während der große Saal für die mittellosen Kranken und die Kapelle im Eingangstrakt untergebracht sind, befinden sich hier kleinere Zimmer für vornehme Kranke sowie die Küche, die Apotheke und die Räume für die Schwestern. Blickfang ist das mit glasierten Ziegeln in geometrischen Mustern gedeckte Dach. Der Brunnen im Hof gewährleistete die Wasserversorgung des Hospitals. Der ganze Bau wurde genau über dem Flüsschen Bouzaise errichtet, dem auch die Abfälle mitgegeben wurden.

Die markant bunt glasierten Dächer des Hôtel-Dieu fanden im Burgund weite Verbreitung und gelten als typisch für die Region. Ursprünglich stammt die Idee jedoch aus Österreich-Ungarn.

HÔTEL-DIEU

★★ Der Stifter des Hospitals, Kanzler Nicolas Rolin, hatte sich zum Ziel gesetzt, dass sein Hôtel-Dieu zu den schönsten in Frankreich gehören soll. Durch seine und andere Schenkungen wurde das Hôtel immer prächtiger, sodass man gerne vom »Palast der Armen« sprach. Noch heute gehört der Gebäudekomplex, der sich in fast originalem Zustand befindet, zu den eindrucksvollsten Bauwerken der burgundisch-flämischen Gotik.

Öffnungszeiten:
Ende März bis Mitte Nov. tgl. 9.00–18.30, sonst 9.00–11.30, 14.00–17.30 Uhr

① Anlage
Das Ensemble aus den beiden Hauptflügeln (15. Jh.) sowie den zwei Seitenflügeln (17. und 18. Jh.) umschließt einen rechteckigen Innenhof.

② Wohn- und Schlafräume
Die Wohn- und Schlafräume der Ordensschwestern und die verschiedenen Versorgungseinrichtungen waren in diesem Flügel untergebracht. Er besitzt auch das farbenprächtige Dach mit seinen Lukarnen sowie mehrere der Fassade vorgesetze Galerien.

③ Krankensaal
Der große Krankensaal, auch »Saal der Armen« genannt, befindet sich im Eingangsflügel. Dieser Bauteil ist nach außen sehr schlicht gehalten, das Dach krönt nur ein schlanker Turm. Der Krankensaal sollte, laut mittelalterlicher Medizin, von der unreinen Außenluft abgeschottet sein. Deshalb waren nur wenige und kleine Öffnungen zugelassen. Die Innenluft wurde dann mit Kräuterdämpfen »gereinigt«.

④ Kapelle
Wie der Hauptsaal besaßen alle Krankensäle, auch die später hinzugekommenen in den Seitenflügeln, eine Kapelle, die es den Kranken ermöglichte, an der Heiligen Messe teilzunehmen.

Jeweils 15 Betten sind an den Längsseiten des großen Krankensaals aneinandergereiht. Getrennt werden sie durch Zwischenwände und Vorhänge.

Eine Darstellung von **Christus als Weltenrichter** dominiert die Innenseite des Altars. Christus sitzt auf einem Regenbogen, der die Verbindung von himmlischer und irdischer Sphäre bzw. von Gott und den Menschen symbolisiert. Unter ihm steht der hl. Michael mit der Waage, umgeben von vier Posaunenengeln. An den unteren Enden des Regenbogens sitzen Maria und Johannes der Täufer als Fürbitter, gefolgt von den Aposteln. Hinter den Jüngern links vier männliche, rechts vier weibliche Gestalten, die auch als Stifter bzw. zeitgenössische Personen gedeutet wurden. Auf zwei kleineren Tafeln neben Christus sind Engel mit den Marterwerkzeugen dargestellt. Mit Ausnahme von Michael, der auf der Erde steht, ist dieser ganze himmlische Bereich vor Goldgrund wiedergegeben. Ein schmaler blauer Streifen leitet über zur Erde, wo sich soeben die Auferstehung vollzieht. Auf der rechten Bildseite verschwinden die Verdammten in den Flammen der Hölle, links gehen die Seligen, empfangen von einem Engel, durch eine spätgotische Architektur ins Paradies ein.

Detail vom Flügelaltar: der Erzengel Michael mit der Seelenwaage

Dem gesamten Werk liegt eine strenge Komposition zugrunde. Obwohl von van der Weyden bei der **naturgetreuen Darstellung** der Anatomie, der Gesichter und auch aller Details die allergrößte Sorgfalt verwendet wurde, findet sich nichts Überflüssiges abgebildet. Auf die Wiedergabe von Landschaft oder die Schaffung von Räumlichkeit wird weitestgehend verzichtet. Bewegung findet sich fast nur im unteren Bildteil, die sitzenden Figuren wirken trotz lebhafter Gestik in sich ruhend, fast starr.

Hôtel de Saulx

Neben dem Hôtel-Dieu, an der Ecke Place Fleury/Rue de Very, befindet sich das Hôtel de Saulx, das sich der Kanzler Jean de Saulx zu Beginn des 15. Jh.s errichten ließ. Das Portal stammt aus dem 17. Jahrhundert. Aus der Renaissance blieb die Maison du Colombier mit einem sechseckigen Treppenturm und einem über Eck gestellten, runden Erker erhalten (Avenue de la République/Rue Cloutier).

★ Église Notre-Dame

Außenbau Das Äußere der ehemaligen Kollegiatskirche lässt eher auf einen gotischen Bau schließen, doch stammt der Großteil des Gebäudes aus der ersten Hälfte des 12. Jh.s und folgt dem romanischen Stil cluniazensischer Prägung. Ins 13. Jh. geht das Obergeschoss des Vierungsturmes zurück, und erst um die Wende vom 13. zum 14. Jh. wurde die Vorhalle errichtet. Auch die obere Chorpartie wurde gotisch erneuert, am Außenbau fügte man das Strebewerk hinzu. Seit dem ausgehenden 14. Jh. führten Stiftungen zum Anbau der Kapellen an den Seitenschiffen. Die letzte größere Veränderung, die an der Kirche vorgenommen wurde, war die Erneuerung des Vierungsturmes nach einem Brand zwischen 1582 und 1589. Die interessanteste Partie des Außenbaus ist der Ostteil. Von hier aus bietet sich auch ein schöner Blick auf den Vierungsturm. Sein Sockelgeschoss zeigt noch die für die cluniazensische Romanik typischen kannelierten Pilaster, darüber öffnen sich drei spitzbogige Arkaden, deren Gewände tief nach innen gestaffelt sind. Merkwürdigerweise nimmt diese Gestaltung des 13. Jh.s jedoch keinen Bezug auf die romanische Blendbogenarkatur darunter. Nachträglich hinzugefügt sind auch die Strebepfeiler, die nach der Erneuerung des Hochchores notwendig wurden. Die drei halbrunden Kapellen am Chorumgang zeigen noch den ursprünglichen Zustand. Im Stil der burgundischen Gotik wurde die an drei Seiten offene Vorhalle errichtet. Hier verlas Nicolas Rolin 1443 die Stiftungsurkunde für das Hôtel-Dieu. Während der Französischen Revolution ging der gesamte Skulpturenschmuck der Portale verloren. Erhalten blieben jedoch die Türen, schöne Schnitzarbeiten aus dem 15. Jh. (geöffnet: Juni bis Sept. 9.30 – 12.30, 14.00 – 19.00, So. 13.00 – 19.00; Mitte April bis Mai, Okt. bis Mitte Nov. tgl. bis 17.00, So. 13.00 – 17.00 Uhr).

Inneres Notre-Dame folgt im Grundriss und Wandaufriss dem Vorbild von ► Cluny III, hier wohl vermittelt über die Kathedrale von ► Autun. An das sechsjochige, dreischiffige Langhaus schließt sich das Querhaus an, über das die Seitenschiffe hinweggeführt werden. Sie flankieren das einzige Chorjoch und bilden einen Chorumgang mit drei Apsiden. Eine Spitztonne überwölbt das Langhaus, die Seitenschiffe tragen Kreuzgratgewölbe. Der Wandaufriss ist dreigeschossig und besteht aus den für cluniazensische Kirchen typischen Spitzbogenarkaden auf kreuzförmigen Pfeilern, dem Triforium mit Rundbogengliederung und kannelierten Pilastern und dem Obergaden. Nur die unterschiedliche Gestaltung der Kapitelle lässt die verschiedenen Entstehungszeiten der ersten beiden und der restlichen vier Langhausjoche erkennen. Die wenigen vollendeten romanischen Kapitelle weisen, wie der gesamte Bau, nach Autun, ohne allerdings dessen Qualität zu erreichen. Die erste Seitenkapelle am rechten Seitenschiff wurde 1529 – 1533 errichtet und beeindruckt durch ihre Kassettendecke in reinem Renaissancestil und die Gliederung der

Wand durch Figurennischen. Die zweite Kapelle auf der linken Seite ließ Kardinal Jean Rolin 1470 – 1474 von Pierre Spicre aus Dijon ausgestalten. Das am besten erhaltene Wandbild zeigt die Erweckung des Lazarus (links). Die Holzfigur der Maria mit Kind am ersten linken Vierungspfeiler stammt aus der Auvergne. In der Mitte des Chores ist eine gravierte Marmorplatte aufgestellt, die eine thronende Madonna mit Kind und eine betende Gestalt zeigt (um 1200).

✶ ◄ Tapisserien

Das bedeutendste Ausstattungstück bildet ein im Chor präsentierter Wandteppich (April bis Okt.). Er wurde 1474 in Auftrag gegeben, gegen 1500 vollendet und zeigt, beginnend mit der Begegnung an der Goldenen Pforte und endend mit der Marienkrönung, Szenen aus dem Leben der Gottesmutter und zwei Stifterbildnisse.

◄ Kreuzgang

Eine Tür im rechten Querhaus führt in den ehemaligen Kreuzgang, von dem jedoch nur noch ein Flügel erhalten ist. Er stammt, wie auch der angrenzende Kapitelsaal, aus dem 13. Jh. (restauriert).

! *Baedeker* TIPP

Vom Korn zum Senf

In einer seit 1840 bestehenden Senf-Manufaktur mit angeschlossenem Museum kann man selbst die Zubereitung von Senf ausprobieren und dazu noch einiges über das Gewürz erfahren (Moutarderie Fallot, 31, Rue du Faubourg Bretonnière, Ostern bis Nov., Führungen um 10.00 und 11.30, im Sommer auch 15.30 und 17.00 Uhr; Tel. 03 80 26 21 30).

Weitere Sehenswürdigkeiten in Beaune

✶ **Musée du Vin de Bourgogne**

Nicht weit von Notre-Dame befindet sich in der Rue d'Enfer das Weinmuseum. Es ist in der ehemaligen Residenz der Herzöge von Burgund (Hôtel des Ducs de Bourgogne) aus dem 15./16. Jh. untergebracht. Die Sammlungen zeigen zahlreiche Aspekte des Weinbaus, darunter seine Geschichte vom Altertum bis ins 21. Jh., die natürlichen Voraussetzungen, die Arbeit im Weinberg, die Weinbereitung und den Vertrieb bis hin zum Brauchtum (die Eintrittskarte gilt auch für die Museen im Hôtel de Ville; Öffnungszeiten: April bis Nov. tgl. 9.30 – 18.00, sonst tgl. außer Di. 9.30 –17.00 Uhr).

Altstadt

An der Place Monge steht der Beffroi, ursprünglich Turm einer Klosterkirche aus dem 14. Jahrhundert. Aus dem 16. Jh. stammt das Hôtel de la Mare oder de la Rochepot mit einer schönen gotischen Fassade, die beiden Innenhöfe zeigen bereits Renaissanceeinflüsse. Sehenswert ist auch ein schönes Ensemble von Häusern des 16. Jh.s in der Rue de la Lorraine Nr. 18–24. In der rechts abzweigenden Rue Rousseau-Deslandes findet man noch zwei mittelalterliche Häuserfassaden (Haus Nr. 10 romanisch, Nr. 12 gotisch).

Musée des Beaux Arts

Die Eintrittskarte für das Weinmuseum gilt auch für das Kunstmuseum, das sich in direkter Nachbarschaft der Stadtmauer unweit des Hôtel-Dieu befindet. Es zeigt archäologische Funde und Gemälde vom 16. bis ins 20. Jh. (Porte Marie de Bourgogne, 6, Boulevard Perpreuil, geöffnet: tgl. 14.00–18.00 Uhr, im Winter Di. geschl).

✶ Remparts

Der Verlauf der spätmittelalterlichen Stadtmauer lässt sich noch deutlich erkennen. Sie wurde seit dem Anschluss Beaunes an Frankreich unter Ludwig XI. erneuert und verstärkt. Bei der Bastion St-Jean an der Avenue du Huit-Septembre handelt es sich um die Reste der von Ludwig erbauten Befestigung, des sogenannten Château.

✶ Brancion

P 12

Département: Saône-et-Loire **Einwohnerzahl:** 140
Höhe: 375 m ü. d. M.

Klein, aber ganz fein ist Brancion. Hier scheint die Zeit stehen geblieben zu sein: Eine trutzige Burg, eine Markthalle aus dem 15. Jh., eine romanische Kirche und eine Handvoll alter Steinhäuser – so thront das Dorf noch heute auf seinem Felsrücken.

Die erste Befestigung stammt laut Quellen aus dem 10. Jh., der Legende nach war die Gegend schon zu Zeiten der germanischen Burgunder besiedelt.

Sehenswertes in Brancion

Burgruine

Eine mit Toren und Türmen verstärkte Mauer umschloss Dorf und Burg, die, auf der Ostseite des Felsrückens stehend, mit einer weiteren Mauer geschützt wurde und heute zu den bedeutendsten Burgruinen in Burgund gehört. Die erste Anlage geht vermutlich auf das 10. Jh. zurück. Im 14. Jh. entstanden Erweiterungen, als die Burg Residenz der burgundischen Herzöge war. 1594 wurde die Schlossfeste während der Liga-Kriege zerstört und nicht mehr aufgebaut.
Die ursprüngliche Burg besaß zwei quadratische Türme, der westliche Donjon ist die (restaurierte) Tour de Beaufort. Ihr Zugang befand sich aus Sicherheitsgründen im dritten Geschoss ihrer Ostseite. Von ihrer Terrasse genießt man einen schönen Blick auf das Dorf, über das Tal der Grosne bis zu den Bergen des Charolais und Morvan. Zwischen den Türmen lag der Wohntrakt (Öffnungszeiten: April bis Okt. tgl. 10.00–12.30 und 14.00–18.30 Uhr).

BRANCION ERLEBEN

AUSKUNFT

Office de Tourisme
2, Place Carnot
71700 Tournus
Tel. 03 85 27 00 20
Fax 03 85 27 00 21
www.tournus.fr

ESSEN / ÜBERNACHTEN

► Preiswert

Auberge du Vieux Brancion
Tel. 03 85 51 03 83
Fax 03 85 51 03 83
Kleines charmantes Hotel im Gebäude aus dem 15. Jh., Restaurant mit guter Küche

★ St-Pierre

Etwas westlich vor dem Dorf steht die frühromanische Peterskirche, die aus dem 12. Jh. stammt. Sie beeindruckt durch Schlichtheit, klare Formen und die harmonische Zusammenfügung der verschiedenen Bauteile. Im linken Seitenschiff und in den Chorapsiden sind ziemlich schlecht erhaltene Wandmalereien zu sehen, die im Auftrag des Burgunderherzogs Eudes IV. im 14. Jh. entstanden sind. Ebenfalls im linken Seitenschiff fand das Grabdenkmal Josserands de Brancion Aufstellung: Der bekannteste Herr von Brancion fiel 1250 beim sechsten Kreuzzug in Mansura.

★ Brionnais

L/M 13 – 15

Département: Saône-et-Loire

Am Südrand Burgunds erstreckt sich zwischen Paray-le-Monial und Charlieu die liebliche, sanft hügelige Landschaft des Brionnais. Die ehemalige Landvogtei erlebte im 11. und 12. Jh. einen regelrechten Bauboom, sodass hier ein dichtes Netz romanischer Kirchen entstand, das seinesgleichen sucht.

Für Freunde romanischer Kirchen

Die kulturelle Blütezeit im Brionnais ist außer auf seinen wirtschaftlichen Wohlstand auch seine Lage zwischen den bedeutenden Cluniazenserklöstern ► Paray-le-Monial und ► Charlieu zurückzuführen. Hinzu kommt ein gelblicher, feinkörniger und leicht zu bearbeitender Kalkstein, der den zusätzlichen Reiz der Kirchen ausmacht. Auf einer gemächlichen Rundfahrt – die Kirchen sind alle ausgeschildert – lassen sie sich bestens erkunden. Reisende, die zur Abwechslung mal zu Fuß oder mit dem Fahrrad von einer Kirche zur nächsten kommen, sehen zwar nicht so viele an einem Tag, doch erschließt sich ihnen dadurch ein anderes Erleben sowohl der Landschaft als auch der Kirchen. Ein Abstecher führt nach Charolles, die ehemalige Hauptstadt der nach ihr benannten Grafschaft.

BRIONNAIS ERLEBEN

AUSKUNFT

Office de Tourisme de Marcininy
Place des Halles
Tel. 03 85 25 39 06
Fax 03 85 25 14 34
E-Mail:
ot.marcigny-semur@wanadoo.fr

Office de Tourisme de Charolles
24, Rue Baudinot
Tel. 03 85 24 05 95
Fax 03 85 24 28 12
www.charolles.fr

ESSEN / ÜBERNACHTEN

► Erschwinglich

Hôtel de la Poste
Place de l'Église
Charolles
Tel. 03 85 24 11 32
Fax 03 85 24 05 74
Gediegenes, traditionelles Haus mit noch besserem Restaurant und Garten

La Reconce
Poisson
Tel. 03 85 81 10 72
Fax 03 85 81 64 34
Rustikales Landhotel mit Restaurant

► Preiswert

Hôtel-Restaurant de la Gare
38, Route de la Gare
La Clayette
Tel. 03 85 28 01 65
Fax 03 85 28 03 13
Am Stadtrand gelegenes Haus mit Garten und Pool. Restaurant mit lokalen Spezialitäten.

Hôtel-Restaurant Pont
St-Julien-de-Jonzy
Le Bourg
Tel. 03 85 84 01 95
Fax 03 85 84 14 61
Guter Standort für Brionnais-Rundfahrt. Restaurant mit eigener Schlachterei.

Sehenswertes im Brionnais

✶ St-Pierre-et-St-Paul in Montceaux-l'Etoile

Ein wahres Kleinod romanischer Kunst ist das Tympanon der kleinen Pfarrkirche St-Pierre-et-St-Paul in Montceaux-l'Etoile aus der ersten Hälfte des 12. Jahrhunderts. Das einfache Stufenportal mit einem Säulenpaar besticht sowohl durch seinen warmen, gelbrötlichen Kalkstein als auch durch seine lebendige und unmittelbar ansprechende Darstellung der Himmelfahrt Christi.

✶ Èglise de l'ancien prieuré in Anzy-le-Duc

Ein Schlüsselwerk der burgundischen Romanik bildet die Kirche von Anzy. Große Ähnlichkeit verbindet sie mit ► Charlieu, da beide Kirchen wohl gleichzeitig und unter maßgeblichem Einfluss des Cluny-Abtes Odilo entstanden sind. Anzy diente wahrscheinlich als Vorbild für das Langhaus von ► Vézelay und **besitzt den ältesten Zyklus figürlicher Kapitelle in Burgund**. Der Kirchenbau wurde während der ersten Hälfte des 11. Jh.s von Ost nach West ausgeführt. Einer ersten Bauphase gehören der Chor und das Querhaus an, das Langhaus folgte nach einer Unterbrechung während der zweiten

Hälfte des 11. Jahrhunderts. Mit dem Bau der Westfassade wurden die Arbeiten am Anfang des 12. Jh.s abgeschlossen. Leichter als im Innenraum sind die beiden Bauphasen am Außenbau abzulesen. Während Chor und Querhaus aus kleinteiligem Bruchstein errichtet sind, fanden am Langhaus größere Steine Verwendung. Fensteröffnungen und Strebepfeiler sind hier in sorgfältig behauenen Quadersteinen ausgeführt. Der Vierungsturm von Anzy-le-Duc gilt als einer der schönsten im Brionnais, und sein Modell gelangte über den Jakobspilgerweg bis nach Südwestfrankreich und Spanien.

Romanik in Reinform: die ehemalige Prioratskirche in Anzy-le-Duc

Das Westportal zeigt die in der Gegend verbreitete Darstellung der **Himmelfahrt Christi**, überlagert vom Gedanken seiner Wiederkehr als Weltenrichter. Christus thront im Tympanon in der von Engeln gehaltenen Mandorla. Im Türsturz sind die Zwölf Apostel und Maria zu sehen. Wohl etwas später entstanden ist die Archivolte mit den Vierundzwanzig Ältesten. Auch Tympanon und Sturz sind höchstwahrscheinlich von zwei verschiedenen Werkstätten geschaffen worden.

Der Innenraum besitzt ein hohes Mittelschiff und niedrige Seitenschiffe. Im Osten schließt sich ein weit ausladendes Querhaus mit der von einer Trompenkuppel überfangenen Vierung an. Den Abschluss bildet ein dreifach gestaffelter Chor mit fünf Apsiden, wobei die Hauptapsis um eine kleine Apsidiole verlängert ist. Die gleiche Chorlösung findet sich auch in Charlieu und ist vermutlich von der zweiten Abteikirche von Cluny übernommen. Die Ostpartie ist um einige Stufen erhöht. Die **Fresken** könnten durchaus noch auf das 12. Jh. zurückgehen, jedoch sind sichere Aussagen wegen der übergründlichen Restaurierung im vorigen Jahrhundert nicht möglich. Darunter befindet sich die Krypta aus dem 10. Jh., ein ganz schlichter, aber mehrschiffiger Raum.

Die **Kapitelle** von Anzy zeigen deutlich, wie der Blattschmuck nach und nach zugunsten figürlicher Darstellungen verschwindet. Auch

Anzy-le-Duc Orientierung

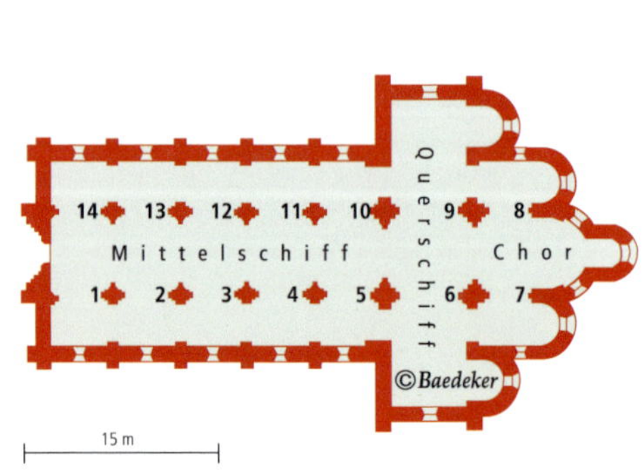

Kapitelle

1 Menschen- und Tiermasken
2 Löwenbändiger; Musikant; Luxuria; Akrobaten
3 Löwenpaare mit menschlichen Masken
4 Löwenpaare; Menschenköpfe
5 Paradiesflüsse
6 Zwei Löwenpaare
7,8 Ostvorlage: Atlant, begleitet von hockenden Gestalten; zwei Affen
9 Zwei Adler; zwei Dämonenköpfe; Löwenpaare
10 Streitende Männer; sich umarmende Männer; ein stehender Mann; zwei Masken
11 Löwenpaare
12 Hl. Michael kämpft mit einem Löwen
13 Akrobat und zwei Schlangen; Samson kämpft mit einem Löwen
14 Daniel in der Löwengrube; Blattwerk mit Vögeln

wenn die Gestalten teilweise noch wenig elegant platziert sind und die Bildhauer mit der menschlichen Anatomie einige Schwierigkeiten hatten, so ist doch ein erster Schritt auf dem Weg zur Entstehung des burgundischen Figurenkapitells getan. Ohne die manchmal noch tastenden Versuche von Anzy wären die Kapitelle von ►Cluny, ►Vézelay oder ►Autun schwerlich denkbar.
An der Südseite der Kirche blieb das Figurenportal erhalten, ein weiteres befindet sich im Musée du Hiéron in ►Paray-le-Monial.

Abstecher nach Varenne-l'Arconce

Die fast in ihrem Originalzustand erhaltene ehemalige Cluniazenser-Prioratskirche (12 km östlich von Anzy) ist aus hartem, grauem Sandstein errichtet und beeindruckt durch Schlichtheit und klare Formen. Entstanden ist sie vermutlich nicht lange nach der Unterstellung des ehemals zu Cluny gehörenden Priorats an das Nonnenkloster von Marcigny im Jahre 1094. Im Tympanon des Südportals ist das Lamm Gottes mit Kreuzfahne dargestellt.

Marcigny

Marcigny (2600 Einw.) ist ein freundliches Städtchen in der Nähe der Loire. Die Kirche St-Nicolas geht auf ein 1054 gegründetes Cluniazenserpriorat zurück. Der bestehende Bau dürfte um 1125 – 1135 entstanden sein, wurde jedoch fast gänzlich erneuert. Den interessantesten Teil bildet die Westfassade. Auf beiden Seiten der Kirche stehen einige schöne Fachwerkhäuser. In einem ehemaligen Mühlen- und Festungsturm des 15. Jh.s ist ein kleines Museum mit Fayencen und Skulpturen sowie Grabungsfunden zur Stadtgeschichte untergebracht (Musée de la Tour du Moulin; 7, Rue de la Tour du Moulin; Öffnungszeiten: Juli und Aug. tgl. 10.00 – 12.30 und 14.00 – 18.00, 15. April bis Juni und Sept. bis Okt. tgl. außer Di. 14.00 – 18.00 Uhr).

★ **St-Hilaire in Semur-en-Brionnais**

Ein besonders ansehnlicher Ort mit Kirche, Burgruine und hübschen Gassen ist Semur, früher Sitz des Landvogts des Brionnais. 1024 wurde hier Hugo von Semur geboren, der spätere Abt von Cluny. Mit dem Bau der Kirche dürfte im frühen 12. Jh. begonnen worden sein, ungefähr gleichzeitig mit ►Cluny III. Um die Jahrhundertmitte war der Bau bis auf das obere Geschoss des achteckigen Vierungsturmes (13. Jh.) fertiggestellt. Der bestechenden, sorgfältig gestaffelten Chorpartie fehlt der originale Helm des Vierungsturms. Die Kirche besitzt **zwei überreich verzierte Seitenportale** (wovon das nördliche an die Vorhallenskulptur von ► Charlieu erinnert) und ein mit Figuren geschmücktes Hauptportal im Westen (um 1135). Hier bleibt – trotz der rührenden Darstellung – die künstlerische Qualität jedoch hinter vergleichbaren Arbeiten zurück.

Der Innenraum zeigt deutlich den Einfluss Clunys. Kreuzförmige Pfeiler und spitzbogige Arkaden unterteilen das vierjochige Langhaus in drei Schiffe. Zum Mittelschiff hin sind den Pfeilern kannelierte Pilaster vorgelegt. Es folgt das Triforium, das sich an der Westwand zu einer Art halbrunder Tribüne öffnet. Diese selten auftauchende Bauform ist auch für die dritte Abteikirche von Cluny bezeugt. Das ursprüngliche Mittelschiffgewölbe wurde im 19. Jh. durch die heutige Tonne ersetzt.

! *Baedeker* TIPP

Mit allen Sinnen ...

... lassen sich die Jardins romans in Varenne-l'Arconce genießen. In verschiedenen Themengärten werden Heil-, Gewürz- und Wasserpflanzen vorgestellt und über ihre Nutzung in verschiedenen Zeiten informiert (Öffnungszeiten: Mai bis Okt. tgl. außer Mo. 14.00 – 18.00 Uhr).

◄ Château St-Hugues

Von der Burg des Landvogts blieben nur geringfügige Reste erhalten. Die Ruine des 22 m hohen Donjon geht wahrscheinlich auf das späte 10. Jh. zurück und ist somit die älteste Burg Burgunds. Der Wohnturm stammt aus der burgundischen Zeit des Brionnais im 14./15. Jh. (Öffnungszeiten: März bis 15. Nov. tgl. außer So. vormittags 10.00 – 12.00, 14.00 – 18.00, 16. Mai bis 1. Sept. bis 19.00 Uhr, ab Sept. am Wochenende und feiertags geschlossen).

St-Julien-de-Jonzy

Obwohl sehr stark umgebaut, lohnt die Kirche von St-Julien aufgrund ihres Portals aus dem zweiten Drittel des 12. Jh.s einen kleinen Umweg. Im Tympanon ist Christus in der Mandorla dargestellt, die von zwei Engeln gehalten wird, deren Flügel über den Rand des Tympanons hinausgreifen. Der Türsturz zeigt das um die Fußwaschung ergänzte Abendmahl. Thematisch und stilistisch steht das Portal von St-Julien in enger Verbindung mit ►Charlieu (Nordseite). An Charlieu erinnern nicht nur der Faltenstil und einige Details (die Mauer, die den Hintergrund des Sturzes bildet, die Gestaltung des Tischtuches etc.), sondern auch die reiche Ornamentik. Die Plastizität ist hier sehr weit gesteigert, die bewegten Gewänder umflattern die Figuren in allen Richtungen.

La Clayette Über St-Christophe-en-Brionnais, wo jeden Mittwoch auf dem Markt Charolais-Rinder verkauft werden, erreicht man La Clayette (sprich: La Clette; 2800 Einw.). Das imposante, ganz von Wassergräben umgebene **Schloss** verdankt seine heutige Form einem Umbau von 1380. Im 19. Jh. wurde es nach langer Vernachlässigung gründlich restauriert. Das Innere ist nicht zu besichtigen.

Château Drée Ab 1620 wurde Schloss Drée errichtet, eine Dreiflügelanlage aus dem 18. Jh. um einen weitläufigen Park im französischen Stil (geöffnet: Juni bis Aug. tgl. 10.00 – 17.30, 12.00 bis 14.00 nur Park, April bis Okt. tgl. außer Mi. 14.00 – 17.00 Uhr).

Bois-Sainte-Marie Die Kirche in der Ortsmitte von Bois (280 Einw.) gehört zu den ältesten Kirchen im Brionnais, auch wenn sie schon früh und häufig beschädigt und im 19. Jh. mit originalem Material Stück für Stück fast ganz neu errichtet wurde. Der Bau entstand im 11. und 12. Jh. von Ost nach West. Von der originalen Substanz blieb im Chorbereich am meisten erhalten. Einzigartig für die Region ist der Chorumgang, den je vier hintereinander angeordnete Säulen umstehen. Hier finden sich auch die ältesten Kapitelle der Kirche, die vielleicht sogar von einem Vorgängerbau stammen.

Charolles Sehr viel lebhafter als in den Dörfern des Brionnais geht es in Charolles zu. 1237 erwarb der Herzog von Burgund die Festung der einst mächtigen Grafen des Charolais. Als der Ort im 16. Jh. seine strategische Bedeutung eingebüßt hatte, bauten die Bewohner nach und nach ihre Häuser direkt an die alte Schlossmauer. Das Schloss wurde schon vor der Revolution 1789 aufgegeben (heute Rathaus). Weit über die Grenzen Frankreichs hinaus berühmt ist Charolles als **Zentrum der Charolais-Zucht**. Die Tiere werden auf dem Wochenmarkt gehandelt, doch wichtiger noch für die Landwirte sind der Züchterwettbewerb in der Woche von Allerheiligen und das »Festival du Bóuf Charolais« am ersten Dezemberwochenende. Das Institut Charolais informiert über diese Rinderrasse – einschließlich einer Kostprobe (an der RN 79; geöffnet: tgl. 10.00 – 18.00, Weihnachten bis 2. Jan. und feiertags geschl.; www.institut-charolais.com). Die Landschaft ist von Weiden überzogen, die die weiß- bis cremefarbenen Charolais-Rinder vom Frühjahr bis in den November hinein bevölkern. Die Kühe bringen 700 bis 900 kg auf die Waage, Bullen zwischen 1100 und 1300 kg. Die Rasse stammt aus Frankreich und ist alt; erste Zuchtmaßnahmen fanden bereits 1773 statt. Die Tiere sind gutmütig, anspruchslos und sehr

! *Baedeker* TIPP

Wegen seiner süßen Erfindungen ...

... gilt Bernard Dufoux als einer der besten Chocolatiers des Landes. In der Rue Centrale in La Clayette erzählt er im Juli und August täglich um 15.00 Uhr von seiner Kunst und man kann seine Köstlichkeiten mit einem Kaffee probieren (Tel. 03 85 28 08 10, www.chocolatsdufoux.com).

anpassungsfähig. So halten sie extreme Kälte genauso gut aus wie andauernde Hitze. Einzige Voraussetzung für ihre Zucht sind ausgedehnte Weideflächen, ideal für Regionen, die wegen Landflucht über wenig Arbeitskräfte verfügen. Inzwischen werden die Charolais-Rinder in über 70 Ländern der Erde und ausschließlich wegen ihres Fleisches gehalten.

Über die Entwicklung der im 19. Jh. begonnenen Herstellung von Fayencen und über das für Charolles typische Dekor informiert das **Musée du Prieuré** in einem Klosterableger von Cluny (geöffnet: Juni bis Sept. tgl. außer Di. 14.00 – 18.00 Uhr).

Von der 593 m hohen **Butte de Suin** (18 km östlich von Charolles) genießt man einen prachtvollen Ausblick über das Land und 52 Kirchtürme!

Brionnais *Orientierung*

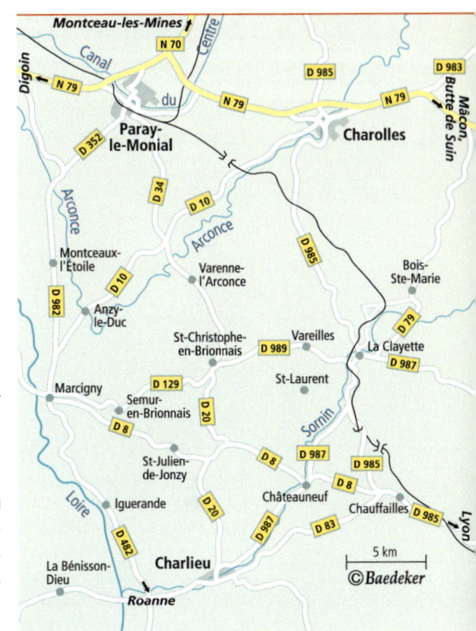

Bussy-Rabutin

06

Département: Côte d'Or
Höhe: 428 m ü. d. M.
Einwohnerzahl: 270

Zu Gast bei einem sehr eigenwilligen Schlossherren ist man auf Bussy-Rabutin. Der Militär, Schriftsteller und Libertin wurde aus Paris auf seine Provinzbesitzung verbannt, wo er sich ausgiebig der Gestaltung seines Schlosses widmete.

✶ Château de Bussy-Rabutin

Geschichte

Die erste Erwähnung des Herrensitzes stammt aus dem 14. Jh., damals gelangte die Anlage an die Familie de Rochefort. In ihrem Auftrag wurde das Schloss 1520 umgebaut: Der Südtrakt der ehemaligen Vierflügelanlage wurde abgerissen und die Seitenflügel wurden erneuert. Damals erhielten sie die bis heute bestehenden Arkadengänge. 1602 ließ der neue Schlossbesitzer, François de Rabutin, das alte Wohngebäude abreißen und einen Neubau beginnen. Das Corps de logis wurde nach seinem Tod von seinem Enkel Roger de Rabutin, Graf von Bussy, bis 1649 fertiggestellt. Nach mehreren aufsehenerregenden Affären war er 1666 von Ludwig XIV. für viele Jahre auf seine Besitzungen in Burgund verbannt worden und beschäftigte sich während dieser Zeit intensiv mit dem Schlossbau, vor allem mit der Gestaltung der Innenräume. Der französische Park hinter dem Schloss geht vielleicht auf Entwürfe von Le Nôtre zurück.

Äußeres Die Gliederung der streng geometrischen Fassade des Mitteltrakts und der Bauschmuck entsprechen im Wesentlichen Vorstellungen der Renaissance, doch deutet sich in manchem bereits ein neuer Stil an, beispielsweise mit der geschwungenen Treppe, den mit Blattranken umwundenen Säulen, den Kartuschen und den Sprenggiebeln. Für eine ähnliche Gestaltung der zum Garten gerichteten Fassade war anscheinend kein Geld mehr da.

Inneres Im Innern des Schlosses gibt es schöne Balkendecken und Parkettböden sowie über 300 Bilder. Sie sind mit »Devisen«, Sinnsprüchen, versehen, bei denen es sich zum Teil um Zitate handelt, einige sind auch von Roger Bussy-Rabutin selbst verfasst. Im Obergeschoss sind im »Saal der Feldherren« 65 Porträts historischer Persönlichkeiten, zum Großteil Kopien, zu sehen. In seinem Privatzimmer sammelte Bussy-Rabutin Frauenbildnisse, darunter berühmte Persönlichkeiten

Nur noch die vier Rundtürme erinnern an den mittelalterlichen Vorgängerbau des Barockschlosses von Bussy-Rabutin.

BUSSY-RABUTIN ERLEBEN

AUSKUNFT

Château de Bussy-Rabutin
Tel. 03 80 96 00 03

FÜHRUNGEN

Das Schloss ist stündlich mit Führungen zu besichtigen, Öffnungszeiten: 15. Mai bis 15. Sept. tgl. außer Mo. 9.15 – 12.00 und 14.00 – 18.00, sonst nur bis 17.00 Uhr

ANFAHRT

Das kleine Dorf mit seinem berühmten Schloss liegt im Auxois, 6 km östlich von Alise-Ste-Reine etwas abseits der D 954.

seiner Zeit, u. a. ein Triptychon von Mignard mit Madame de Sévigné, seiner Kusine. Der am reichsten dekorierte Saal ist der Salon in der Tour Dorée, ein überkuppeltes Turmzimmer. Eine Galerie mit den Bildnissen französischer Könige seit Hugo Capet (im 19. Jh. komplettiert) und den Vorfahren Bussy-Rabutins führt in die Schlosskapelle. Hier werden **die bedeutendsten Gemälde** aufbewahrt, u. a. eine Andrea del Sarto zugeschriebene Madonna, ein hl. Jakobus der Murillo-Schule und ein italienisches Steinretabel mit der Erweckung des Lazarus aus dem 16. Jahrhundert.

★ Chablis

J 5

Département: Yonne
Höhe: 140 m ü. d. M.
Einwohnerzahl: 2700

Inmitten seiner Weinberge liegt Chablis am Ufer des Flüsschens Serein. Ein Bummel durch das hübsche Städtchen und ein Glas Chablis am Ort seiner Herkunft lohnen sich allemal.

Burgunds bekanntester Weinort

Für den trockenen, relativ leichten Weißwein mit seinem charakteristischen Geschmack wird ausschließlich die Chardonnay-Rebe angepflanzt, die in der Region Beaunois genannt wird. Aus Klimagründen werden, wie häufig in Niederburgund, vor allem die Steilhänge für den Weinbau genutzt und Talsohlen gemieden. Um die Wärme optimal zu nutzen, werden die Reben dicht am Boden gehalten. Ein besonderes Risiko bilden die Frühjahrsfröste, die im Schnitt jedes dritte Jahr die Hälfte des Ertrags vernichten. Diesen Einbußen versuchen die Winzer u. a. mit der Aufstellung von kleinen Ölöfen entgegenzuwirken. Neunzehn Gemeinden, von Maligny im Norden bis Poilly-sur-Serein im Süden, sind berechtigt, Wein mit der Herkunftsbezeichnung Chablis zu produzieren. **Das Weingebiet besteht aus vier Appellationen.** Die höchste Qualitätsstufe ist der Grand Cru,

Chablis: Wein so weit das Auge blickt. Orientierung bietet eine Karte.

der in sieben Lagen (frz. climat) auf dem rechten Steilufer des Serein und ausschließlich in Chablis auf insgesamt 100 ha angebaut wird: Blanchots, Les Clos, Valmur, Grenouilles, Vaudésir, Les Preuses und Bougros. Die Lagen können zwischen 100 m² und vielen Hektar groß sein und sind meist unter mehreren Winzern aufgeteilt. Nach den Grands Cru kommen die Premiers Cru mit 40 Lagen (743 ha), der Wein der Gemeinde Chablis ohne Angabe einer Lage (rund 2900 ha), und am Schluss steht der sogenannte Kleine Chablis, Petit Chablis (570 ha). Jedes Jahr findet am ersten Sonntag im August ein **Weinfest**, »Fête de la vigne«, statt, dem am vierten Sonntag im November ein großer Weinmarkt folgt.

Sehenswertes in Chablis

St-Martin Die ehemalige Prioratskirche wurde zwischen 1170 und dem zweiten Viertel des 13. Jh.s errichtet. Sie weist enge Bezüge zur Kathedrale von ► Sens auf. Sehenswert ist das Südportal, dessen Türflügel mit zahlreichen Hufeisen beschlagen sind, Votivgaben an den hl. Martin,

CHABLIS ERLEBEN

AUSKUNFT

Office de Tourisme
1, Rue du Maréchal de Lattre de Tassigny, 89800 Chablis
Tel. 03 86 42 80 80
Fax 03 86 42 49 71
www.chablis.net

WEINPROBE

Domaine Long Depaquit
45, Rue Auxerroise
Tel. 03 86 42 11 13
Verkaufsausstellung mit Weinproben 9.00 – 12.30, 14.00 – 18.00 Uhr

ESSEN / ÜBERNACHTEN

► Fein und teuer

Hostellerie des Clos
18, Rue Jules Rathier
Tel. 03 86 42 10 63
Fax 03 86 42 17 11
www.hostellerie-des-clos.fr
Modernes Haus in einer älteren Anlage mit unterschiedlichen Zimmertypen und gestafelten Preisen. Der schöne Garten lädt zum Verweilen ein. Das Restaurant hat einen Michelin-Stern und wartet mit einer fantastischen Weinkarte auf.

Schutzpatron der Reiter und Reisenden. Das Innere überrascht trotz späterer Veränderungen durch seine Einheitlichkeit. Die sogenannte Obediencerie (15. Jh.) neben St. Martin gehörte ebenfalls zum Priorat (Öffnungszeiten: Juli / Aug. Mo. – Do. 11.00 – 13.00 und 15.00 – 18.00, Fr., Sa. 11.00 – 13.00 und 14.30 – 18.00, So. nur 14.00 bis 18.00 Uhr).

Chalon-sur-Saône

Q 11

Département: Saône-et-Loire **Einwohnerzahl:** 46 000
Höhe: 175 m ü. d. M.

Wer es im oft sehr ländlichen Burgund mal wieder etwas urbaner haben möchte, kann einen Halt in Chalon einlegen. Das Stadtmuseum und das dem hier geborenen Nicéphore Nièpce gewidmete Museum bieten zusätzliche Argumente für einen Bummel.

Geschichte

Chalon ist ein wichtiger Verkehrsknotenpunkt, eine alte Handelsstadt sowie ein Industriestandort und Mittelpunkt eines reichen, von Weinbau, Landwirtschaft und Viehzucht bestimmten Gebietes mit rund 100 000 Einwohnern. Nach einer Blütezeit im Mittelalter brachte Ende des 18. Jh.s die Eröffnung des Canal du Centre, der die Saône bei Digoin mit der Loire verbindet, der Stadt wirtschaftliche Vorteile. Chalon geht auf die gallische Siedlung Cabillonum zurück und war wichtigster Handelshafen der Häduer, deren Hauptstadt Bibracte 40 km westlich lag. Cäsar machte den Ort zum Nachschublager für

CHALON ERLEBEN

AUSKUNFT

Office de Tourisme
4, Place du Port Villiers
71100 Chalon-sur-Saône
Tel. 03 85 48 37 97
www.chalon-sur-saone.net

EVENTS

In der 3. Juliwoche findet jährlich das beliebte Straßenfestival Châlon dans la Rue statt. Es bietet Festumzüge, Kleinkunst und vieles mehr.

ESSEN

► Fein und teuer

② *Le Bistrot*
31, Rue de Strasbourg
Tel. 03 85 93 22 01
Stimmungsvolles, nostalgisches Bistro auf der Ile St-Laurent mit überdurchschnittlicher Kost von Patrick Mézière.

► Preiswert

① *Le Petit Comtoir d' à Côté*
32, Av. Jean-Jaurès
Tel. 03 85 90 80 52
Preisgünstiger Ableger des Hotel-Restaurants St-Georges von nebenan.

ÜBERNACHTEN

► Komfortabel

① *Le St-Georges*
32, Avenue Jean-Jaures
Tel. 03 85 90 80 50
Fax 03 85 90 80 55
Am Bahnhof gelegenes altes Haus mit renovierten Zimmern. Sehr gepflegtes Sterne-Restaurant, in dem man aber auch relativ günstig essen kann.

► Günstig

② *Saint-Jean*
24, Quai Gambetta
Tel. 03 85 48 45 65
Typisches altes Stadthotel, das direkt an der Saône liegt.

seine Truppen. Nachdem Chalon im 6. Jh. Hauptsitz des fränkischen Teilreiches Burgund war, führten Invasionen im 9. und 10. Jh zum Niedergang. 1477 fiel Chalon an Frankreich. Als Grenzstadt wurde es im 16. Jh. mit einer neuen Mauer umgeben, die erst durch die Annexion der Franche-Comté unter Ludwig XIV. überflüssig wurde.

Sehenswertes in Chalon

Place de l'Obélisque Mittelpunkt der Stadt ist die Place de l'Obélisque mit einem 1788 anlässlich der Eröffnung des Canal du Centre aufgestellten Obelisken (von Gauthey). Im Osten schließt die Place de Beaune mit einem Neptunbrunnen von 1744 an. In dem südlich von der Place de Beaune gelegenen Stadtviertel – es ist zum großen Teil Fußgängerzone – stehen malerische alte Häuser, u. a. in der zur Place St-Vincent führenden Grande Rue (Nr. 39, ein restauriertes Haus aus dem 14. Jh.).

St-Vincent An der Stelle mehrerer älterer Kirchen wurde im 12. Jh. mit dem Bau einer romanischen Kathedrale begonnen. Die Arbeiten zogen sich

Chalon-sur-Saône Orientierung

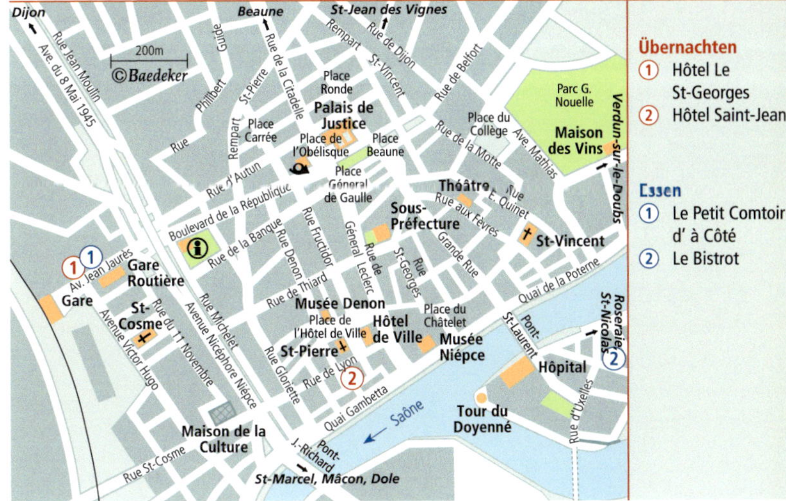

über das ganze Mittelalter hin und wurden erst im 16. Jh. eingestellt. Hinter der neugotischen Fassade des 19. Jahrhunderts verbirgt sich ein heterogener Bau mit romanischen und gotischen Teilen. Unter der Ausstattung sind die Steinschranken der Kapellen im rechten Seitenschiff, ein romanisches Reliquiar und ein Wandteppich (frühes 17. Jh.) vorzuheben. Vom rechten Querhaus aus gelangt man in den Kreuzgang (14. und 15. Jh.), von dem noch drei Flügel erhalten sind.

Altstadt

Sowohl an der Place St-Vincent als auch in der gleichnamigen, südwestwärts führenden Straße haben sich einige sehenswerte Fachwerkhäuser erhalten. Ein weiteres schönes Ensemble steht an der Ecke Rue St-Vincent/Rue du Pont. Außerdem empfiehlt sich ein Bummel durch die Grande Rue (►oben), die Rue du Châtelet (Nr. 5, Haus mit Wasserspeier; Nr. 37, Maison des Quatre-Saison, Haus der vier Jahreszeiten aus dem 17. Jh.) und die Rue St-Georges mit ihren ehemaligen Stadtpalästen. Wenig westlich davon befindet sich die **Place de l'Hôtel de Ville** mit dem Rathaus, das in einem ehemaligen Karmeliterkloster untergebracht ist. Neben dem Rathaus steht die Kirche St-Pierre vom Ende des 17. Jh.s, Nachfolgebau der Benediktinerkirche von Chalon, die unter Franz I. (1515 – 1547) dem Bau der Festung zum Opfer gefallen war. Sie ist eine der wenigen barocken Sakralbauten der Gegend.

◄ St-Pierre

Musée Denon

Das ebenfalls am Rathausplatz gelegene Museum in einem Teil des ehemaligen Ursulinenkonvents aus dem 18. Jh. ist nach Dominique Vivant Denon (1747 – 1825) benannt, einem der Begründer der

Ägyptologie. Die **umfangreiche archäologische Sammlung** umfasst Funde aus vorgeschichtlicher und gallo-römischer Zeit, mittelalterliche Kirchenfenster und Kreuze sowie Gemälde vom 17. bis 19. Jahrhundert. Ein Saal ist Nicéphore Niepce, ein anderer der Saône-Schifffahrt gewidmet (die Eintrittskarte gilt auch für das Musée Nicéphore Niepce, geöffnet: tgl. außer Di. 9.30 – 12.00, 14.00 – 17.30 Uhr).

★ **Musée Nicéphore Niepce**

Das Museum ist dem Leben und Werk des 1765 in Chalon geborenen Nicéphore Niepce (► Berühmte Persönlichkeiten) gewidmet. Ihm war es 1827 als Erstem gelungen, nach mehrstündiger Belichtungszeit auf einer mit Asphalt bestrichenen Zinnplatte ein haltbares Lichtbild zu erzeugen. Im ehemaligen Hôtel des Messageries (18. Jh.) wird die **Geschichte der Fotografie** dokumentiert mit einer großen Sammlung von Apparaten und Fotografien (28, Quai des Messageries; die Eintrittskarte gilt auch für das Musée Denon; Öffnungszeiten: tgl. außer Di. und feiertags, Juli und Aug. 10.00 – 18.00, sonst 9.30 bis 11.45, 14.00 – 17.45 Uhr).

! *Baedeker* TIPP

Burgund von oben

Sanft und ruhig schwebt man bei einer Ballonfahrt mit der Montgolfière über die Landschaft von Burgund. Angeboten wird dieses – nicht ganz billige – Vergnügen, z. B. jährlich zu Pfingsten bei der Montgolfiade in Chalons.

Givry

9 km westlich liegt der Weinort Givry (2700 Einw.). Die ungewöhnliche Kirche St-Pierre-et-St-Paul wurde 1770 – 1780 nach den Entwürfen von E. M. Gauthey erbaut, von dem u. a. auch die Pläne für den Canal du Centre stammen. Givry ist Start- bzw. Endpunkt der 44 km langen sogenannten Voie Verte (►Tipp S. 207).

★ La Charité-sur-Loire

E 8

Département: Nièvre
Höhe: 199 m ü. d. M.
Einwohnerzahl: 50 000

Um die auch als Ruine noch eindrucksvolle Abtei herum liegt die pittoreske Altstadt von La Charité. Der schönste Blick bietet sich vom Pont de Pierre, der Steinbrücke aus dem 16. Jh. aus.

Geschichte

Am Beginn der Stadtgeschichte steht ein um das Jahr 700 von König Roland von Roussillon auf dem Mont Seyr (= Sonne) gegründetes Kloster, das im Lauf des 8. Jh.s zweimal zerstört und daraufhin aufgegeben wurde. 1059 ließen der Graf von Nevers und der Bischof von Auxerre an der Stelle eines der ersten Cluniazenser-Priorate errichten. Die Gemeinschaft – deren Kloster an der Straße von Paris nach Lyon und am Pilgerweg nach Santiago de Compostela überaus günstig gelegen war – gewann rasch an Bedeutung. Angezogen von der Mildtätigkeit der Ordensleute, prägten Bedürftige schließlich auch den Namen der Ansiedlung, die sich um das Kloster entwickelt hatte: La charité bedeutet Barmherzigkeit. Während des Hundertjährigen Krieges wurde La Charité in die Auseinandersetzungen zwischen Armagnacs (die das Haus Orléans unterstützten) und Bourguignons (die mit den Engländern verbündet waren) hineingezogen. Perrinet-Gressard, der den Burgunderherzögen nahestand, wurde hier 1423 von den Truppen Jeanne d'Arcs belagert. Es gelang ihm jedoch, die Stadt zu halten; erst 1435 trat er sie an Karl VII. ab. Auch unter den Religionskriegen litt die Stadt erheblich: 1570 wurde sie zu einem der vier festen Schutzplätze der Protestanten erklärt, das Edikt von Nantes (1598) bestätigte La Charité in seiner militärischen Schutzfunktion für die Protestanten. Das Edikt von Alès 1629 hob dann die Schutzplätze auf, womit die Religionskriege faktisch beendet waren.

✶ Ste-Croix-Notre-Dame

Baugeschichte

Die Türme der ehemaligen Prioratskirche Ste-Croix-Notre-Dame bestimmen schon von weitem das Ortsbild. Während der zweiten Hälfte des 11. Jh.s wurde mit dem Bau der romanischen Klosterkirche begonnen, die inzwischen zum **Weltkulturerbe der UNESCO** zählt. 1107 wurde die Kirche geweiht, doch wurde sie wenig später bereits wieder vergrößert: Bis 1135 war eine fünfschiffige, zehnjochige Kirche mit einer Zweiturmfassade im Westen, einem dreistöckigen Querhaus mit je zwei gestaffelten Apsiden und einem Chor

Den schönsten Blick auf La Charité-sur-Loire hat man vom Pont de Pierre.

LA CHARITÉ ERLEBEN

AUSKUNFT

Office de Tourisme
5, Place Ste-Croix
58401 La Charité-sur-Loire
Tel. 03 86 70 15 06, Fax 03 86 70 21 55
www.lacharitesurloire-tourisme.com

BOOTSVERLEIH

Canoe Club de la Charité-sur-Loire
Quai d'Aval, Tel. 03 85 70 35 88
Kanu- und Kayak-Verleih

ESSEN / ÜBERNACHTEN

► **Erschwinglich**
Le Grand Monarque
33, Quai Clémenceau
Tel. 03 86 70 21 73, Fax 03 86 69 62 32
www.le-grand-monarque.com
Direkt an der Loire gelegenes Haus aus dem 17. Jh. mit hübschen Zimmern. Restaurant mit Blick auf den Fluss.

► **Preiswert**
Le Bon Laboureur
Quai Romain Mollot
Tel. 03 86 70 22 85, Fax 03 86 70 23 64
www.lebonlaboureur.com
Stattliches Haus mit Garten auf der Insel in der Loire gelegen. Das neue Restaurant bietet günstige Menüs an. Vor allem Fisch und traditionelle Gerichte.

mit Umgang und fünffachem Kapellenkranz entstanden. Vorbild waren dabei die Abteikirchen von ►Cluny (Cluny II, Cluny III).
Im Jahr 1204 stürzte nach einem Brand der Südturm ein. Wenig später wurden die ersten sieben Joche des nördlichen Seitenschiffs als Pfarrkirche Ste-Croix an die schnell wachsende Stadt abgetreten. Am Beginn des Hundertjährigen Krieges war die 122 m lange Kirche nach Cluny III der größte Sakralbau Frankreichs und konnte insgesamt 5000 Gläubige aufnehmen. Ein Brand vernichtete in der Mitte des 16. Jh.s fast das gesamte Langhaus und zog auch die Ostpartie in Mitleidenschaft. Der Wiederaufbau verzögerte sich durch die Religionskriege, erst 1695 wurden die vier östlichen Langhausjoche im Barockstil wieder errichtet, auf die sechs westlichen dagegen ganz verzichtet. In der Revolution wurde die Priorei aufgehoben, die ehemalige Prioratskirche Notre-Dame zur alleinigen Pfarrkirche von La Charité ernannt. **Ste-Croix wurde verkauft** und befindet sich noch heute in Privatbesitz.

Äußeres An der Place des Pêcheurs sind die Reste der Doppelturmfassade der ehemaligen Abteikirche zu sehen, u. a. die isoliert stehende 67 m hohe Tour Ste-Croix mit einer reichen Bogengliederung, ursprünglich der nördliche Turm der Westfassade. Von den einst fünf Portalen sind die beiden nördlichen erhalten geblieben, ihre Tympana gehören inhaltlich zusammen. Das linke Tympanon ist noch am Ursprungsort zu sehen: Im Giebelfeld sind Christus in der Mandorla und (wahrscheinlich) die Aufnahme Mariens in den Himmel dargestellt, darunter im Türsturz Verkündigung, Heimsuchung, Geburt

Christi und die Verkündigung an die Hirten. Tympanon und Sturz dürften um die Mitte des 12. Jh.s gearbeitet worden sein, sind stilistisch aber nicht einheitlich. Das ehemals rechte Tympanon befindet sich im Inneren der Kirche, auf ihm wird die Geschichte fortgeführt. Die Place Ste-Croix ist Teil des ehemaligen Kircheninnenraums. Von hier sieht man die wenigen erhaltenen Teile (nördliches Seitenschiff, Hochwand des 1., 2., 5. und 6. Jochs). Die Arkaden des in umgebauter Form erhaltenen nördlichen Seitenschiffs waren schon beim Bau der Kirche Ste-Croix vermauert worden.

Inneres

Bei Restaurierungen im 17./18. Jh. wurden die fünf Schiffe des Langhauses auf drei reduziert und (von ehemals 10) auf vier Joche verkürzt. Erhalten blieben von der ursprünglichen Kirche nur der Chor und das Querhaus, wo der Einfluss Clunys sichtbar wird. Eng gestellte Säulen, auf denen Spitzbogen ruhen, umringen das Chorhaupt. Über der Arkadenzone folgen Blendtriforium und Obergaden. Die Vierung ist von einer achteckigen Kuppel auf Trompen überspannt. In den Chorumgang münden vier romanische Kapellen und die im 14. Jh. in gotischen Formen neu errichtete Scheitelkapelle. Im Chorbereich fällt der **Reichtum an plastischem Schmuck** auf. Die Kapitelle stehen stilistisch mit denen in ►Charlieu und ►Avallon in Verbindung und sind typisch für die Spätphase der Romanik. In La Charité sind einige Motive auf arabischen Einfluss zurückzuführen, was durch die engen Verbindungen der Cluniazenser mit Spanien verständlich wird. Das Querhaus wirkt schlichter als der im 12. Jh. erneuerte Chor.

Ste-Croix-Notre-Dame *Orientierung*

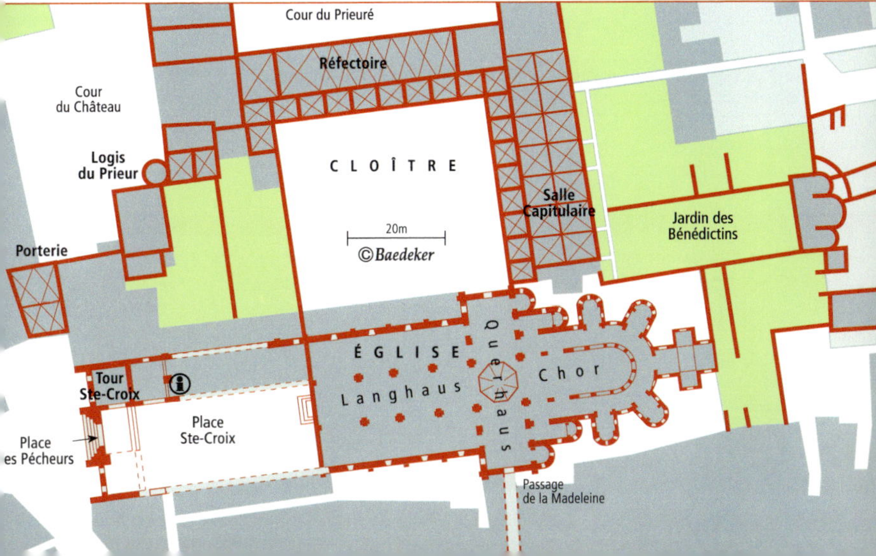

Im rechten Seitenschiff ist das zweite Tympanon der Tour Ste-Croix ausgestellt. Es zeigt weitere Szenen aus dem Leben Christi: im Sturz die Anbetung der hl. Drei Könige und die Darbringung im Tempel, darüber Christus in der Mandorla mit zum Segen erhobener Hand und Neuem Testament, begleitet von Propheten und Aposteln.

Klosteranlage Verlässt man die Kirche durch das rechte Querhaus, kann man außen um den Chor herumgehen. Man gelangt in den »Garten der Benediktiner«, von wo aus man einen schönen Blick auf die Choranlage hat. 2005 wurden hier Grabungen abgeschlossen, die u. a. St-Laurent galten, einer zweiten Kirche des Priorats, die dem für die Cluniazenser so wichtigen Totengebet diente. Die ab 1056 errichtete Kirche hatte nach dem Bau von Ste-Croix an Bedeutung verloren und war nach einem Brand 1559 aufgegeben worden. Von den einstigen Klostergebäuden sind nur wenige Reste erhalten, darunter der Kapitelsaal (14. Jh.) und der barocke Kreuzgang sowie auf der anderen Seite der Anlage – links von der Tour Ste-Croix, im Cour du Château – das Logis des Priors aus dem 16. Jh. mit einem siebeneckigen Treppenturm und einem Wirtschaftsgebäude aus dem 13. Jahrhundert.

Weitere Sehenswürdigkeiten in La Charité

Parc Adam Über die Rue du Clos erreicht man die Reste der alten, türmebewehrten Stadtmauer (Remparts, 12., größtenteils 14. Jh.) mit der Tour des Espagnols und der Tour de Cuffy. Von hier hat man einen sehr schönen Blick auf die Stadt.

Musée Municipal Gleich am Park liegt das Stadtmuseum mit mittelalterlichen Ausstellungsstücken wie Schmuck und Gebrauchsgegenständen und Bauresten, die teilweise von der ehemaligen Abtei stammen. Außerdem werden Möbel, Fayencen, moderne Kunst und eine volkskundliche Sammlung gezeigt (33, Rue des Chapelains; Öffnungszeiten: Juli und Aug. tgl. außer Di. 10.00 – 12.00, 15.00 – 18.00, April bis Juni und Sept., Okt. tgl. außer Mo. und Di. 15.00 – 18.00 Uhr).

★ Charlieu

M 15

Département: Loire **Einwohnerzahl:** 3700
Höhe: 265 m ü. d. M.

Wer schon einmal bis in den äußersten Süden Burgunds vorgedrungen ist, sollte unbedingt auch die Grenze zur heutigen Region Rhône-Alpes überschreiten und Charlieu besuchen. Zum Gesamtbild der romanischen Kirchen im ► Brionnais würde ohne Charlieus Benediktinerabtei ein wichtiger Mosaikstein fehlen.

✶ Abbaye St-Fortunat

Geschichte

Die 872 gegründete Abtei war im Mittelalter auch die Keimzelle des neuen Ortes, der jedoch schon in gallo-römischer Zeit existierte.
Der heutigen Klosterkirche ging eine karolingische Kirche voraus, die im 10. Jh., als die Benediktiner von Charlieu Cluny unterstellt wurden, erheblich umgebaut wurde. Ihr folgte ein 1094 geweihter Neubau, dessen Bauherr vermutlich Abt Odo von Cluny war. Im zweiten Drittel des 12. Jh.s fügte man die noch bestehende Vorhalle an. Unter Philippe-Auguste (1180 – 1223) wurde das Kloster befestigt. Auf diese Zeit geht der nach dem König benannte runde Turm östlich der Kirchenruine zurück. Bereits ein Jahr vor der Französischen Revolution wurde das Kloster, das noch zwei Mönche beherbergte, säkularisiert, die ehemalige Prioratskirche verkauft und bis auf die Vorhalle und das westlichste Joch abgerissen. Die Köpfe der Portalfiguren wurden auf Beschluss des Stadtrats abgeschlagen (Öffnungszeiten: Juli, Aug. tgl. 10.00 – 12.00 und 13.00 – 19.00, sonst tgl. außer Mo. 10.00 – 12.30 und 14.00 – 18.30, im Febr., März, Nov., Dez. nur bis 17.30 Uhr; Besichtigung mit und ohne Führung möglich, Führungen beginnen im Centre des Visiteurs).

Abbaye St-Fortunat Orientierung

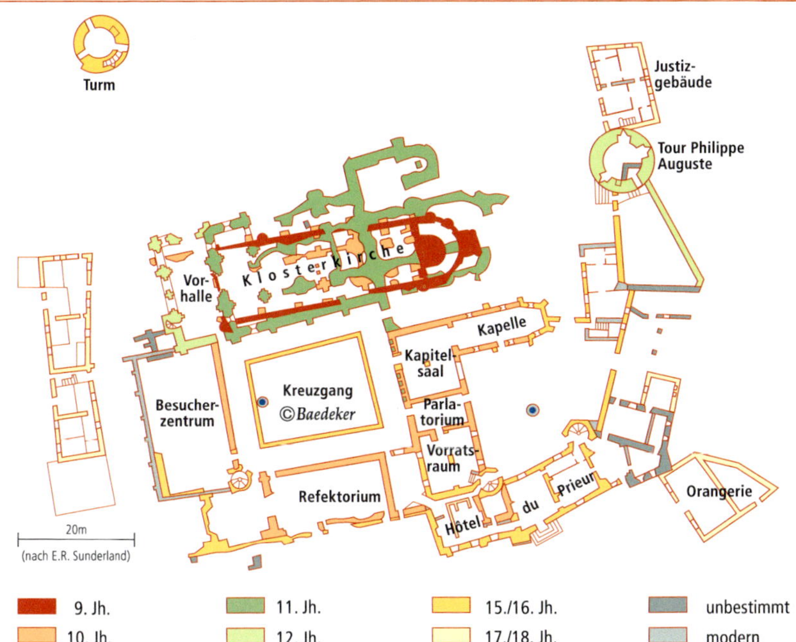

CHARLIEU ERLEBEN

AUSKUNFT

Office de Tourisme
Place St-Philibert
42190 Charlieu
Tel. 04 77 60 12 42
Fax 04 77 60 16 91
www.ville-charlieu.fr

ÜBERNACHTEN

► **Komfortabel**

Le Lion d'Or
2, Bouldevard Louis Valorge
Tel. 04 77 60 29 36
Bodenständiges Hotel in ehemaliger Poststation, mitten im Ort gelegen.

Église St-Fortunat

Die freigelegten Fundamente von St-Fortunat lassen den Grundriss der dritten Kirche leicht erkennen. Dieser Bau war dreischiffig und verfügte über ein weit ausladendes Querhaus sowie einen gestaffelten Chor. Der Grundriss weist große Ähnlichkeit mit dem der Klosterkirche von Anzy-le-Duc auf. Das Mittelschiff war jedoch mit einer Längstonne überwölbt (Anzy mit einem Kreuzgewölbe). Die Vorhalle ist ein zweigeschossiger, einjochiger Bau, der wie die Kirche dreischiffig ist. Der Eingang befindet sich auf der Nordseite und nicht wie üblich im Westen, da dort die Grenze des Klosterbesitzes erreicht war.

Im Obergeschoss der Vorhalle, die noch ein interessantes, dem fehlenden Langhaus zugewandtes Stufenportal besitzt, ist ein kleines Museum eingerichtet.

Skulpturenschmuck

Im Inneren der Vorhalle blieb das vom Ende des 11. Jh.s stammende Westportal erhalten, die Skulpturen der beiden Nordportale der Vorhalle entstanden rund 40 Jahre später. So lässt ein Vergleich sehr anschaulich erkennen, welche ungeheuere Entwicklung die Bauplastik innerhalb dieser kurzen Zeit genommen hat.

★ Westportal

Das Westportal, das aus dem Ende des 11. Jh.s stammt, gilt als ein Schlüsselwerk der frühen Romanik. Am westlichen Tympanon taucht zum ersten Mal in Burgund die Darstellung des von der Mandorla umgebenen Christus auf und das in monumentaler Form. Mit der Erweiterung des Themas um die Evangelistensymbole findet sie sich rund 20 Jahre später auch am Westportal von Cluny wieder. Im Gegensatz zu den bewegten Formen und der dramatischen Darstellung des Themas am Narthexportal herrschen hier noch klare und ruhige Formen vor. Der Türsturz stammt von anderer Hand. Seine Länge überschreitet die des Tympanons darüber; der obere Rand musste in der Mitte abgearbeitet werden, um den Blick auf Christus nicht zu behindern. Der Sturz zeigt die Zwölf Apostel, wobei jede der Figuren von einer Rundbogenarkade überfangen wird. Diese Art der Darstellung steht in der Tradition frühchristlicher Sarkophagreliefs.

★★ Nordportale

Der Skulpturenschmuck der beiden Nordportale gehört zu den bedeutendsten Zeugnissen der spätburgundischen Romanik. Er wird auf die Dreißiger- bis Fünfzigerjahre des 12. Jh.s datiert. Beim Aufbau der Portalzone und der Themenwahl für die Skulptur nahm man sich offensichtlich das um 1115 fertiggestellte Westportal der dritten Abteikirche von ► Cluny zum Vorbild. Kennzeichnend für Charlieu ist die **reiche Ornamentik**, die sich teilweise an antiken Vorbildern zu orientieren scheint. Außerdem fällt ein Ansatz zur Verräumlichung auf, wobei die grundsätzliche Flächengebundenheit romanischer Skulptur nicht aufgegeben wurde.

◄ Großes Portal

Das Tympanon des großen Portals zeigt Christus in der von zwei Engeln gehaltenen Mandorla, umgeben von den vier Evangelistensymbolen. Den Türsturz nehmen die Zwölf Apostel und die von zwei Engeln flankierte Maria ein.

◄ Kleineres Portal

Rechts neben dem Vorhallenportal zeigt ein schmales, mit skulptiertem Bogenfeld über dem Sturz ausgestattetes Fenster eine Darstellung der Hochzeit zu Kana und im Türsturz eine alttestamentliche Opferszene.

Klostergebäude

Außer der Vorhalle blieben der Kreuzgang und einige weitere Räume des Klosters vorwiegend aus dem 15. und 16. Jh. erhalten. Dort ist eine kleine Sammlung mittelalterlicher Skulpturen zusammengetragen. Durch eine gotisch erneuerte Kapelle gelangt man in den Hof des Hôtel du Prieur aus dem frühen 16. Jahrhundert.

Nordportal von St-Fortunat: Christus in der Mandorla, von Engeln getragen

Weitere Sehenswürdigkeiten in Charlieu

Tour Philippe-Auguste Der mächtige, gute 21 m hohe Rundturm wurde im letzten Viertel des 12. Jh.s im Auftrag und auf Kosten des Königs errichtet. Das Erdgeschoss blieb zur besseren Verteidigung fensterlos und ist nur von innen zu erreichen. Darüber folgen vier weitere Geschosse. Die Treppe ist in die 2,25 m dicke Wand eingebaut.

Historische Wohnhäuser An der Place St-Philibert sowie in den angrenzenden Sträßchen haben sich zahlreiche schöne mittelalterliche Häuser erhalten.

Couvent des Cordeliers Das ehemalige Franziskanerkloster am westlichen Stadtrand von Charlieu wurde im 13. Jh. gegen den Willen der Benediktiner gegründet, was zu langen Streitigkeiten zwischen Cluny und dem Bettelorden führte. Das neue Kloster war seit 1280 in Bau, wurde jedoch im Hundertjährigen Krieg von den Engländern vollkommen zerstört. Der Kreuzgang stammt aus der Wiederaufbauphase (14./15. Jh.). Die vier Galerien öffnen sich in zierlichen Spitzbogenarkaden mit Dreipässen in den Bögen zum Kreuzgarten. Sie sind mit unterschiedlichem vegetabilem Dekor verziert. Im Nordflügel zeigen Allegorien **Laster und Tugenden der Mönche**. Ein von Rundbögen flankiertes Portal (13. Jh.) bildete einst den Zugang zum Kapitelsaal, der den Kreuzgang mit der Bibliothek verband. An den Südflügel grenzt die einschiffige Kirche in der Tradition des Bettelordens mit einem fünfteiligen Chor und einem Dachstuhl aus Kastanienholz (Öffnungszeiten: Juli, Aug. tgl. 10.00 – 12.00 und 13.00 – 19.00, April bis Juni, Sept./Okt. nur bis 12.30 und bis 18.30 außer Mo., Febr./März, Nov., Dez. 10.00 – 12.30 und 14.00 – 17.30 Uhr außer Mo.).

★ Kreuzgang ►

Château-Chinon

K 9

Département: Nièvre **Einwohnerzahl:** 2700
Höhe: 534 m ü. d. M.

Die »Hauptstadt des Morvan« liegt strategisch günstig und landschaftlich ausgesprochen reizvoll auf einem isolierten Hügel. So folgten auf Kelten und Römer, die hier bereits siedelten, mittelalterliche Feudalherren, die Herzöge von Burgund und schließlich Touristen, die einen angenehmen Ausgangspunkt für ihre individuelle »Eroberung« des Morvan finden.

Sehenswertes in Château-Chinon

Place Notre-Dame Vom Schloss gibt es nur wenige Reste, u. a. steht an der Place Notre-Dame zwischen Pavillons und zwei Rundtürmen die Porte Notre-Dame, das 1565 wieder errichtete Portal des zerstörten Schlosses.

Ein Hauch Paris in der Provinz: Brunnen vor dem Rathaus von Niki de St-Phalle und Jean Tinguely

Musée du Costume

In dem kleinen Volkskunde-Museum wird neben Kunsthandwerk und regionaltypischen Ausstellungsstücken französische Kleidung vom 18. Jh. bis zu Beginn des 20. Jh.s gezeigt (4, Rue du Château; geöffnet: Febr. bis Dez. tgl. außer Di. 10.00 – 12.00, 14.00 – 18.00, Mai, Juni, und Sept. bis 13.00, Juli, Aug. tgl. bis 19.00 Uhr).

Musée du Septennat

Im ehemaligen Kloster Ste-Claire (18. Jh.) werden die Geschenke ausgestellt, die François Mitterrand während seiner vierzehnjährigen Amtszeit als Präsident der französischen Republik (1981 – 1995) erhalten hat. Mitterrand war viele Jahre Bürgermeister der Stadt und Abgeordneter des Départements Nièvre (6, Rue du Château; Öffnungszeiten: wie oben ►Musée du Costume).

✶ **Lac des Settons**

Der 580 m hoch gelegene und fast ganz von Wald umgebene Settons-Stausee (nordöstlich von Château-Chinon) ist ein **sehr beliebtes Ausflugsziel** mit einem großen Wassersportangebot und Möglichkeiten zu erholsamen Spaziergängen. Die Pläne für die Anlage reichen bis in die Zeit Ludwigs XIII. zurück, vollendet wurde sie allerdings erst 1861. Während der Stausee ursprünglich die Holzflößerei auf der Cure erleichtern sollte, ist inzwischen der Ausgleich des Wasserstands der Yonne seine Hauptaufgabe.

Barrage de Pannesière-Chaumard

Auch dieser Stausee mit seinem ganz unregelmäßig geformten Ufer ist sehr schön gelegen (8 km nördlich von Château-Chinon). Er dient der Elektrizitätsgewinnung und reguliert den Wasserstand von Yonne und Seine.

CHÂTEAU-CHINON ERLEBEN

AUSKUNFT

Office de Tourisme
6, Bd. de la République
58120 Château-Chinon
Tel. / Fax 03 86 85 06 58
www.chateauchinon.com

ESSEN / ÜBERNACHTEN

► **Erschwinglich**
Hôtel du Vieux Morvan
8, Place Gudin
Tel. 03 86 85 05 01
Fax 03 86 85 02 78
www.auvieuxmorvan.com
Freundliches Logis de France am Hauptplatz von Château-Chinon mit Terrasse zum Platz. Restaurant mit burgundischer Küche und Panoramablick. Verkauf regionaler Produkte, die im Haus selbst hergestellt werden.

► **Preiswert**
Le Lion d'Or
10, Rue des Fossés
Tel. 03 86 85 13 56
Fax 03 86 79 42 22
Ganz kleines Hotel im ältesten Haus der Ortschaft mit einfachem Restaurant

✶ Châteauneuf-en-Auxois

08

Département: Côte d'Or
Höhe: 475 m ü. d. M.
Einwohnerzahl: 80

Inmitten eines malerischen, noch ganz mittelalterlich anmutenden Ortes ragt die trutzige Burg von Châteauneuf auf, die einst die Straße von Dijon nach Autun sicherte.

✶ Châteauneuf (Schloss)

Den malerischen Ort mit engen Gassen und einer stattlichen Anzahl alter Wohnhäuser überragt ein trutziges, im Wesentlichen auf das Spätmittelalter zurückgehendes Schloss. Es entstand im 12. Jh. als »neues« Schloss der Herren des auf der anderen Flussseite gelegenen Chaudenay-le-Château (heute Ruine). Aus dieser Zeit stammt noch der eckige Donjon, der jedoch später verändert wurde. Im 13. Jh. wurde die mit Türmen bestückte Mauer errichtet, vor der sich als zusätzlicher Schutz der Burggraben befand. Nachdem die letzte Besitzerin von Châteauneuf des Mordes an ihrem Gemahl für schuldig befunden worden war, zog Philipp der Gute die Burg ein und vergab sie 1457 an Philippe Pot, einen Berater des Herzogs und Eigentümer von La Rochepot (► Côte d'Or). Er ließ u. a. einen prächtigen spätgotischen Corps de Logis (Wohnflügel) und die Kapelle Notre-Dame errichten. Im Inneren sind die Salle des Gardes mit einem großem Kamin und die Kapelle mit ihren spätgotischen

CHÂTEAUNEUF ERLEBEN

AUSKUNFT

Schloss Châteauneuf
Tel. 03 80 49 21 89

ESSEN / ÜBERNACHTEN

► **Erschwinglich**

Hostellerie du Château
Tel. 03 80 49 22 00, Fax 03 80 49 21 27
www.hostellerie-chateauneuf.com
»Hôtel de Charme«, d. h. mit besonderem Flair. Rustikale Zimmer, Terrasse und erschwingliches Restaurant.

L'Auberge du Marronier
Place du Marché, Tel. 03 80 49 21 91
Hier werden traditionelle burgundische Gerichte angeboten.

Wandmalereien (Christus und die Apostel) zu besichtigen (Öffnungszeiten: tgl. außer Mo. Mitte Mai bis Mitte Sept. tgl. 10.00 – 12.15 und 13.50 – 19.00, sonst 14.00 – 18.00 Uhr).

Umgebung von Châteauneuf-en-Auxois

Pouilly-en-Auxois

8 km nördlich von Châteauneuf liegt Pouilly (1500 Einwohner) am Fuß des gleichnamigen 559 m hohen Berges am Canal de Bourgogne. Der Kanal unterquert hier in einem 3,3 km langen Tunnel den Bergrücken, der die Wasserscheide zwischen Seine und Rhône bildet. Mehr über den Kanal erfährt man im Cap Canal, dem Centre d'Interprétation (Informationszentrum); in der Halle wird das elektrische Schleppboot ausgestellt, das Schiffe von 1893 an fast hundert Jahre lang durch den Tunnel half. Südlich des Ortes steht die Kirche Notre-Dame-Trouvée inmitten des Friedhofs auf halber Höhe des Hügels St-Pierre. Der zweischiffige Bau wurde im 13. Jh. errichtet, um eine **sehr alte Marienstatue** zu beherbergen. Die aus neun Personen bestehende Grablegungsgruppe in der Kirche stammt aus dem 16. Jh.; vor der Kirche ein Steinmonument aus dem 15. Jh., das aus einem Betstuhl, einem Altar und einem Kalvarienberg besteht.

Château Commarin

Das Wasserschloss von Commarin (7 km nördlich von Châteauneuf) steht inmitten eines Parks im englischen Stil mit altem Baumbestand. Es geht auf eine 1214 zum ersten Mal erwähnte Burg zurück, die zu Beginn des 15. Jh.s zu einer mächtigen Festung erweitert worden war. Von ihr blieben eine gotische Kapelle und zwei Rundtürme erhalten, die heute den Eingang zum Ehrenhof flankieren. Mit dem Bau des jüngeren Schlosses wurde 1620 begonnen. In einer ersten Bauphase wurde der Ostflügel errichtet, Hauptflügel (Corps de logis) und Westflügel entstanden zu Beginn des 18. Jh.s. Aus dieser Zeit stammt auch der Großteil der Ausstattung des Schlosses. Beachtenswert sind vier Tapisserien, die um 1500 anlässlich der Hochzeit des damaligen Besitzers angefertigt wurden (Privatbesitz; Öffnungszeiten: April bis Nov. tgl. 10.00 – 12.00, 14.00 – 18.00 Uhr).

La Bussière-sur-Ouche

8 km östlich liegt am Canal de Bourgogne die ehemalige Zisterzienserabtei La Bussière-sur-Ouche. Im Jahr 1131 gründeten die Herren von Sombernon die Zisterzienserabtei von La Bussière, die wenig später nach einem Brand an ihren heutigen Platz verlegt wurde. Heute dient die Anlage, zu der ein **herrlicher Park** gehört, als Luxushotel mit Sternerestaurant (www.abbaye-dela-bussiere.com). Die schlichte, den Vorstellungen der Zisterzienser entsprechende Kirche wurde 1172 geweiht. Von den Wirtschaftsgebäuden blieben ein Kelterbau (13. Jh.) und ein Taubenturm erhalten, die heute anders genutzte Mühle (ursprünglich 13. Jh.) wurde mit Wasserkraft betrieben.

★ Châtillon-sur-Seine

04

Département: Côte d'Or **Einwohnerzahl:** 6800
Höhe: 225 m ü. d. M.

Hauptanziehungspunkt ist der »Schatz von Vix«, der aus einem keltischen Frauengrab in der Nachbarschaft geborgen wurde. Doch bei schönem Wetter lohnt sich auch einen Blick auf die noch schmale Seine mit ein paar hübschen Brücken und der Besuch der Kirche St-Vorles mit einer großen Renaissance-Grablegung.

! *Baedeker* TIPP

Route des Ducs de Bourgogne

Unter dem Namen »Route des Ducs de Bourgogne« gewähren einige Sehenswürdigkeiten Ermäßigungen auf die Eintritte: Die erste Eintrittskarte voll bezahlen und aufheben, dann wird es das nächste Mal billiger; dazu gehören unter anderem die Abtei von Fontenay, das Museum in Châtillon-sur-Seine sowie die Schlösser von Tanlay, Ancy-le-Franc, Bussy-Rabutin, Commarin und Epoisses.

Châtillon liegt im Norden Burgunds, am Zusammenfluss der hier noch jungen Seine mit dem Flüsschen Douix, das nicht weit entfernt einem Felsen entspringt. Das Städtchen besitzt eine schöne Altstadt, malerische Brücken und bedeutende Kunstschätze. Einer der Hauptanziehungspunkte ist das archäologische Museum, in dem die spektakulären Funde eines keltischen Frauengrabes aufbewahrt werden, das erst in den 1950er-Jahren entdeckt wurde.

Sehenswertes in Châtillon-sur-Seine

★ **Musée du Pays Châtillonnais – Trésor de Vix**

Das größte Gefäß, das uns aus der Antike erhalten blieb, ist seit 2009 im Musée du Pays Châtillonnais ausgestellt, der ehem. Abtei Notre-Dame, deren Ursprünge ins frühe 12. Jh. zurückgehen (14, Rue de la Libération, Öffnungszeiten: tgl. außer feiertags 9.00 – 12.00, 14.00 bis 18.00, Juli und Aug. bis 19.00 Uhr). 1953 wurde auf dem Mont Lassois bei dem Dorf Vix, wenige Kilometer nördlich von Châtillon,

CHÂTILLON ERLEBEN

AUSKUNFT

Office de Tourisme
Place Marmont
21400 Châtillon-sur-Seine
Tel. 03 80 91 13 19, Fax 03 80 91 21 46
www.mairie-chatillon-sur-seine.fr

ÜBERNACHTEN

► **Komfortabel**
Hôtel-Restaurant de la Côte d'Or
2, Rue Charles Ronot
Tel. 03 80 91 13 29, Fax 03 80 91 29 15
Die ehemalige Poststation ist heute ein charmantes Hotel.

► **Günstig**
Sylvia Hôtel
9, Avenue de la Gare
Tel. 03 80 91 02 44, Fax 03 80 91 47 77
www.sylvia-hotel.fr
Altes Bürgerhaus in einem Park, die Zimmer sind traditionell eingerichtet. Warmherziger Empfang und zum Teil behindertengerecht.

ein keltisches Oppidum gefunden. Der 307 m hohe Hügel war seit dem Neolithikum besiedelt. Aufgrund der günstigen Lage in Wassernähe und am Kreuzungspunkt von Handelswegen hatte sich hier vermutlich ein Umschlagplatz vom Land- zum Wasserweg entwickelt. Die seit Anfang des 20. Jh.s unternommenen Ausgrabungen belegen nicht nur einen regen, **geografisch ausgedehnten Handel** (u. a. Bernstein aus dem Baltikum, Korallen vom Mittelmeer, attische Keramiken mit schwarzer Figurenmalerei auf rotem Grund), sondern auch einen **beträchtlichen Reichtum**. Zeitweilig könnte es sich um einen der bedeutendsten Märkte Galliens gehandelt haben. Die Blütezeit der Siedlung fiel in die Hallstattzeit (750 – 450 v. Chr.).

★★ ◄ Schatz von Vix

Prunkstück der Sammlung ist das Grab einer keltischen Fürstin aus dem 6. Jh. v. Chr., in dem man außer ihrem Skelett Beigaben griechischer und etruskischer Herkunft fand. Ein Bronzekrater mit einem Fassungsvermögen von etwa 1200 Litern ist **das größte antike Gefäß dieser Art**, das überhaupt erhalten ist. Wahrscheinlich handelt es sich um ein diplomatisches Geschenk. Gewöhnlich dienten diese Gefäße für die Mischung von Wein und Wasser, allerdings sprechen seine Ausmaße gegen eine solche Verwendung. Der Krater ist aus Bronze getrieben, seine Wand an der dicksten Stelle 1,5 mm stark. Am Hals befindet sich ein Fries mit Streitwagen und Fußsoldaten. Die Figuren sind in der Technik der verlorenen Form gegossen (weshalb sie nicht identisch sind) und nachträglich appliziert. Dies gilt auch für die separat gearbeiteten Griffe und den Fuß des Gefäßes. Dazu gehört ein Deckel (1,02 m Durchmesser), der mit einer 19 cm hohen Bronzestatuette verziert ist. Gearbeitet

wurde das Monumentalgefäß wahrscheinlich in Süditalien. Da die Figuren stilistisch am Ende der archaischen Epoche stehen, vermutet man, dass sie während der zweiten Hälfte des 6. Jh.s v. Chr. geschaffen wurden. Auch die anderen Grabbeigaben lassen auf den außerordentlichen Reichtum der Verstorbenen wie auch auf ihre Stellung in der keltischen Gesellschaft schließen. Ein goldenes, 490 g schweres Diadem (skythischer Herkunft?) wurde auf dem Schädel der Frau gefunden, ihr Körper lag auf dem Kasten eines Prunkwagens, dessen Räder abgebaut an der Wand der Grabkammer lehnten, wie es die Rekonstruktion des Grabes im Museum zeigt. Im Erdgeschoss werden weitere Funde aus der gallischen und gallo-römischen Epoche gezeigt, oben folgt die Geschichte der Region im Mittelalter – speziell der Klöstern der Region – und der Neuzeit.

! *Baedeker* TIPP

Quelle der Erfrischung

Ein Picknick in romantischer Umgebung lässt sich an der Source de la Douix machen. Der kurze Nebenfluss der Seine entspringt unter einem gewaltigen Felsüberhang unterhalb der Kirche St-Vorles (der Weg ist ausgeschildert).

★ **St-Vorles**

Interessanter als die dem Museum gegenüberstehende Kirche St-Nicolas (12. – 16. Jh.) ist St-Vorles oberhalb der Stadt. Ihre Geschichte lässt sich bis ins 4. Jh. zurückverfolgen. Damals befand sich ein kleines Oratorium an dieser Stelle, das in veränderter Form noch erhalten ist. Gegen Ende des 10. Jh.s ließ der Bischof von Langres einen Neubau aufführen, in den er die Reliquien des 591 verstorbenen hl. Vorelus, der in enger Beziehung zum burgundischen Königshaus stand, überführen ließ. Gleichzeitig wurde ein Kanonikerstift eingerichtet. Es unterhielt u. a. eine Schule, die rasch Bedeutung erlangte und zu deren Schülern auch der hl. Bernhard zählte. In dem erwähnten Marienoratorium (der heutigen Chapelle St-Bernard) soll er eine Erscheinung der Muttergottes gehabt haben. Die frühromanische Kirche ist in wesentlichen Teilen noch erhalten, wenn auch durch zahlreiche Um- und Anbauten entstellt. Die Vorhalle und der Westturm stammen aus dem 17. Jahrhundert. Auch im Osten wurden erhebliche Veränderungen vorgenommen; mehrere neuzeitliche Kapellen umgeben die Chorpartie und den östlichen Teil des Langhauses.

Außen geben vor allem die Südseite und der Chor einen Eindruck vom ursprünglichen Zustand des Gebäudes. **Der Grundriss von St-Vorles ist für die Region ungewöhnlich:** An die (später angebrachte) Vorhalle schließt sich ein Westbau an, der mit seiner sich zum Schiff hin öffnenden Kapelle an die westlichen Vorbauten der karolingischen Epoche erinnert. Das Langhaus ist vierjochig und in drei Schiffe unterteilt. Die Arme des Querhauses springen weit vor. Der Chor endet mit einer halbrunden Apsis; auch an die Querhausarme könnten sich ursprünglich Apsidiolen angeschlossen haben. Die Langhauswand steht auf massiven eckigen Pfeilern mit halbrunden

Vorlagen auf allen Seiten. Darüber folgt, lediglich von den senkrechten Vorlagen unterbrochen, eine Zone nackter Wand. Das schmale, hohe Mittelschiff wird ausschließlich über die Seitenschiffe belichtet, es besitzt keine eigenen Fenster. Vom linken Querhausarm geht es in die Krypta hinab, **Rest einer älteren Kirche** (Decken- und Wandverputz von 1845) mit einer Renaissance-Grablegungsgruppe. Sie ist Bernhard von Clairvaux geweiht, der sich hier häufiger aufgehalten haben soll.
Im linken Querhaus befindet sich eine Grablegungsgruppe eines einheimischen Künstlers von 1527, die aus der zerstörten Franziskanerkirche von Châtillon stammt (Öffnungszeiten: 16. Juni bis 15. Sept. tgl., April bis 15. Juni nur Mi., Sa., So., Fei. 10.30 – 12.00, 14.30 bis 17.30, 16. Sept. bis 11. Nov. Sa., So., Fei. 14.30 – 16.30 Uhr).

Schlossruine

Die Ruinen hinter St-Vorles (innerhalb des heutigen Friedhofs) stammen vom Schloss der Burgunderherzöge und von der Befestigung. Die Burg wurde nach den Religionskriegen geschleift.

Clamecy

H 7

Département: Nièvre **Einwohnerzahl:** 5800
Höhe: 160 m ü. d. M.

Die ehemalige Flößerstadt liegt auf einem Hügel am Zusammenfluss von Yonne und Beuvron. Mittelpunkt der schön restaurierten Altstadt ist die Martinskirche, eines der interessantesten Beispiele burgundischer Gotik.

Altes Zentrum der Holzflößerei

Die Lage von Clamecy am Übergang zwischen Morvan und Niederburgund oberhalb der Mündung des Beuvron in die Yonne machten die Stadt zum Zentrum der Holzflößerei. Zeitweilig sollen in Clamecy vier Fünftel der Bevölkerung direkt und indirekt von der Holzfößerei gelebt haben. Das Holz aus dem Morvan wurde lose bis Clamecy geflößt, wo die einzelnen Stämme zu großen Flößen verbunden und auf der Yonne und der Seine weiter nach Paris befördert wurden. Der letzte große Holztransport dieser Art verließ Clamecy erst 1923. Die Flößer bewohnten ein eigenes Viertel rechts der Yonne, den Faubourg de Bethléem.
Der Name erinnert daran, dass Clamecy über 500 Jahre lang den Bischöfen von Bethlehem als Exil diente. Ein Teilnehmer des Palästina-Kreuzzuges, Graf Guillaume IV. von Nevers, war 1168 tödlich erkrankt und wollte in Bethlehem beerdigt werden. Als Gegenleistung hatte er den Bischöfen von Bethlehem sein Hôpital de Panténor in Clamecy hinterlassen. Nach der Eroberung Jerusalems durch die muslimischen Heere 1187 floh der bethlehemische Bischof nach Clamecy. Erst mit der Französischen Revolution verloren die

CLAMECY · VALLÉE DE L'YONNE ERLEBEN

AUSKUNFT

Office de Tourisme
7 – 9, Rue du Grand Marché
58500 Clamecy
Tel. 03 86 27 02 51
Fax 03 86 27 20 65
www.vaux-yvonne.com

EVENTS

Jährlich am 14. Juli findet auf der Yonne ein Lanzenstechen statt.

ESSEN /ÜBERNACHTEN

► Erschwinglich
L' Auberge des Sources
4, Place Jean Bertin
Druyes les Belles Fontaines
Tel. 03 86 41 55 14
Fax 03 86 41 90 31
www.aubergedessources.com
Renoviertes, rustikales Logis de France mitten in dem sehenswerten Ort. Das Restaurant bietet traditionelle Küche.

Baedeker-Empfehlung

Auberge de la Chapelle
5, Place de Bethléem
Tel. 03 86 27 06 21
Fax 03 86 24 81 54
www.auberge-la-chapelle.com
Für sein Restaurant bekanntes Hotel in einzigartigem Rahmen einer mittelalterlichen Kirche, Innenhof, zu dem sich einige ruhige, frisch renovierte Zimmer öffnen.

► Preiswert
Hostellerie de la Poste
9, Place Emile Zola
Tel. 03 86 27 01 55
Fax 03 86 27 05 99
www.hostelleriedelaposte.fr
Ehemalige Poststation in der Altstadt. Modern eingerichtete Zimmer. Das Restaurant bietet burgundische Küche.

Bischöfe ihren Anspruch. Die Pfarrkirche Notre-Dame-de-Bethléem, 1929 an der Yonne errichtet, erinnert an diese Vergangenheit. Reste der ehemaligen Kathedrale der Bischöfe von Bethlehem blieben im heutigen Hôtel de la Boule d'Or (5, Place de Bethléem) erhalten. Clamecy ist auch die Heimatstadt der Dichter Romain Rolland (► Berühmte Persönlichkeiten) und Claude Tillier (1801 – 1844).

Sehenswertes in Clamecy

St-Martin

Die ehemalige Kollegiatskirche St-Martin, im 13. Jh. nach dem Vorbild der Kathedrale von Auxerre begonnen, wurde erst im 16. Jh. fertiggestellt. Jüngster Teil ist die überreich mit Flamboyant-Ornamenten geschmückte Westfassade mit dem quadratischen, vierstöckigen Glockenturm, der an den Turm der Kathedrale von Nevers erinnert.
Das Portal zeigt in den Bogenläufen in 32 Szenen die Geschichte des hl. Martin. Der neue Stil der Renaissance macht sich an den Sockeln der Gewände und vor allem an den schön geschnitzten Holztüren mit Büstenmedaillons und Arabesken bemerkbar.

An das dreischiffige Langhaus schließt ein rechteckiger Chor mit Umgang an, ein nicht sehr verbreiteter Ostabschluss. Alle Bauteile der Martinskirche sind zweischalig gestaltet, die typisch burgundischen Laufgänge fehlen auch hier nicht. Die anspruchsvolle Bauweise erwies sich allerdings als statisch ungünstig, weshalb Viollet-le-Duc im 19. Jh. den Lettner zur Abstützung der Pfeiler einbauen ließ. Nach jüngst erfolgter Restaurierung erstrahlt die Kirche in neuem Glanz.

! *Baedeker* TIPP

»Mon Oncle Benjamin«

1842 veröffentlichte der Autor Claude Tillier einen der originellsten und lustigsten Romane des 19. Jahrhunderts. »Mein Onkel Benjamin« spielt im nördlichen Burgund rund um Clamecy. An den Autor selbst erinnert heute eine Straße, in der ein Café den Namen des Romans trägt. Innen findet man unter Denkmalschutz stehende Wandmalereien mit beschwingten Szenen aus diesem Buch.

Musée d'Art et d'Histoire Romain Rolland

Das Stadtmuseum im Palast des Herzogs von Bellegarde aus dem 17. Jh. zeigt Gemälde, Fayencen sowie zeitgenössische Kunst. Besondere Abteilungen sind der Holzflößerei und Romain Rolland gewidmet (Av. de la République; Öffnungszeiten: Juni bis Sept. tgl. außer Di. und Sonntagvormittag 10.00 – 12.00, 14.00 – 18.00 Uhr, sonst auch Mo. geschl.).

Umgebung von Clamecy

✶ Druyes-les-Belles-Fontaines

Druyes (15 km nordwestlich) ist ein malerischer kleiner Ort, der seinen Beinamen von mehreren in der Umgebung entspringenden Quellen ableitet. Überragt wird er von der Schlossruine aus dem 12. Jahrhundert. Das Schloss war von einer quadratischen, 53 m langen und 7 m hohen Mauer umgeben, die an den Ecken durch runde und an den Seitenmitten durch quadratische Türme verstärkt war (Öffnungszeiten: Ostern bis Sept. Sa. und So. 15.00 – 18.00 Uhr, Juli / Aug. auch Mo. – Fr. 15.00 – 18.00 Uhr; www.chateau-de-druyes.com).

Die im unteren Ortsteil gelegene romanische Kirche St-Romain (12. Jh.) folgt im Grundriss der Kirche von Chapaize (► Cormatin, Umgebung). Sie besitzt einen mächtigen Vierungsturm und ein ornamental geschmücktes Portal.

Varzy

Varzy (1600 Einw.; 16 km südwestlich von Clamecy) war vom 5. Jh. bis zur Französischen Revolution **bevorzugte Residenz der Bischöfe von Auxerre**. Von ihrem einstigen Schloss (15. und 18. Jh.; heute Ferienheim) und von der Kirche Ste-Eugénie, die der hl. Germanus gegründet hatte, sind nur wenige Reste erhalten. Die gotische Peterskirche wurde 1220 – 1280 errichtet. Ihre Ausstattung stammt aus der in der Revolution 1789 zerstörten Kirche Ste-Eugénie, so auch die Statue der Heiligen (um 1500) und das ihr gewidmete Triptychon (1535).

✶ Vallée de l'Yonne

Der Fluss Yonne

Der bedeutendste Fluss des ►Morvan entspringt am 760 m hohen Mont Préneley südöstlich von Château-Chinon. Über den 1841 eingeweihten Canal du Nivernais ist der Fluss mit der Loire bzw. dem Canal latéral à la Loire (Loire-Seitenkanal) verbunden. Der ab Auxerre für die Schifffahrt freigegebene Fluss mündet nach 273 km bei Montereau in die Seine. Der schönste Abschnitt liegt zwischen Clamecy und ►Auxerre (rund 60 km).

Châtel-Censoir

In Châtel-Censoir (710 Einw.; 17 km nordöstlich von Clamecy) erhebt sich die ins 11. Jh. zurückgehende ehemalige Kollegiatskirche St-Potentin auf einem Hügel. Der sehenswerte romanische Chor mit drei Apsiden ist über einer Krypta angelegt; beachtenswert auch die dreiregistrigen Kapitelle mit flachem Relief (einige unvollendet).

Rocher Saussois

In dem kleinen Ort, 5 km nördlich, ragen bis zu 50 m hohe Felsen direkt neben dem Flussufer empor, vor allem an den Wochenenden sind sie ein beliebtes Ziel von Bergsteigern.

Mailly-le-Château

Malerisch liegt auch Mailly-le-Château (500 Einw.; ca. 7 km weiter, nun auf dem linken Yonne-Ufer). Von der Terrasse seines Schlosses bietet sich eine herrliche Sicht auf die Umgebung. Heute steht ein modernes Palais an der Stelle der mittelalterlichen Burg, die früher den Grafen von Auxerre unterstand. Die Kirche St-Adrien wurde gegen Ende des 12. Jh.s und in der ersten Hälfte des 13. Jh.s errichtet. Von Interesse ist die ungewöhnliche Westfassade mit fünf Säulen auf einer weiblichen und vier männlichen Trägerfiguren.

Cravant

In Cravant, wo Yonne und Cure zusammenfließen, erkennt man heute noch den Verlauf der Stadtmauer aus dem 14. Jh.; erhalten blieb jedoch nur ein einziger Turm, die Tour de l'Horloge (Uhrturm). Der viereckige Donjon ist vermutlich noch älter. Die Dorfkirche St-Pierre-et-St-Paul bestand schon im 13. Jh., wurde jedoch in der Zwischenzeit mehrfach umgebaut.

Irancy

Irancy (8 km nördlich) gehört zu den schönsten Weinorten Burgunds, **hier wird nachweislich seit 861 Wein angebaut**. Der kreisrunde Grundriss geht auf eine Stadtmauer zurück. 1713 wurde hier Jacques-Germain Soufflot geboren, einer der bedeutendsten Architekten des Klassizismus und Erbauer des Pariser Pantheons.

St-Bris-le-Vineux

Das Dorf oberhalb der Yonne entstand um eine auf das 5. Jh. zurückgehende Kirche, die dem hl. Pris geweiht war. Der zweite Teil des Ortsnamens, der nach der Revolution hinzugefügt wurde, spricht für die Bedeutung des Weinbaus in der Region. Mit zahlreichen alten Häusern aus dem 15. und 16. Jh., viele davon mit gewölbten Weinkellern, hat es sich ein **schönes Ortsbild** bewahrt. Das ehemalige

Schloss (17. Jh.) beherbergt heute das Rathaus und eine Schule. Die Kirche ist eine Gründung des hl. Germain von ► Auxerre, der an dieser Stelle die Reliquien der beiden Titelheiligen gefunden haben soll. Ältester Bauteil ist das Langhaus aus dem 13. Jh., der Chor samt seinem nördlichen Seitenschiff wurde im 16. Jh. erneuert. Im ersten Chorjoch befindet sich ein riesiges Fresko mit einer Wurzel-Jesse-Darstellung, die gegen 1500 entstand. Die Buntglas- und Grisaillefenster sind aus dem 15. und 16. Jh.

? WUSSTEN SIE SCHON ...?

- ... woher der Stein stammt, aus dem die Kathedralen von Sens und Auxerre und die Opéra Garnier in Paris gebaut wurden? Die Steinbrüche von Aubigny (bei Taingy) belieferten seit gallo-römischer Zeit nicht nur Burgund, sondern auch die Hauptstadt, wo das Material noch für den Umbau unter Haussmann verwendet wurde. Die eindrucksvollen Steinbrüche können besucht werden (geöffnet: Juli / Aug. tgl. 10.00 bis 18.30, So. 14.30 – 18.30, sonst April bis Okt. tgl. außer Mo. 10.00 – 12.00, 14.30 – 18.30 Uhr, www.carriere-aubigny.com)

Escolives-Ste-Camille

Schon von Weitem ist der achteckige, schlanke Kirchturm von Escolives-Ste-Camille (370 Einw.) zu sehen. Er erhebt sich über einer Kirche aus dem 12. Jahrhundert. Die Kirche ist der hl. Camille geweiht, die an der Überführung des in Ravenna verstorbenen St-Germain nach ► Auxerre beteiligt gewesen sein soll und besitzt eine interessante Vorhalle und eine dreischiffige Krypta. In der Rue des Fouilles befindet sich ein **Grabungsgelände**, wo Objekte von der Jungsteinzeit bis zur merowingischen Epoche gefunden wurden (Site Archéologique, Führungen: April bis Okt. tgl. 10.00, 11.00, 14.00, 15.00, 16.00, 17.00 Uhr, sonst nach Voranmeldung).

★★ Cluny

O 13

Département: Saône-et-Loire
Höhe: 248 m ü. d. M.
Einwohnerzahl: 4800

Mit umfangreichen Bau- und Restaurierungsarbeiten beging Cluny 2010 unter internationaler Beteiligung sein 1100-jähriges Gründungsjubiläum. Schon in den letzten Jahren war viel unternommen worden, um der Vorstellungskraft der Besucher auf die Sprünge zu helfen, denn von der im Mittelalter gigantischen Kirche steht nur noch ein kläglicher Teil, und es ist nicht leicht, sich die einstige Bedeutung des Städtchens vorzustellen.

Geistliches Zentrum des Mittelalters

Die Benediktinerabtei St. Peter und St. Paul in Cluny war einst Ausgangspunkt einer monastischen Reformbewegung, die das religiöse, intellektuelle, politische und künstlerische Leben des gesamten Abendlandes veränderte. Die lang regierenden, umsichtigen und

CLUNY ERLEBEN

AUSKUNFT

Office de Tourisme
6, Rue Mercière, 71250 Cluny
Tel. 03 85 59 05 34, Fax 03 85 59 06 95
www.cluny-tourisme.fr

BESICHTIGUNG

Tgl. außer Fei., Mai bis Aug. 9.30 – 18.30, sonst 9.30 – 12.00, 13.30 – 17.00 Uhr
Der Verkauf der Eintrittskarten für die Klosteranlage findet im Musée d'Art et d'Archéologie statt, wo auch die Führungen beginnen.

ESSEN

► Preiswert
Auberge du Cheval Blanc
1, Rue Porte de Mâcon
Tel. 03 85 59 01 13
Hübsches, rustikales Restaurant am Ortsrand von Cluny gelegen. Die Küche ist bodenständig und regional geprägt.

ÜBERNACHTEN

► Luxus
Hôtel de Bourgogne
Place de l' Abbaye
Tel. 03 85 59 00 58, Fax 03 85 59 03 73
www.hotel-cluny.com
1817 auf Abteigelände erbautes und schon von Lamartine lobend erwähntes Hotel. Begrünter Innenhof und einige barrierefreie Zimmer sowie drei Appartements. Gespeist wird in einem Saal mit Kamin oder auf der Terrasse im Innenhof. Serviert werden liebevoll zubereitete regionale und saisonale Spezialitäten.

► Günstig
St-Odilon
Belle Croix
Tel. 03 85 59 25 00, Fax 03 85 59 06 18
www.hotelsaintodilon.com
Modernes Hotel garni vor den Toren von Cluny. Schlicht und funktional, aber nicht unfreundlich. Für Gäste mit Behinderung zugänglich.

tatkräftigen frühen Äbte von Cluny, vom Gründungsabt Berno von Baume (910 – 927) über Odo (927 – 942), Majolus (963 – 994), Odilo (994 – 1049), Hugo von Semur (1049 – 1109) bis zu Petrus Venerabilis (1122 – 1156), gehörten zu den einflussreichsten Persönlichkeiten ihrer Zeit, waren **Ratgeber von Päpsten und Kaisern**. Abt Hugo von Semur zum Beispiel begleitete sein Patenkind, Kaiser Heinrich IV. nach Canossa. Abt Petrus Venerabilis diskutierte im Briefwechsel mit Bernhard von Clairvaux cluniazensische Leitgedanken und nahm den auf dem Konzil von Sens verurteilten Philosophen Abaelard in Cluny auf. Im Spätmittelalter verschwand die Ausstrahlungskraft der Abtei, sie verlor ihre Unabhängigkeit und die aus den Pfründen lebenden Kommendataräbte residierten meist in Paris. Infolge der Französischen Revolution wurde die Klosteranlage zwischen 1789 und 1823 weitgehend zerstört, weshalb es heute eines guten Vorstellungsvermögens bedarf, möchte man sich das Aussehen der Abteikirche und ihrer Klausur- und Wirtschaftsgebäude vergegenwärtigen.

✶ Abbaye St-Pierre-et-St-Paul

Baugeschichte

Da in Cluny nacheinander drei Abteikirchen errichtet wurden, kam man in der kunsthistorischen Forschung überein, sie der Einfachheit halber als Cluny I, II und III zu bezeichnen. Lediglich von Cluny III, der letzten Abteikirche, blieben nach den umfangreichen Zerstörungen seit 1789 geringfügige Reste erhalten wie die Südarme des Querschiffes, der achtseitige Weihwasserturm (Tour de l'Eau Bénite) und etwas abgesetzt davon der kleinere Uhrturm (Tour de l'Horloge), der gotische Mehlspeicher (Farinier) sowie einige barocke Wohngebäude.

Das Aussehen von Cluny II konnte nur aus Grabungen und durch Quellen erschlossen werden. Die überlieferten **»Consuetudines«**, Aufzeichnungen, in denen der Tagesablauf der Mönche, Prozessionen, liturgische Feiern, Einteilung der Gottesdienste, Stundengebete sowie andere Vorschriften festgehalten wurden, ermöglichen heute Rückschlüsse auf die Nutzung der Räumlichkeiten im Kloster.

Überreste des Haupttors der Abtei und Blick auf ein Querhaus von Cluny III

CLUNY III

★★ Als Gründungskloster der späteren cluniazensischen Reformbewegung war Cluny ein Zentrum mittelalterlichen Mönchtums. Durch den Erfolg des Ordens konnte die Abtei durch Schenkungen und Stiftungen ein ungeheures Vermögen anhäufen, das ab 1088 in den Bau der damals größten Kirche der Christenheit floss. Nach der Revolution erwies sich dann der Ausverkauf und Abriss der Anlage als gutes Geschäft.

Öffnungszeiten:
Tgl. außer Fei., Mai bis Aug. 9.30–18.30, sonst 9.30 bis 12.00, 13.30–17.00 Uhr

① Haupttor mit Vorhalle

Zwei 47 m hohe quadratische Westtürme flankierten den Eingang zur dreischiffigen Vorhalle, die etwas niedriger war als das Langhaus.

② Langhaus

Das fünfschiffige Langhaus hatte im Mittelschiff eine Gewölbehöhe von 30 m. 14 Joche lang war das Kircheninnere bis zum Choransatz. Wohl bis zu 10 000 Gläubige konnte der Raum problemlos aufnehmen.

③ Querhäuser

Gleich zwei Querhäuser, ein breites und ein etwas schmaleres, waren im Ostteil angelegt. Alle vier Arme hatten Apsiden und das erste Querhaus vier Türme.

④ Chor

Der Umgangschor hatte fünf statt der sonst üblichen drei Radialkapellen und war mit einem großen Fresko ausgeschmückt.

Im angrenzenden Musée du Farinier sind die Kapitelle der Chorumgangssäulen aufgestellt.

Cluny Orientierung

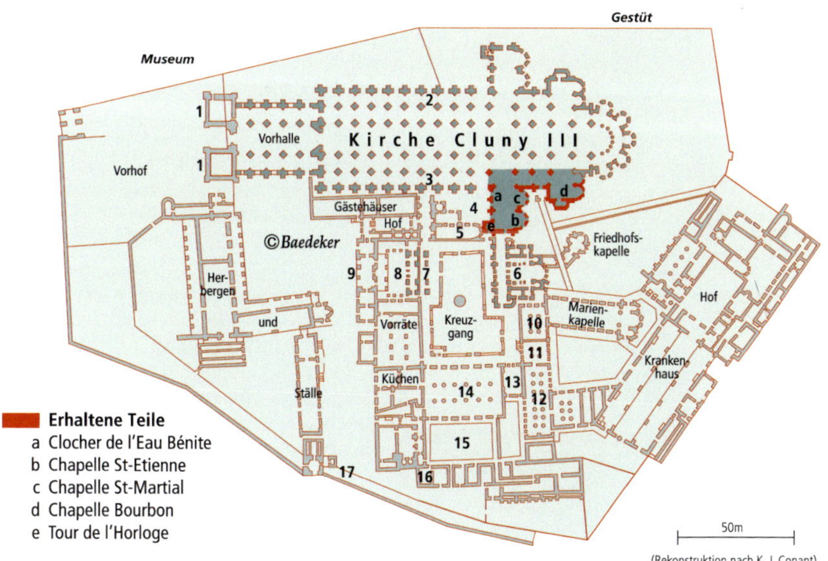

1 Les Barabans
2 Porta Germanorum
3 Porta Galiläa
4 Sakristei
5 Abtskapelle
6 Chor der Kirche Cluny II
7 Galiläa
8 Atrium
9 Portalpalast »Gelasius-Fassade«
10 Kapitelsaal
11 Parlatorium (Sprechraum)
12 Mönchsaal; darüber Dormitorium (Schlafraum)
13 Wärmehaus
14 Refektorium (Speisesaal)
15 Novizenkreuzgang
16 Noviziat
17 Porta Meridiana (Tour des Fromages)

Cluny III war **ein Bau von gewaltigen Dimensionen**. Er bestand aus einer dreischiffigen Vorhalle, die von zwei schweren, 47 m hohen Westtürmen (Barabans) flankiert wurde. Sie war etwas niedriger als die eigentliche Kirche, und an ihrem Ende tat sich das gewaltige Kircheninnere auf: ein fünfschiffiges Langhaus, das sich über 14 Joche bis zum Choransatz erstreckte, zwei Querhäuser mit Ostapsiden an allen vier Armen und ein Umgangschor mit Radialkapellen. Die Gesamtlänge der Kirche betrug 187,31 m (das entspricht knapp zwei hintereinander liegenden Fußballplätzen). Damit war Cluny III die größte Kirche, die im Mittelalter ihre Vollendung erlebte, und bis zum Bau von St. Peter in Rom im 15. Jh. die größte Kirche der Christenheit. Der Chor war mit einem großen Fresko (um 1105) ausgeschmückt.

Sechs mächtige Türme gliederten den Außenbau, zwei weitere flankierten die Westfassade, beide Vierungen waren mit Türmen besetzt, ebenso die Arme des großen Querhauses. Der Bau lieferte den prunkvollen Rahmen für die cluniazensische Form des Gottesdienstes, bei dem **Pracht und Feierlichkeit** eine große Rolle spielten. Für die Größe der Kirche dürften allerdings auch praktische Gründe ausschlaggebend gewesen sein. Inzwischen war nämlich die Mönchsgemeinschaft in Cluny auf rund 300 Mitglieder angewachsen, wozu noch Brüder aus den unterstellten Klöstern kamen, von denen sich stets einige im Mutterkloster aufhielten, sowie Gäste und Pilger. An der **Finanzierung** des gewaltigen Neubaus von Cluny III beteiligten sich u. a. der König von Kastilien (er stiftete 10 000 Talente Gold aus der Beute nach der Eroberung von Toledo), König Heinrich I. von England und Kaiser Heinrich IV.

Niedergang Doch bereits im 12. Jh. begann der Stern der Cluniazenser zu sinken. 1252 wurde der Orden dem französischen König unterstellt, der von nun an die Äbte bestimmte. Damit hatte der Orden seine Unabhängigkeit und einen entscheidenden Punkt seines Programmes verloren. Im 14. Jh. waren Clunys Ansehen und Macht auf ein Minimum gesunken. Obwohl im 15. und 16. Jh. noch zwei Adelspaläste erbaut worden waren, hielten sich die Äbte, die zu reinen Pfründenbesitzern geworden waren, zumeist in Paris auf. Bekannteste Inhaber der Pfründe waren Richelieu seit 1629 und Mazarin seit 1654. Aus Prestigegründen wurden im 18. Jh. noch einmal neue Klostergebäude errichtet. Diese fielen jedoch der Französischen Revolution zum Opfer.

Nach 880 Jahren ihres Bestehens wurde die Abtei 1790 aufgehoben und acht Jahre später, angeblich wegen der hohen Unterhaltskosten, an einen Abbruchunternehmer aus Mâcon verkauft. Bis auf die südlichen Querhäuser ließ er die Anlage abreißen und das Steinmaterial verkaufen. Erst 1823 wurde der Geschäftemacherei Einhalt geboten. Später wurde auf dem Gelände der Abtei ein staatliches Gestüt eingerichtet (**Haras National**, nur mit Führung zu besichtigen, tgl. außer Mo. Juli bis Sept. 14.00, 15.30, 17.00, April bis Juni 14.00 und 16.00, Okt. und Nov. Mi. und So. 14.00 Uhr).

Das Staatliche Gestüt wurde mit Clunys gelbem Stein erbaut.

Besichtigung der Klosteranlage

Vor dem Besuch

Anlässlich des 1100-jährigen Gründungsjubiläums und der damit verbundenen Baumaßnahmen wurde im Jahr 2010 die Besichtigung Clunys mithilfe vieler technischer Raffinessen ganz neu gestaltet. Bereits auf dem Weg vom Parkplatz ins Zentrum der Stadt »läuft man mitten durch die Abteikirche«, deren Grundriss auf dem Boden markiert ist. Einen sehr guten ersten Überblick vermittelt die Orientierungstafel vor dem Abtspalais, dem heutigen Archäologischen Museum (►S. 206).

Reste von Cluny III

Auf dem Gelände zwischen Museum und den Resten der Klosterkirche stand einst die riesige Abteikirche Cluny III. Die tiefer gelegenen Partien mit freigelegten Fundamenten gehören zur Vorhalle. Deutlich zu erkennen sind noch Teile der erst im 14. Jh. vollendeten Westtürme. Bei dem höher gelegenen Doppeltor handelt es sich um das ehemalige Haupttor der Abtei aus der Mitte des 12. Jahrhunderts. Weiterhin erhalten sind die gewölbten Süd-Arme der beiden Querschiffe: Das Ende des westlichen Querschiffs markiert ein kleiner Turm mit glockenförmigem Dach (Tour de l'Horloge), weiter innen sitzt ein 62 m hoher oktogonaler Turm (Tour de l'Eau Bénite).

Ehemalige Abteikirche

In einem stark restaurierten, kurz nach 1300 entstandenen Bau befindet sich der Eingang in die Ruine der Abteikirche. Eine zehnminütige 3-D-Vorführung hilft beim Verständnis der Anlage. Anschließend gelangt man ins Innere des oben beschriebenen südlichen Arms des großen Querschiffs der ehemaligen Abteikirche. Selbst dieser klägliche Rest beeindruckt noch durch seine Dimensionen: Der schmale Raum weist eine Gewölbehöhe von 33 m auf. Gegen Ende des 11. Jh.s finden sich hier schon »gotisch« anmutende Proportionen. Auch vom typisch cluniazensischen Wandaufriss sind noch Reste zu erkennen: Über großen Spitzbogen erhebt sich ein dreiteiliges Triforium mit kannelierten Pilastern, darüber der Obergaden. Als Stützen dienen kreuzförmige Pfeiler mit Halbsäulenvorlagen. Eine Spitztonne überwölbt den Raum. Eine der beiden Ostapsiden wurde im ausgehenden 14. Jh. gotisch umgestaltet. Erneuert wurde auch eine Kapelle am kleinen Querhausarm. Sie wurde unter Abt Jean de Bourbon (1456 – 1485) in spätgotischem Stil modernisiert und zeigt interessanten Skulpturenschmuck.

★ Musée du Farinier, Kapitelle

Die wertvollsten Überreste der zerstörten Abteikirche, die 80 cm hohen Kapitelle der Säulen des Chorumgangs, sind in einem ehemaligen Getreidespeicher aus dem 13. Jh. ausgestellt (v.l.n.r.):

1 Sündenfall.
2 Korinthisches Kapitell ohne figürliche Darstellung.
3 Lesende Figuren zwischen Wettkämpfern, die wahrscheinlich den Eifer der Mönche bei ihren Bemühungen darstellen.

4 Die erhaltene Figur wurde als Imker gedeutet, wahrscheinlich Darstellung der vier Elemente oder vier Winde.
5 Personifikationen der Tugenden Glaube, Liebe, Hoffnung und Gerechtigkeit.
6 Jahreszeiten (Frühling und Sommer) und zwei Tugenden (?)
7 Vier Paradiesflüsse, dazwischen jeweils ein deutlich erkennbarer Baum (Apfel, Feige, Mandel und Weinstock).
8, 9 Acht Töne der Musik. Den theologischen Bezügen (Zahlensymbolik) wurde hier mehr Bedeutung beigemessen als einer exakten Darstellung der Musikinstrumente, die trotz der großen Bedeutung der Musik in Cluny nicht sachgerecht ist.
10 Opferung Isaaks.

Die Datierung der Kapitelle, die nahezu die gesamte burgundische Skulptur beeinflussten, ist umstritten. Sie erstreckt sich zwischen 1095 (Altarweihe) und 1115 ja sogar bis in die Jahrhundertmitte. Selbst wenn eine späte Datierung zutrifft, handelt es sich bei den Kapitellen von Cluny um eine **bahnbrechende Neuerung**: Im Gegensatz zur früheren Kapitellplastik (Anzy-le-Duc, ► Dijon/St-Bénigne, ► Tournus, ► Charlieu) gewinnt hier die figürliche Darstellung stark an Bedeutung. Die Gestalten lösen sich weit vom Reliefgrund und erlangen vor allem durch die Medaillons eine neue Bewegungsfreiheit und Wertigkeit in größerer Unabhängigkeit vom Kapitellkörper. Im Halbkreis der Kapitelle wurde der 1095 von Urban II. geweihte Altar aufgestellt. Die Urne enthielt das Herz des Abtes Hugo von Semur.

! *Baedeker* TIPP

Romanische Profanarchitektur

In Cluny hat sich eine erstaunliche Anzahl romanischer Häuser erhalten: Folgen Sie von der Abtei aus den Schildern »Maison romanes«.

✶ **Musée d'Art et d'Archéologie**

Das Museum ist im ehemaligen Palais des Abtes Jean de Bourbon aus der zweiten Hälfte des 15. Jh.s untergebracht. Die Ausstellungsstücke stammen aus dem Besitz der Abtei oder wurden durch Grabungen zutage gefördert. Außer erhellenden Modellen und Zeichnungen von Abteikirche und Klosteranlage, die das Verständnis der Überreste erheblich erleichtern, sind die 1928 – 1938 gefundenen Fragmente des 1810 zerstörten Westportals der Kirche, die seine Rekonstruktion möglich machten, hervorzuheben. Es handelte sich um ein Stufenportal mit umfangreichem Skulpturenschmuck. Der Türsturz zeigte Szenen nach der Auferstehung Christi; im 5 m breiten und 2,50 m hohen Tympanon war der Thronende Christus in der von Engeln gehaltenen und von den Evangelistensymbolen flankierten Mandorla dargestellt. Außerdem sind liturgische Geräte, Fayencen, Tapisserien und Werke verschiedener Künstler ausgestellt, u. a. von dem in Cluny geborenen Prud'hon (1758 – 1823) sowie Zeichnungen von Kenneth John Conant, der die Ausgrabungen über Jahrzehnte hinweg leitete.

Weitere Sehenswürdigkeiten in Cluny

Notre-Dame

Die Marienkirche befindet sich an der Stelle einer romanischen Kirche, die im Auftrag des Abtes Hugo von Semur gegen Ende des 11. Jh.s für die wachsende Gemeinde errichtet worden war. Der bestehende Bau entstand nach dem Stadtbrand 1233 und gehört zu den schönsten gotischen Kirchen Südburgunds. Der Wandaufriss des schmalen Langhauses ist zweigeschossig: Über Spitzbogenarkaden auf kantonierten Pfeilern folgt die Fensterzone, vor der sich ein burgundischer Laufgang befindet. Die Übernahme des gotischen Stils – gerade in Cluny – spiegelt das damals enge Verhältnis der Cluniazenser zum französischen Königshaus wider. Als Rückbesinnung auf die eigene Bautradition können eine (nicht erhaltene) zweigeschossige Vorhalle und der Vierungsturm angesehen werden.

Umgebung von Cluny

Taizé

4 km südlich von Cormatin liegt Taizé auf einem Felshang oberhalb des Grosne-Tals. Der kleine Ort (150 Einwohner) wurde durch die Bruderschaft von Taizé bekannt, die erste protestantische Mönchsgemeinschaft. Der Schweizer Roger Schutz (1915 – 2005) begründete sie 1940 unweit der Demarkationslinie durch das geteilte Frankreich. Widmeten sich die Brüder zunächst der Flüchtlingshilfe, so weitete sich ihr Betätigungsfeld später rasch aus. Den protestantischen Mönchen schlossen sich katholische Brüder an, sodass Taizé zu einem **Zentrum der ökumenischen Bewegung** wurde (► Baedeker Special S. 208). Als die romanische Dorfkirche Ste-Marie-Madeleine (erstes Viertel des 12. Jh.s) von Taizé zu klein wurde, errichtete man 1962 auf Initiative der Aktion Sühnezeichen außerhalb des Dorfes die Eglise de la Réconciliation, die Versöhnungskirche. Sie ist inzwischen von einigen wenigen festen Bauten und einer Zeltstadt wechselnder Größe umgeben.

Baedeker TIPP

Grünes Gleis

44 km lang ist die stillgelegte Bahntrasse zwischen Cluny und Givry. Die Voie Verte (► Special Guide) gehört zu den ältesten und bekanntesten Strecken in Frankreich. Wer nur einen Kurztripp machen möchte, leiht sich ein Rad und strampelt zum Schloss von Cormatin (► S. 213; Auskunft beim Verkehrsamt).

Blanot

10 km nordöstlich von Cluny liegt Blanot reizvoll am Fuß des Mont St-Romain und bietet mit den für das Mâconnais typischen Galeriehäusern, Brunnen und Waschhaus noch den Anblick eines uralten Dorfes. Die Kirche St-Martin unterstand seit 927 den Äbten von Cluny. Der heutige Bau dürfte zum Großteil im 11. Jh. entstanden sein, evtl. unter Einbeziehung von älteren Teilen. Die hier aufgestellten merowingischen Sarkophage wurden am Ort gefunden.

Mont St-Romain

Wegen der herrlichen Sicht (Orientierungstafel) lohnt sich ein Besuch des 579 m hohen Mont St-Romain.

RELIGIÖSE REFORMER

Von der Pracht Clunys, dem einst größten und mächtigsten Kloster des Abendlandes, zeugen nur noch spärliche Reste. Um so lebendiger wirkt im nahe gelegenen Taizé die Bruderschaft von Roger Schutz, wohin es vor allem Jugendliche zieht.

Man steht etwas fassungslos vor dem Zerstörungswerk der Revolutionäre von 1789, die Kirchen allenfalls als umgeweihte Tempel der Vernunft bestehen ließen. Nach fast 880 Jahren war Cluny, Perle der abendländischen Klöster, geschlossen und zum nationalen Eigentum erklärt worden. Das Inventar wurde verscherbelt und 1798 begann der **Abriss der Gebäude** durch einen Bauunternehmer aus Mâcon, der den Klosterkomplex für zwei Millionen Francs Assignaten, die bald nichts mehr Wert waren, erworben hatte. Als die Öffentlichkeit wieder zur Besinnung kam, standen nur noch zwei Türme, ein gotischer Mehlspeicher, drei Renaissance-Palais und einige belanglose Bauten aus der Barockzeit. Aus der Gottesstadt war ein Steinbruch geworden, wo einst Mönche beteten, grasten Pferde des Nationalgestüts. »Von allen jenseits der Berge zur Ehre des allmächtigen Gottes gegründeten Klöstern ist nur Cluny im eigentlichen Sinne Sitz Petri und ein mit der römischen Kirche besonders verbundener Ort.« So rühmte Papst Gregor VII., der als Mönch Hildebrand einige Jahre in Cluny verbrachte, das Kloster, das unabhängig von Lokalgewalten und direkt dem Papst unterstellt war. Noch im 19. Jh. bezeichnete Frankreichs berühmtester Restaurator Viollet-le-Duc die Klosterruine, heute UNESCO-Welterbe, als »Mutter der abendländischen Kultur«.

Aufstieg und Niedergang

In der Tat war die Klosterkirche St. Peter und St. Paul von Cluny die größte der Christenheit bis zum Neubau der römischen Peterskirche im 16. Jh. und ihre Äbte gehörten zu den Ratgebern von Päpsten, Kaisern und

Geistliches Zentrum Cluny: Zeichnung von J. B. Lallemand vor dem Abriss der Klosterkirche

Königen. Die eigentliche Besonderheit lag jedoch in der Organisation des cluniazensischen Klosterwesens. Der Regel nach waren die Mönche von Cluny Benediktiner. Doch seit den Tagen ihres Ordensgründers, des hl. Benedikt von Nursia (um 480 – 547), war viel Zeit verstrichen. Immer mehr Adelige hatten inzwischen auf ihren Gütern Kirchen und Klöster gegründet, die Kosten für die Bauten getragen und den Lebensunterhalt für Priester und Mönche gesichert. Sie betrachteten die Gründungen als ihr Eigentum, setzten die Geistlichen ein und forderten ihren Anteil aus dem kirchlichen und klösterlichen Grundbesitz, vom Kirchenzehnten, von den Opfergaben der Gläubigen, von den Gebühren für Messe, Taufe, Hochzeit etc. Priester und Äbte zahlten Geld, um in ihr Amt eingesetzt zu werden. In den Klöstern lebten Laienäbte mit Frauen, Kindern, Vasallen und Jagdhunden. Folgerichtig wurde Cluny am 11. September 910 als **Reformkloster** gegründet. Wilhelm, Herzog von Aquitanien und Graf von Mâcon, stellte Land zur Verfügung, verzichtete auf sämtliche Rechte und trug den Mönchen auf, die Regeln des Benedikt von Nursia, **Gottesgehorsam, Armut und Ehelosigkeit** streng zu befolgen. Das Kloster wurde jeder bischöflichen Gewalt entzogen. Cluny sollte von einem Abt geleitet werden, der frei von seinen Brüdern zu wählen war. Insgesamt regierten 58 Äbte die Abtei, aber unter den ersten sieben erreichte Cluny bis 1156 den Höhepunkt seiner europaweiten Ausstrahlung. Inmitten des krisengeschüttelten Hochmittelalters waren die Äbte und Mönche von Cluny Friedensstifter und Kulturträger. Ihr besonderes Anliegen war die Reform des zerrütteten Klosterlebens. So schickten sie Brüder in andere Klöster, um Missstände beseitigen zu helfen und die Brüder zum Anschluss an Cluny zu bewegen. Daraus entstand ein großer Verband von Reformklöstern. Anfang des 12. Jh.s lebten rund 450 Mönche in Cluny, weitere 10 000 Mönche in 1184 Klöstern gehörten europaweit zum Klosterverband, von dem Cluny auch materiell profitierte. Als die Abtei zu mächtig geworden war, setzte im späten 13. Jh. der Niedergang ein.

Der Schweizer Roger Schutz gründete nach dem Zweiten Weltkrieg in Burgund ein neues monastisches Zentrum, die Communauté Taizé.

Die Äbte weilten immer häufiger in Paris, und seit der Renaissance waren der gut gefüllte Weinkeller und die höfische Unterhaltung wichtiger als die strenge Beachtung der Benediktinerregel. Bei Ausbruch der Französischen Revolution wurden die letzten 40 Mönche einfach hinausgeworfen und die Abtei zerstört.

Taizé

Keine 10 km nördlich von Cluny liegt Taizé, wo der calvinistische Theologiestudent Roger Schutz aus der Schweiz 1940 eine Bleibe fand und 1952 die Regeln von Taizé verfasste für eine **ökumenische Gemeinschaft** aus rund hundert Brüdern verschiedener christlicher Glaubensrichtungen aus aller Welt. Dieser Ort zieht jährlich Hunderttausende junger wie älterer Menschen an, die in Gebet und Gespräch nach Orientierung suchen. »Gäbe es in Europa nicht diese geistig-geistliche Ermattung«, so urteilte Frère Roger 1994, »würde unsere Bruderschaft nicht so viel Kraft dafür einsetzen, das ganze Jahr über Jugendliche aus Nordeuropa, aus den slawischen Gebieten, dem Mittelmeerraum und darüber hinaus aus Afrika, Lateinamerika und Asien aufzunehmen. Ohne die derzeitige Erschütterung der geistlichen Werte wären wir nicht auf den Gedanken gekommen, am Leben junger Leute von einem Ende Europas zum anderen teilzunehmen und mit ihnen nachzudenken.« 1986 besuchte sogar Papst Johannes Paul II. die Eglise de la Réconciliation, die Versöhnungskirche am Rande des kleinen Dorfs. Besser als alle Rekonstruktionen oder Modelle von Cluny verkörpert wohl die Bruderschaft von Taizé mit ihrem Einsatz für die Versöhnung der Kirchen und Völker den **cluniazensischen Geist**. So dringt abends wieder Chorgesang hinüber nach Cluny, wo sich über 1100 Jahre zuvor junge Männer für Armut, Ehelosigkeit und Nächstenliebe entschieden hatten.

Während des Abendgebets am 16. August 2005, hat aus der Menschenmenge heraus eine mutmaßlich geistesgestörte Frau Frère Roger mit einem Messer schwer verletzt. Er erlag seinen Verletzungen.

(Auskunft: Communauté de Taizé, Tel. 00 33 385 50 30 30, www.taize.fr)

Die bis zu 80 m tiefen Tropfsteinhöhlen erstrecken sich zwischen dem Weiler Vivier und dem Mont St-Romain. Auf einer 1 km langen Wegstrecke können mehrere Säle mit schönen Stalagmit- und Stalaktitformationen besichtigt werden (Öffnungszeiten: Ostern bis Juni und Sept. tgl. 10.00 – 17.00, Juli / Aug. 10.00 – 19.00 Uhr).

Grottes de Blanot

12 km östlich von Cluny liegt das kleine Weindorf Azé mit prähistorischen Höhlen. Sie dienten zu verschiedenen Epochen als Unterstand; die Funde aus vorgeschichtlicher Zeit sind im Museum ausgestellt. Eine Höhle wird von einem unterirdischen Fluss durchflossen (Öffnungszeiten: April bis Sept. tgl. 10.00 – 12.00, 14.00 – 19.00 Uhr, im Okt. nur So.).

Grottes d'Azé

Berzé-la-Ville

Chapelle aux Moines

In dem kleinen Dorf Berzé-la-Ville (12 km südöstlich von Cluny und 15 km nordwestlich von Mâcon) unterhielten seit dem Ende des 11. Jh.s die Cluniazenser ein Priorat für ihre Novizen. Einziger mittelalterlicher Rest der im 18. Jh. völlig umgebauten Anlage ist die Kapelle der Mönche. Im Obergeschoss dieser Doppelkapelle entdeckte man 1887 Fresken, die zu den bedeutendsten Zeugnissen der französischen **romanischen Wandmalerei** zählen. Für die Malerei der Cluniazenser nehmen sie nach der Zerstörung der Abteikirche von Cluny eine Schlüsselstellung ein. Ihre genaue Datierung ist unklar. Zwar ist der Aufbau der Wirtschaftsgebäude in Berzé während der Amtszeit des Abtes Hugo von Semur (1049 – 1109) urkundlich belegt, doch sprechen stilistische Erwägungen eher für eine Entstehungszeit der Bilder um die Mitte des 12. Jahrhunderts.

★★ ◄ Fresken

Die erhaltenen Fresken schmücken den halbrunden Chor der kleinen, einschiffigen Oberkirche, die früher ganz ausgemalt war. Untersuchungen der verwendeten Farben und der Maltechnik haben ergeben, dass die Abteikirche Cluny und die Mönchskapelle vermutlich von der selben Werkstatt ausgemalt worden sind. Im Zentrum der Halbkuppel thront ein fast 4 m großer Christus in der Mandorla, umgeben von je sechs Aposteln auf jeder Seite. Seine Rechte ist segnend zu Paulus hingestreckt, mit der Linken übergibt er Petrus eine Schriftrolle. Dieses Motiv der Gesetzesübergabe an Petrus (für das jede literarische Überlieferung fehlt) soll hier wohl die enge Bindung Clunys an Rom unterstreichen. Nicht eindeutig zu identifizieren sind die jeweils zwei Figuren zwischen den Apostelgruppen und der Mandorla, die als Bischöfe, Äbte oder Diakone gedeutet wurden. Über dem Haupt Christi ist ein von der Hand Gottes gehaltener Kranz zu sehen. Die Mittelzone der Apsis wird von einer Rundbogenarkatur gegliedert, die drei Fenster und seitlich je ein weiteres Bildfeld umrahmt. Links ist das Martyrium des hl. Blasius dargestellt, rechts ist der Tod des hl. Laurentius oder des hl. Vincentius zu sehen. Frauenfiguren in den Zwickeln der Rundbögen erinnern an byzantinische Prinzessinnen. Sie wurden auch als die

Klugen Jungfrauen interpretiert. Im Triumphbogen befindet sich ein kleines, erst nachträglich zugemauertes Rundfenster. Es wird von zwei Engeln flankiert, ein Medaillon darunter zeigt das Opferlamm. Von unten nach oben gelesen werden so drei Offenbarungsformen Christi dargestellt (als Mensch, in seiner Rolle als Opfer und als Licht). Stilistisch gesehen vereinen die Fresken von Berzé-la-Ville ganz verschiedenartige Einflüsse, dominierend sind jedoch die byzantinischen Merkmale. Sie sprechen für eine Datierung der Bilder in die Mitte des 12. Jh.s und damit in die Amtszeit des Cluny-Abtes Petrus Venerabilis (Öffnungszeiten: Juli, Aug. 9.00 – 12.30, 13.30 bis 18.00, Mai, Juni und Sept. 9.00 – 12.00, 14.00 – 18.00, März, April und Okt. 10.00 – 12.00 und 14.00 – 17.30 Uhr).

Berzé-le-Châtel 4 km nordwestlich von Berzé-la-Ville erhebt sich die wehrhaft erscheinende Burg von Berzé. Der imposante Bau überragt noch heute die Straße Mâcon – Cluny und damit den südlichen Zugang Clunys, dessen Sicherung vermutlich früher eine seiner Aufgaben war. Im 10. Jh. entstand ein von einer riesigen Ringmauer geschützter Donjon, dessen Rest im höheren der beiden erhaltenen quadratischen Türme enthalten sein dürfte. Bereits im 12. Jh. wurden um den Wehrturm weitere Mauern gelegt, die in der Folgezeit laufend verstärkt wurden. Donjon und Logis erneuerte man im 15. Jh.; im 16. Jh. wurde der zweite quadratische Turm mit dem kurzen Flügel angefügt (Öffnungszeiten: Juli, Aug. tgl. 10.00 – 18.00, Juni und Sept. tgl. außer Do. 14.00 – 18.00 Uhr).

Die Feste von Berzé diente der Sicherung Clunys und des Grosnetals nach Süden hin.

★ Cormatin

P 12

Département: Saône-et-Loire
Höhe: 218 m ü. d. M.
Einwohnerzahl: 470

Ein Prunkstück nicht nur unter den burgundischen Schlössern ist Cormatin, malerisch in einem weitläufigen Park auf einer Insel in der Grosne gelegen. Die Innenräume gehören zu den besterhaltenen aus dem 17. Jh. in Frankreich.

★ Château Cormatin

Baugeschichte

Schloss Cormatin wurde zu Beginn des 17. Jh.s im Auftrag von Antoine du Blé d'Huxelles, Gouverneur von Chalon-sur-Saône, anstelle einer mittelalterlichen Burg gebaut. Die Pläne stammen vermutlich von Jacques II Androuet du Cerceau, dem Hofarchitekten Heinrichs IV. Es bestand ursprünglich aus einer hufeisenförmigen Anlage um einen Ehrenhof, doch stürzte der Südflügel im 19. Jh. bei dem Versuch, eine Tuchfabrik einzurichten, ein. An den Ecken der Flügel waren Pavillons mit eigenen Dächern abgesetzt. Über einem Sockelgeschoss folgen zwei Etagen und eine sehr hohe Dachzone mit Fenstern und Kaminen. Bis auf die beiden Portale blieben die Fassaden schmucklos. Trotz ihrer späten Entstehungszeit erinnert die Gesamtanlage an die Architektur der Renaissance-Schlösser ►Ancy-le-Franc und ►Tanlay.

Baedeker TIPP

Schlosspark

Nach langen Jahren der Planung und der Pflanzung ist der Garten von Cormatin zu neuem Leben erwacht und vollständig wieder hergestellt. Zu sehen ist ein Ensemble aus Blumenbeeten, Wegen und Wasserflächen, einem großen Buchsbaum-Labyrinth, einem Gemüsegarten und vielem mehr – bei entsprechendem Wetter überaus einladend!

Inneres

Die Innenausstattung des Schlosses, an der zahlreiche aus Paris bestellte Künstler beteiligt waren, vermittelt einen guten Eindruck von der einstigen **Pracht eines barocken Adelspalastes**. Sein Nordflügel wird von einem 23 m hohen Treppenhaus von 1610 durchzogen. In den Räumen sind u. a. Kamine mit Holzverkleidungen, die Lederbespannungen der Wände und prachtvoll geschmückte »französische« Balkendecken erhalten, u. a. die im Hauptzimmer der Marquise Claude Phelypeaux aus leuchtendem Gold und Lapislazuli. Über dem Kamin ein Gemälde aus der zweiten Schule von Fontainebleau: »Venus und Vulkan«. Die Wandverkleidung in zwei Sälen des Erdgeschosses soll von Claude Lorrain stammen. Die Gemälde stammen von Rigaud, Lesueur, Nattier, Mignard und Velázquez. Die Kücheneinrichtung stammt vom Ende des 19. Jh.s, als Raoul Gunsbourg, Direktor der Oper von Monte Carlo, Besitzer des Schlosses war.

CORMATIN ERLEBEN

AUSKUNFT

Château Cormatin
Tel. 03 85 50 16 55

BESICHTIGUNG

tgl., 14.7. – 15.8. 10.00 – 18.30, April bis 14. Juni, 15. Sept. bis 14. Nov. 10.00 – 12.00, 14.00 – 17.30, 15. Juni bis 14. Sept. bis 18.30 Uhr

ÜBERNACHTEN

► Komfortabel

Les Blés d'Or
71460 Cormatin
Tel. 03 85 50 10 94
Fax 03 85 50 70 48
www.hotel-cormatin.com
Rustikales 3-Sterne-Hotel, das gleich gegenüber vom Schloss liegt

Umgebung von Cormatin

Chapaize St-Martin

Die ehemalige Prioratskirche St-Martin in Chapaize (5 km nordöstlich von Cormatin) gehört zu den schönsten frühromanischen Kirchen in Burgund. Errichtet wurde sie vermutlich im ersten Drittel des 11. Jh.s für die zukünftigen Mönche der Benediktinerabtei von Chalon-sur-Saône, die hier ihr Noviziat absolvierten. Nach einem Gewölbeeinsturz wurde St. Martin im 12. Jh. verändert, u. a. wurden die Langhauswände mit Strebepfeilern verstärkt. Der eher bescheidene Außenbau wird von einem 35 m hohen, über querrechteckigem Grundriss errichteten Turm dominiert. Das unterste der drei Geschosse zeigt lombardische Bögen. Das Mittelschiff trägt eine Spitztonne, nachdem die ursprüngliche Rundtonne eingestürzt war. Diesem Umbau fielen die Fenster des Mittelschiffs zum Opfer, das sein Licht heute ausschließlich über die Seitenschiffe erhält.

Besanceuil

Das malerische Dorf liegt 9 km westlich von Cormatin, seine Häuser gruppieren sich um ein Schloss aus dem 14. Jh. (nicht zu besichtigen). Die romanische Kirche ist mit einer hölzernen Vorhalle ausgestattet und wegen ihres Baudekors (innen und außen lombardische Bögen) bemerkenswert.

✶✶ Côte d'Or

P/Q 8 – 10

Département: Côte d'Or **Höhe:** 245 – 638 m ü. d. M.

Weinkennern läuft, wenn sie von Dijon nach Süden fahren, schon beim Anblick der Ortsschilder das Wasser im Mund zusammen, denn entlang der schmalen, lang gestreckten Hügelkette der Côte d'Or liegen die kleinen, aber für ihre Spitzenlagen weltberühmten Weinorte hintereinander aufgereiht.

Mekka des Weinbaus

Die Côte d'Or beginnt südlich von Dijon und endet rund 60 km weiter südwestlich bei Santenay, im Westen schließen sich die rund 200 m höher gelegenen Hautes-Côtes an. Die Weinberge sind häufig von hohen Steinmauern umgeben, ebenso die alten, um einen Hof herum angelegten Winzerhäuser. Die Landschaft ist überaus malerisch: Schroffe Kalkfelsen überragen alte Ortschaften, Wald wechselt mit Wiesen, durchflossen von Bächen mit kleinen Wasserfällen. Seit Jahrhunderten werden die großen Weinlagen an den sonnigen Osthängen kultiviert, die unterhalb einer bewaldeten Abbruchkante gegen die feuchten Westwinde geschützt liegen. Angebaut werden nur vier verschiedene Rebsorten: Pinot Noir und Gamay für Rotweine, Chardonnay und Aligoté für Weißweine.
Aufgrund der unterschiedlichen Bodenbeschaffenheit (Kieselerde, Kalk, Schiefermergel, Ton) sind die Weine von einer Gemeinde zur anderen und sogar manchmal von einem Weinberg zum nächsten bereits unterschiedlich.

Weinklassifizierung

Die Weine der Côte d'Or werden in vier amtlich festgelegte Qualitätsstufen eingeteilt: Die Spitzenklasse heißt **Grand Cru**, dazu zählen Gevrey-Chambertin, Morey-St-Denis, Chambolle-Musigny, Clos Vougeot, Flagey-Echézeaux, Vosne-Romanée, Ladoix-Serrigny, Aloxe-Corton, Pernand-Vergelesses, Puligny-Montrachet und Chassagne-Montrachet (die Doppelnamen entstanden aus der Kopplung von Gemeindename und Lagenname; climat = französisch

Weinlese ist oft noch Handarbeit, wie auch hier bei Aloxe-Corton.

CÔTE D'OR ERLEBEN

AUSKUNFT

Côte d'Or Tourisme
B. P. 1601
21035 Dijon
Tel. 03 80 63 69 49
Fax 03 80 49 90 97
www.cotedor-tourisme.com

ESSEN

► Fein und teuer

Hostellerie du Château de Bellecroix
Route Nationale 6
Chagny, Côte de Beaune
Tel. 03 85 87 13 86
Feinschmecker-Restaurant mit typisch burgundischer Küche in einem Schloss mit Park.

► Komfortabel

Le Chevreuil
Place Hôtel-de-Ville
Meursault, Côte de Beaune
Tel. 03 80 21 23 25
Fax 03 80 21 65 51
Schlichtes Äußeres, dafür sehr gute Küche zu günstigem Preis.

ÜBERNACHTEN

► Luxus

Les Charmes
10, Place Murger
Meursault, Côte de Beaune
Tel. 03 80 21 63 53
Fax 03 80 21 62 89
Sowohl klassisch als auch modern eingerichtete Zimmer mit Kamin. Pool im schattigen Park.

► Komfortabel

Hôtel-Restaurant du Parc
Place de l' Hôtel de Ville
Nolay, Côte de Beaune
Tel. 03 80 21 78 88
Fax 03 80 21 86 39
Traditionshotel mit Terrasse, Garten, gute Küche

► Günstig

Hôtel de l' Etoile
5, Place de la Libération
Nuits-Saint-Georges, Côte de Nuits
Tel. 03 80 61 04 68
Kleines Hotel mitten im Ort

für die Lage eines Weinbergs innerhalb eines Weinbaugebietes). Die besten Weine der besten Climats, die Grand-Cru-Weine, tragen auf ihrem Etikett nur den Namen ihrer Lage, nicht den ihrer Gemeinde. Auf sie folgt die Klasse der **Premier Cru** mit 500 Lagen, die über die ganze Côte verteilt sind. Diese Weine werden stets unter dem Namen der betreffenden Gemeinde, gefolgt vom Lagennamen oder einfach der Bezeichnung »Premier Cru« oder »1er Cru« verkauft. Die dritte Klasse umfasst die sogenannte **Villages- oder Communal-Weine**, die auf ihrem Etikett nur den Namen ihrer Herkunftsgemeinde oder ihrer Côte tragen, z. B. Pommard oder Aloxe-Corton. Einige Gemeinden haben jedoch das Recht, zusätzlich den Lagennamen in das Etikett aufzunehmen. Alle übrigen Weine der Côte d'Or werden unter den Namen ihres Bezirkes, den **Appellationen** (Ursprungsbezeichnungen) zusammengefasst: Bourgogne, Bourgogne Passe-Tout-Grain, Bourgogne Aligoté und Bourgogne Grand Ordinaire (auch Bourgogne Ordinaire).

Côte d'Or Orientierung

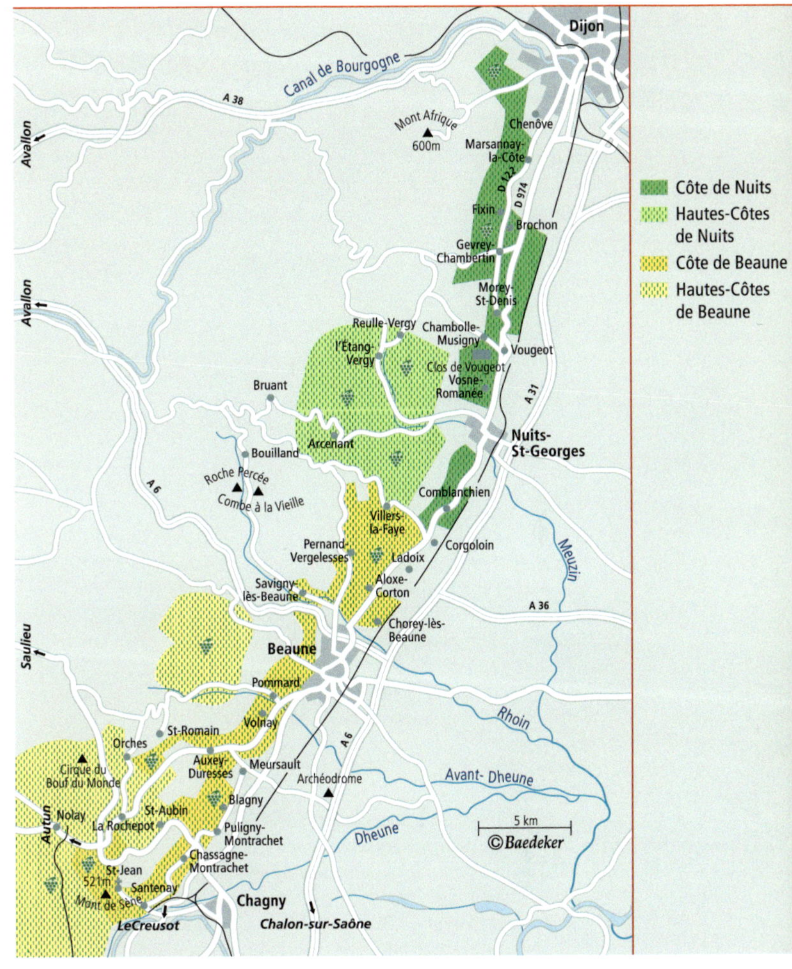

Côte de Beaune und Côte de Nuits

Die Côte d'Or ist zweigeteilt. Der südliche Teil nennt sich Côte de Beaune und der nördliche Côte de Nuits. Westlich schließen sich die Hautes-Côtes an. Alle großen Weißweine der Côte d'Or wachsen an der Côte de Beaune, daneben aber auch viele gute Rotweine. An der Côte de Nuits gedeihen vor allem Rotweine.

Vor Ort gibt es reichlich Gelegenheit, Weine direkt zu verkosten. Zahlreiche burgundische Winzer haben sich verpflichtet, Besucher herzlich auf ihrem Gut zu empfangen. Die Tafel »De vignes en caves« lädt dazu ein.

Highlights Côte d'Or

St-Romain
Pittoresker Ort in malerischer Felslandschaft gelegen
► Seite 219

La Rochepot
Das auf einem bewaldeten Felssporn gelegene Schloss erinnert an Neuschwanstein.
► Seite 219

Bout du Monde
Das »Ende der Welt« ist ein schattiges, liebliches Tal, das an einem Felshang mit Wasserfall endet.
► Seite 220 und Special Guide

Clos de Vougeot
Das berühmteste Weingut der Côte geht schon auf die Zisterzienser zurück.
► Seite 222

✶ Côte de Beaune

Lage Die Côte de Beaune reicht von Aloxe-Corton über Beaune bis nach Santenay. Im Folgenden werden die Weinorte von Norden nach Süden beschrieben.

Aloxe-Corton Der Name des Dorfes Aloxe-Corton (6 km nördlich von ► Beaune) geht auf Karl den Großen zurück, der hier einen Weinberg besessen haben soll. Sein Name lebt im Corton-Charlemagne, einem berühmten Weißwein weiter. Ansonsten werden hier vor allem Rotweine hergestellt.

Savigny-lès-Beaune Das von Türmen flankierte Schloss von Savigny inmitten eines weitläufigen Parks wird noch immer von einem Graben umgeben. Seine Geschichte lässt sich bis ins 14. Jh. zurückverfolgen, erhebliche Veränderungen nahm die Besitzerfamilie Bouhier im 17. Jh. vor. Damals wurde auch das sogenannte kleine Schloss errichtet, in dem heute die Weine des Schlossgutes verkostet werden. Im Hauptgebäude wird eine **Sammlung von Motorrädern** präsentiert, im Park stehen einige Jagdflugzeuge (Öffnungszeiten: 15. April bis Okt. tgl. 9.00 – 18.30, sonst 9.00 – 12.00, 14.00 – 17.30 Uhr außer 1. Hälfte Januar; letzter Einlass 1,5 Std. vor Schließung).

Pommard Der Name des kleinen Dorfes geht auf Pomona zurück, eine römische Göttin, der hier ein Tempel geweiht war. Die berühmten Rotweine des Ortes, die zu den besten der Côte gehören, wurden schon von Heinrich IV. und Ludwig XV. sowie den Dichtern Ronsard und Hugo besonders geschätzt. Im Schloss von Pommard kann man sich selbst diesbezüglich eine Meinung bilden, außerdem erhält man in einem Ambiente des 18. Jh.s umfangreiche Erläuterungen zum Thema Wein (Öffnungszeiten: April bis Nov. 9.30 – 18.30 Uhr, www.chateau-de-pommard.com).

Meursault

In Meursault wird sowohl ein hervorragender Rot- als auch ein überdurchschnittlicher Weißwein erzeugt. In der Ortsmitte steht die Kirche St-Nicolas mit ihrem 53 m hohen gotischen Glockenturm. Chor und Querhaus gehen auf das 15. Jh. zurück, das Schiff wurde im 19. Jh. als dreischiffige Halle erneuert. Ebenfalls an der Place de l'Hôtel de Ville befindet sich das ehemalige Schloss von Meursault, das 1337 gebaut wurde und heute das Bürgermeisteramt beherbergt. Man erkennt es an den farbig glasierten Dachziegeln. Mit der Paulée, einem **Weinfest**, an dem auch ein Literaturpreis vergeben wird – der Gewinner erhält 100 Flaschen Meursault –, endet hier am dritten Montag im November der letzte Teil der »Trois Glorieuses de Bourgogne« (►unten, Clos de Vougeot).

St-Romain

Eine Abwechslung zu den Weinorten im Tal bildet St-Romain, 6 km westlich von Meursault. Der aus einer Ober- und Unterstadt bestehende Ort besticht durch seine Lage in einer malerischen Felslandschaft. Funde in den Grotten gehen bis in die Moustérien-Zeit zurück. In St-Romain-le-Haut sind noch die Ruinen einer mittelalterlichen Burg der Burgunderherzöge zu sehen.

La Rochepot

Das weithin sichtbare Schloss von Rochepot ist berühmt, obwohl es seine Anziehungskraft eher der malerischen Lage und dem romantischen Anblick verdankt als seinem historischen oder kunsthistorischen Wert. Die türmereiche Anlage mit ihrem bunt glasierten Dach erhebt sich auf einem dreieckigen, bewaldeten Felssporn, dessen Form sie ziemlich genau folgt. Eine erste Burg an dieser verkehrsgünstig gelegenen Stelle soll ins Ende des 12. Jh.s zurückgehen. 1403 gelangte sie durch Kauf in den Besitz der Familie Pot, die am Hof von Burgund nicht ohne Einfluss war. Régnier Pot, Kammerherr Philipps des Kühnen, ließ zunächst einen 70 m tiefen Brunnen graben. Unter seinem Sohn und seinem Enkel Philippe Pot (1428 bis 1494, Botschafter der Herzöge in England) wurden die Arbeiten fortgesetzt. Später wechselte Rochepot häufig die Besitzer, bis es während der Revolution nach und nach zerstört und schließlich als Steinbruch verkauft wurde. Erst als die Witwe des französischen Präsidenten Carnot die Ruine 1893 kaufte, wurde sie wieder beachtet. Der Architekt Charles Suisse wurde mit der Wiederherstellung beauftragt, die 1926 abgeschlossen werden konnte. Alle wesentlichen Bauteile gehen in die Epoche des Wiederaufbaus zurück  (Öffnungszeiten: tgl außer Di. Juli / Aug. 10.00 – 18.00, April bis Juni, Sept. 10.00 – 17.30, Okt. 10.00 – 12.00, 14.00 – 16.30 Uhr).

Die romanische Kirche stammt im Wesentlichen aus dem 12. Jh., im 15. Jh. wurde der Turm hinzugefügt. Das breite Mittelschiff überspannt ein Holzdachstuhl. Kreuzförmige Pfeiler, denen zum Mittelschiff hin kannelierte Pilaster vorgelegt sind, erinnern an Cluny. Von besonderem Interesse sind die mit Autun in Verbindung stehenden Figurenkapitelle sowie ein Triptychon des aus Dijon stammenden Malers Quentin (16. Jh.).

Nolay Das lebhafte Städtchen Nolay, Geburtsstadt von Lazare Carnot (Mathematiker und Staatsmann; 1753 – 1823), bietet ein schönes Ortsbild mit einer Markthalle aus dem 14. Jh. und einer Kirche aus dem 16./17. Jahrhundert.

✶ Bout du Monde ► Von hier aus bietet sich ein Ausflug zum sogenannten Ende der Welt an, einer Schlucht mit einem Wasserfall am Ende.

Santenay Der in ein Felshalbrund eingebettete Weinort Santenay unterhalb des Mont de Sène, besitzt eine sehenswerte alte Kirche mit Holzvorhalle, einem romanischen Portal und einem Schiff aus dem 13. Jahrhundert. Auf dem das Dorf überragenden Felsplateau (521 m; lohnende Sicht) konnte eine Nekropole nachgewiesen werden, die von der Jungsteinzeit bis zum 4. Jh. benutzt wurde. Außerdem wurden die Fundamente eines Merkurtempels freigelegt. Das Schloss ist nur Gruppen zugänglich. Die alte Ortsmühle, Moulin Sourine, nimmt an Wochenenden ihren Betrieb für Besucher auf.

! *Baedeker* TIPP

Genuss ohne Reue

Eine Weinprobe genießen, ohne den Führerschein zu riskieren? Es gibt zahlreichen geführte Touren mit Besichtigung von Weingütern und Weinkellern und zwar mit dem Minibus, der Kutsche oder per Pedes (Infos bei den Tourismusbüros entlang der Côte).

✶ Côte de Nuits · Route des Grands Cru

Lage Die nach Nuits-St-Georges benannte Côte de Nuits bildet den nördlichen Teil der Côte d'Or. Sie beginnt im südlich von Dijon gelegenen Fixin und erstreckt sich bis nach Corgoloin. Auf ihren Osthängen gedeihen auf einem höchstens 800 m breiten Streifen fast ausschließlich Pinot-Noir-Reben.

Combes Quer zum Haupthang der Côte verlaufen die Combes, kleine, oft malerische, von bizarren Kalkfelsen gebildete Schluchten. Diese Trockentäler – die Bäche, die sie einst schufen, haben sich in dem durchlässigen Kalkgestein längst neue Wege gesucht – bieten von den Dörfern aus, die stets an ihrem Ausgang liegen, den einfachsten Zugang zum Plateau. Die Hautes-Côtes-de-Nuits sind landschaftlich durchaus reizvoll und lohnen einen Abstecher.

Die Beschreibung der Côte de Nuits folgt der »Route des Grands Crus« (Straße der großen Weine, D 122) von ►Dijon nach Vougeot.

Fixin, Fixey Bekannt wurde Fixin durch die Napoleon-Verehrung eines ehemaligen Kapitäns der kaiserlichen Garde, Claude Noisot, der den nach ihm benannten Park anlegen ließ. Im Park steht ein Bronzedenkmal Napoleons von François Rude (1784 – 1855). Im ehemaligen Wohnhaus von Noisot, der im Park auch begraben wurde, befindet sich ein kleines Museum, das an den Kaiser sowie an Francois Rude erinnert. Das Ende der kleinen Schlucht wurde im

Noch ruht der Kaiser tief eingehüllt in seinen Laken, doch François Rude nennt seine Skulptur »Die Auferstehung Napoleons«.

Gedenken an Napoleons Herrschaft der Hundert Tage in hundert Stufen gefasst. Die am Ortsrand gelegene Kirche St-Martin geht auf das 14. Jh. zurück, wurde später jedoch stark verändert. In der Ortsmitte befindet sich ein imposantes Waschhaus von 1827. Die kleine Kirche des benachbarten Fixey stammt aus dem 10. Jh. und ist wohl die älteste Kirche der Côte d'Or (Öffnungszeiten Parc Noisot in Fixin: 15. April bis 15. Okt. Sa., So. 14.00 – 18.00 Uhr).

Gevrey-Chambertin

Gevrey-Chambertin liegt am Ausgang der malerischen Combe Lavaux. Es verdankt seinen Doppelnamen der Verknüpfung des Gemeindenamens Gevrey mit dem seiner bedeutendsten Weinlage, dem Chambertin. Die Nähe zu Dijon ließ Gevrey seit den 1950er-Jahren stark anwachsen, inzwischen zählt es 3200 Einwohner. Im oberen Ortsteil steht inmitten von Weinbergen eine Burg. Sie war im 10. Jh. von den Herren von Vergy errichtet und im 13. Jh. den Cluniazensern zur Gründung eines Priorats überlassen worden. Sie errichteten einen Vierflügelbau, von dem jedoch nur ein Trakt die Religionskriege überstand (Besichtigung nur nach Anfrage: www.chateau-de-gevrey-chambartin.com, Tel. 03 80 34 36 77).

Abstecher auf die Hautes-Côtes

Ein Ausflug auf die Hautes-Côtes ist eine gute Alternative zum Trubel an der Weinstraße. Reulle-Vergy war einst Sitz eines bedeutenden Geschlechts, dessen Burg auf dem lang gestreckten Hügel oberhalb des heutigen Dorfes stand. 1609/10 wurde sie auf Befehl Heinrichs IV. fast vollständig geschleift, daher sind heute nur noch geringe Mauerreste zu sehen. Der kurze, steile Aufstieg wird mit einem weiten Blick über die Umgebung belohnt. Wer möchte, kann nun den Weg auf dem Kamm des Hügels nach Curtil-Vergy fortsetzen. Unterwegs passiert man die Ruine des im 9. Jh. gegründeten Benediktinerklosters St-Vivant.

Die Kirche St-Saturnin (auf halber Höhe zwischen Reulle-Vergy und der Burg) stammt bis auf einige spätere Veränderungen aus dem 12. Jahrhundert. Auf dem umgebenden Friedhof wurden Gräber aus der Merowingerzeit gefunden. Im Rathaus in der Ortsmitte ist im Erdgeschoss das Waschhaus untergebracht.

! *Baedeker* TIPP

Giganten aus Eiche

Beeindruckend sind die beiden Pressen, die den Herzögen von Burgund einst zur Herstellung ihrer Weine dienten. Sie stehen im Städtchen Chenôve (südlich von Dijon) und können gratis besichtigt werden. Die Giganten aus Eiche waren mehr als 500 Jahre – bis 1926 – im Einsatz. Mit einem Druck von 20 Tonnen produzierten sie täglich 23 000 Liter Traubensaft, der zur Weiterverarbeitung in die darunter liegenden Keller floss (Öffnungszeiten: Juli, Aug. So. 10.00 – 12.00, 14.00 – 18.00 Uhr).

★ **Clos de Vougeot**

Ein wenig westlich der Route des Grands Crus liegt Clos de Vougeot, vielleicht **das berühmteste Weingut Burgunds**. Es wurde von Zisterziensern aus dem nahen Cîteaux (►unten) im 12. Jh. erbaut und bewirtschaftet. Ursprünglich bestand das Gut nur aus Zweckbauten, 1551 wurden im Auftrag von Abt Jean Loisier die Renaissanceflügel errichtet. Während der Revolution wurde der Weinberg Nationaleigentum und in einzelnen Parzellen verkauft, das Schloss dem Verfall preisgegeben. Seit 1944 befindet es sich im Besitz der Confrérie des Chevaliers du Tastevin. Die aus dem 16. Jh. stammende zweigeschossige Hauptfassade des Weingutes wird von zwei eckigen Türmen flankiert. Durch ein Rundbogenportal gelangt man in den Innenhof, der von Wirtschaftsgebäuden aus dem 12./13. Jh. und von zwei erneuerten Flügeln gerahmt wird (Öffnungszeiten: tgl. April bis Sept. 9.00 – 18.30, Okt. bis März 9.00 – 11.30, 14.00 – 17.30, Sa. bis 17.00 Uhr).

Nuits-Saint-Georges

2 km südlich am Meuzin liegt Nuits-St-Georges, mit 5600 Einwohnern größte Stadt an der Côte de Nuits. Es unterstand früher den Herren von Vergy und wurde 1362 befestigt. Natürlich spielt der Weinhandel eine überragende Rolle in Nuits, außerdem werden hier Fruchtsäfte, vorwiegend aus Produkten der Hautes-Côtes, hergestellt. In der Ortsmitte stehen einige Häuser aus dem 17./18. Jh. und ein Turm aus dem 17. Jh.; im Rathaus ist das Stadtmuseum mit vielen

Ein Mekka für Weinliebhaber aus aller Welt: Château du Clos de Vougeot

HOCH DIE TASSEN!

Seit 70 Jahren versammelt sich im Château du Clos de Vougeot eine illustre Weinkennerrunde, La Confrérie des Chevaliers du Tastevins, um feierlich den großen Jahrgängen des Burgunderweins zu huldigen.

Anlass für die Gründung der Weinbruderschaft in Nuits-St-Georges im Jahr 1934 war die Suche nach einem Ausweg aus der Absatzkrise des Burgunderweins. Trotz exzellenter, sogenannter Jahrhundertweine 1929, 1933 und 1934 stagnierte der Weinverkauf, weil infolge der Weltwirtschaftskrise vor allem die amerikanischen, britischen und belgischen Kunden ausblieben. Georges Faiveley und Camille Rodier hatten die Idee, über private Verbindungen im Rahmen eines exklusiven Clubs die Burgunderweine einer zahlungskräftigen Klientel schmackhaft zu machen. Dabei griffen sie auf die **Tradition der Bacchus-Bruderschaften** des 17./18. Jh.s zurück, die in ihren Versammlungen Weinverkostung mit Unterhaltung verbunden hatten. Nach den Anfangserfolgen unterbrach der Zweite Weltkrieg die Aktivitäten der sogenannten Chevaliers du Tastevins. Erst nach 1945 und mit Übersiedlung in das 1949 erworbene Château du Clos de Vougeot begann die Arbeit der Weinritter Früchte zu tragen. Mittlerweile gehören weltweit einige Zehntausend Mitglieder zu diesem Privatclub. Sie kommen in mehreren Kapitelsitzungen und festlichen Tafelrunden im Jahr zusammen, u. a. am letzten Januarwochenende zur »St-Vincent Tournante« sowie am dritten Novemberwochenende zu den »Trois Glorieuses« in Vougeot, Beaune und Meursault. Zum Kennzeichen ihrer Mitgliedschaft tragen die Chevaliers ein rotgelbes Ordensband mit einer Weinschale. Mit diesem Metallschälchen, das in kurzer Zeit das mit Sauerstoff angereicherte Weinbukett zur Entfaltung bringt, wurden seit altersher die Fassweine verkostet. Die Chevaliers sind aber nicht nur genussvolle Weintrinker, sondern betreiben das ganze Jahr über **Qualitätskontrollen** in Burgund. Ausgewählte Weine dürfen daher das Wappensiegel der Bruderschaft tragen. Die Mitgliedschaft ist übrigens nicht gar so schwierig zu erlangen, vorausgesetzt, der Neuling findet zwei Chevaliers, die für seinen Charakter bürgen. Mit der Eröffnung einer Commanderie in Mauritius und Singapur im Jahr 2000 hat der Burgunderwein sogar dort seine Fürsprecher gefunden.

archäologischen Funden untergebracht (Rue Camille Rodier; Öffnungszeiten: 2. Mai bis Okt. tgl. außer Di. 10.00 – 12.00, 14.00 bis 18.00 Uhr).

Cassissium ► 2001 hat der Likörhersteller Vedrenne der Johannisbeere und ihrer Verarbeitung ein eigenes Museum gewidmet, das Cassissium (Avenue du Jura; Öffnungszeiten: April bis 19. Nov. tgl. 10.00 – 11.30, 14.00 – 17.30, sonst nur Mo. – Sa. und bis 16.00 Uhr).

Abstecher Abbaye Cîteaux

Mit allzu großen Erwartungen, die der Name Cîteaux selbstverständlich weckt, sollte man nicht in den **Gründungsort des Zisterzienserordens** fahren, denn die Reste der glorreichen Vergangenheit sind hier noch spärlicher als in Cluny. Allerdings hat in Cîteaux eine ausgesprochen rege Mönchsgemeinschaft mit heute ungefähr 35 Mitgliedern das Erbe des hl. Bernhard angetreten.

! *Baedeker* TIPP

Bon appétit!

Hinter einer schlichten Fassade in dem kleinen Weindorf Flagey-Echézeaux 3 km südöstlich von Vougeot leitet François Simon einen sympathischen Familienbetrieb. Unter anderem gibt es burgundische Küche, sowohl bodenständig als auch raffiniert, und eine ausgesuchte Weinkarte – und das alles bei noch durchaus moderaten Preisen (Menüs 36 bis 50 Euro, Restaurant Simon, Place de l'Eglise, Flagey-Echézeaux, Ruhetage So.abends und mittwochs, Tel. 03 80 62 88 10, www.restaurant-simon.fr).

Robert von Molesme, ein ehemaliger Benediktinerabt von Cluny, hatte 1098 im Wald von Cîteaux das »novum monasterium« gegründet, wo die Mönche sich wieder ganz auf die Regel des hl. Benedikts besinnen wollten (► Baedeker Special S. 252). Eine erste Kirche wurde 1106 geweiht, zwei weitere folgten. Im Jahr 1112 trat der hl. Bernhard in Cîteaux ein, das er jedoch schon drei Jahre später wieder verließ, um das Kloster Clairvaux zu leiten.

Von der einstigen Bedeutung von Cîteaux, das vor allem im 12. Jh. **Keimzelle und Mittelpunkt eines Netzes von Klöstern** in ganz Europa war, zeugen nur noch spärliche Reste. Die eigentliche Zerstörung leiteten die Mönche von eigener Hand ein. 1760 ließen die vierzig letzten verbliebenen Zisterzienser die mittelalterlichen Mauern abreißen. Nicht etwa, um ein kleineres Kloster zu errichten, sondern um einen klassizistischen Neubau gigantischen Ausmaßes folgen zu lassen. Ausgeführt wurde davon lediglich der noch bestehende Nordflügel. Die Französische Revolution löschte die materielle Vergangenheit der Abtei aus. 1790 wurde der Orden aufgehoben und die Anlage verkauft, wodurch das Zerstörungswerk vollendet wurde. Seit 1898 wird Cîteaux wieder von Mönchen bewohnt, 1902 erhielt es den Rang des Mutterklosters des Ordens zurück. An älteren Gebäuden blieben lediglich eine (nicht mehr als solche dienende) Kapelle (evtl. 12. Jh.), ein Bibliotheksbau des 15. Jh.s und einige Arkaden des gotischen Kreuzgangs erhalten (Besichtigung: täglich gibt es Führungen außer Mo. und in der Nebensaison auch Fr.).

★ Le Creusot

N 11

Département: Saône-et-Loire **Einwohnerzahl:** 26 000
Höhe: 347 m ü. d. M.

Kontrastprogramm bietet ein Besuch in Le Creusot, dem alten industriellen Zentrum Burgunds. Kohlevorkommen legten den Grundstein zur Metallindustrie, die bis in vorrevolutionäre Zeiten zurückgeht, ebenso eine Kristallmanufaktur von Marie-Antoinette.

Neues Antlitz für die Industriestadt

Ein Abstecher nach Le Creusot lohnt sich, zumal in den letzten Jahren viel zur Aufwertung der Stadt und ihrer Umgebung unternommen wurde. Im Stadtbild schlägt sich dies vor allem am **Espace François Mitterrand** nieder, der im Herbst 2005 eingeweiht wurde. Drei moderne Bauten, davon zwei für kulturelle Veranstaltungen, umgeben das neue »Herz der Stadt« – Creusot hatte bis dato kein wirkliches Zentrum. Bleibt abzuwarten, wie das derzeit noch etwas kühl wirkende Areal von der Bevölkerung angenommen wird.

Geschichte

1782 wurde in Creusot die »Fonderie royale de Montcenis« gegründet, in der hauptsächlich Kanonen hergestellt wurden. Eine zweite Manufaktur erhielt die Stadt fünf Jahre später durch die Verlegung der Kristallmanufaktur Marie Antoinettes von Sèvres nach Creusot. Die Industrialisierung setzte in Le Creusot 1836 mit der Ankunft der Brüder Joseph-Eugène und Adolphe Schneider ein. Entsprechend dem Wachstum der Firma Schneider entstanden Arbeitersiedlungen, soziale und religiöse Einrichtungen. Le Creusot wuchs zu einem Zentrum der Metall- und Rüstungsindustrie Frankreichs heran und blieb unter der »Dynastie« Schneider (bis 1960) völlig auf diesen Industriezweig beschränkt. Von 1970 bis 1984 wurde unter dem Namen Creusot-Loire produziert, dann wurde der Konzern geteilt.

Sehenswertes in Le Creusot und Umgebung

Château de la Verrerie

In der ehemaligen Kristallmanufaktur befindet sich seit 1972 das Ecomusée de l'homme et de l'industrie. 1787 war das Gebäude nach Plänen von Barthélemy Jeanson errichtet worden, um die Königliche Kristallmanufaktur aufzunehmen. Nach 1837 ließ dann die Unternehmerfamilie Schneider die Gebäude zum Familienwohnsitz umbauen. Seit 1970 ist die Stadt Eigentümerin des Château de la Verrerie. Die drei Flügel der ehemaligen Manufaktur sind hufeisenförmig um einen Ehrenhof angelegt. Die beiden konischen Bauten an beiden Enden der Seitenflügel sind ehemalige Schmelzöfen. Im linken ließ die Familie Schneider eine Kapelle einrichten (heute Ausstellungsraum), der rechte nahm ein Theater auf, eine Nachbildung des Petit Trianon in Versailles. Das **Museum** stellt die Geschichte des Schlosses dar und gibt einen Überblick über die Geschichte und

LE CREUSOT ERLEBEN

AUSKUNFT

Office de Tourisme
Château de la Verrerie
71200 Le Creusot
Tel. 03 85 55 02 46
Fax 03 85 80 11 03
www.creusot.net

ESSEN / ÜBERNACHTEN

► Erschwinglich

La Belle Epoque
7, Place Schneider
Tel. 03 85 73 00 00
Fax 03 85 73 00 10
Gepflegtes Haus an einem zentralen Platz. Das Restaurant bietet Menüs und schmackhafte Bistroküche sowie leckere Salate.

► Preiswert

Le Bourgogne
2, Rue de la Verrerie
Tel. 03 85 80 32 02
Fax 03 85 80 07 30
An der Ecke zur Place Schneider gelegen. Renovierte Zimmer, Restaurant, gute Brasserie. Trotz zentraler Lage relativ ruhig.

Entwicklung der Region, insbesondere seit dem 18. Jahrhundert (Öffnungszeiten: Juli und Aug. tgl. 10.00 – 12.00, 13.00 – 18.00, Sa., So. 14.30 – 18.30, sonst tgl. außer Di. 10.00 – 12.00, 14.00 – 18.00, Sa., So. 14.00 – 18.00 Uhr).

Parc de la Verrerie ► Hinter dem Museum erstreckt sich ein 28 ha großer Park mit Freizeitanlagen (Spielgeräte, Schwimmbad, Tiergehege).

Marteau-Pilon Ein 100-Tonnen-Dampfhammer des Ingenieurs Boudon von 1876 fand auf dem Carrefour du-Huit-Mai Aufstellung. Er gilt als Wahrzeichen von Le Creusot und markiert den Südeingang der Stadt.

Gourdon 25 km südlich von Le Creusot liegt Gourdon weithin sichtbar auf einem Hügel. Bis ins 16. Jh. befand sich hier ein Benediktinerpriorat, an das die sehenswerte Klosterkirche Notre-Dame vom Anfang des 12. Jh.s erinnert. Der schlichte Außenbau wird von dem 1889 erneuerten Vierungsturm überragt. Die Kirche folgt mit ihrem dreischiffigen Langhaus, einem weit vorspringenden Querhaus, Chorjoch und drei halbrunden Apsiden im Osten einem gängigen Schema. Beim Bau von Notre-Dame scheint man sowohl der älteren burgundischen Tradition als auch Einflüssen aus ► Cluny gefolgt zu sein (u. a. in der Spitztonne im Chorjoch). Die kreuzförmigen Pfeiler und die Verwendung der Kreuzgewölbe im Mittelschiff deuten nach Anzy-le-Duc. Ungewöhnlich ist der dreigeschossige Wandaufriss mit Arkadenzone, Blendtriforium und Obergaden. Die Kirche besitzt zahlreiche Figurenkapitelle, die noch recht archaisch anmuten. Fresken, die vermutlich aus der ersten Hälfte des 12. Jh.s stammen, zeigen in der Apsis Christus in der Mandorla und an den Seitenwänden Szenen aus dem Marienleben sowie Aposteldarstellungen.

(Randnotiz: ★ Notre-Dame ►)

★ **Mont-St-Vincent**

Der malerische, über 600 m hoch gelegene Ort (28 km südlich von Creusot) bietet eine herrliche Aussicht auf den Morvan, das Mâconnais und das Charolais. Ein Aussichtspunkt mit Orientierungstafel befindet sich bei dem Fernsehturm, zu dem kurz vor dem Ortseingang ein Fußweg hinaufführt. Am Ortsende des hübschen Dorfes St-Vincent steht eine romanische Kirche. Sie stammt im Wesentlichen aus dem ausgehenden 11. Jh. und war ein Klosterableger von Cluny. Im Westen ist eine Vorhalle angefügt, die ein Portal mit interessantem Skulpturenschmuck (Christus in der Mandorla zwischen zwei Gestalten mit Gloriole) besitzt. Quertonnen überwölben das Mittelschiff; diese selten angewandte Deckenform findet sich auch im nicht weit entfernten ►Tournus.

★★ Dijon

2 +4

R 7/8

Département: Côte d'Or **Einwohnerzahl:** 153 000
Höhe: 245 m ü. d. M.

Da Dijon im Nordosten der Region liegt, besuchen es viele Urlauber gleich am Beginn ihrer Reise – ein glanzvoller Auftakt und ein guter Einstieg zum Verständnis Burgunds.

Hauptstadt Burgunds

Dijon war schon immer ein Verkehrsknotenpunkt, da sich hier die Ost-West-Verbindung – durch die Burgundische Pforte – und die Nord-Süd-Verbindung durch das Rhône- und Saône-Tal kreuzen. Die ehemalige Residenzstadt der Großen Herzöge ist heute Sitz der Präfektur des Départements Côte d'Or, Hauptstadt der Region und Zentrum von ihrem bedeutendstem Wirtschaftsgebiet. Und, nebenbei bemerkt, ist Dijon auch ein Höhepunkt jeder Burgundreise!

6. Jh.	Erste Erwähnung der Stadt
Anfang des 11. Jh.s	Dijon fällt an das Herzogtum Burgund.
1137	Ein Feuer verwüstet die gesamte Stadt.
1361 – 1477	Zeit der vier großen Herzoge
Seit 1479	Niedergang als Provinzhauptstadt
1631	Beginn einer zweiten kulturellen Blüte
1731	Dijon wird Hauptstadt des Bistums.
Mitte des 20. Jh.s	Dijon wird Hauptstadt der Region Burgund.

Geschichte

Keimzelle der Stadt war das Castrum Divionense, ein römisches Militärlager, das an der Straße von Lyon nach Mainz lag. Im 3. Jh. wurde es mit einer Mauer umgeben. Gregor von Tours, dessen Onkel Bischof von Langres war, erwähnt die Stadt im 6. Jh. unter dem Namen Divio. 737 wurde Dijon von den Sarazenen, 888 von den Normannen verwüstet. König Robert II. (der Fromme) kaufte Dijon 1015 dem Bischof von Langres ab, dem die Stadt lange unterstanden hatte. Der König schlug sie zum Herzogtum Burgund, zu dessen Hauptstadt sich Dijon nach und nach entwickelte.

Nach einem Stadtbrand 1137 wurde Dijon wieder aufgebaut und bei dieser Gelegenheit wesentlich vergrößert. 1361 fiel die Stadt mit dem Herzogtum an den französischen König Johann II. (der Gute), der sie an seinen Sohn, Philipp den Kühnen, weitergab. Mit ihm, dem ersten der »großen Herzöge«, der Grands Ducs d'Orient aus dem Haus Valois (1361 – 1477), begann die erste Blütezeit. Dijon wurde die **Hauptstadt eines der bedeutendsten Territorialstaaten Europas** und glanzvoll ausgebaut. Dazu zogen die Herzöge die Künstlerelite verschiedener Länder heran.

Nach dem Tod Karls des Kühnen (1477) fiel Dijon wie das übrige Herzogtum an die französische Krone. König Ludwig XI. bestätigte zwar die städtischen Privilegien, doch besaß Dijon nur noch den Rang einer Provinzstadt. Ludwig ließ die Stadtmauer erneuern und eine Festung errichten. Dennoch retteten 1513, als die Stadt von einer erheblichen Übermacht schweizerischer, deutscher und freigrafschaftlicher Heere belagert wurde, nur Verhandlungen die Einwohner von Dijon. Die Gouverneure der Bourgogne kamen von

Die Place Rude zeigt eine von vielen malerischen Seiten der ehemaligen Residenzstadt.

Dijon *Orientierung*

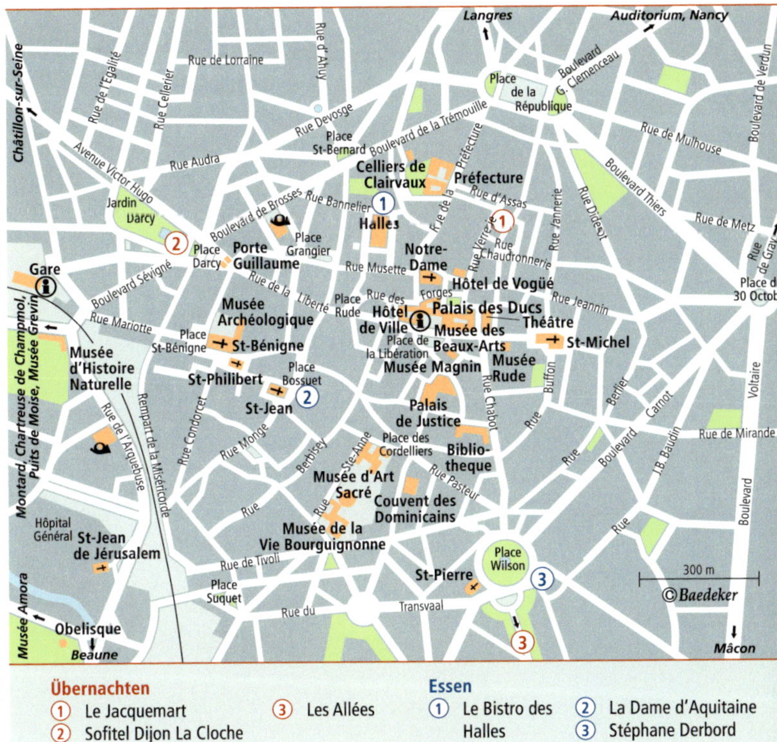

1631 bis zur Revolution aus der Familie Condé. In diese Zeit fällt eine zweite kulturelle Blüte der Stadt, die noch heute an den zahlreichen Hôtels, den Stadtpalästen des Adels und der Parlamentarier, abzulesen ist. 1731 wurde Dijon Hauptstadt des Bistums und im Gefolge der Französischen Revolution Präfektur des Départements Côte d'Or. 1832 kam hier Gustave Eiffel zur Welt, Erbauer des gleichnamigen Turmes in Paris (gestorben 1923).

Wirtschaft

Dijon war aufgrund seiner Lage immer eine wohlhabende Stadt. Die Entwicklung der modernen Verkehrsmittel bestätigte seine Rolle als Knotenpunkt: Seit den 1830er-Jahren erhielt Dijon neue Impulse durch den Canal de Bourgogne, wenig später kam der Anschluss an das Eisenbahnnetz. Inzwischen verfügt Dijon über Zubringer zur Autobahn nach Paris und Marseille, es ist an das TGV-Netz angeschlossen und besitzt im rund 8 km südöstlich vom Zentrum gelegenen Longvic einen Flughafen. In der breit gefächerten Industrie spielt die Lebensmittelherstellung eine wichtige Rolle.

DIJON ERLEBEN

AUSKUNFT

Office de Tourisme
15, Cour de la Gare und
11, Rue des Forges, 21022 Dijon
Tel. 08 92 70 05 58 (0,34 €/Min.)
www.visitdijon.com

PASS DIJON – CÔTE DE NUITS

Für 1 – 3 Tage für 18 bis 45 €. Umfasst öffentliche Verkehrsmittel, viele Museen und Führungen in Dijon und Umgebung.

PARKEN

Das Zentrum von Dijon ist klein und gut zu Fuß zu besichtigen. Man parkt am besten außerhalb des Boulevardrings und fährt mit den kostenlosen Minibussen »Diviaciti« in die Innenstadt (Mo. – Sa. 7.00 – 20.00 Uhr).

STADTBESICHTIGUNG

Von Mai bis Sept. finden tgl. außer So. um 11.00 Uhr ab Place Darcy geführte Stadtbesichtigungen statt. Sie sind zweisprachig (franz. und deutsch oder engl.) und kosten 6 Euro pro Person.

Folgen Sie der Eule!

Die glücksbringende kleine Eule von Notre-Dame ist das Logo eines markierten Rundgangs durch Dijon. Bronzenägel im Boden weisen den Weg, eine deutschsprachige Broschüre gibt Erläuterungen. Sie ist für 2,50 Euro im Office de Tourisme erhältlich.

EINKAUFEN

Natürlich darf der berühmte Dijoner Senf bei einem Einkauf nicht fehlen. Man findet ihn z. B. bei Maille (►S. 240). Süßes wie Honig aus dem Morvan, Anispastillen aus Flavigny, Konfekt aus Nevers oder Dijoner Lebkuchen, verkaufen u. a. Geschäfte in der Rue Liberté und Umgebung, etwa bei Mulot & Petitjean.

ESSEN

► Fein und teuer

③ ***Stéphane Derbord***
10, Place Wilson, Tel. 03 80 67 74 64
Französische Nouvelle Cuisine, So., Mo. geschl.

► Erschwinglich

① ***Le Bistro des Halles***
10, Rue Bannelier, Tel. 03 80 49 94 15
Volkstümliches vom Sternekoch
►Baedeker Tipp S. 238

② ***La Dame d'Aquitaine***
23, Place Bossuet, Tel. 03 80 30 45 65
Spezialitäten aus dem Südwesten Frankreichs, serviert in einem heimeligen Gewölbekeller in der Altstadt.

ÜBERNACHTEN

► Luxus

② ***Sofitel Dijon La Cloche***
14, Place Darcy, Tel. 03 80 30 12 32
www.hotel-lacloche.com
Exquisites, zentral gelegenes Stadthotel, das trotz der Größe noch eine angenehme Atmosphäre bietet. Gutes Restaurant.

► Komfortabel

① ***Le Jacquemart***
32, Rue Verrerie, Tel. 03 80 60 09 60
www.hotel-lejacquemart.fr
Angenehmes Hotel in der Altstadt mit individuell eingerichteten Zimmern in einem Haus aus dem 17. Jahrhundert.

③ ***Les Allées***
27, Cours Général-de-Gaulle
Tel. 03 80 66 57 50, Fax 03 80 36 24 81
www.hotelallees.com
Zentrale, dabei ruhige Lage in einem schattigen Park aus dem 18. Jahrhundert. Komfortable Zimmer bei gutem Preis-Leistungsverhältnis. Privater Parkplatz.

Highlights Dijon

Musée des Beaux-Arts im Herzogspalast
Der größte Schatz des Museums sind die Herzogsgräber mit ihren prunkvollen Sarkophagen.
► Seite 233

Rue des Forges
In dieser Straße reihen sich die schönsten Hôtels der Stadt aneinander.
► Seite 236

Notre-Dame
Das frühgotische Gotteshaus erstaunt durch seine Raffinesse und seine enorme Einheitlichkeit.
► Seite 237

Kathedrale St-Bénigne
Die Krypta der Kirche ist in Frankreich einzigartig.
► Seite 241

Sehenswertes in Dijon

Hôtels

Die Altstadt von Dijon ist berühmt für eine stattliche Anzahl Hôtels. Das Spektrum reicht von einigen gotischen Steinhäusern über Fachwerkhäuser des 15. bis 17. Jh.s bis zu Hôtels der Renaissance und Gebäuden des 17. und frühen 18. Jh.s. (Stil Ludwig XIV.). Eine Besonderheit bilden die Bauten, die in Anlehnung an Arbeiten des Dijoner Bildschnitzers und Architekten **Hugues Sambin** (1518 – 1601) entstanden sind. Sie fallen durch ihr reiches Baudekor mit Hermenfiguren, Giebeln, Kartuschen, Blattranken und Girlanden aller Art, mit Masken und Köpfen auf, was im Ganzen manieristisch wirkt.

★ Palais des Ducs et des Etats de Bourgogne

Place de la Libération

Mittelpunkt der Stadt ist die halbkreisförmige, von Kolonnaden gesäumte Place de la Libération, die Jules Hardouin-Mansart, der Architekt von Versailles, 1686 entworfen hat. Hier erhebt sich der einstige Palast der Burgunderherzöge, an dem insgesamt rund vier Jahrhunderte gebaut wurde. Hinter einem schmiedeeisernen Gitter öffnet sich der Ehrenhof mit dem Hauptbau an seiner Rückseite (heute Rathaus). Rechts und links liegen zwei geschlossene Gebäudekomplexe: In dem um die Cour de Flore herum gebauten Westflügel befinden sich weitere Räume des Rathauses; der um die Cour de Bar herum gebaute Ostflügel beherbergt das Kunstmuseum.

Baugeschichte

Obwohl bereits die Kapetinger an diesem Platz residierten, ist von dem Herzogssitz aus der Zeit vor der Valois-Dynastie sehr wenig bekannt. Gegen 1365 begann Philipp der Kühne, seit 1363 Herzog von Burgund, mit dem Bau der Tour de Bar, die sich im Nordosten erhebt. Benannt ist sie nach René d'Anjou, Herzog von Bar, besser bekannt als »guter König René«, der in diesem Turm mehrere Jahre

Palais des Ducs Orientierung

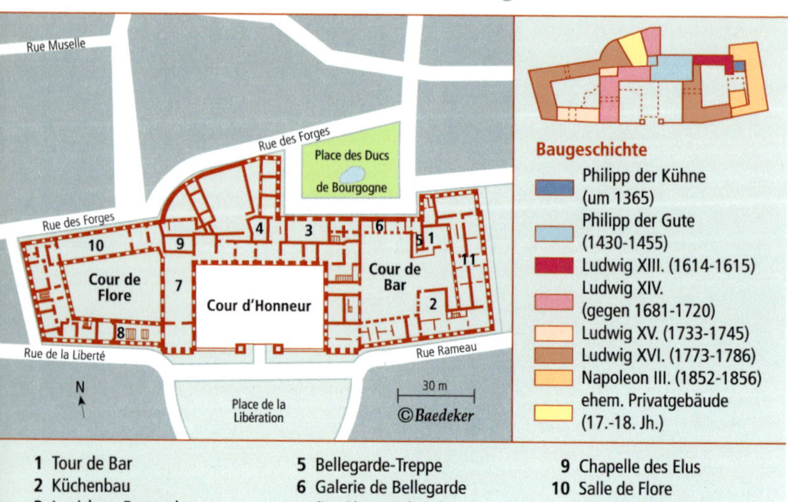

1 Tour de Bar
2 Küchenbau
3 Logisbau, Festsaal (im Obergeschoss: Salle des Gardes)
4 Tour Philippe le Bon
5 Bellegarde-Treppe
6 Galerie de Bellegarde (im Obergeschoss)
7 Salle des Etats (im Obergeschoss)
8 Jacques-Gabriel-Treppe
9 Chapelle des Elus
10 Salle de Flore (im Obergeschoss)
11 Musée des Beaux-Arts

gefangen saß. Philipp der Gute baute die herzogliche Residenz weiter aus: Auf ihn gehen der gotische Küchenbau gegenüber vom Turm zurück, vor dem eine Bronzestatue des Bildhauers Claus Sluter (von Louis-Henri Bouchard; 1875 – 1960) steht, der dreigeschossige Logisbau, der den Palast im Westen abschloss, und die sogenannte Tour Philipp. An der heutigen Rückseite des Palastes, an der Place des Ducs de Bourgogne, sind die wenigen erhaltenen Teile des ehemaligen Palastes zu erkennen: die Fassade der Salle des Gardes, heute Teil des Kunstmuseums, sowie eine Passage mit Kreuzrippengewölbe, die von der Cour d'Honneur zur Place des Ducs führt.

Nach dem Tod Karls des Kühnen und dem Anschluss Burgunds an Frankreich (1477) wurde der Palast zunächst nicht mehr genutzt. Erst im 17. Jh. entstand zwischen der Tour de Bar und dem unvollendeten Logisbau Philipps des Guten die nach dem Gouverneur Roger de Bellegarde benannte Galerie Bellegarde mit offenen Arkaden im Erdgeschoss und einem durchgehenden Raum im Obergeschoss (heute Kunstmuseum). Damals wurde auch die sogenannte Bellegarde-Treppe, die sich an die Tour de Bar anschließt, errichtet. In den 1680er-Jahren begann man mit umfassenden Baumaßnahmen für die Provinzstände, die das heutige Aussehen des Palastes weitgehend bestimmen. Zunächst lag die Planung in den Händen von Daniel Gittard, nach dessen Tod 1686 wurde Jules Hardouin-Mansart sein Nachfolger, der das Werk im Stil Ludwigs XIV. zu Ende führte.

> ## ! Baedeker TIPP
>
> **Tour Philippe le Bon**
>
> Eine lohnende Anstrengung ist es, die 316 Stufen der Tour Philippe le Bon zu erklimmen. Figürlich skulptierte Kragsteine an der Wendeltreppe bieten Abwechslung während des Aufstiegs; oben genießt man eine herrliche Sicht auf Dijon und Umgebung (Führungen: Ostern bis Nov. tgl 9.00 – 12.00, 13.45 – 17.30 alle 45 Min., sonst Sa., Mi. 13.30, 14.30, 15.30 Uhr).

Zunächst entstand der Westflügel für die Ständevertretung, ihre Verwaltung und die Münze. Der Ostflügel, für die Ecole de Dessin (Kunstschule) gedacht, konnte erst in den 1780er-Jahren fertiggestellt werden. Die Neubauten verdecken die alte Herzogsresidenz, an die von der Place de la Libération aus nur noch die Tour Philippe le Bon erinnert. Ende des 18. Jh.s wurde der Hof mit dem schmiedeeisernen Gitter geschlossen. 1731 vergrößerte man nach Plänen von Jacques-Ange Gabriel den Ständebau. Gabriel entwarf ein prachtvolles Treppenhaus sowie eine Kapelle (Chapelle des Elus). 1740 war der Flügel entlang der Rue de la Liberté vollendet. In den 1780er-Jahren wurden die übrigen, den Cour de Flore umgebenden Gebäude errichtet. Nach Fertigstellung des Ostflügels am Ehrenhof baute man entsprechend dem Westbau von Gabriel an der Ostseite (entlang der Rue Rameau) weiter. Die Cour de Bar wurde erst im 19. Jh. geschlossen. 1802 riss man die gotische Ste-Chapelle, die ehemalige Palastkapelle, ab. 1852 – 1865 wurde an ihrer Stelle der Museumstrakt errichtet.

★ ★ Musée des Beaux-Arts im Herzogspalast

Einschränkungen wegen Renovierungsarbeiten

Das Kunstmuseum in Dijon ist eines der ältesten und größten Museen Frankreichs. Es verfügt über eine hervorragende **Sammlung mittelalterlicher europäischer Kunst**, insbesondere burgundischer und flämischer Herkunft, darunter die 1827 hierher überführten Gräber von Philipp dem Kühnen und Johann ohne Furcht. Untergebracht sind die Schätze im alten Herzogspalast, in den Erweiterungsbauten der Barockzeit und in dem im 19. Jh. eigens zu diesem Zweck errichteten Flügel an der Place de la Ste-Chapelle. Damit ist es neben dem Pariser Louvre das einzige große Kunstmuseum in einer ehemaligen Residenz. 2001 wurde die Renovierung des Herzogspalastes beschlossen, unter der Auflage, das Museum nicht ganz zu schließen. Museumsverwaltung, Werkstätten und Beständen werden ausgelagert, zum Teil in die benachbarte, schon lange profanierte Kirche St-Etienne, zum Teil in einen Neubau außerhalb der Stadt, um mehr Ausstellungsfläche zu schaffen. Die Umbauarbeiten begannen im Mai 2008. 2017 sollen sie abgeschlossen sein. Immer wieder sind Teile der Sammlungen nicht zu besichtigen. Voraussichtlich 2012 werden die Objekte aus der absoluten Blütezeit Burgunds, darunter die Gräber der Herzöge, in der Mittelalter- und Renaissance-Abteilung in neuem Glanz erstrahlen. Außerdem sind ein neuer Empfangsbereich und ein Café geplant.

Musée des Beaux-Arts Orientierung

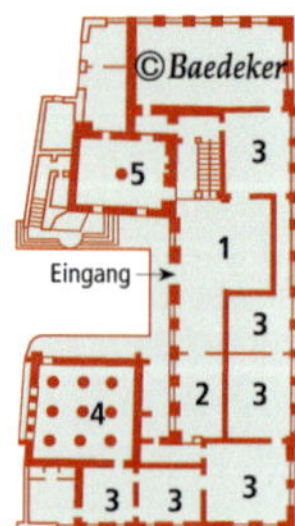

Erdgeschoss

Erster Stock

Hinweis: Der Plan zeigt den Stand vor dem Umbau

Erdgeschoss

1 Eingang
2 Buchhandlung
3 Wechselausstellungen
4 Herzogliche Küche
5 Ehem. Kapitelsaal der Ste-Chapelle

Erster Stock

1 Renaissance in Frankreich und in Burgund
2 Italienische Malerei vom Mittelalter bis zum 16. Jh.
3 Schweizer und rheinländische Malerei des Mittelalters
4 Französische Kunst des 17. Jh.s
5 Französische Kunst des 18. Jh.s
6 Salle des Statues • Skulpturen 18. Jh.
7 Salon Condé • Französische Kunst des 18. Jh.s
8 Salon Prud'hon • Möbel und Malerei aus napoleonischer Zeit
9 Escalier du Prince • Treppe des Prinzen Zugang zum Waffensaal
10 Salle d'Armes • Waffensaal (Erdgeschoss)
11 Salle du Maître de Flémalle • Flämische und burgundische Malerei des 15. und 16. Jh.s
12 Salle des Gardes • Herzogsgräber
13 Galerie de Bellegarde • Italienische und flämische Malerei des 16. und 17. Jh.s
14 Holländische Malerei des 17. Jh.s
15 Zugang zur Sammlung moderner und zeitgenössischer Kunst
16 Ägyptische Sammlung
17 Französische Kunst des 19. Jh.s
18 Empiremöbel; Gemälde von Bénigne Gagnereaux (18. Jh.)

Eingang, Öffnungszeiten Der Eingang befindet sich in der Cour du Bar, dem rechten Hof von der Hauptfront aus gesehen. Öffnungszeiten: Mai bis Okt. tgl. außer Di. 9.30 – 18.00, sonst 10.00 – 17.00 Uhr, freier Eintritt

Herzogliche Küche Die Weiträumigkeit der nicht immer zugänglichen herzoglichen Küchen aus dem 15. Jh. lässt die Üppigkeit der Festgelage am Hof der Herzöge erahnen. Der quadratische Raum hat an drei Wänden je zwei gewaltige Kamine, deren Abzüge geschickt hinter den Wänden des achtteiligen Kreuzrippengewölbes verborgen sind, welches in der Mitte eine weitere Öffnung besitzt.

Kapitelsaal Der Kapitelsaal der Ste-Chapelle, der einstigen Palastkapelle, war für die frühe burgundische Gotik ein bedeutungsvoller Bau und bis zur Revolution Sitz des Ritterordens vom Goldenen Vlies (▸ Baedeker Special S. 38). 1802 wurde die Kapelle abgerissen. Im Kapitelsaal sind einige Kunstgegenstände sowie liturgische Geräte ausgestellt.

Meisterwerke der burgundischen Schule Herzstück der Sammlungen bilden die Meisterwerke der burgundischen Schule des 14./15. Jh.s, die zum Teil aus der Kartäuserkirche von Champmol stammen, der **herzoglichen Grablege**. Von dort wurden die Gräber 1827 ins Museum überführt **(voraussichtlich sind die Gräber bis 2012 nicht zu besichtigen)**. 1381 erhielt Jean de Marville den Auftrag, ein Grabmal für Philipp den Kühnen zu errichten, von ihm stammt der architektonische Rahmen. Nach Marvilles Tod (1389) übernahm Claus Sluter die Werkstatt und die Arbeit seines ehemaligen Lehrers. Nach dem Tod Philipps des Kühnen 1404 musste sich Sluter verpflichten, das Grabmal innerhalb von vier Jahren zu beenden. Die Mehrzahl der Figuren dürfte jedoch von Sluters Neffen, Claus de Werve, ausgeführt sein, da Sluter bereits 1406 starb. 1410 war das Grabmal vollendet. Es besteht aus einem schwarzen Marmorsockel, auf dem eine Galerie mit Spitzbogen steht, auf dieser ruht wiederum eine schwarze Marmorplatte mit der Liegefigur des Toten. Berühmt und vielfach nachgeahmt wurde der Trauerzug in der Sockelzone: In Kutten gehüllte Kleriker, Angehörige, das herzogliche Gefolge und Kartäusermönche (die Pleurants, »Weinenden«) bringen auf eindrucksvolle Weise ihren Schmerz zum Ausdruck.

Die vollplastischen Figuren des Trauerzugs am Grabmal Philipps des Kühnen sind mit unvergleichlicher Detailgenauigkeit gestaltet.

Doppelgrab für Johann ohne Furcht und Margarete von Bayern

Nach der Ermordung des Herzogs (1419) beauftragte sein Sohn Philipp der Gute zunächst Claus de Werve, ein Doppelgrab für Johann ohne Furcht und Margarete von Bayern zu schaffen. Als Vorbild sollte das Grab Philipps des Kühnen dienen. Vermutlich existierte bei Werves Tod 1439 nur ein Entwurf. 1443 wurde der Aragonese Jean de la Huerta mit der Weiterarbeit betraut, doch erst 1470 wurde das Doppelgrab in der Kartäuserkirche aufgestellt. Im Unterschied zum Grab Philipps des Kühnen ist das rund 60 Jahre jüngere Grabmal v. a. in der Arkadenzone aufwendiger gestaltet: Die jüngeren Pleurants stehen direkt auf der Marmorplatte und nicht mehr auf Basen, sie sind gestenreicher, die Falten in den Kutten komplizierter und die Verzierung der Arkaden überladener.

Weitere Sehenswürdigkeiten im Museum

Ebenfalls aus der Kartäuserkirche stammen zwei große Schnitzaltäre von Jacques de Baerze. Es handelt sich dabei um Repliken von Werken des Künstlers in seiner flandrischen Heimat, die Philipp der Kühne im Jahre 1390 bestellt hatte. Die Außenseiten der Flügel des Passionsaltars bemalte Melchior Broederlam. Bemerkenswert ist die beginnende Zurückdrängung des Goldgrundes zugunsten der Landschaft. Der »Altar der Heiligen und Märtyrer« stellt Szenen aus dem Leben der Heiligen dar. Weitere Werke burgundisch-flämischer Malerei des 15. Jh.s sind die »Geburt Christi« von Robert Campin, dem sogenannten Meister von Flémalle (wahrscheinlich für die Kartause von Champmol geschaffen) und ein Christuskopf von Dirk Bouts. Außerdem verfügt Dijon über eine bedeutende Sammlung deutscher, schweizerischer und italienischer Malerei des Mittelalters und der Renaissance sowie italienischer und flämischer Malerei des 16. und 17. Jh.s. Auch der Kunst des 19. und 20. Jh.s in Frankreich sind mehrere Säle gewidmet. Speziell für Dijon sei noch auf die Arbeiten des Architekten und Holzschnitzers Hugues Sambin (1518 – 1601) hingewiesen.

Sehenswertes um den Herzogspalast

Im Viertel um den einstigen Herzogspalast stehen noch viele sogenannte Hôtels, ehemalige Stadtpaläste reicher Stadtbewohner.

Place François Rude ►

Die vom Palais des Etats ausgehende Rue de la Liberté führt westwärts zur Place François Rude. An der Ecke Rue de la Liberté/Rue Bossuet stehen drei ineinander gebaute Fachwerkhäuser aus dem 15. Jh., die wegen ihrer Giebel als **»Haus mit den drei Gesichtern«** bezeichnet werden. Auf der anderen Straßenseite befindet sich das Hôtel Millière mit einem Renaissance-Erker. Das hohe Fachwerkhaus an der Place Rude stammt aus dem späten Mittelalter. In der links vom Platz ausgehenden gleichnamigen Straße liegt das Geburtshaus des Bildhauers François Rude (Nr. 5).

★ Rue des Forges ►

In der Rue des Forges sind einige der schönsten Hôtels von Dijon zu sehen: Hôtel Morel-Sauvegrain (Nr. 52 – 56) mit einer Fassade von 1435, die noch spätgotische Stilmerkmale aufweist; Hôtel Aubriot

(Nr. 40) aus dem 13. Jh.; daneben das Hôtel Milsand (Nr. 38), 1561 nach Zeichnungen von Hugues Sambin erbaut. Nr. 34 ist das mit einer schlichten Fassade versehene Hôtel des Tuchhändlers Chambellan (Ende des 15. Jh.s). Es besitzt einen prächtigen spätgotischen Innenhof.

Notre-Dame

Die Marienkirche neben dem Herzogspalast ist einer der bedeutendsten Bauten der burgundischen Gotik. Schon in Zeiten, als man die Gotik noch kaum zu schätzen wusste, war Notre-Dame wegen ihrer Raffinesse und ihrer konstruktiven Kühnheit viel gepriesen. Die Kirche entstand 1230 bis 1250 als Pfarr- und Wallfahrtskirche auf Initiative der Bürgerschaft. **Ihre Fassade ist äußerst ungewöhnlich.** Über drei spitzbogigen Arkaden erhebt sich eine fast geschlossene Wand, der ein zweigeschossiges Gitterwerk aus Bogenstellungen auf dünnen Säulen vorgelegt ist. Die weit vorspringenden falschen Wasserspeier an den Gesimsen stammen zwar zum größten Teil aus dem 19. Jh., ihr Vorhandensein ist jedoch auch für das Mittelalter verbürgt. An beiden Seiten dieser Schaufront stehen schlanke Treppentürmchen. Der rechte Turm trägt eine Figurengruppe um einen Jacquemart (Glockenschläger), den Philipp der Kühne 1382 im flandrischen Courtrai raubte. 1610 kam die Frau hinzu, in den folgenden Jahrhunderten die beiden anderen Figuren.

Eine große Zahl fantasievoller Wasserspeier schmücken die beiden Arkadengeschosse über dem Narthex von Notre-Dame.

Von der Rue de la Chouette aus kann man einen Blick auf die Nordseite der Kirche und den **Chor** werfen. Von hier aus wird deutlich, auf welch originelle Weise die Kapellen (auf der Südseite entsprechend) in die Winkel zwischen Chor und Querhaus gestellt sind. Der Vierungsturm wurde im 19. Jh. erheblich verändert (er wirkt zu groß im Verhältnis zur Kirche). Damals bestückte man auch die Strebepfeiler mit den runden Aufbauten. Die Vorhalle besteht aus einem quadratischen Mitteljoch und je zwei Seitenschiffjochen. Die Säulen sind mit Diensten umstellt, jedoch nicht direkt mit ihnen verbunden. Die Portalskulptur wurde während der Revolution mit Akribie abgearbeitet.

Der gelungen proportionierte **Innenraum** ist im gebundenen System errichtet: Maßeinheit ist das quadratische Vierungsjoch, dem die drei Mittelschiffjoche des Langhauses, die Querhausarme und das Chorjoch entsprechen. Die Seitenschiffjoche sind halb so breit wie die Mittelschiffjoche. Dieses System wurde auch auf die Vorhalle angewendet. Der Chor schließt mit einer siebenteiligen Apsis. In die Winkel zwischen Querhaus und Chorjoch sind Seitenkapellen eingestellt, die sich zum Querhaus hin öffnen und auch vom Chor aus zugänglich sind. Obwohl zur Bauzeit von Notre-Dame schon vierteilige Gewölbe üblich waren, decken noch sechsteilige Kreuzrippengewölbe das Mittelschiff.

Der Wandaufriss der Basilika ist dreigeschossig. Spitzbogenarkaden ruhen auf runden Pfeilern, darüber befinden sich ein Triforium mit dünnen Säulchen und die Fensterzone mit Lanzettfenstern ohne Maßwerk. Das gotische Prinzip der Zweischaligkeit der Wand ist konsequent ausgeführt. Vor den Obergadenfenstern liegt der burgundische Laufgang. Auf der Höhe des Chores wechselt er bemerkenswerterweise auf die Außenseite über. Im Chor wird der dreigeschossige Aufriss um ein Sockelgeschoss (entsprechend dem der Seitenschiffe) erweitert; die Rundfenster der Triforiumszone wurden erst im 17. Jh. eingebrochen. Im linken Querhaus blieben Fenster aus der Entstehungszeit der Kirche erhalten. **Prunkstück der Ausstattung** ist die Marienfigur Notre-Dame de Bon Espoir in der rechten Kapelle, eine der ältesten erhaltenen Holzmadonnen Frankreichs und wahrscheinlich um die Wende 11./12. Jh. entstanden.

Am linken äußeren Stützpfeiler der Kirche ist übrigens gerade noch eine Eule zu erkennen. Wer sie berührt, dem geht ein Wunsch in Erfüllung  (Öffnungszeiten: tgl. 9.00 – 18.30 Uhr).

! *Baedeker* TIPP

Volkstümliche Küche fein gemacht

Zurück zu den Wurzeln wollte eines Tages der Sternekoch Jean-Pierre Billoux vom Gourmettempel Pré aux Clercs in Dijon. Mit einem Ableger, dem Bistro des Halles, hat er sich seinen Wunsch verwirklicht. Heute ist das Bistro im Stil der Belle Epoque einer der beliebtesten Treffpunkte der Einwohner von Dijon. Schmecken lassen kann man sich hier beispielsweise jambon persillé, boudon noir mit haricots rouges, pied de veau avec mousse de moutarde – zubereitet von einem Schüler des Meisterkochs (10, Rue Bannelier).

Weitere Hôtels

Vor der Westfassade von Notre-Dame beginnt die Rue de la Préfecture, in der sich das 1777 gebaute Hôtel Esmonin de Dampierre (Nr. 40) befindet. Schräg gegenüber steht die Präfektur des Départements Côte d'Or, das ehemalige Hôtel Bouhier de Lantenay aus der Mitte des 18. Jahrhunderts.

◂ Cellier de Clairvaux

Am Boulevard de la Trémouille liegt der Cellier de Clairvaux, ein Gärkeller der Zisterzienser mit einem Vorratshaus. Die Einrichtung bestand seit dem 12. Jh., im 15. Jh. wurde ein Wohnhaus für den Kellermeister angebaut, das auch der Abt während seiner Aufenthalte in Dijon bewohnte. Erhalten blieb ein rechteckiger Saal von 33 m Länge mit Kreuzrippengewölbe, der für Ausstellungen genutzt wird.

Die rechts von der Rue de la Préfecture abzweigende Rue d'Assas führt zum Hôtel Pouffier (Nr. 18), dem ehemaligen Sitz der Akademie von Dijon.

◂ Rue d'Assas

In der südwärts abgehenden Rue Verrerie blieben weitere sehenswerte Fachwerkbauten erhalten. Bleibt man jedoch in der Rue d'Assas, passiert man einen Turm (Anfang 17. Jh.) von der verschwundenen Kirche St-Nicolas. Die Rue d'Assas stößt im rechten Winkel auf die Rue Vannerie: links das Hôtel Courderoy (Nr. 35, Ende 17. Jh.), rechts das Hôtel Chartraire de Montigny (Nr. 39), dessen Portalflügel gegen 1740 im Rokokostil skulptiert wurden. Rechts folgt das 1786 gebaute Hôtel des Militärkommandanten der Provinz (Nr. 41). 1787 wurde es zur Straße hin mit einem großen Portal mit Statuen von Minerva und Mars versehen. Jenseits der kreuzenden Rue Chaudronnerie steht das Sambin zugeschriebene Hôtel Le Compasseur (Nr. 66); es wurde gegen 1576 errichtet und besitzt einen Renaissance-Erker. In der Rue Chaudronnerie befindet sich linker Hand die im Sambin-Stil gestaltete Maison des Cariatides (Nr. 28) mit Atlanten und Karyatiden in den oberen Geschossen. Etwas weiter ein Fachwerkbau mit drei Giebeln, daneben und schräg gegenüber zwei (später teils veränderte) gotische Fassaden. Haus Nr. 1 stammt aus dem Ende des 16. Jh.s und zeigt ebenfalls den Stil Sambins.

◂ Rue Verrerie

Die Straße mündet in die Rue Verrerie, die linker Hand zur Rue de la Chouette führt. Rechter Hand (dem Chor von Notre-Dame gegenüber) das Hôtel de Vogüé, 1614 im Auftrag von Etienne Bouhier errichtet und das erste der großen Stadtpalais' für die Ratsmitglieder. Eine portalgeschmückte Mauer schließt einen schönen Ehrenhof zur Straße hin ab. Daneben steht das Haus des Händlers Guillaume Millière vom Ende des 15. Jahrhunderts.

★ St-Michel

Die Kirche St-Michel am Ende der Rue Vaillant setzt mit ihrer auffallenden Fassade einen wichtigen städtebaulichen Akzent in der Verlängerung der Rue de la Liberté. Mit dem Bau wurde 1499 im Stil der Gotik begonnen. 1513 wurden die Arbeiten unterbrochen; nach ihrer Wiederaufnahme setzten sich mehr und mehr Renaissance-Elemente durch. Zwischen 1520 und 1570 wurden die Portale errichtet, die Türme erst im 17. Jahrhundert. Die Westfront folgt dem Prinzip der mittelalterlichen Zweiturmfassade, doch ist die Bauzier ganz im

Sinne der Renaissance gestaltet und auch das christliche Bildprogramm greift antikisierende Elemente auf. Das Innere ist wenig bemerkenswert.

Musée Rude Das Musée Rude in der im 18. Jh. erbauten ehemaligen Kirche St-Etienne zeigt im Langhaus Abgüsse der Hauptwerke des Dijoner Bildhauers François Rude (1784 – 1855), u. a. ein Relief für den Pariser Triumphbogen. Im Chorbereich förderten Ausgrabungen einen Teil eines romanischen Vorgängerbaus und Überreste des römischen Castrums von Dijon zutage (Öffnungszeiten: Juni bis Okt. tgl. außer Di. 9.30 – 18.00 Uhr).

Sehenswürdigkeiten rund um den Justizpalast

Von der Place de la Libération führt die Rue Vauban in südlicher Richtung zur Place St-Fiacre. An dieser steht rechter Hand das Hôtel Jean Bouhier (Nr. 12), erbaut für einen Parlamentspräsidenten während der ersten Hälfte des 18. Jh.s.; etwas weiter südlich, auf der anderen Straßenseite, steht der Stadtpalast des Gelehrten Legouz de Gerland mit einem halbkreisförmigen Innenhof (17. Jh.) und einer Renaissance-Fassade mit vier Erkern zur Rue Liégard. An der Ecke Rue Vauban/Rue Amiral-Roussin steht ein schöner Fachwerkbau (Nr. 16) aus dem 16. Jahrhundert. In der Rue Amiral-Roussin (Nr. 23) steht das Hôtel Fyot de Mimeure von 1562 (Nr. 23), Fassade und Innenhof sind typische Beispiele der Renaissance in Dijon.

Palais de Justice Der heutige Justizpalast wurde 1572 für das Parlament von Burgund errichtet. Die zur Place du Palais gerichtete Fassade ist ein Entwurf von Hugues Brouhée. Die von Säulen gerahmten Holztüren sind Kopien im Musée des Beaux-Arts ausgestellter Originale von Hugues Sambin von 1583.

! *Baedeker* TIPP

Himmelreich des Senfs

Untrennbar scheinen die Begriffe »Dijon« und »Senf« miteinander verbunden. Formal bleibt das so, denn »Dijon-Senf« ist die Bezeichnung für eine Herstellungsart und keine Herkunftsbezeichnung. Seit Ende 2009 produziert der Konzern Unilever, dem das Traditionshaus Maille gehört, seinen Dijon-Senf nicht mehr in der Stadt, sondern im nahen Chevigny, was – so befürchten manche – nur die Vorstufe zur Verlagerung der Produktion ins Ausland sein könnte. Der Laden in der Rue de la Liberté 32 lohnt dennoch einen Besuch.

★ **Musée Magnin**

Das Hôtel Lantin (zweite Hälfte 17. Jh.; 4, Rue des Bons Enfants) beherbergt die Gemäldesammlung von Jeanne und Maurice Magnin mit Werken europäischer Malerei vom 15. bis zum 19. Jh. (Öffnungszeiten: tgl. außer Mo. 10.00 – 12.00, 14.00 – 18.00 Uhr).

★ ★ Kathedrale St-Bénigne

Baugeschichte

Die zweite unbedingt sehenswerte Kirche von Dijon liegt im Osten des Zentrums. Sie ist seit 1792 Kathedrale. Über dem **Grab des hl. Benignus**, einem der großen Missionare Burgunds und Stadtpatron von Dijon, ließ der Bischof von Langres eine Kirche errichten (534 geweiht), die spätere Klosterkirche, an die sich westlich eine Marienkapelle anschloss. Im 9. Jh. wurde zwischen Kirche und Kapelle ein rundes Oratorium erbaut. Ende des 10. Jh.s schloss sich das Kloster der cluniazensischen Reform an, und kurz darauf wurde Wilhelm von Volpiano aus Cluny zum Abt bestellt. Er stammte ursprünglich aus Piemont, war ein Patenkind von Kaiserin Adelheid und verfügte über weitreichende Verbindungen. Unter ihm wurde das Kloster ein **wichtiges Zentrum der cluniazensischen Bewegung**.
1001 – 1018 entstand – wahrscheinlich nach Plänen Wilhelms – ein gewaltiger, fast 100 m langer Neubau: Eine fünfschiffige Basilika mit Querhaus und mehreren Türmen wurde mit einem dreigeschossigen Rundbau im Osten versehen, an den sich ein rechteckiger, dreigeschossiger Kapellenbau anschloss. Eine Krypta unter den östlichen Kapellen und der Rotunde reichte bis weit nach Westen. Nach dem Einsturz des Vierungsturms 1272 wurde die Basilika durch einen gotischen Neubau ersetzt, dessen Schlussweihe erst 1394 stattfand. Vom Vorgängerbau übernahm man das Westportal und die Rotunde. In der Französischen Revolution wurde das Kloster aufgehoben und das Westportal zerschlagen (Fragmente des Portals und zwei Tympana sind im benachbarten Musée Archéologique ausgestellt; das heutige Tympanon wurde um 1805 hierher versetzt). Nach 1794 wurden die oberen beiden Geschosse der hinter dem Chor gelegenen Rotunde abgebrochen und das Untergeschoss mit Bauschutt aufgefüllt. Ab 1845 wurde damit begonnen, die Reste freizulegen und das Rotundenuntergeschoss zu restaurieren. Dabei entstand mehr oder weniger ein Neubau, wenn auch in Anlehnung an seine ursprüngliche Gestalt und unter teilweiser Verwendung alten Baumaterials.

Inneres

Die Kathedrale ist dreischiffig. Sie besitzt ein eingebundenes Querhaus und eine fünfseitige Chorapsis im Osten. Die Wand ist in drei Geschosse unterteilt: Über Spitzbogenarkaden befindet sich ein Triforium, dem Obergaden ist der burgundische Laufgang vorgelegt.

★ ★

◄ Krypta

Das Hauptinteresse beim Besuch der Kathedrale gilt der Krypta, deren Zugang auf der rechten Seite des Chores liegt. Sie besteht aus der ehemaligen Unterkirche der im 11. Jh. unter dem Abt Wilhelm errichteten Basilika, die sich unter deren Chor, Querhaus und den vier östlichen Langhausjochen erstreckte, aus dem Unterbau der

1794 abgebrochenen Rotunde sowie aus der schmalen, rechteckigen Marienkapelle. Die Rotunde bestand aus einem inneren Kreis, der von zwei ringförmigen Schiffen umgeben war. Auf drei Stockwerken umstanden jeweils acht Säulen den inneren, nach oben geöffneten Mittelschacht. 16 Säulen trennten diesen ersten von einem zweiten Umgang. Auf diesen folgten 24 Halbsäulen an der Außenmauer. Das letzte Geschoss besaß nur einen weiten Umgang mit einer Viertelkreistonne. Die Säulenstellungen waren auf der Westseite zur Chorpartie der Kirche hin offen. Zwei runde Treppentürme, im Norden und Süden gelegen, verbanden die Stockwerke. Bei der Restaurierung durch Viollet-le-Duc (ab 1860) wurden teilweise die alten Säulenschäfte und Kapitelle wieder verwendet, der Rest (auch der Großteil des Mauerwerks) ist modern; die in die gotischen Fundamente gerundeten Nischen sind Erfindungen der Restauratoren.
Die Gesamtanlage, die **in Frankreich einzigartig** ist, wird häufig mit der Grabeskirche von Jerusalem in Verbindung gebracht. Einleuchtend wurde die Bezugnahme auf das zur Kirche umfunktionierte römische Pantheon dargelegt. Die beiden Rundbauten mit Mittelfenster verbindet nicht nur der gemeinsame Weihetag (13. Mai 609/13. Mai 1018), sondern auch das theologische Konzept. Die Analyse der rekonstruierten Altaraufstellung (22 Altäre) ergab ein kompliziertes Programm, welches das christliche Erlösungswerk in einer Abfolge von Dreier-Stufen verdeutlicht (drei Geschosse): Durch den Lichteinfall von oben bedeutete die Prozession von Altar zu Altar und von den dunkleren Untergeschossen zur helleren oberen Etage gleichzeitig einen Aufstieg zum Licht Gottes. Unter dem Chor der Oberkirche wurde die Grabstätte des hl. Benignus gefunden.

Mitte des 19. Jh.s wurde die zugeschüttete Krypta von St-Bénigne wieder entdeckt.

Hingewiesen sei auf die wenigen originalen Kapitelle. Die Figuren, deren Bedeutung bisher kaum geklärt ist, sind starr und mehr in den Stein hinein- als aus ihm herausgearbeitet. Dennoch bilden diese Arbeiten – so primitiv sie auch anmuten mögen – eine der wichtigsten Vorstufen zu den romanischen Figurenkapitellen, die die burgundischen Bildhauer rund hundert Jahre später so virtuos gestalteten (Öffnungszeiten: tgl. 9.00 – 18.30 Uhr).

◄ Kapitelle

Weitere Sehenswürdigkeiten in Dijon

✶ **Musée Archéologique**

Gleich neben St-Bénigne ist in den erhaltenen Klostergebäuden der Benediktiner das sehenswerte Archäologische Museum untergebracht. Ausgestellt sind antike Fundstücke aus Dijon und dem Département Côte d'Or, darunter die bedeutenden Funde vom Heiligtum an der Seine-Quelle und aus Dijons römischer Vergangenheit. Unter der mittelalterlichen Skulptur sind die beiden Tympana von St-Bénigne (um 1160/70) hervorzuheben. Außerdem besitzt das Museum die Christus-Büste von Claus Sluter aus der Kartause von Champmol (7, Rue Docteur Maret; Öffnungszeiten: 15. Mai bis Sept. tgl. außer Di. und feiertags 9.00 – 12.30 und 13.30 – 18.00 Uhr, sonst auch Mo. geschlossen, Eintritt frei).

St-Philibert

Gleich neben der Kathedrale St-Bénigne steht die Kirche St-Philibert (z. Z. geschl.). Sie wurde unmittelbar nach dem Stadtbrand von 1137 errichtet und ist die einzige erhaltene romanische Kirche der Stadt, auch wenn sie mehrfach umgebaut wurde.

Place Bossuet

Die Rue Danton führt auf die Place Bossuet. Sie ist nach dem Theologen und Kanzelredner Ludwigs XIV. benannt, der hier 1627 geboren wurde (► Berühmte Persönlichkeiten). Die Häuser Nr. 19 und 21 bilden das Hôtel de Migieu, das sich der Parlamentspräsident Guy de Migieu ab 1660 bauen ließ. Ebenfalls aus dem 17./18. Jh. stammt Haus Nr. 17; Nr. 13 ist ein reizvolles Fachwerkhaus. Auf der anderen Platzseite fällt das Hôtel Fevret de St-Mesmin ins Auge. Es entstand wahrscheinlich zwischen 1698 und 1700 nach Plänen von Jules Hardouin-Mansart. An der Mündung der Rue Monge in den Platz steht das Hôtel Bouchou, 1641 bis 1643 über dem Sockelgeschoss aus dem 15. Jh. für einen Parlamentspräsidenten errichtet. Weitere sehenswerte Hôtels befinden sich in der Rue Berbisey.

Volkskundemuseu

In einem ehemaligen Kloster des 17. Jh.s im Süden des Zentrums zeigt das Musée de la Vie Bourguignonne Perrin de Puycousin Möbel, Hausrat, Trachten und anderen Objekte aus dem burgundischen Alltag (17, Rue Ste-Anne). Nebenan sind im **Musée d'Art sacré** liturgische Geräte, Messgewänder, Gemälde, Emailarbeiten sowie Schätze aus den Kirchen des Départements Côte d'Or zu sehen (beide Museen: tgl. außer Di., Fei. Mai – Sept. 9.00 – 12.30, 13.30 – 18.00, sonst nur bis 12.00 und ab 14.00 Uhr).

◄ Museum Religiöser Kunst

! Baedeker TIPP

Süße Spezialität

Das Pain d'épice ist eine weitere Spezialität aus Dijon (neben Crème de Cassis und Senf). Kreuzritter brachten vermutlich diese Lebkuchenart (mit den erforderlichen Gewürzen) nach Europa. Eine große Rolle spielt der besonders intensiv schmeckende Honig. 1940 gab es noch 14 Lebkuchenfabriken in Dijon, nur einige haben sich halten können, darunter Mulot-Petitjean. Man findet sie an der Place Boussuet, und der Laden an sich ist schon eine Sehenswürdigkeit.

Jardin des Sciences

Der »Wissenschaftsgarten« von Dijon umfasst ein Museum, ein Planetarium und den Botanischen Garten der Stadt, den Jardin de l'Arquebuse. Das Museum zeigt Sammlungen zur Geologie, Zoologie (einschließlich der Insekten) und besitzt eine ethnografische Abteilung zu Afrika. Zu einer Reise in den Kosmos lädt das Planetarium Hubert Curien ein (Parc de l' Arquebuse, 14, Rue de Marville, Ave. Albert Ier, Öffnungszeiten: tgl. außer Di., Sa.vormittags und So.).

✶✶ Chartreuse de Champmol

Grablege der Herzöge von Burgund

Die Reste der ehemaligen Kartause von Champmol befinden sich auf dem Gelände des Centre Hospitalier Specialisé de la Chartreuse (1, Bd. Chanoine Kir, Öffnungszeiten: April bis Okt. tgl. 9.00 – 12.30, 13.30 – 18.00, sonst nur bis 17.00 Uhr, Eintritt).

Im Gegensatz zu den kapetingischen Herzögen von Burgund, die sich in Cîteaux begraben ließen, schaffte sich die Valois-Dynastie vor den Toren von Dijon ihre eigene Grablege. Philipp der Kühne gründete dafür ein Kartäuserkloster, das mit 24 (üblicherweise zwölf) Mönchen besetzt war. Drouet de Dammartin, der u. a. am Louvre gearbeitet hatte, lieferte die Baupläne. 1383 legte Herzogin Margarete von Flandern den Grundstein für die 1388 geweihte Kirche. Die größten Künstler und Handwerker wurden mit der Ausgestaltung betraut. Im Chor der Klosterkirche befanden sich die Gräber von Philipp dem Kühnen und Johann ohne Furcht und seiner Frau Margarete von Bayern (heute im Musée des Beaux-Arts). Karl der Kühne wurde in Brügge beigesetzt. In der Revolution wurde das Kloster profaniert und die Gebäude bis auf wenige erhaltene Teile abgerissen. Seit 1833 wird das Klostergelände für eine Klinik genutzt.

✶ Portal der Klosterkirche ►

Die Planung des Portals geht noch auf Jean de Marville zurück, dessen Werkstatt Claus Sluter 1389 übernahm. Er veränderte die herkömmliche Portalkonzeption jedoch in bahnbrechender Weise. Die Figuren, rechts Margarete von Flandern mit der hl. Katharina von Alexandrien, links Philipp der Kühne mit Johannes dem Täufer, sind auf die Marienfigur am Mittelpfeiler bezogen und erscheinen zu groß. Sie weisen so charakteristische Züge auf, dass man sie als die ersten lebensgroßen Porträts der Neuzeit bezeichnen kann. Während die Madonna mit Kind noch in der Tradition des Weichen Stils steht, geht Sluter mit den übrigen Gestalten bereits weit darüber hinaus.

✶✶ Puits de Moïse, Mosesbrunnen ►

Ab 1395 (also zum Großteil nach der Portalskulptur) schuf Sluter für das Brunnenbecken im Kreuzgang des Klosters einen fast 8 m

hohen Kalvarienberg. Er bestand aus dem (erhaltenen) Sockel mit den Propheten, darüber erhob sich einst ein Kreuz mit Christus sowie Statuen von Maria, Maria Magdalena und Johannes. 1405 wurden die Figuren von dem Hofmaler Jean Malouel farbig gefasst. Die fehlenden Teile gingen schon im 16. Jh. verloren, Fragmente sind im Archäologischen Museum ausgestellt.
Die Propheten Moses, David, Jeremias, Zacharias, Daniel und Jesaia, die den Tod Christi vorausgesagt hatten, sind rund um den Sockel des Kreuzes angeordnet, zwischen ihnen trauernde Engel, die auf den Kapitellen schlanker Säulen stehen (diese stammen von Claus de Werve, um1399/1400). Gesichter und Hände der gewaltigen Prophetenfiguren sind von enormen Ausdruckskraft; die Gewänder mit ihrem schweren Faltenfall zeugen bis in die Details von Borden, Taschen und Gürtelschnallen von einem erstaunlichen Realismus. Die Männer stehen nicht nur nebeneinander, sondern sind sowohl inhaltlich als auch formal aufeinander bezogen. Dem gesamten Kunstwerk liegt ein komplexes theologisches Programm mit dem Thema Lebensbrunnen zugrunde. In stilistischer Hinsicht beeinflusste Sluter mit diesem Werk die burgundische Skulptur während des ganzen 15. Jahrhunderts.

Umgebung von Dijon

✶ **Côte de Nuits**

Sie beginnt nur 11 km südlich von Dijon (►Côte d'Or).

✶ **St-Jean-Baptiste in Rouvres-en-Plaine**

Rouvres, 14 km südöstlich von Dijon in der weiten Saône-Ebene gelegen, war einst eine bedeutende Residenz der Burgunder-Herzöge der kapetingischen Linie, die 1361 mit dem Tod Philipps von Rouvres erlosch. Auch die Errichtung der Johanneskirche ab 1233 ging auf die Initiative der herzoglichen Familie zurück. Aus dieser Zeit dürfte der Chor der bestehenden Kirche stammen, Quer- und Langhaus wurden um die Wende vom 13. zum 14. Jh. erneuert, im 15. Jh. zog man neue Gewölbe ein. Das Hauptinteresse an St-Jean gilt dem Figurenschmuck der linken Chorkapelle, die Philippe Mâchefoing, Kastellan des Schlosses von Rouvres, im 15. Jh. modernisieren ließ. Für den Altar schuf wahrscheinlich Jean de la Huerta (der Bildhauer der Herzöge von Burgund) die Standbilder einer Madonna mit Kind und der beiden Johannes. Der Künstler hielt sich dabei eng an inzwischen zerstörte Werke von Jean de Marville in der Kartause von Champmol. Das Chorgestühl aus der Mitte des 16. Jh.s stammt aus der Kirche St-Michel in Dijon.

Val-Suzon

Zwischen Val-Suzon (17 km nordwestlich; Anfahrt auf der N 71) und Messigny-et-Vantoux (östlich) hat das Flüsschen Suzon ein idyllisches Tal in die Kalkplateaus gegraben. Quer zum Haupttal verlaufen die Combes, kleine Schluchten, durch die man meist auf schattigen Wegen auf das Plateau gelangt. Die Felsvorsprünge zwischen zwei Quertälern boten durch die sie umgebenden Steilhänge

Baedeker TIPP

Mont Afrique

Der Hausberg von Dijon ist der 600 m hohe Mont Afrique, 12 km südlich der Stadt. Das Plateau eignet sich gut für Spaziergänge sowie zum Picknicken und bietet eine schöne Aussicht.

sichere Siedlungsmöglichkeiten. Einige von ihnen waren daher schon in vorgeschichtlicher Zeit besiedelt.

Châtelet d'Etaules

9 km nordwestlich (Anfahrt: 2 km östlich der Kreuzung von N 71 und D 7) beginnt an dem Parkplatz an der D 971 ein Fußweg (ca. 10 Min.). Das 100 m über dem Suzon-Tal liegende Kalkplateau wurde während vier Jahrtausenden regelmäßig aufgesucht, wahrscheinlich sogar für einen längeren Zeitraum bewohnt. Nachweisbar ist eine Besiedlung während der mittleren Jungsteinzeit (vor ca. 5000 Jahren) und eine gegen Ende dieser Epoche. Die älteste gesicherte Befestigungsanlage stammt aus der späten Bronzezeit (8. Jh. v. Chr.). Bis Ende der Hallstattzeit war der Felsvorsprung besiedelt, dann wurde er aufgegeben, vermutlich weil man das gegenüberliegende Plateau vorzog, auf dem ebenfalls eine Verteidigungsanlage nachgewiesen wurde. Heute ist am ursprünglichen Platz eine Rekonstruktion des alten Walles von 1987 zu sehen.

Til-Châtel

21 km nördlich von Dijon liegt am Zusammenfluss von Ignon und Tille das Dorf Til-Châtel (730 Einwohner), das antike Castrum ad Tilliam. In der Nähe wurden die Überreste eines Aquädukts sowie gallo-römische und mittelalterliche Gräber gefunden. Im Dorf stehen einige schöne Wohnhäuser (14. – 16. Jh.) sowie die Kirche St-Florent, die um die Mitte des 12. Jh.s erbaut wurde (Veränderungen im 15. Jh.; im 19. Jh. Restaurierung). Auf der West- und Südseite blieben figürlich skulptierte Portale erhalten. Beide Tympana zeigen den thronenden Christus in der Mandorla, umgeben von den Evangelistensymbolen. Im südlichen Bogenfeld befindet sich die Bildhauersignatur eines Petrus Divionensis (Petrus aus Dijon), dessen Mitarbeit an der dortigen Kirche St-Bénigne nachgewiesen ist.

✶ St-Florent ►

Fontaine-Française

Fontaine-Française, 14,5 km östlich von Til-Châtel, war eine Enklave des französischen Königs auf burgundischem Gebiet und erhielt daher seinen Namenszusatz. 1754 wurde an der Stelle einer mittelalterlichen Burg das Schloss errichtet. Die Pläne entwarf der Pariser Architekt Souhard. Die Nebengebäude stammen aus den 1860er-Jahren (Führungen: Juli bis Sept. tgl. außer Mo. und Di. 10.00 bis 12.00, 14.00 – 18.00 Uhr).

Château Beaumont-sur-Vingeanne

Das kleine Schloss 34 km nordöstlich von Dijon entstand um 1724 als Landsitz, französisch »Folie« genannt, für den Abt Claude Jolyot (geöffnet: Juli, Sept. tgl. außer So. 10.00 – 12.00, 14.30 – 18.30 Uhr).

✶ **Château Talmay**

Das Schloss von Talmay42 km östlich von Dijon steht zwischen zwei Armen des Flüsschens Vingeanne in einem französischen Park. Im

Mittelalter gehörte es den Herren von Pontailler-sur-Saône, auf die der im 13. Jh. errichtete Donjon zurückgeht. Daneben wurde 1762 – 1771 nach Plänen von Jacques-Louis Daviler ein Schloss im späten Stil Ludwigs XV. gebaut. Der 46 m hohe Donjon ist geschmackvoll eingerichtet und zu besichtigen (geöffnet: Juli, Aug. tgl. außer Mo. 15.00 – 18.00 Uhr).

Auxonne

Sehenswerte alte Häuser zeugen noch heute vom Wohlstand Auxonnes (32 km südöstlich von Dijon; 9200 Einw.) in Mittelalter und Neuzeit, die Reste der Befestigung von seiner Rolle als Grenzstadt zur Franche-Comté. Die Pfarrkirche Notre-Dame stammt zum Großteil aus dem 13. Jahrhundert. Der älteste Teil ist der romanische Turm über dem rechten Querhaus. Zu Beginn des 16. Jh.s wurde die von St-Michel in Dijon inspirierte Vorhalle errichtet, die im 19. Jh. mit neuen Skulpturen (Prophetenfiguren) versehen wurde. Der Nordturm blieb unvollendet. Für den Innenraum dienten die Marienkirchen von ►Dijon und ►Semur-en-Auxois als Vorbild. Sehenswert ist die »Madonna mit der Weintraube« in der rechten Seitenapside, eine Skulptur aus der Mitte des 15. Jh.s, die Juan de la Huerta zugeschrieben wird. Die benachbarte Madonna mit Kind geht ebenfalls in diese Zeit zurück. Das Chorgestühl stammt aus der 2. Hälfte des 16. Jh.s. Im ehemaligen Schloss von Auxonne, das im 17. Jh. von Vauban umgestaltet wurde, wird an Napoleon erinnert, der sich als junger Leutnant zeitweilig hier aufhielt (geöffnet: 2. Mai bis 30. Sept. tgl. 10.00 – 12.00, 15.00 – 18.00 Uhr).

Donzy

E 7

Département: Nièvre **Einwohnerzahl:** 1700
Höhe: 188 m ü. d. M.

Der kleine, am Zusammenfluss von Nohain und Talvanne gelegene Ort war einst Sitz einer bedeutenden Baronie. Von dem Feudalsitz blieb ein Donjon aus dem 13. Jh. erhalten.

Sehenswertes in Donzy und Umgebung

Im Gassengewirr um die gotische Kirche herum stehen schöne alte Häuser (15. – 17. Jh.). Die 1961 stillgelegte Moulin de Maupertuis beherbergt ein kleines Mühlenmuseum (Öffnungszeiten: Juli bis Sept. tgl. 14.00 – 19.00, ab 15. Sept. bis 18.00, Nov. bis Ostern Mo. – Fr. 14.00 – 18.00, Mai, Okt. nur Sa., So. 14.00 – 18.00 Uhr).

Notre-Dame-du-Pré

In dem 1 km westlich vor Donzy gelegenen Vorort Donzy-le-Pré steht die Ruine der romanischen Kirche Notre-Dame-du-Pré. Sie gehörte zu einem Priorat, das 1109 Cluny angeschlossen wurde. Von

DONZY ERLEBEN

AUSKUNFT

Office de Tourisme
18, Rue du Général Leclerc
58220 Donzy, Tel. 03 86 39 45 29

ESSEN / ÜBERNACHTEN

► **Erschwinglich**
Le Grand Monarque
10, Rue de l' Etape, Tel. 03 86 39 35 44
www.legrandmonarque-donzy.fr
Traditionelles Hotel mit ebensolcher Küche und individuell eingerichteten Zimmern

► **Preiswert**
Les Forges
21 et 23, Rue Saint-Agnan
Cosne-sur-Loire, Tel. 03 86 28 23 50
Fax 03 86 28 91 60 – Preiswertes Haus mit Restaurant und Crêperie

der zu Beginn des 12. Jh.s errichteten Kirche blieb nur die Vorhalle aus der Mitte des 12. Jh.s erhalten. Über dem Portal ein Tympanon, das zu den Hauptwerken aus der Spätphase der burgundischen Romanik gehört. Es ist aus drei Steinplatten zusammengesetzt. In der Mitte thront Maria mit dem Kind unter einer massiven Baldachin-Architektur. Links von Maria schwingt ein Engel ein Weihrauchgefäß, rechts steht der Prophet Jesaia mit Schriftrolle.

Cosne-sur-Loire

Die kleine Industriestadt, 17 km westlich von Donzy am rechten Ufer der Loire an der Mündung des Nohain, erlebte im 18. Jh. einen wirtschaftlichen Aufschwung mit der Produktion von Kanonen, Musketen und Schiffsankern. Von der romanischen Kirche St-Aignan blieben nur das Westportal und der Chor erhalten. Das Musée de la Loire Moyenne ist der Loire-Schifffahrt gewidmet. Neben volkskundlichen Objekten und Fayencen werden auch Zeichnungen und Gemälde ausgestellt, u. a. Werke von Vlaminck, Chagall, Utrillo, Dufy und Derain (Place de la Résistance; Öffnungszeiten: tgl. außer Di. und So. 10.00 – 12.00, 14.30 – 18.30 Uhr, März bis Sept. auch Sonntagnachmittag).

Musée de la Loire Moyenne ►

★ Flavigny-sur-Ozerain

06

Département: Côte d'Or
Höhe: 426 m ü. d. M.
Einwohnerzahl: 400

Flavigny wirkt mit seiner mächtigen Stadtmauer, alten Steinhäusern und engen Gassen zwar leicht museal, aber das ist im 21. Jh. bei einem Ort, der irgendwann im Spätmittelalter stecken geblieben zu sein scheint, ja auch nicht verwunderlich.

Geschichte

Der Ortsname scheint auf Flavius oder Flavinius, den Besitzer einer gallo-römischen Villa, zurückzugehen. Bedeutung erhielt Flavigny erst ab 719, als die Benediktinerabtei gegründet wurde, deren Schicksal weitgehend auch das der Stadt bestimmte. Ihre frühen Äbte stammten direkt aus dem Umkreis von Pippin dem Kurzen und Karl dem Großen. **Berühmtheit erlangte das Skriptorium der Benediktiner.** Die Existenz einer Pfarrkirche belegt die Entwicklung einer Ansiedlung seit dem 10. Jahrhundert. Dorf und Abtei wurden ab 1157 mit einer Mauer umgeben. Die Bürger, die der Abtei bis 1236 nach und nach persönliche Rechte abgekauft hatten, begannen um die Mitte des 13. Jh.s mit dem Bau einer neuen Pfarrkirche. Erst 1566 erhielten sie die Erlaubnis, ihre eigene Stadtverwaltung zu wählen. Während der Religionskriege, als Dijon auf Seiten der katholischen Liga stand, flüchtete das burgundische Parlament nach Flavigny, wo es von 1589 bis 1592 tagte. Später büßte der Ort nach und nach seine Bedeutung ein. Während der Revolution wurde die Abtei aufgehoben. Gegen Ende des 19. Jh.s zerstörte die Reblaus die Weinberge rund um Flavigny, und wenig später mussten die Verwaltungsfunktionen an Les Laumes abgegeben werden. In Flavigny werden – angeblich seit dem 9. Jh. – kleine Anisbonbons hergestellt, die sogenannten Anis de Flavigny. Viele der heute liebevoll restaurierten Häuser sind Zweitwohnsitze.

Eine intakte Stadtmauer mit uneinnehmbar wirkenden Türmen umgibt das mittelalterliche Städtchen Flavgny-sur-Ozerain.

FLAVIGNY ERLEBEN

AUSKUNFT

Office de Tourisme
Place Bingerbrück
21150 Venarey-les-Laumes
Tel. 03 80 96 89 13
Fax 03 80 96 13 22
E-Mail: alesiatourisme@wanadoo.fr

ESSEN

► **Erschwinglich**
La Grange de Flavigny
Place de l'Église
Tel. 03 80 96 20 62
Rustikales Essen mit Produkten aus eigener Herstellung

Sehenswertes in Flavigny

Porte du Bourg, Porte Ste-Barbe

Das obere Tor, die Porte du Bourg, stammt aus der Mitte des 15. Jh.s und war früher mit einer Zugbrücke versehen. Die Porte Ste-Barbe wurde erst im 18. Jh. in die Mauer gebrochen.

✶ Abbaye St-Pierre

Von der vermutlich 719 gegründeten Benediktinerabtei sind nur die Krypta sowie eine sechsseitige Kapelle mit Umgang, die an die von St-Bénigne in ►Dijon erinnert, erhalten. Der ursprüngliche karolingische Bau wurde nach den Wikingerzerstörungen im 10. Jh. verändert. Im 12. Jh. wurde eine Vorhalle errichtet und die Kirche umgebaut, die dann nach einem Brand im 13. Jh. in gotischem Stil erneuert wurde. Zerstört wurde sie 1817. Einige Teile der Vorhalle mit ihrem Kreugratgewölbe sind erhalten. Die Klostergebäude, die heute die **Anisbonbonfabrik** beherbergen, wurden im 17. und 18. Jh. errichtet.

Krypta Ste-Reine ►

Der interessanteste und älteste Bauteil ist die Krypta, benannt nach der hl. Regina, deren Reliquien 864 von Alise hierher überführt wurden. Die Krypta befand sich einst auf gleicher Höhe mit dem Langhaus, darüber lag der erhöhte Chor. Der zentrale Raum (der älteste Teil) wurde um 860/880 mit Umgängen versehen und im Osten um ein Oratorium verlängert. Der Kernraum, den inzwischen eine neuzeitliche Mauer im Westen abschließt, könnte ursprünglich auch ganz rund gewesen sein. Die vier Säulen sind gallo-römischen Ursprungs und dürften aus Alesia (►Alise-Ste-Reine) stammen. An drei von den vier Säulen sind Kapitelle mit Pflanzenmotiven aufgesetzt. Durch einen Verbindungsgang gelangt man in das Oratorium, das in karolingischer Zeit wahrscheinlich rund war. Die heutige sechseckige Form erhielt es im 11. Jahrhundert. Es wurde erst in den 1950er-Jahren freigelegt. In seiner Gesamtanlage ähnelt der karolingische Bau so stark St-Germain in ►Auxerre, dass man in Flavigny die Arbeit des gleichen Bautrupps annimmt (Öffnungszeiten: Mai bis Aug. tgl. 9.00 – 12.00, 14.00 – 18.00, sonst Mo. – Do. 8.30 – 11.30, 14.00 bis 17.00, Mi. bis 16.00, Fr. nur vormittags, Sa., So. 10.00 – 18.00 Uhr; Führung per Tonband, Eintritt frei).

Maison Lacordaire, Porte du Val

Die Maison Lacordaire diente von 1589 bis 1592 als Sitz des Parlaments von Burgund. Der Flügel an der Straße stammt aus dem 13. Jh. und besitzt noch einige gotische Fenster mit Kleeblattbögen. Die neueren Gebäudeteile entstanden im 19. Jh. für ein Dominikanerkloster. Am Ende der Straße steht die Porte du Val, ein doppeltes Stadttor zwischen mächtigen Rundtürmen. Der innere Teil stammt aus dem 13. Jh., der äußere geht auf die Erneuerung der Mauer während der Religionskriege zurück und wurde von Heinrich IV. finanziert.

St-Genèst

Die Pfarrkirche St-Genèst wurde im 13. Jh. an der Stelle eines romanischen Vorgängerbaus errichtet. Der anspruchsvolle Neubau sollte vermutlich dem gewachsenen Selbstbewusstsein der Bürgerschaft gegenüber den Benediktinern Ausdruck verleihen. Der Chor des dreischiffigen Gebäudes endete ursprünglich gerade, wurde aber im 15. Jh. um einen polygonalen Abschluss verlängert. Damals wurden auch die Tribünen über den Seitenschiffen und den ersten beiden Mittelschiffjochen eingezogen. Im Osten sind sie durch eine Art Lettner mit filigraner Maßwerkbrüstung verbunden. Außerdem wurden die Gewölbe erneuert, aber um 2,70 m niedriger als die ursprünglichen, dadurch entfiel eine Fensterreihe im Mittelschiff. Das die Breite des Langhauses nicht überschreitende Querhaus blieb unverändert. Die Seitenkapellen wurden im 16. und 17. Jh. eingefügt, im 18. Jh. erneuerte man die Westfassade. Die Kirche verfügt über zum Teil **bedeutende Kunstwerke**. Das interessante Chorgestühl geht in die zweite Hälfte des 15. Jh.s zurück und zeigt abwechslungsreiche Ornamentik im Flamboyant-Stil sowie figürliche Schnitzereien, die z. B. Mönche bei eher unrepräsentativen Verrichtungen wie Nase schneuzen oder Bettler beim Füße kratzen zeigen (einzelne Figürchen im 19. Jh. erneuert). Sehenswert ist auch ein »Verkündigungsengel« vom Ende des 15. Jh.s in der dritten Seitenkapelle rechts (zur Zeit nur unregelmäßige Zugangsmöglichkeiten, Tel. 03 80 96 21 73).

? WUSSTEN SIE SCHON ...?

- ... dass die berühmten Anisbonbons aus Flavigny dort schon seit dem 9. Jh. produziert werden? Die Bonbons erfunden haben sollen die Ursulinennonnen. Der große Aufschwung setzte in der Französischen Revolution ein, als gleich mehrere Fabriken in Flavigny existierten. Die letzte, ansässig in der ehemaligen Abtei St-Pierre, exportiert die mit verschiedensten Geschmacksrichtungen parfümierten »Anis de Flavigny« in die ganze Welt. Verpackt in hübschen Dosen mit Motiv-Deckeln, sind sie ein beliebtes Mitbringsel. Die Produktionsstätten können vormittags besichtigt werden.

Stadttor

Hinter dem Chor von St-Genèst führt die Rue de la Poterne (vorbei an einem Haus mit Kielbogenfenster) zum gleichnamigen Stadttor. Dieses kleinste der erhaltenen Tore wurde im 15. Jh. wieder aufgebaut.

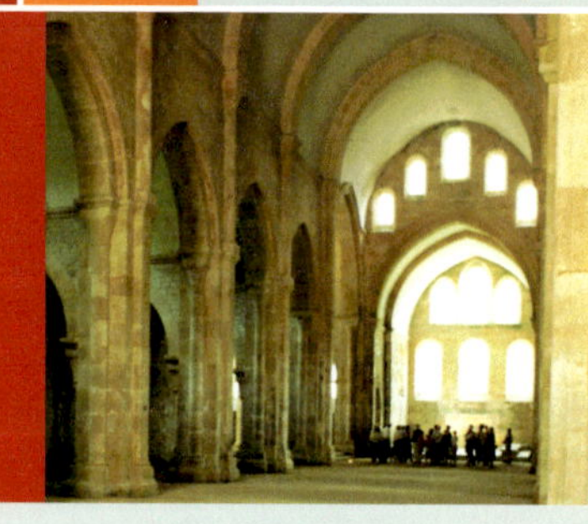

Ganz zisterziensisch: keinerlei »überflüssiger Zierat an Skulpturen« in der ehemaligen Abteikirche von Fontenay

ARBEIT UND ASKESE

In einem unbewohnten, sumpfigen Tal, 25 km südlich von Dijon, rodeten im Jahr 1098 zwanzig Mönche unter ihrem Abt Robert von Molesme ein Gelände, um dort neue Formen mönchischen Lebens zu erproben. Innerhalb weniger Jahrzehnte entwickelte sich die kleine Gemeinschaft zum Zisterzienserorden, dessen Ausstrahlung das mittelalterliche Europa maßgeblich beeinflusste.

Es war der 21. März 1098, der Tag des Mönchsvaters Benedikt (480 – 547) und nur drei Jahre nach der Abteiweihe von Cluny III. Die frommen Holzfäller wollten aus stillem Protest zur cluniazensischen Prachtentfaltung im Geiste des hl. Benedikts ein Leben in **Armut, Keuschheit und Einsamkeit** führen. Das üppig sprießende Schilfrohr (lat. cistels) gab Ort und Orden den Namen: Cistercium (Cîteaux).

Regeln

Die Brüder trafen sich achtmal am Tag zwischen den Vigilien um zwei Uhr in der Frühe bis zum Komplet beim Eintritt der Nacht für meist eine Stunde zum gemeinsamen **Gebet** im Mönchschor, außerdem zu zwei Lesungen im Kapitelsaal und im nördlichen Kreuzgangsflügel. Gleichviel Zeit sollte mit körperlicher **Arbeit** verbracht werden. Dieses harte Regime wurde für die spätere Ordensregel der Zisterzienser bindend. Weitere Klöster sollten nur an abgeschiedenen Orten gegründet werden, um dort den Boden urbar zu machen. Schenkungen oder Einnahmen aus dem Kirchenzehnten wurden abgelehnt. Die Mönche mussten von ihrer Hände Arbeit, Ackerbau und Viehzucht leben. Als Habit waren nur Kutten aus ungefärbter Schafwolle erlaubt, weshalb die Brüder die »moines blanc«, die weißen Mönche, genannt wurden. Die Ernährung war karg: Im Sommer gab es täglich zwei Mahlzeiten, im Winter nur eine, die ohne Fleisch und Fett zubereitet sein mussten. So verlegten sich die Zisterzienser auf die Fisch- und Bienenzucht, den Obst-, Gemüse-, Wein- und Heilkräuteranbau, u. a. gründeten sie das vielleicht bekannteste Weingut Burgunds, das Clos de Vougeot. Zur Bewirtschaftung der großen landwirtschaftlichen Flächen wurden Bauernhöfe eingerichtet, die so genannten Granges. Gegen Ende des 12. Jh.s besaß allein die Abtei von Cîteaux zehn solcher Grangien. Die gewaltigen Überschüsse vertrieben die Mönche in ihren Handelsniederlassungen, auch Pfleghöfe genannt, in den aufblühenden Städten.

Die Zisterzienser trugen wesentlich zur Gartenkultur in Europa bei. Seit dem frühen Mittelalter gehörten Gärten zur Grundausstattung ihrer Klöster.

Technik und Architektur

Auch technisch waren die Mönche auf der Höhe der Zeit. Sie betrieben Mühlen und Hammerwerke, Kupferverhüttung und Glasherstellung. Wo es nicht genügend Steine zum Kirchenbau gab, brannten sie Ziegel. Für die Architektur galten ebenfalls feste Regeln. Die Klosterbauten wurden nach rein funktionalen Aspekten errichtet. Westtürme gab es nicht, allenfalls einen Dachreiter mit einem Glöcklein. Eine Krypta war nicht notwendig, anstelle eines aufwendigen Chorumgangs tat es ein schlichter Rechteckabschluss. Bei den wenigen Lichtöffnungen im Kirchenraum spielte die **Zahlenmystik** eine wichtige Rolle. Dass etliche Zisterzienserkirchen dennoch die Ausmaße von Kathedralen erreichten, lag am ungeheuren Zulauf des Reformordens.

Aufstieg und Niedergang

Die Anfangsphase des Ordens war schwierig. Die Wende brachte 1112 der Beitritt des burgundischen Adeligen **Bernhard von Fontaines**. Der junge Graf kam mit 30 Freunden und Verwandten. In einer Zeit, als in Europa an der Schwelle zum 12. Jh. die Angst vor dem Weltende und ewiger Verdammnis die Menschen verstärkt nach religiöser Orientierung suchen ließ, muss Bernhards Ausstrahlung ungeheuer gewesen sein. Er verkörperte sowohl die Sehnsucht nach Gott in klösterlicher Abgeschiedenheit, als auch den Drang nach Aktivität außerhalb der Klostermauern. Er war Kirchenpolitiker, Mönch und Mystiker. Vier Jahre nach seinem Eintritt verfügte Cîteau über die primären Töchterabteien La Ferté-sur-Grosne (1113 gegründet), Pontigny (1114), Clairvaux und Morimond (1115). 1153, beim Tod Bernhards, zählte man in Europa 344 Zisterzienserklöster, bis zum Ende des Mittelalters stieg ihre Zahl auf anderthalbtausend. Eine erste Ordensverfassung war 1119 durch den Papst bestätigt worden, sie wurde durch die »Consuetudines«, die »Gebräuche« ergänzt. Hinzu kamen die Beschlüsse der alljährlichen Generalkapitel in Cîteaux, zu denen jedes Kloster seinen Abt entsandte.

Der Niedergang des Ordens setzte im frühen 14. Jh. ein. Die aufblühende städtische Kultur erschütterte mit der wachsenden Bedeutung der Geldwirtschaft das Wirtschaftsgefüge des Ordens. Der Aufstieg von Nationalstaaten gefährdete die europaweite Vernetzung, mit der Einrichtung öffentlicher Schulen schwand die geistige Vorrangstellung der Klöster. Es gab zwar noch vereinzelt zisterziensische Klostergründungen, doch hatte der Orden seine progressive Rolle an andere Kräfte abgetreten.

★★ Fontenay (Abbaye)

N 6

Département: Côte d'Or

Die besterhaltene Zisterzienserkirche Frankreichs und ein Kloster, das unter dem direkten Einfluss Bernhards von Clairvaux entstand, liegt – noch heute relativ abgeschieden – im Wald von Fontenay. Die zum Weltkulturerbe zählende Anlage gibt einen hervorragenden Eindruck vom Klosterleben und der Architektur während der frühen, streng asketischen Phase des Ordens.

Einsam im Wald

Den Vorstellungen des Ordens entsprechend liegt das ehemalige Kloster Fontenay fernab von jeder Besiedlung am Ende eines Waldtales (7 km nordöstl. von Montbard). Zahlreiche Quellen und der Bach von Fontenay stellten die Wasserversorgung der Mönche sicher, ein nah gelegener Steinbruch lieferte das Baumaterial. So wurde Fontenay 1118 von Bernhard von Clairvaux als »zweitälteste Tochter St-Bernards« (nach Trois-Fontaines bei St-Dizier in der Champagne) gegründet. Ein Onkel des Heiligen hatte das Gelände gestiftet und einen seiner Neffen zum ersten Abt ernannt. Nachdem sich die erste Platzwahl als ungeschickt erwiesen hatte, wurde 1139 am heutigen Ort mit dem Bau der Kirche begonnen. Acht Jahre später konnte die Kirche geweiht werden. Bis Ende des Jahrhunderts dürften auch die übrigen Gebäude fertiggestellt gewesen sein. Noch zu Beginn des 14. Jh.s lebten rund 300 Mönche und Laienbrüder in Fontenay.

Der Niedergang setzte mit den Kommendeäbten ein, die nicht mehr vom Kloster gewählt, sondern vom König bestimmt wurden. Während der Revolution wurde die Klosteranlage verkauft und in ihren Räumen eine Papierfabrik eingerichtet, die 1820 in den Besitz von Elie de Montgolfier überging. Nachdem 1906 die kunstsinnige Familie Aynard den Betrieb erworben hatte, wurde die Fabrik stillgelegt und mit der **Restaurierung** der Klosteranlage begonnen. Vor einigen Jahren wurden nun die Gartenanlagen vom Gartenarchitekt Peter Holmes rekonstruiert. Sie geben der alten Anlage einen zusätzlichen Charme (Öffnungszeiten: April bis 10. Nov. tgl. 10.00 – 18.00, Juli, Aug. bis 19.00, sonst 10.00 – 12.00, 14.00 – 17.00 Uhr).

FONTENAY ERLEBEN

AUSKUNFT

Abbaye de Fontenay
Tel. 03 80 92 15 00
www.abbayedefontenay.com

FÜHRUNGEN

Im Sommer werden außer den geführten Touren Veranstaltungen wie z. B. Fontenay-Geschichten für Kinder oder Papierherstellung im 19. Jh. angeboten.

ABBAYE DE FONTENAY

★★ **Fontenay gehört zu den besterhaltenen Klöstern des Zisterzienserordens. Wer die strengen Regeln der Ordensarchitektur studieren möchte, sollte der Abtei unbedingt einen Besuch abstatten.**

Öffnungszeiten:
April bis 10. Nov. tgl. 10.00–18.00, Juli, Aug. bis 19.00, sonst 10.00–12.00, 14.00–17.00 Uhr

① Abteikirche
Der achtjochige Bau ist 66 m lang und 16,70 m hoch. Eine Spitztonne mit Gurtbögen überspannt das Mittelschiff. Entsprechend den Ordensregeln waren die Fenster nur einfarbig. Nach der Restaurierung ist der ursprüngliche Zustand wieder vorstellbar.

② Kreuzgang
Vom Kreuzgang aus erreicht man die weiteren Räume, er diente aber auch liturgischen Zwecken.

③ Ostflügel
Im Ostflügel befindet sich oben das Dormitorium, unten der Kapitelsaal.

④ Südflügel
Auf der Südseite des Kreuzgangs stand einst das Refektorium und zwar quer zum Kreuzgang.

⑤ Klostergarten
Neben den Nutz- und Heilpflanzen gab es im Klostergarten auch christliche Symbolpflanzen, die religiöse Grundwerte versinnbildlichten, wie Schwertlilie, Madonnenlilie oder Walderdbeere. Die Anlage ist heute rekonstruiert.

⑥ Taubenturm
Im runden Turm hielten die Mönche Tauben. An ihn ist ein kleines Wirtschaftsgebäude angebaut.

⑦ Bäckerei und Kapelle
In dem kastenförmigen Bau aus dem 13. Jh. befanden sich eine Backstube und eine Besucherkapelle (heute Museum und Buchhandlung). Dahinter sieht man noch einen Hundezwinger.

⑧ Gästehaus
Das ehemalige Gästehaus wird von den heutigen Besitzern genutzt.

⑨ Teich
Im Teich wurde Fisch gezüchtet, der später ein Hauptnahrungsmittel im Kloster war.

⑩ Schmiede
Der Bau vom Ende des 12. Jh.s, umschließt vier Räume, wobei die eigentliche Schmiede im zweiten westlichen Saal untergebracht war.

Der Kapitelsaal mit seinen Kreuzrippen zeigt bereits gotische Formen.

✶✶ Abbaye de Fontenay

Man betritt die Anlage durch die Klosterpforte (15. Jh.), an die sich links die Fremdenkapelle aus dem 13. Jh. und die Bäckerei anschließen. An die herzogliche Jagdleidenschaft erinnert der etwas zurückversetzte Hundezwinger. Gegenüber der Bäckerei steht das im 18. Jh. errichtete Abtspalais.

Abteikirche

Die Kirche besitzt eine schlichte Westfassade mit einem Rundbogenportal und einer doppelten Fensterreihe mit insgesamt sieben Fenstern (bei der Zahl 7 sei auf die Vorliebe der Zeit für die Zahlensymbolik hingewiesen, die vielfältige Deutungsmöglichkeiten bietet, u. a. weist »7« auf das Schöpfungswerk, die Anzahl der Sakramente und der Todsünden hin). Die Vorhalle ist verschwunden. Das Innere, das gänzlich ohne schmückendes Beiwerk auskommt, beeindruckt durch strenge Formen und ausgewogene Proportionen. Die Abteikirche ist dreischiffig, besitzt ein Querhaus und einen kleinen Rechteckchor. Dieser wird von ebenfalls rechteckigen Kapellen flankiert. Das Mittelschiff trägt eine Spitztonne. Ihre massiven Gurtbögen sitzen auf den Vorlagen der Pfeiler auf, die zum Mittelschiff hin glatt, zu den übrigen Seiten hin gerundet sind. Die sehr niedrigen Seitenschiffe wirken fast wie Seitenkapellen. Verstärkt wird dieser Eindruck durch ihre Einwölbung mit einzelnen Quertonnen, die den Schub des Mittelschiffgewölbes auffangen. Das Mittelschiff bleibt ziemlich dunkel, da es keine eigene Lichtquelle besitzt. Dies steigert die Wirkung des Lichteinfalls durch die Fenster der Westwand und des Chores, letztere mit den für die Zisterzienser typischen Grau in Grau gehaltenen Fensterscheiben (erneuert). Im Chor blieben Reste des originalen Fußbodens erhalten. Im nördlichen Querhausarm befindet sich das **Prunkstück der Ausstattung**, die steinerne Madonna von Fontenay. Sie entstand um 1300. Im Hintergrund die sog. Totenpforte, der Ausgang zum Friedhof der Mönche.

Dormitorium

Eine Treppe im rechten Querhausarm führt in das Dormitorium, den Schlafsaal der Mönche. Der Raum besitzt einen beeindruckenden Holzdachstuhl aus dem 15. Jahrhundert. Das Dormitorium hatte ursprünglich nur zum Kreuzgang hin Fenster, die Öffnungen auf der Ostseite wurden erst nachträglich in die Wand gebrochen. Die Mönche schliefen in dem unbeheizten Raum auf Strohsäcken.

Kreuzgang

Neben der Treppe gelangt man durch eine Pforte in den Kreuzgang, der alle Hauptgebäude miteinander verband. Seine Doppelbögen, die durch einen Blendbogen zusammengefasst werden, ruhen auf massiven Doppelsäulen. Ihre Kapitelle tragen den einzigen skulpturalen Schmuck der Abtei. Auf allen vier Seiten des Kreuzgangs erlauben große, auf starken Pfeilern ruhende Durchgänge den Zutritt zum Garten. Verschwunden ist der Brunnen, der sich einst an dem der Kirche gegenüberliegenden Flügel befand. Von hier aus bietet

◄ weiter auf S. 258

JOIGNY ERLEBEN

AUSKUNFT

Office de Tourisme
4, Quai Henry Ragobert
89300 Joigny, Tel. 03 86 62 11 05
www.ville-joigny.fr

ESSEN

► Fein und teuer

La Côte St-Jacques
14, Faubourg de Paris
Tel. 03 86 62 09 70
Vater und Sohn Lorain zählen zur burgundischen Kochelite und warten mit 3 Michelin-Sternen auf.

ÜBERNACHTEN

► Komfortabel

Le Rive Gauche
Chemin du Port au Bois
Tel. 03 86 91 46 66
www.hotel-le-rive-gauche.fr
Schönes Hotel an der Yonne.

► Günstig

Le Paris-Nice
Rond-point de la Résistance
Tel. 03 86 62 06 72
www.hotel-restaurant-paris-nice.com
Angenehmes Hotel-Restaurant

Sehenswertes in Joigny

St-Jean

Die Kirche St-Jean erhebt sich dominierend über der Altstadt. Sie wurde 1082 erstmals erwähnt, ihr folgten ein gotischer Bau des 13. Jh.s, von dem rund um das Chorjoch noch einige Bündelpfeiler erhalten sind, und ein weiteres, 1504 geweihtes Gebäude. Nach dem Stadtbrand von 1530 wurde 1548 erneut mit Bauarbeiten begonnen, die sich bis 1596 hinzogen. Entstanden war eine dreischiffige, querhauslose Basilika mit einem mächtigen Westturm (die barocke Haube stammt aus dem 18. Jh.). Erst in der Mitte des 19. Jh.s fügte man die Chorscheitelkapelle hinzu. Das **Prunkstück** des Innenraums bildet das Mittelschiffgewölbe, eine steinerne Tonne mit Stichkappen über den Fenstern. Sie ist in Kassetten unterteilt und ganz mit geometrischen Ornamenten überzogen.
Unter den Ausstattungsstücken sei besonders auf das Marmor-Grabmal der Gräfin Adélais von Joigny aus dem 13. Jh. und auf die große Grablegungsgruppe aus dem 16. Jh. hingewiesen.

Porte St-Jean und Château Gondi

Die Porte St-Jean (gegenüber dem Westportal der Kirche) ist einer der wenigen Reste der mittelalterlichen Grafenresidenz. Sie wurde ab 1569 durch einen Neubau im Renaissance-Stil ersetzt. Der Architekt, wahrscheinlich Jean Chéreau, orientierte sich an dem Architekturtraktat des Italieners Sebastiano Serlio und dessen Schlossbau in ► Ancy-le-Franc (nicht zu besichtigen).

St-Thibault

Die an der Place du Pilori gelegene Kirche St-Thibault steht an der Stelle einer erstmals 1080 erwähnten Kapelle, die ursprünglich inmitten von Weinbergen lag. Der Großteil des Baus wurde gegen Ende

des 15. Jh.s neu errichtet und war 1530, als der große Stadtbrand Joigny verwüstete, gerade vollendet. Die Kirche wurde zwar beschädigt, doch blieben die Wände stehen und das Gewölbe unversehrt. Im 17. Jh. nahm man Veränderungen am Turm vor, im 19. Jh. wurde die Chorscheitelkapelle neu gebaut.
Der querhauslose Bau ist dreischiffig, wobei die Seitenschiffe als Umgang um den Chor herumgeführt werden. Die Kirche weist große Unregelmäßigkeiten auf: Die Mittelschiffjoche sind ungleich lang, die Seitenschiffjoche verschieden breit, und der Chor ist leicht nach Norden versetzt. Der Wandaufriss ist zweigeschossig. Über den Spitzbogenarkaden folgt eine Zone völlig ungegliederter Wand, in die weiter oben die Fenster eingeschnitten sind. Die Einfachheit der Wand steht im Kontrast zu den (v. a. im Chor) differenziert gestalteten Rippengewölben. Die Kirche vefügt über einige sehenswerte Ausstattungsstücke, darunter die Skulpturen vom abgebrochenen Lettner des 16. Jh.s und eine Vierge-au-sourire, eine lächelnde Madonna, aus dem 14. Jh. (Champagne-Schule).

Weitere Sehenswürdigkeiten ►

Um die Kirche und in der Rue du Bourg le Vicomte stehen weitere schöne Fachwerkhäuser. Die benachbarte Porte du Bois, ein mächtiges Tor, gehörte zur Stadtmauer des 13. Jahrhunderts.

Umgebung von Joigny

✶ **Fresken in La Ferté-Loupière**

Wegen ihres ausgefallen Freskenschmucks lohnt die mittelalterliche Kirche von La Ferté einen Besuch. Die Bilder, die gegen Ende des 15./Anfang des 16. Jh.s entstanden, wurden erst 1910 wieder entdeckt. Der größte Raum ist der in Frankreich seltenen Darstellung des **Totentanzes** gewidmet, die übrigen Bilder zeigen die »Legende von den drei Toten und den drei Lebenden«, den Kampf des hl. Michael mit dem Drachen und die Verkündigung an Maria.

Dicy

Eine Sehenswürdigkeit ist die **Fabuloserie** in Dicy, ein beeindruckendes Sammelsurium menschlicher Schöpferkraft. Der Pariser Architekt und Galerist Alain Bourbonnais hat mit seiner Frau hier ein Landhaus zu einer fantastischen Anlage mit Museum, Atelier und Park umgewandelt. Skulpturen, Windräder und Mobiles von Künstlern und Handwerkern bevölkern den Park (Öffnungszeiten: Juli, Aug. tgl. 14.00 – 18.00, sonst nur Sa. und So., www.fabuloserie.com).

St-Julien-du-Sault

St-Julien besitzt noch einige schöne alte Stein- und Fachwerkhäuser. An der Pfarrkirche wurde ab 1240 während des gesamten 13. Jh.s gearbeitet. Nach einem Brand entstand das Obergeschoss des Chores im Renaissance-Stil wieder neu. Die Umgangskapellen bewahrten (wenn auch teils stark restauriert) ihre Buntglasfenster (13. Jh.).

Villeneuve-sur-Yonne

Die Stadt Villeneuve wurde 1163 von Ludwig VII. als Residenz und Vorposten für Sens gegründet. Ihr planmäßiger Grundriss ist noch gut zu erkennen. Ursprünglich schützte sie eine knapp 2 km lange

Mauer, von der nur die Tour Louis-le-Gros aus dem frühen 13. Jh. übrig blieb. Die Bauzeit der Pfarrkirche zog sich von der Mitte des 13. Jh.s über drei Jahrhunderte hin. So zeigt die Westfassade, noch als gotische Zweiturm-Fassade konzipiert, bereits deutlich die Formensprache der Renaissance. Im Innern überwiegt der gotische Einfluss, auch wenn an Details die verschiedenen Bauphasen zu erkennen sind (Kapitelle, Maßwerk, Schlusssteine im Gewölbe). Beachtung verdienen einige Fenster des 16. Jh.s sowie eine Grablegung Christi (16. Jh.). Der Kirche gegenüber steht das Haus der sieben Köpfe, Maison des sept Têtes, eine ehemalige Poststation (18. Jh.).

★ ◄ Notre-Dame

Mâcon

P/Q 14

Département: Saône-et-Loire **Einwohnerzahl:** 36 000
Höhe: 175 m ü. d. M.

In Mâcon gibt sich Burgund schon ganz südlich. Da die Stadt nach Zerstörung ihrer Kathedrale keine Baudenkmäler von Bedeutung mehr besitzt, wird sie hauptsächlich zum Einkaufen aufgesucht sowie von Fans des romantischen Dichters Alphonse de Lamartine.

Mâcon liegt im südlichsten Zipfel der Region und der Midi macht sich bereits deutlich bemerkbar.

MÂCON ERLEBEN

AUSKUNFT

Office de Tourisme de Mâcon
1, Place St-Pierre, 71018 Mâcon
Tel. 03 85 21 07 07
www.macon-tourism.com

Office de Tourisme de Bourg-en-Bresse
6, Ave. Alsace Lorraine
01012 Bourg-en-Bresse
Tel. 04 74 22 49 40
www.bourgenbresse.fr

ÜBERNACHTEN

► Komfortabel

① *Hôtel de Bourgogne*
6, Rue Victor Hugo, Tel. 03 85 21 10 23
www.hoteldebourgogne.com
Ehemaliges Posthaus aus dem 19. Jh. an einem zentralen Platz. Im Restaurant gibt es auch vegetarische Menüs.

③ *Auberge du Saint Véran*
»La Roche«,Saint Vérand
Tel. 03 85 23 90 90
www.auberge-saint-veran.com
Zwischen Weinbergen gelegenes rustikales Landhotel mit hübschem Garten und Freibad. Gepflegte Küche.

► Günstig

② *Hôtel de Genève*
1, Rue Bigonnet
Tel. 03 85 38 18 10
www.hotel-de-geneve.com
Modernes Stadthotel im Zentrum mit schallisolierten kleinen Zimmern, Garten und Garage.

ESSEN

► Erschwinglich

① *Le Poisson d'Or*
Allée du Parc, Tel. 03 85 38 00 88
Bresse-Huhn, Zander und andere regionale Spezialitäten werden im Wintergarten des Restaurants oder auf der schattigen Terrasse direkt am Saône-Ufer serviert. Barrierefrei.

Geschichte Eine erste von den gallischen Häduern gegründete Siedlung namens Matisco wurde von den Römern aufgrund ihrer strategischen Lage ausgebaut und mit einem Castrum versehen. Das Bistum geht bis ins 6. Jh. zurück. Die zeitweise mächtigen Grafen von Mâcon verkauften ihre Besitzungen 1239 an den französischen König Ludwig den Heiligen. Im Vertrag von Arras (1435) trat die Krone die Stadt an den burgundischen Herzog ab. Nach dem Ende der Ära der burgundischen Herzöge fiel die Region 1477 erneut an die Krone. Heute ist Mâcon eine Handelsstadt, wobei der Wein eine vorrangige Rolle spielt.

Sehenswertes in Mâcon

Brücke St-Laurent Die südlichste Stadt Burgunds bietet sich für einen ausgedehnten Bummel an. Einen schönen Blick hat man von der Brücke St-Laurent aus. Sie geht ins 14.Jh. zurück, wurde jedoch ständig restauriert. Als im 18. Jh. die Stadtmauern niedergelegt und die Quais neu geschaffen wurden, wurde sie um drei Brückenbogen verkürzt.

Mâcon Orientierung

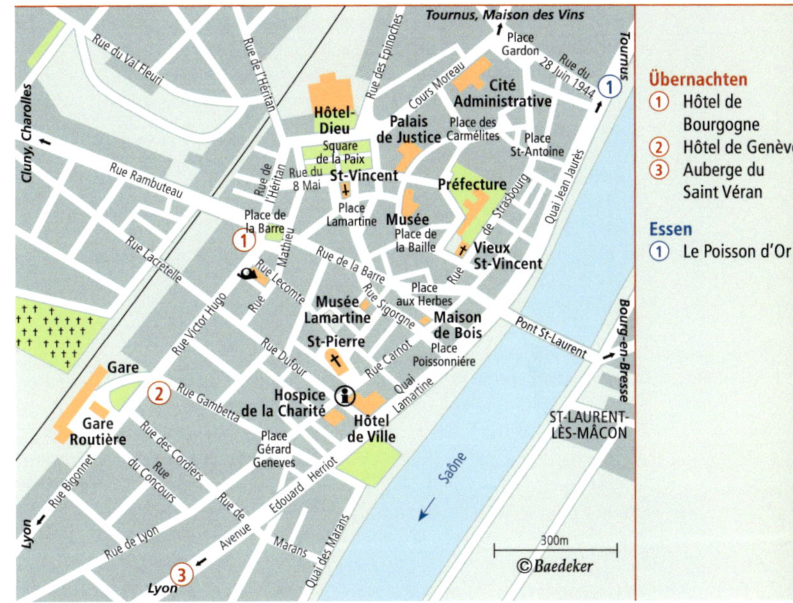

Vieux St-Vincent

Die ehemalige Kathedrale St-Vincent liegt in der Rue de Strasbourg. Vorgängerbauten waren im 13. Jh. durch einen gotischen Neubau ersetzt worden. Nach seiner Zerstörung ab 1799 blieb nur die Vorhalle erhalten, die heute als Museum genutzt wird. Sie stammt im Großen und Ganzen aus der Mitte des 12. Jh.s und ist entsprechend der verschwundenen Kirche dreischiffig. Vom Kirchenschiff überdauerte das romanische Portal, das mit dem Hineinragen der Portalöffnung in das Bogenfeld ungewöhnlich aufgebaut oder später verändert worden ist. Es zeigt in mehreren Registern eine Darstellung des Jüngsten Gerichts (Öffnungszeiten: Juni bis Sept. tgl. außer Mo. 10.00 – 12.00, 14.00 – 18.00, So. und feiertags 14.00 – 18.00 Uhr).

✶ Musée Municipal des Ursulines

Das Stadtmuseum ist im ehemaligen Ursulinenkloster aus dem 17. Jh. untergebracht. Gezeigt werden vorgeschichtliche Funde vom nahen Felsen von Solutré, Objekte der gallo-römischen Kultur und der Merowingerzeit, mittelalterliche Malerei und Skulptur, Gemälde von der Renaissance bis ins 20. Jh. sowie volkskundliche und kunstgewerbliche Objekte (5, Rue des Ursulines; Öffnunsgzeiten: tgl. außer Mo. und Sonntagvormittag 10.00 – 12.00, 14.00 – 18.00 Uhr).

Hôtel-Dieu

Unweit des Museums befindet sich das Hôtel-Dieu. Das Krankenhaus wurde 1761 bis 1770 nach den Plänen von J.-G. Soufflot, dem Architekten des Pariser Pantheons, errichtet und von seinem Schüler

Melchior Munet fertiggestellt. Im Erdgeschoss befindet sich eine Apotheke mit Holztäfelungen im Stil Ludwigs XV. (Eingang in der 334, Rue des Epinoches; Öffnungszeiten: Juni bis Sept. tgl. außer Mo. 14.00 – 18.00 Uhr, 14. Juli geschlossen).

Musée Lamartine

Das dem 1790 in Mâcon geborenen Lamartine (►Berühmte Persönlichkeiten) gewidmete Museum befindet sich im ehemaligen Hôtel Senecé. Der Bau entstand 1710, wurde 1748 um die Flügel erweitert und war zu Zeiten Lamartines Sitz der Akademie von Mâcon. Außer einer Dokumentation zu Leben und Werk des Dichters werden Gemälde, Wandteppiche und Stilmöbel aus dem 15. bis 19. Jh. gezeigt (41, Rue Sigorgne; Öffnungszeiten: tgl. außer Mo., Sonntagvormittag und Fei. 10.00 – 12.00, 14.00 – 18.00 Uhr).

Weitere Sehenswürdigkeiten

An der nahe gelegenen Place aux Herbes (Ecke Rue Dombey) steht die Maison de Bois, das älteste Wohnhaus von Mâcon aus der Zeit um 1500. Die neuromanische Kirche St-Pierre (Rue Carnot/Place St-Pierre) beeindruckt mit einer Doppelturmfassade. Ein weiteres Hospital, das Hospice de la Charité (Rue Carnot, unweit Ecke Rue Montrevel), wurde zwischen 1750 und 1762 nach Plänen von Soufflot gebaut. Am Quai Lamartine steht das Rathaus aus der Mitte des 18. Jahrhunderts.

Umgebung von Mâcon · Lamartine-Rundfahrt

Route Lamartine

Die ca. 70 km lange Route Lamartine verbindet westlich von Mâcon gelegene Orte, die alle mit dem Leben und Werk des Dichters Alphonse de Lamartine in Verbindung stehen.

Château Monceau

Lamartine erbte das Schloss (8 km westlich von Mâcon, nur der Park und die Kapelle sind zu besichtigen) 1834 von seiner Tante. Es wurde einer seiner liebsten Aufenthaltsorte. In einem Pavillon im Garten soll Lamartine seine »Histoire des Girondins« (»Geschichte der Girondisten«, 1846) verfasst haben.

Milly-Lamartine

Im 5 km nordwestlich gelegenen Milly verbrachte Lamartine mehrere Jahre seiner Kindheit (1794 – 1801). Das Haus der Familie verkaufte der Dichter 1860, als er sich in wirtschaftlichen Schwierigkeiten befand. Hier verfasste er seine erste Meditation »L'Isolement« (Führungen: Mai bis Okt. tgl. außer Di. um 15.00 und 17.00 Uhr, Tel. 03 85 37 70 33). Die Dorfkirche stammt aus dem 12. Jh.; vor dem Rathaus steht eine Bronzestatue des Dichters.

St-Point

Das Schloss von St-Point bekam Lamartine zu seiner Hochzeit 1820 von seinem Vater geschenkt. Das während der Französischen Revolution stark beschädigte Gebäude musste vor dem Einzug restauriert werden. Später wurde es großzügig in neugotischem Stil erweitert, ein Umstand, der zum finanziellen Ruin des Dichters beigetragen ha-

Lamartine-Rundfahrt Orientierung

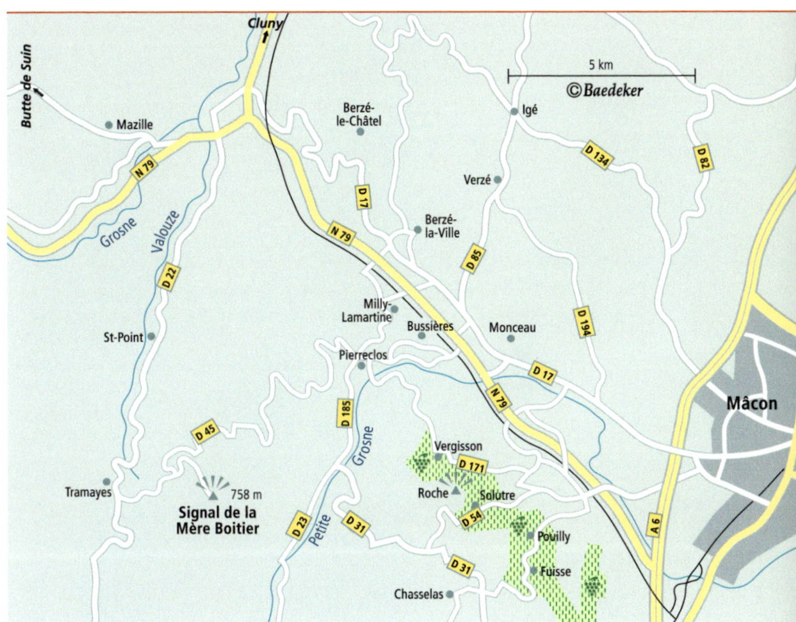

ben soll. Zu besichtigen sind u. a. sein Arbeits- und Schlafzimmer sowie ein Salon mit flandrischen Wandteppichen. Auf dem Dorffriedhof ließ Lamartine neben der Kirche (13. Jh.) eine neugotische Grabkapelle errichten, in der er, seine Mutter, seine Frau und seine Tochter bestattet sind (Führungen: Juli und Aug. tgl. um 11.00, 15.00, 16.00, 17.00 und 18.00 Uhr, April bis Okt. nur Sa., So.).

Château Pierreclos

Das mitten in Weinbergen gelegene Schloss von Pierreclos mutet wegen seiner vielen Türme recht mittelalterlich an (Ende 14. Jh. erbaut, 1471 verwüstet, Wiederaufbau nach 1665). Die Kapelle am Rand des oberen Hofes stammt aus der zweiten Hälfte des 12. Jh.s. Von ihr blieben der Chor und der Glockenturm stehen. In Pierreclos lebte Jacqueline Marguerite, die Mademoiselle de Milly, lebendes Vorbild für die Gestalt der Laurence in »Jocelyn« (geöffnet: April bis Okt. tgl. außer Fr. und Sa. 10.00 – 18.00, sonst 10.00 – 12.00, 14.00 – 17.00, Fr., Sa. bis 16.00 Uhr, So. und im Jan. geschl.; Abb. S. 266).

Bussières

In der kleinen romanischen Kirche des Ortes ist der Pfarrer von Milly und Bussières, Abbé François Dumont, begraben. Er war einer der langjährigen Freunde Lamartines, der ihm in »Jocelyn« ein Denkmal setzte. Von Lamartine stammt auch die Grabinschrift für Dumont im Chor der Kirche.

Mit seinen vielen Türmen erinnert Schloss Pierreclos an eine Festung.

✶ Solutré-Pouilly

Lage und Geschichte

Solutré-Pouilly (400 Einw.) liegt etwa 12 km südwestlich von Mâcon, unterhalb eines Kalkfelsens. Der berühmte Felsen von Solutré, der mit seinen 493 m die umliegenden Weinberge von Pouilly-Fuissé überragt, steigt im Nordosten langsam an und fällt im Südwesten schroff ab.

Bereits vor 30 000 Jahren lebten in der Gegend des Mâconnais Jäger und Sammler. Nach dem Felsen wurde sogar eine Epoche der Steinzeit benannt, das Solutréen (20 000 – 17 000 v. Chr.). 1866 fand Adrien Arcelin am Fuß des Felsens verstreut Pferdeknochen; bei späteren systematischen Grabungen stieß man auf eine zwischen 0,5 und 2 m dicke **Lage von Pferdeskeletten und anderen Tierknochen**. Die Schätzungen gehen von 30 000 bis 100 000 Wildpferden aus, die in ihrem Knochenbau den heutigen Camargue-Pferden sehr ähnlich sind. Die Fundschicht ist rund 25 000 Jahre alt, nicht eindeutig geklärt ist jedoch ihre Entstehung. Die landläufige Meinung, die Tiere seien gezielt mittels Feuer und Lärm die langsam ansteigende Seite des Felsens hinaufgetrieben worden und wären dann zu Tode gestürzt, ist überholt. Vielmehr scheint es sich um einen Jagdplatz gehandelt zu haben, an dem die Menschen ihre Beute geschlachtet und an Ort und Stelle zerlegt haben. Nach dem Fundort wird die altsteinzeitliche Epoche zwischen 20 000 und 17 000 v. Chr. als Solutréen bezeichnet. Aus dieser Schicht stammen u. a. sorgfältig bearbeitete Steinspitzen, die hauptsächlich als Speerspitzen verwendet wurden. Wichtigstes Jagdtier war damals nicht mehr das Pferd, sondern das Rentier.

◄ Museum

1967 erwarb der französische Staat das Grabungsgelände mit der Auflage, dass alle neu gemachten Funde künftig am Ort bleiben sollten. Fast zehn Jahre lang wurde wieder gegraben und geforscht, dann konnte mit dem Bau des Museums im Fuß des Felsens begonnen werden. Heute werden sehr anschaulich und zeitgemäß Funde aus allen vorgeschichtlichen Perioden, die in Solutré und im Mâconnais Spuren hinterließen, präsentiert. Vom Museum aus dauert der Fußmarsch auf den Felsen ca. eine halbe Stunde; wegen des Blicks über das Saône-Tal absolut lohnend (Öffnungszeiten: April bis Sept. tgl. 10.00 – 18.00, Jan. bis März und Okt./Nov. 10.00 bis 12.00, 14.00 – 17.00 Uhr).

Bourg-en-Bresse

★★ **Eglise et Monastère de Brou**

Die alte Hauptstadt der Landschaft Bresse (41 000 Einw.) liegt 35 km östlich von Mâcon am Westrand des Französischen Jura. Sie ist nicht nur für die hier gezüchteten, von Feinschmeckern geschätzten Bresse-Hühner bekannt, sondern auch für die Kirche und das Kloster im Ortsteil Brou, ein Kleinod spätgotischer Kunst. Die Abteikirche aus weißem Kalkstein wurde 1506 – 1532 nach Plänen des Brüsseler Architekten Louis van Bodeghem im Auftrag der Prinzessin Margarete von Österreich erbaut. Sie diente als Grablege für die Auftraggeberin selbst, ihren Ehemann Philibert den Schönen, Herzog von Savoyen, und dessen Mutter Margarete von Bourbon. Interessant ist die Westfront der Kirche. Sie wurde als Schaufassade gestaltet und birgt viele Skulpturen in ihrem Mittelteil. Im Tympanon, über dem Renaissance-Portal, kann man neben der Christusdarstellung auch die Kirchenstifterin Margarete und ihren Mann Philibert von Savoyen erkennen. Das Innere enthält einen prachtvollen Lettner und schöne alte Fenster. Im Chor ist ein prächtig geschnitztes Eichenholzgestühl aufgestellt (1530 – 1532). **Hauptsehenswürdigkeit sind die drei Grabmäler** aus Carrara-Marmor. In der Mitte, freistehend, das Grabmal für Herzog Philibert (gest. 1504), rechts das Wandgrab seiner Mutter Margarete von Bourbon (gest. 1483), auf der Nordseite das aufwendigste Grabmal, das von Margarete von Österreich (gestorben 1530). Die Entwürfe für die Denkmäler stammen von Jean de Bruxelles (auch van Zoom genannnt), die Figuren von Konrad Meit.

◄ Klostermuseum

In den Klostergebäuden (ab 1506 erbaut) ist ein Museum untergebracht, das Gemälde, religiöse Skulpturen, archäologische Fundstücke und Kunsthandwerk zeigt (Öffnungszeiten: Juli bis Sept. 9.00 bis 18.00, April bis Juni 9.00 – 12.30 und 14.00 – 18.00, Okt. bis März nur bis 12.00 und 17.00 Uhr).

★★ Mont Beuvray

L 10

Département: Saône-et-Loire u. Nièvre **Höhe:** 821 m ü. d. M.

Ein Eldorado für alle, die sich für keltische Kultur interessieren, ist der Mont Beuvray. Seit 1984 wird hier unter Beteiligung mehrerer europäischer Universitäten wieder geforscht. Der Fortgang der Grabungen und Rekonstruktionen lässt sich vor Ort mitverfolgen. Geführte Rundgänge helfen beim Verständnis. Interessierte – auch Reisende mit Kindern – können gut und gerne einen ganzen Tag »in Gallien« einplanen.

Berg des Morvan

Der dicht bewaldete Beuvray im südlichen ►Morvan – über den Berg verläuft die Grenze zwischen den Départements Saône-et-Loire und Nièvre – ist die dritthöchste Erhebung von Burgund und der einzige Berg des Morvan, der vom übrigen Massiv deutlich abgegrenzt ist. Sein Gipfel bildet ein weitläufiges Plateau mit mehreren Quellen. Bei gutem Wetter reicht die Sicht bis zum Jura.

★★ Oppidum Bibracte

Geschichte

Aufgrund seiner strategisch günstigen Lage war der Mont Beuvray bereits früh besiedelt. Im 2. Jh. v. Chr. befand sich hier das gallische Oppidum Bibracte, die Hauptstadt des keltischen Stammes der Häduer, die für ihre Handwerkskunst bekannt waren. Vercingetorix ließ sich 52 v. Chr. auf dem Mont Beuvray den Oberbefehl über die gallischen Truppen im Kampf gegen die Römer bestätigen. Trotz der späteren Niederlage feiern die Franzosen dieses Jahr als **Geburtsjahr des »gallischen Volkes«**. Nach dem Sieg über die Gallier in Alesia (► Alise-Ste-Reine) überwinterte Cäsar in Bibracte und vollendete hier seine Kommentare »De Bello Gallico« (»Über den gallischen Krieg«), in denen er Bibracte als »das größte und reichste Oppidum der Häduer« bezeichnete. Tatsächlich hatte die Siedlung, die eine Fläche von 135 ha bedeckte und mit einer 7 km langen Mauer umgeben war, städtischen Charakter. Die Bevölkerung, die auf 5000 bis 20 000 Menschen geschätzt wird, lebte – je nach Standeszugehörigkeit – im Handwerkerviertel oder im Adelsviertel. Es gab außerdem ein Kultareal sowie einen Marktplatz, auf dem auch Fernhandelsgüter verkauft wurden.

Zu Beginn des 1. Jh.s n. Chr. wurde Bibracte zugunsten des in der Ebene neu gegründeten Augustodunum (► Autun) aufgegeben. Weiterhin regelmäßig besucht wurde jedoch der Tempel auf dem Mont Beuvray, der später in ein christliches Heiligtum umgewandelt wurde. Bis in die Mitte des 19. Jh.s fand alljährlich im Mai auf dem Mont Beuvray ein großer Markt statt. 1985 wurde Bibracte nationale Gedenkstätte.

Musée de Bibracte

Die ersten Grabungen wurden auf dem Mont Beuvray schon im 19. Jh. vorgenommen. Nach der Wiederaufnahme in den 1980er-Jahren wurde 1996 das optimal in die Landschaft integrierte Museum eröffnet. Derselbe Architekt, Pierre-Louis Faloci, baute in Glux-en-Glenne das **archäologische Forschungszentrum** mit Arbeitsräumen, Labors und einem Dokumentationszentrum mit umfangreicher Präsenzbibliothek, die auch der Allgemeinheit offensteht.

Zehn Jahre nach Eröffnung des Museums hat sich das Bild von Bibracte durch die neuen Erkenntnisse so verändert, dass die Präsentation ab 2006 komplett umgebaut wurde. Im ersten Stock werden die Besucher über die keltische Kultur insgesamt informiert, das Erdgeschoss ist Bibracte selbst gewidmet. Dazu kommen Wechselausstellungen im Jahresrhythmus (Öffnungszeiten: Mitte März bis Mitte November tgl. 10.00 – 18.00, im Juli und Aug. bis 19.00 Uhr; Führungen über das Gelände So. um 14.30, Juli und Aug. tgl. um 11.00, 14.00, 15.00 und 16.15, im Sept. tgl. 14.30; im Juli und Aug. Fr. um 14.30 in Deutsch, Mo. um 14.30 Uhr in Englisch. Das Museum bietet ein umfangreiches Programm, Informationen: www.bibracte.fr).

Montbard

M / N 6

Département: Côte d'Or **Einwohnerzahl:** 6600
Höhe: 221 m ü. d. M.

Montbard ist eine behagliche Kleinstadt, in der naturwissenschaftlich und technisch Interessierte auf ihre Kosten kommen. Hier wurde der Naturforscher Buffon geboren, der im nahe gelegenen gleichnamigen Ort eine große Schmiede als Musterbetrieb im Sinne der Aufklärung einrichtete.

In Montbard erwarb Georges-Louis Leclerc de Buffon (► Berühmte Persönlichkeiten) die ehemalige Burg der Kapetinger und ließ einen ausgedehnten Park mit seltenen Pflanzenarten anlegen.

Sehenswertes in Montbard und Umgebung

Parc Buffon

Die Anlage soll sich seit den Zeiten Buffons nur wenig verändert haben. Auf der obersten Terrasse sind Reste des alten Schlosses zu sehen. Im Süden des Parks steht die Kirche St-Urse (13. – 15. Jh.), in einer Seitenkapelle aus dem 18. Jh. befindet sich das Grab Buffons. Im Pavillon hatte sich der Forscher ein Arbeitskabinett eingerichtet. Vom ehemaligen Herzogsschloss stehen außer einem Teil der Umfassungsmauer noch die Tour St-Louis (hier soll die Mutter des hl. Bernhard zur Welt gekommen sein) und die viergeschossige, 40 m hohe Tour de l'Aubespin (geöffnet: April bis Sept. tgl. außer Mo., Juli, Aug. tgl. außer Di., 10.00 – 12.00, 14.00 – 18.00 Uhr; Park gratis).

MONTBARD ERLEBEN

AUSKUNFT

Office de Tourisme
Place Henri Vincenot
21500 Montbard
Tel. 03 80 92 53 81, Fax 03 80 89 17 38
www.ot-montbard.fr

ESSEN / ÜBERNACHTEN

► Erschwinglich

Hôtel de L'Ecu
7, Rue Auguste Carré
Tel. 03 80 92 11 66, Fax 03 80 92 14 13
www.hotel-de-l-ecu.fr
Gepflegtes 3-Sterne-Hotel mit gutem Restaurant.

Le Marronnier
Buffon, 6, Route des Forges
Tel. 03 80 92 33 65, Fax 03 80 92 42 22
Rustikales Logis de France mit fünf Zimmern am Canal de Bourgogne.

► Preiswert

Hôtel de la Gare
10, Avenue Maréchal Foch
Tel. 03 80 92 02 12, Fax 03 80 92 41 72
www.hotel-de-la-gare-montbard.com
Zentral gelegenes Stadthotel.

ESSEN

► Fein & teuer / Erschwinglich

La Mirabelle
St-Rémy, 1, Rue de la Brenne
Tel. 03 80 92 40 69
3 km westlich von Montbard; empfehlenswerte, feine regionale Küche (von Mitte Aug. bis Mitte Sept. geschl.)

Musée de l'Orangerie

In der ehemaligen Orangerie ist eine Ausstellung dem Leben und Werk des großen Naturforschers gewidmet (Rue du Parc Buffon, Rue Daubenton; Öffnungszeiten: tgl. außer Di. 10.00 – 12.00 und 14.00 – 18.00 Uhr; außer Juli, Aug. Mo. geschl.).

Place Buffon

An dem nach Buffon benannten Platz steht das ehemalige Wohnhaus des Forschers, das schon länger renoviert wird und ein Museum beherbergen soll.

Buffon La Grande Forge

Im kleinen Dorf Buffon (6 km nordwestlich) entstand 1768 im Auftrag Buffons eine Art Musterschmiede, die er zehn Jahre persönlich leitete. Die Anlage gehörte im 18. Jh. zu den größten Eisen produzierenden Betrieben in Burgund. Im Untergeschoss der Schmiede liegen die Werkstätten mit Hochofen, Schmiede und Spaltwerk. Ein umgeleiteter Arm des Flüsschens Armaçon trieb die Wasserräder an. Neben der eigentlichen Produktionsstätte stehen 6 m über dem Niveau des Flüsschens Lagerräume, Schuppen sowie die Arbeiterwohnungen. Sie sind um einen rechteckigen Hof herum angeordnet und bilden eine unregelmäßige Dreiflügelanlage (nicht zugänglich). Der Wohntrakt ist säuberlich nach der sozialen Hierarchie der Arbeitenden gegliedert. Um der ländlichen Herkunft seiner Arbeiter Rechnung zu tragen, ließ Buffon Hühnerhäuser anlegen. Wohl eher seinen eigenen naturkundlichen Interessen dürfte eine Orangerie gedient haben, ein Taubenturm war Zeichen aristokratischer Herrschaft. 1868 wurde die Eisenhütte, die bis zu 400 Menschen beschäftigt haben soll, zu einem Zementwerk. Die industrielle Nutzung wurde 1916 nach einem Brand aufgegeben (Öffnungszeiten: April bis Sept. tgl. außer Di. 10.00 – 12.00, 14.30 – 18.00 Uhr).

✶ Morvan

I / M 7 / 10

Départements: Saône-et-Loire, Nièvre, Yonne und Côte-d'Or

Wem mancher Ort in Burgund zu überlaufen ist, der findet im Morvan eine unspektakuläre, aber erholsame Mittelgebirgslandschaft mit dunklen Wäldern, Stauseen und hübschen Dörfern – ideal für Wanderer, Wassersportler und Familien mit Kindern.

»Schwarzer Berg«

Der Name Morvan stammt aus dem Keltischen und bedeutet Montagne noire, schwarzer Berg, womit nicht nur der grauschwarze Felsenuntergrund, sondern auch der dunkle und dichte Wald des Gebirges gemeint ist.

Die Stauseen im Morvan sind heute beliebte Freizeitreviere. Einst waren sie jedoch dazu gedacht, bei Niedrigwasser die Flusspegel für die Flößerei anzuheben.

MORVAN ERLEBEN

AUSKUNFT

Maison du Parc
58230 Saint-Brisson
Tel. 03 86 78 79 57
Fax 03 86 78 74 22
www.parcdumorvan.org
Öffnungszeiten:
Mo. – Fr. 9.30 – 12.30, 14.00 – 17.30, Sa. 10.00 – 17.00, So. 10.00 – 13.00, 15.00 – 17.30, im Winter nur Mo. – Fr.
Fahrradverleih.
Das Freigelände mit botanischem Lehrpfad, Arboretum, Vogelbeobachtungsplätzen usw. ist frei zugänglich.

ÜBERNACHTEN

► Komfortabel

Hôtel du Nord
25, Place de l'Église
Quarré-les-Tombes
Tel. 03 86 32 29 30
Fax 03 86 32 29 31
www.hoteldunord-morvan.com
Angenehmes, gepflegtes Haus mitten im Ort

► Günstig

Hôtel du Morvan
Place de la Mairie
St-Léger-sous-Beuvray
Tel. 03 85 82 51 06
Fax 03 85 82 45 07
www.hoteldumorvan.com
Authentisches, schlichtes Landhotel am Fuß des Mont Beuvray

La Vieille Auberge
58230 Saint-Agnan
Tel. 03 86 78 71 36
Fax 03 86 78 71 57
www.vieilleauberge.com
Am Hauptplatz des Ortes, guter Standort für Naturliebhaber

Le Beau Site
Moux-en-Morvan
Tel. 03 86 76 11 75
Fax 03 86 76 15 84
beau.site@mouxenmorvan.fr
Unterschiedliche Zimmer zu günstigen Preisen; gute, traditionelle Küche.

Lage und Größe Der Morvan liegt im Herzen Burgunds. Auf seiner Fläche von rund 3500 km² liegen 95 Gemeinden aller vier Départements, mehr als die Hälfte seiner Bevölkerung lebt allerdings im Département Nièvre. Er hat die Form eines Vierecks und erstreckt sich zwischen ► Avallon im Norden und St-Léger-sous-Beuvray im Süden (etwa 70 km) sowie zwischen Corbigny im Westen (► St-Saulge) und ► Saulieu im Osten (etwa 50 km).

Geologie Geologisch ist der Morvan ein Ausläufer des Zentralmassivs, das im Laufe der Jahrmillionen infolge der Erosion an Höhe verloren hat. Während im nördlichen Teil die Höhen 600 m nicht überschreiten, besitzt der südliche Teil Gebirgscharakter. Hier liegen die höchsten Berge des Morvan: der Haut-Folin mit 901 m, der Mont Prénelay mit 855 m sowie der ► Mont Beuvray mit 821 m. Außer Wald gibt es wenig Naturschätze. Hinzu kommt eine **überdurchschnittliche Niederschlagsmenge** (hier regnen sich die vom Atlantik kommenden Wolken ab), die bei 1000 mm im Jahr liegt, auf dem Haut-Folin

sogar bei 1800 mm. Auf den Bergspitzen regnet oder schneit es an über 180 Tagen. Der Wasserreichtum kommt den Flüssen und Stauseen zugute.
In den vorigen Jahrhunderten war der Morvan **Hauptlieferant von Bau- und Brennholz für die Hauptstadt Paris**. Flößer trieben die Baumstämme in teilweise hierfür aufgestauten Bachläufen nordwärts bis in die Yonne und schließlich in die Seine. Der Niedergang der Holzflößerei im 19. Jh. brachte Probleme, die auch heute noch dazu führen, dass die Jungen wegen fehlender Arbeitsmöglichkeiten wegziehen und eine überalterte Bevölkerung zurückbleibt. Nichtlandwirtschaftliche Unternehmen haben sich in wenigen Zentren wie u. a. Château-Chinon, Saulieu und Corbigny angesiedelt. Hoffnung bringt auch auf die Entwicklung des Fremdenverkehrs in der Region.

Naturpark

1970 wurde der zentrale Teil des Morvan zum Naturpark, Parc Naturel Régional, erklärt. Er bedeckt rund 173 000 ha, davon etwa 70 000 mit Wald. 1300 ha sind Wasserfläche, darunter fünf größere Stauseen. Mit ihrer Hilfe wurden die Wasserstände der Flüsse Yonne, Cure und Cousin ausgeglichen und seit Anfang des 20. Jh.s auch Energie gewonnen. Bei der Einrichtung des Naturparks, auf dessen Gebiet rund 33 000 Menschen leben, ging es aber nicht nur um den Naturschutz. Mit der Erschließung des Gebietes für den Fremdenverkehr sollen Arbeitsplätze geschaffen, der Land- und Forstwirtschaft geholfen sowie der Fortbestand des Handwerks sichergestellt werden, u. a. mit der Einrichtung von Freizeitstätten, dem Ausbau der Gastronomie und des Bettenangebotes, der Anlage von Wander- und Reitwegen, von Waldlehrpfaden und Tiergehegen.

? WUSSTEN SIE SCHON ...?

- ... dass das Kindergroßziehen im 19. Jh. ein ganz spezielles Gewerbe im Morvan war? Da es für Frauen in dieser traditionell armen Gegend noch schwieriger als für die Männer war, ihren Lebensunterhalt zu verdienen, nahmen sie verwaiste Pariser Kinder in ihre Familien auf oder gingen selbst als Ammen und Kinderfrauen in die Hauptstadt. Für beide Fälle gab es spezielle Vermittlungsagenturen.

Wandern im Morvan

Eine schöne Gelegenheit, den Morvan zu bereisen, ist, ihn zu durchwandern, entweder auf einer selbst zusammengestellten Route oder auf einem der großen Wanderwege. Den Morvan durchqueren der internationale Europäische Fernwanderweg E 3 (Deutschland – Luxemburg – Frankreich – Spanien) von ► Vézelay über den Lac des Settons (► Château-Chinon) nach Süden. Ein französischer Fernwanderweg, Sentier de Grande Randonnée (GR 13), durchquert den Morvan in Nordsüdrichtung von Vézelay über St-Brisson, am Lac des Settons und ►Mont Beuvray vorbei, bis Bourbon-Lancy. Darüber hinaus gibt es noch die GR de Pays (gelbe Markierung auf rotem Grund) und die PR (Petite Randonnée, gelbe Markierung) sowie den »Seen-Weg«, die Tour du Morvan par les grands lacs. Auskunft erteilen die Maison du Parc sowie die örtlichen Informationsstellen.

Touren durch den Morvan mit dem PKW

Vézelay – Château-Chinon (ca. 100 km)

Ausgangspunkt des folgenden Routenvorschlags ist das im Norden des Morvan gelegene ► Vézelay. Über Saint-Père-sous-Vézelay und die beiden in seiner Umgebung gelegenen Städte Fontaines-Salées und Pierre-Perthuis geht es am Stausee Barrage de Malassis vorbei, der den Wasserstand der Cure reguliert. Über Domecy-sur-Cure, Chastellux-sur-Cure und den Stausee Barrage du Crescent geht es nach Lormes. Der Stausee wurde 1930 zur Elektrizitätsgewinnung und zur Regulierung des Wasserstands der Seine errichtet; gespeist wird er von der Cure und dem Flüsschen Chalaux. Lormes (1600 Einw.) liegt an der Grenze zwischen Morvan und Nivernais. Von der Friedhofsterrasse auf dem 470 m hohen Mont St-Alban hat man eine schöne Aussicht; das Gleiche gilt für den 1,5 km nordwestlich gelegenen Mont de la Justice (470 m). Nur 17 km östlich beginnt der Stausee Barrage de Chaumeçon.
Über Ouroux-en-Morvan (1000 Einw.) geht es weiter in Richtung Chaumard. Kurz vor dem Ort zweigt man nach rechts ab und umfährt den größten Stausee des Morvan, den Barrage de Pannesière-Chaumard, um nach ►Château-Chinon zu gelangen.

Château-Chinon – St-Honoré-les-Bains (70 km)

Über Arleuf geht die Strecke am Haut-Folin vorbei (Skistation auf dem Gipfel), durch den Wald von St-Prix nach La Croisette. Lohnend ist ein kleiner Abstecher in nordöstlicher Richtung zu den Gorges de la Canche. Anschließend geht es wieder zurück und weiter in südlicher Richtung über St-Prix bis nach St-Léger-sous-Beuvray mit seinem hübschen Schloss aus dem 18. Jahrhundert. Nun umfährt man den ► Mont Beuvray und passiert Larochemillay (400 Einw.) wiederum mit einem Schloss aus dem 18. Jh. (nach Plänen Vaubans errichtet; nicht zu besichtigen), um an den Höhenzügen der Vieille Montagne vorbei in das kleine Thermalbad **Saint-Honoré-les-Bains** zu gelangen.
Das 950 Einwohner zählende Städtchen liegt 27 km südlich von Château-Chinon am Rand des Morvan in schöner Umgebung. Im 19. Jh. war es ein viel besuchtes **Thermalbad**, das heute einen etwas verblichenen Glanz ausstrahlt. St-Honoré befindet sich auf einem ungefähr 300 m hohen Hügel, das Thermalbad selber liegt in einem schattigen Kurpark im westlich davon sich erstreckenden Tal. Die drei zwischen 27 und 32 °C warmen Quellen wurden bereits von den Römern genutzt.

Autun – Saulieu Vézelay (115 km)

Eine schöne Strecke verläuft von ►Autun nach Vézelay, zunächst am Ostrand des Morvan entlang über Reclesne und Lucenay-l'Evêque, wo man auf den Ternin trifft, dem man nun fast bis ►Saulieu folgt. Von Saulieu besteht dann die Möglichkeit, durch den Wald von Breuil-Chenue bis kurz vor Dun-les-Places (500 Einw.) zu fahren, um dann über Quarré-les-Tombes (► unten) nach ► Vézelay zu gelangen.

Morvan Orientierung

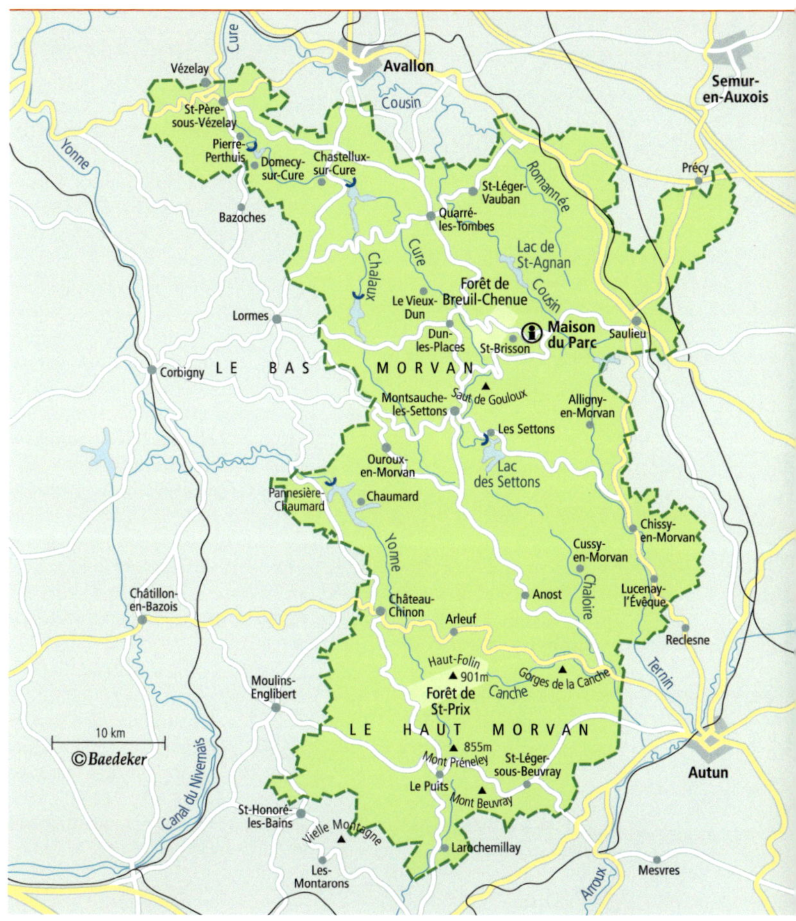

Eine weitere Route verläuft von ►Autun über La Celle-en-Morvan, Roussillon-en-Morvan und Arleuf nach ►Château-Chinon. Am Lac des Settons und Montsauche-les-Settons vorbei geht es nach St-Brisson (mit dem Maison du Parc, ►oben), durch den Wald von Breuil-Chenue über Dun-les-Places und Vieux-Dun nach **Quarré-les-Tombes**. Von hier kann man nun entweder nach ►Avallon (20 km) oder nach ►Vézelay (25 km) fahren.

Autun – Château-Chinon – Quarré-les-Tombes (80 km)

Der ausgefallene Name der kleinen Ortschaft (Quarré = Viereck, Tombe = Grab) soll zum einen auf die viereckige Stadtmauer zurückgehen, zum anderen auf die zahlreichen Sarkophage, die rund um die dem hl. Georg geweihten Kirche gefunden wurden. Die Stein-

! *Baedeker* TIPP

Die Résistance

Im Morvan sind die Gedenkstätten für die Widerstandskämpfer und die Opfer der deutschen Gewaltherrschaft während des Zweiten Weltkriegs besonders zahlreich. Das unwegsame Gebirge war mit seinen dichten Wäldern ein wichtiges Operations- und Rückzugsgebiet für den französischen Widerstand. Informationen im Musée de la Résistance in St-Brisson (April bis Mitte Nov. tgl. außer Di. und Sa. vormittag 10.00 – 13.00 und 14.00 bis 17.00, Juli und Aug. tgl. bis 18.00 Uhr) und im Musée Georges Perraudin in St-Honoré-les-Bains (Juni bis Sept. Mi. – So. 14.30 – 18.30 Uhr).

sarkophage stammen aus der Merowingerzeit und wurden vermutlich in einem nahe gelegenen Steinbruch hergestellt. Von den einst über 1000 Sarkophagen sind noch mehr als 100 zu sehen. Nach wie vor ist umstritten, ob Quarré-les-Tombes Zentrum eines Sarkophaghandels war, oder ob sich hier eine Nekropole befand, wo v. a. Adelige bestattet wurden, die ihre letzte Ruhestätte in der Nähe des hier ebenfalls begrabenen Ritterheiligen Georg haben wollten. Die Kirche wurde vor dem 8. Jh. errichtet und gegen Ende des 15. Jh.s wieder hergestellt, wobei man auch Teile von Sarkophagen verwendete.

Saint-Léger-Vauban

Der nach dem 1633 hier geborenen Festungsbaumeister Ludwigs XIV. benannte Ort liegt nur wenige Kilometer nordöstlich. Dem bedeutendsten Sohn der Stadt (► Berühmte Persönlichkeiten) ist eine Dokumentation gewidmet, die Leben und Werk des Architekten vorstellt (www.vaubanecomusee.org; Öffnungszeiten: Juli und Aug. tgl. 10.00 – 13.00, 14.30 – 18.30, März bis Juni und Sept. nur Mi. – So., sonst nur Sa., So. und feiertags).

Lac de St-Agnan

Noch relativ wenig besucht und hübsch gelegen ist der Stausee St-Agnan, der 1969 zur Trinkwasserversorgung der umliegenden Dörfer angelegt wurde, inzwischen jedoch völlig natürlich wirkt. Auf einer gut zweistündigen Wanderung lässt sich der See umrunden (als Ausgangpunkt bietet sich z. B. die Kirche in St-Agnan an). Die erst 1850 gegründete Abtei Ste-Marie-de-la-Pierre-qui-Vire (8 km nördlich) ist nicht zu besichtigen.

★ Nevers

E/F 9/10

Départements: Nièvre
Höhe: 180 m ü. d. M.
Einwohnerzahl: 43 000

Nevers ist die historische Hauptstadt der Grafschaft Nivernais und heute Präfektur des Départemens Nièvre. Von der Loire-Brücke aus fällt der Blick auf die Kathedrale und den Herzogspalast, neben der stilreinen romanischen Kirche St-Etienne die Hauptargumente für einen Besuch in Nevers.

Die Entwicklung Nevers wurde von seiner Lage begünstigt: In der Stadt mündet der Nièvre in die Loire, wenige Kilometer flussabwärts der Allier. Einer keltischen Siedlung folgte eine römische, die den Besatzern als militärischer Nachschubposten diente.

Geschichte

Erst im Laufe des 4./5. Jh.s wurde Nevers, das während der Römerzeit eine offene Stadt war, mit einer Mauer umgeben. Ab 1194 ließ Graf Pierre de Courtenay eine neue, größere Stadtmauer errichten, die auch die zahlreichen Klöster einschloss, und verlieh den Bürgern von Nevers die Stadtrechte.
Eine Blütezeit für Nevers begann 1565, als die Stadt durch Heirat an Lodovico di Gonzaga fiel. Er holte Glasbläser und Emailkünstler aus Italien hierher und begründete die Fayenceherstellung in Nevers, die vor allem im 17. und zu Beginn des 18. Jh.s von Bedeutung war. 1590 wurde die erste Druckerei der Stadt eröffnet. Der Familie Gonzaga unterstand das Herzogtum bis 1659, dann verkaufte sie es an Kardinal Mazarin. Erst 1790 wurde das Nivernais als letztes Herzogtum mit Frankreich vereinigt und Nevers Hauptstadt des Départements Nièvre. Die traditionsreiche Fayenceherstellung wird noch heute in einigen Ateliers betrieben.

Von der Loire-Brücke hat man den schönsten Blick auf Stadt und Kathedrale.

Nevers Orientierung

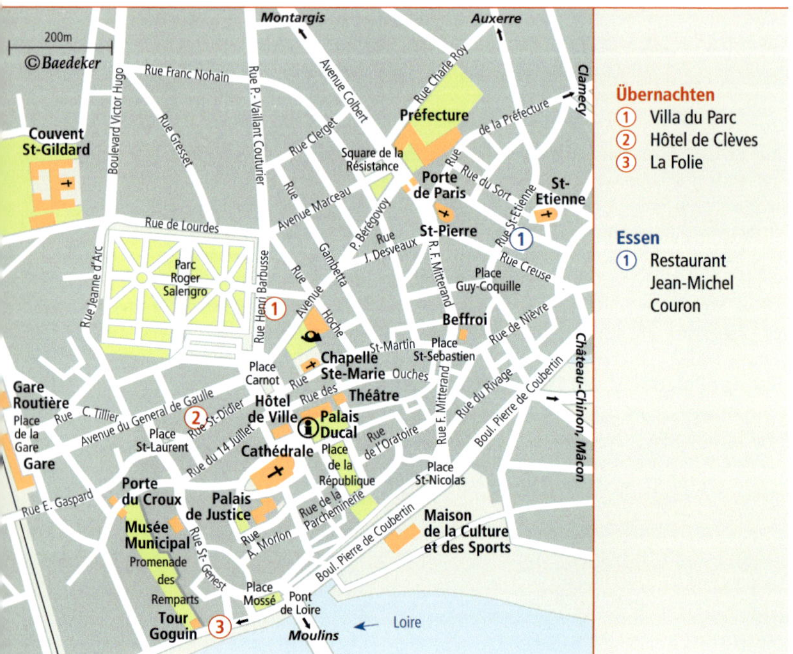

Sehenswertes in Nevers

★ **Cathédrale St-Cyr-et-Ste-Julitte**

Die lange Bauzeit vom 11. bis zum 16. Jh. erklärt das Nebeneinander von romanischen und gotischen Stilelementen bei der Kathedrale. Erst durch den Einschlag einer Bombe 1944 in den Ostchor wurden Reste eines achteckigen Baptisteriums aus dem 6. Jh. entdeckt, es war für die Erwachsenentaufe bestimmt und besaß eine mit Mosaiken verzierte, auf acht Marmorsäulen ruhende Kuppel. In karolingischer Zeit wurde darüber eine Rotunde errichtet. Auch fanden sich Teile einer frühromanischen Kirche. Der Grundriss des Baptisteriums ist im Chorumgang markiert (keine regelmäßige Besichtigung).

Der älteste Teil des heutigen Bauwerks, der westliche Chor, stammt aus der Zeit des Bischofs Hugues de Champallement, der 1031 den Neubau der Kathedrale veranlasste. Anfang des 13. Jh.s zerstörte ein Brand das Langhaus, das ab 1225 in gotischem Stil wieder aufgebaut wurde. Ein weiterer Brand vernichtete 1308 den Ostchor, der in der ersten Hälfte des 14. Jh.s ebenfalls erneuert wurde. Im Lauf des 15. und 16. Jh.s wurden die Seitenkapellen hinzugefügt.

Die Kathedrale gehört zu den in Frankreich seltenen Doppelchoranlagen (Ste-Julitte im Westen, St-Cyr im Osten, daher auch ihr Doppelname). Unsicher ist, ob sie als solche geplant war (nach dem Vorbild ottonischer Kathedralarchitektur in Worms und Mainz) oder ob der Bau ursprünglich nicht nach Osten, sondern nach Westen ausgerichtet war und der Ostchor später hinzukam. Die verschiedenen Bauphasen lassen sich gut ablesen. Die Seitenkapellen besitzen Maßwerk in spätgotischem Stil, die Hochwände des Mittelschiffs haben noch schlichte Lanzettfenster. Mit dem Bau des 52 m hohen Glockenturms wurde im 14. Jh. begonnen, die Obergeschosse folgten erst zu Beginn des 16. Jh.s.

Der romanische Westchor (Fresko 12. Jh.) erhebt sich mit halbrunder Apsis, Vierung und zwei ungewöhnlichen Nebenräumen über einer Krypta, in der sich eine Grablegungsgruppe (frühes 16. Jh.) aus farbig gefasstem Stein (Fassung 19. Jh.) befindet. Die unteren Teile des Querhauses sind noch romanisch, die oberen bereits gotisch. Das Langhaus stammt aus dem frühen 13. Jh. und ist der architektonisch interessanteste Teil der Kathedrale. Der breit angelegte Raum wirkt eher solide als elegant. Eine verbindliche Deutung der kleinen Figuren am Triforium, die vermutlich von Skulpturen der Kathedrale von ►Sens inspiriert sind, steht noch aus. Der Ostchor geht in die erste Hälfte des 14. Jh.s zurück. Er ist vier Joche lang und endet in einem polygonalen Schluss. Das verglaste Triforium verleiht dem Bau enorme Leichtigkeit. Da die Kathedrale 1944 bis aufs Gerippe zerstört war, erhielt sie neue Fenster. So entstand seit den 1970er-Jahren eine eindrucksvolle Sammlung moderner Glaskunst, darunter Werke von Raoul Ubac und Jean-Michel Alberola (zuletzt 2008).

! *Baedeker* TIPP

Leitfaden

Kein roter Faden, dafür ein blauer Strich auf den Bürgersteigen führt in Nevers zu den Hauptsehenswürdigkeiten. Im Office de Tourisme im Herzogspalast gibt es die erklärende Broschüre dazu – auch auf Deutsch.

Palais Ducal

Die Burg der Grafen des Nivernais befand sich einst an der Stelle, wo heute das Rathaus steht. In der 2. Hälfte des 15. Jh.s wurde im Auftrag Jean de Clamecys mit dem Neubau eines Palastes am heutigen Ort begonnen, dessen Fertigstellung sich bis gegen Ende des 16. Jh.s hinzog. Die eigentliche Schauseite ist die wohlproportionierte, der Loire zugewandte Renaissance-Fassade. Schmale, achteckige Treppentürme flankieren die Seiten, in der Mitte steht ein reich geschmückter, durchfensterter Turm mit der Ehrentreppe. Er ist mit Reliefs dekoriert, die die Ursprünge des Hauses Kleve (das Lohengrin-Motiv mit der Legende des Schwanenritters) und die Geschichte des hl. Hubertus zeigen. Sie wurden nach Zerstörungen während der Revolution 1851 wieder hergestellt. Man betritt den Palast durch das Touristenbüro. Im Erdgeschoss sind u. a. lokale Grabungsfunde, eine Schau zur Geschichte von Nevers sowie ein Aquarium mit Loire-Fischen zu sehen. Im Obergeschoss wird die Palastgeschichte erzählt (Öffnungszeiten: Mai bis Sept. tgl. 9.00 – 18.30, So. 10.00 – 13.00, 15.00 – 18.00, sonst Mo. – Sa. 9.00 – 12.30 und 14.00 – 18.00 Uhr).

NEVERS ERLEBEN

AUSKUNFT

Office de Tourisme
Palais Ducal, Rue Sabatier
58000 Nevers, Tel. 03 86 68 46 00
www.ville-nevers.fr

BOOTSVERLEIH

Bureau des Guides de Loire
Quai des Eduens, Tel. 03 86 57 69 76
www.l-o-i-r-e.com; April bis Sept.
Bootsverleih und geführte Touren.

EINKAUFEN

Fayencewerkstätten
In den vier traditionellen Fayencewerstätten der Stadt kann man zusehen, wie Fayencen entstehen, kann sie aber auch erwerben (10, Rue de la Porte du Croux; 88, Avenue Colbert; 11 und 22, Rue du 14 juillet).

Wochenmarkt
Jeden Samstag auf dem Marché Carnot, u. a. mit einer großen Käseauswahl der lokalen Landwirte

ÜBERNACHTEN

► Komfortabel

② ***Hôtel de Clèves***
8, Rue Saint Didier, Tel. 03 86 61 15 87
www.hoteldecleves.fr
Kleines, gepflegtes Hotel in zentraler Lage mit einfachen Zimmern

③ ***La Folie***
Route de Saulaies
Tel. 03 86 57 05 31
www.hotel-lafolie.com
Wenig außerhalb an der Loire gelegenes, ganz ruhiges Hotel mit Freibad, Terrasse und gutem Restaurant

► Günstig

① ***Villa du Parc***
16, Rue de Lourdes
Tel. 03 86 61 09 48
www.hotelvilladuparc.com
Das Stadthotel mit seinen komfortablen Zimmern liegt relativ ruhig nahe der Altstadt. Mit Parkplatz und Garage

ESSEN

► Fein und teuer

① ***Jean-Michel Couron***
21, Rue St-Etienne
Tel. 03 86 61 19 28
Vorzügliche Speisen vom Sternekoch in drei kleinen Sälen. Gutes Preis-Leistungsverhältnis. Betriebsferien im Sommer

Montée des Princes Die Place de la République auf der Südseite des ehemaligen Herzogspalastes grenzt an die Montée des Princes, einen zur Loire hin steil abfallenden Park, von dem man einen schönen Blick genießt.

Rue St-Martin An der Rue St-Martin liegt die Chapelle Ste-Marie, die Kapelle des ehemaligen Visitandinnenklosters aus der ersten Hälfte des 17. Jh.s (nicht zugänglich). Neben St-Pierre ein weiteres Beispiel für den italienischen Barock in Nevers. Sie besitzt eine aufwendig geschmückte, säulenbesetzte Fassade. Das Ende der Straße markiert der Beffroi, ein von den Bürgern im 15. Jh. errichteter Turm, der mit einer Sturmglocke ausgestattet war. In dem dahinter gelegenen Bau waren einst die Markthalle und darüber das Schöffengericht untergebracht.

★★ St-Etienne

Im Ostteil der Stadt erhebt sich die Stephanus-Basilika, eine Stiftung des Grafen Guillaume I. Sie wurde ab 1063 als Prioratskirche der Cluniazenser errichtet. Bis auf den Verlust der beiden Westtürme sowie der oberen Geschosse des Vierungsturmes überstand St-Etienne die Französische Revolution. Sie ist **eines der wenigen erhaltenen Beispiele einer frühen Pilgerkirche am Jakobsweg**. Am Außenbau fasziniert vor allem die Chorpartie. Die Wand ist mit Strebepfeilern und Blendarkaden klar gegliedert, die Kragsteine unter den Dächern sind figürlich skulptiert.

Der Grundriss von St-Etienne folgt der Form des lateinischen Kreuzes. Das dreischiffige Langhaus besitzt sechs querrechteckige Joche im Mittelschiff und ebenso viele quadratische Seitenschiffjoche. An das weit ausladende Querhaus ist auf jeder Seite eine Apsis angefügt, der Chor hat einen Umgang mit drei Radialapsiden.

Äußerst ungewöhnlich ist hingegen der Wandaufriss der Kirche gestaltet: Er ist dreigeschossig und besteht aus Arkadenzone, begehbarer Empore und Obergaden. Darüber folgt ein ursprünglich wahrscheinlich nicht geplantes Tonnengewölbe auf starken Gurtbögen. Durch die Einfügung des Obergadens verloren die Emporen die Möglichkeit, den Schub des Tonnengewölbes abzufangen, was St-

Der Chor von St-Etienne mit Umgang und Kapellen

St-Etienne *Aufriss und Schnitt*

Wandaufriss und Schnitt durch das Langhaus

Etienne zu einer gewagten Variante romanischer Architektur macht. Dieser technischen Kühnheit ist andererseits die große Helligkeit des Langhauses zu verdanken, die die Kirche vergleichbaren Bauten voraus hat. Das Chorhaupt umstehen monolithische Säulen, auf denen hoch gestelzte Bögen aufsitzen. Der Wandaufriss ist auch hier dreigeschossig, über den Arkaden folgen kleine Blendbögen, darüber befinden sich drei Fenster. Der einheitliche Bau wirkt einzig durch die gelungene Architektur, die praktisch ohne Dekor auskommt.

St-Pierre Die Kirche St-Pierre (Rue de la Préfecture) wurde 1612 für die Jesuiten errichtet. Seit Beginn des 19. Jh.s dient sie als Pfarrkirche. Das Altarbild wird Le Nain zugeschrieben.

Porte de Paris Die benachbarte Porte de Paris ist ein Triumphbogen des 18. Jh.s, der zu Ehren Ludwigs XV. errichtet wurde.

Couvent St-Gildard Im Kloster der Caritas-Schwestern wird der Schrein der hl. Bernadette Soubirous (1844 – 1879) aufbewahrt. Schon als junges Mädchen hatte sie in Lourdes Marienerscheinungen, die immer noch Anlass großer **Pilgerströme** sind. 1866 trat sie in Nevers ins Kloster ein, wo sie auch starb. 1933 wurde sie heiliggesprochen. Außer dem Schrein in der Klosterkapelle ist ein kleines Museum mit Erinnerungsstücken an sie zu besichtigen (34, Rue St-Gildard; Öffnungszeiten: April bis Okt. 7.00 – 12.30, 13.30 – 19.30, sonst 7.30 – 12.00, 14.00 – 18.00 Uhr).

Porte du Croux Das trutzige, dreigeschossige Stadttor im Westen der Stadt wurde im 14. Jh. zur Verstärkung der Stadtmauer errichtet (Privatbesitz und nicht zu besichtigen).

Musée Municipal Das Stadtmuseum verfügt über eine umfangreiche Sammlung von Fayencen aus Nevers (Promenade des Remparts; wegen Umbau voraussichtlich bis 2011 geschlossen).

Umgebung von Nevers

★ **Bec d'Allier**

8 km südwestlich von Nevers befindet sich unmittelbar neben der Uferstraße die Anhöhe Bec d'Allier (ausgeschildert), von der sich ein schöner Blick auf den Zusammenfluss von Loire und Allier ergibt. Gemeinsam mit dem WWF hat die Stadt einen Weg entlang des Allier gekennzeichnet, der durch dieses für Zugvögel äußerst wichtige Gebiet führt (Information im Verkehrsamt).

Magny-Cours

13 km südlich von Nevers befindet sich die 4,271 km lange Formel-1-Rennstrecke, auf der man auch selbst ein atemraubendes Rennwagen-Training absolvieren kann (Auskunft: www.magnyf1.com).

St-Parize-le-Châtel

16 km südlich von Nevers liegt St-Parize-le-Châtel mit seiner romanischen Kirche. Der bestehende Bau geht auf den Beginn des 12. Jh.s zurück. Das Langhaus wurde im 19. Jh. erneuert, sodass von der mittelalterlichen Kirche die Westfassade und der (stark restaurierte) Chor mit der Krypta erhalten blieben. Im Innern sind einige der mächtigen Kapitelle mit großen, noch recht archaisch anmutenden Figuren besetzt.

St-Pierre-le-Moûtier

Der kleine Ort liegt am Ufer des Allier, 23 km südlich von Nevers. Im 8. Jh. gründeten hier die Benediktiner von St-Martin in Autun ein Priorat, von dem jedoch nur das Monumentaltor erhalten blieb. Die Kirche St-Pierre (Ende 11. bis Mitte 12. Jh.; später stark umgebaut) besitzt sehenswerte romanische Figurenkapitelle und ein schönes Nordportal (12. Jh.). Höhepunkt in der Geschichte der Ortschaft war ihre Befreiung von den Engländern durch Jeanne d'Arc 1429, der letzte Sieg Johannas. Teile der ehemaligen Stadtbefestigung blieben erhalten.

Decize

Von Wasser umgeben ist Decize, dessen Zentrum auf einer Insel in der Loire liegt, in die hier das Flüsschen Aron und der Canal du Nivernais münden, der wiederum mit dem Loire-Seitenkanal verbunden ist. Den Mittelpunkt der einst vom Schloss der Grafen von Nevers überragten Altstadt bildet der Rathausplatz mit dem Uhrturm aus dem 19. Jahrhundert. Die zweischiffige Kirche St-Aré wurde im 11. oder 12. Jh. über einer merowingischen Doppelkrypta aus dem 7. Jh. errichtet. Bis zur Revolution befand sich hier das Grab des hl. Aré, eines Bischofs von Nevers. Die Kirche, kreuzförmig und mit dunklem Mittelschiff, ist wenig einheitlich (Chor 11. Jh., Querhaus 11. / 13. Jh., Schiff im 19. Jh. erneuert).

Baedeker TIPP

Ein grüner Papagei weist den Weg

Wer sich auf einem 7 km langen Spazierweg über Flora, Fauna und Schifffahrt informieren möchte, folge dem grünen Papagei auf dem Sentier du Ver-Vert, immer der Loire entlang (Prospekte im Office de Tourisme).

★ Noyers-sur-Serein

K/L 5

Départements: Yonne
Höhe: 189 m ü. d. M.
Einwohnerzahl: 850

Zu den »schönsten Orten« in Frankreich zählt das in einer Schleife des Serein gelegene Noyers. Mit seiner gut erhaltenen Stadtmauer, Fachwerk- und Steinhäusern mit Laubengängen und der spätgotischen Pfarrkirche wirkt Noyers wirklich, als wäre hier spätestens im 17. Jh. die Zeit stehen geblieben.

Sehenswertes in Noyers

Stadtbefestigung Von Avallon kommend, betritt man das Städtchen durch die Porte Peinte, das »bemalte Tor«, das zur Stadtbefestigung gehörte. Ein beeindruckender Teil davon ist von der Promenade entlang des Serein aus zu sehen. Das nördliche Gegenstück zur Porte Peinte (oder Porte d'Avallon) bildet die Porte de Tonnerre.

Place de l'Hôtel de Ville An der Place de l'Hôtel de Ville steht außer einigen schönen Fachwerkbauten das im Stil Ludwigs XV. gehaltene Rathaus (18. Jh.). Linker Hand (Rue du Marché-au-Blé) schließt sich ein weiterer Platz mit sehenswerten Häusern an. Man beachte den Bau zur Rechten mit figürlich geschnitzten Holzpfeilern.

Notre-Dame Im Jahr 1489 beschloss die Bürgerschaft den Bau einer neuen Pfarrkirche, deren Weihe bereits 1515 stattfand. Notre-Dame wurde in spätgotischen Formen entsprechend den begrenzten Mitteln einer durchschnittlichen Stadtgemeinde errichtet, doch zeugt der 33 m hohe Turm an der Nordwestseite von bürgerlichem Selbstbewusstsein. Über der Portalrahmung im Mittelschiff hat der Turm ein Fenster mit Maßwerk, das schon der Renaissance zuzurechnen ist. Das Langhaus ist dreischiffig, vier Joche lang und mit Seitenkapellen ausgestattet. Langhaus, Vierung und Querhausarme werden von Kreuzrippengewölben gedeckt, deren Rippen in der Vierung auf Masken enden. Ein Sterngewölbe überspannt den Chor.

NOYERS ERLEBEN

AUSKUNFT

Office de Tourisme
22, Place de l'Hôtel de Ville
89310 Noyers-sur-Serein
Tel. / Fax 03 86 82 66 06
www.noyers-sur-serein.com

ÜBERNACHTEN

► **Günstig**

Hôtel Dieu St-Nicolas
22, Rue de la République
Tel. 03 86 75 97 36
Geschmackvoll renovierte Gebäude mit Garten in ruhiger Lage

Das Stadtmuseum zeigt naive und volkstümliche Malerei sowie Wechselausstellungen (Rue du Musée; Öffnungszeiten: tgl. außer Di., Juli und Aug. 10.00 – 18.30, Juni, Sept. 11.00 – 12.30, 14.00 – 18.00, sonst nur Sa., So. und während der Schulferien 14.30 – 18.00 Uhr).

Musée Municipal, Musée d'Art Naïf

In der »Hauptstraße« von Noyers, der Rue Franche zwischen der Place de l'Hôtel de Ville und der Porte Ste-Verotte, stehen weitere sehenswerte Wohnbauten mit teilweise reich verzierten Fassaden.

Sehenswerte Wohnbauten

★★ Paray-le-Monial

L 13

Départements: Saône-et-Loire
Einwohnerzahl: 10 000
Höhe: 245 m ü. d. M.

Eine freundliche Kleinstadt zwischen Brionnais und Charolais ist Paray-le-Monial. Paray »das Klösterliche« zieht noch heute Pilger aller Art an: Die einen wallfahrten zur künstlerisch und historisch bedeutenden Cluniazenserkirche, die anderen zu den Stätten des Sacré-Cœur-Kultes, der sich vor allem im 19. Jh. verbreitete.

Die Wallfahrtskirche von Paray-le-Monial spiegelt sich wirkungsvoll im Wasser der Bourbince.

 PARAY-LE-MONIAL ERLEBEN

AUSKUNFT

Office de Tourisme
25, Avenue Jean-Paul II
71603 Paray-le-Monial
Tel. 03 85 81 10 92
Fax 03 85 81 36 61
www.paraylemonial.fr

ÜBERNACHTEN

► **Komfortabel**
Grand Hôtel
1, Parc thermal
Bourbon Lancy
Tel. 03 85 89 08 87
Fax 03 85 89 32 23
www.grand-hotel-thermal.com
Für Gesundheitsbewusste und Menschen mit einem Faible für den Charme alter Kurorte. Mitten im Park mit direktem Zugang zu den Kureinrichtungen, behindertengerecht.

Baedeker-Empfehlung

► **Günstig**
Grand Hôtel de la Basilique
18, Rue de la Visitation
Tel. 03 85 81 11 13
Fax 03 85 88 83 70
www.hotelbasilique.com
Familiengeführtes Traditionshotel mit spezieller Atmosphäre und guter Küche. Zimmer mit Blick auf die illuminierte Kirche

Geschichte Ursprung von Paray war ein 973 gegründetes Benediktinerkloster, das 999 der Abtei von Cluny unterstellt wurde. Anfang des 10. Jh.s entstand am Bourbince-Ufer eine Prioratskirche, die unter dem Cluny-Abt Hugues de Semur durch einen Neubau ersetzt wurde. Der Zusatz im Ortsnamen lässt darauf schließen, dass das Benediktinerkloster in Paray entweder besonders dominierend war oder dass hier noch andere Orden Niederlassungen gründeten.
Marguerite-Marie Alacoque war 1671 in das Kloster der Heimsuchung (Couvent de la Visitation) eingetreten und hatte mehrfach Erscheinungen Christi. Als die katholische Kirche den verlorenen Krieg von 1870/71 als Folge des moralischen und religiösen Verfalls Frankreichs interpretierte, erlebte der **Kult des Herzens Jesu** einen ungeahnten Aufschwung. Als Sühne für die Pariser Kommune wurde damals die Kirche Sacré-Cœur auf dem Montmartre errichtet. Im Jahr 1875 weihte der Papst die ehemalige Klosterkirche Notre-Dame in Paray-le-Monial ebenfalls dem Herzen Christi. 1920 wurde M.-M. Alacoque heilig gesprochen. Noch heute ist Paray-le-Monial eines der meistbesuchten Pilgerziele Frankreichs.

✶✶ Notre-Dame · Sacré-Cœur

Von der Bourbince-Brücke (Rue des deux Ponts) bietet sich ein schöner Blick auf die am rechten Ufer der Bourbince gelegene ehemalige Klosterkirche Notre-Dame und heutige Pfarrkirche Sacré-Cœur.

Baugeschichte

Als während der Amtszeit des Cluny-Abtes Hugo, vermutlich um 1090, mit dem Neubau der Klosterkirche begonnen wurde, stand an der Stelle noch ein 1004 geweihter Vorgängerbau. Von dieser Kirche wurden die Vorhalle und der Südturm übernommen, was vielleicht mit dem Tod Hugos 1109 und wirtschaftlichen Schwierigkeiten des Klosters zu tun hatte. Es entstand eine dreischiffige Basilika mit einer im Westen gelegenen Vorhalle, einem weit ausladenden Querhaus und einem Umgangschor mit drei Kapellen im Osten. Er wurde als »Taschenausgabe« von Cluny III berühmt (Conant), da hier wahrscheinlich dieselben Handwerker arbeiteten.

Äußeres

Den Außenbau prägen vor allem die Türme. Zwei Westtürme rahmen die Vorhalle, hinzu gesellt sich der Vierungsturm, von dem das kurze Langhaus und das im Verhältnis dazu mächtige Querhaus ausgehen. Die beiden Vorhallentürme sind nicht gleichzeitig entstanden, was die Gestaltung der Obergeschosse leicht erkennen lässt. Der Nordturm (12. Jh.) besitzt eine reiche plastische Gliederung und öffnet sich in großen Rundbogenfenstern, während die Wand des Südturms (der von der Vorkirche des 11. Jh.s stammt) nur von kleinen Zwillingsfenstern durchbrochen ist. Der eindrucksvollste Teil des Außenbaus ist zweifellos die Chorpartie, deren einzelne Bauteile sorgfältig aneinandergefügt sind. Diese Staffelung, die typisch ist für die Romanik, verweist zugleich auf symbolische als auch hierarchische Vorstellungen dieser Zeit.

Inneres

Im Innenraum, wo bis dahin der nackte Stein zu sehen war, wurde 2005 der farbliche Zustand des 15. Jh.s wieder hergestellt. Der Gesamtraum erinnert stark an Cluny. Das nur dreijochige Langhaus wirkt im Vergleich zum Querhaus, dessen Arme je zwei Joche haben, sehr kurz. Sein schachtartiger Charakter, typisch für cluniazensische Kirchenschiffe, wird durch die vorzeitige Vollendung des Langhauses noch verstärkt. Das Verhältnis von Breite zu Höhe war in Cluny noch extremer als in Paray-le-Monial. Der Aufbau der Mittelschiffswand ist dreigeschossig, spitzbogige Arkaden ruhen auf kreuzförmigen Pfeilern, denen zum Mittelschiff hin die für cluniazensische Kirchen charakteristischen kannelierten Pilaster vorgelegt sind. Über den Arkaden folgt, ebenfalls von kannelierten Pilastern getrennt, ein Blendtriforium mit drei Rundbogenstellungen pro Joch. Der Obergaden besteht aus drei von Blendarkaden gerahmten Rundbogenfenstern. Mittelschiff und Querhaus sind mit Spitztonnen überwölbt. Acht monolithische Säulen umstehen das Chorhaupt. In der Halbkuppel befindet sich ein wahrscheinlich im 15. Jh. entstandenes Fresko, das erst 1935 unter seiner Übermalung wieder entdeckt wurde. Es zeigt den thronenden Christus in einer rautenförmigen Mandorla und die Symbole der vier Evangelisten. Der Chorumgang ist in Paray-le-Monial schmaler als die Seitenschiffe und auch relativ niedrig. An ihn schließen sich drei Radialkapellen an, die jeweils drei Fenster besitzen.

Notre-Dame Orientierung

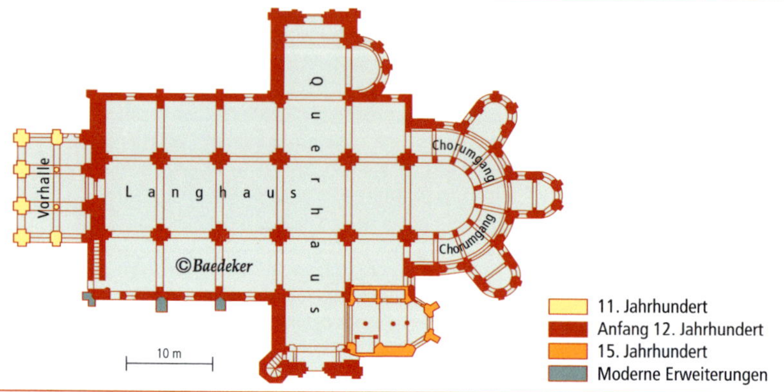

Herz-Jesu-Kult

Hinter dem Chor von Sacré-Cœur erstreckt sich ein Park, in dem die Wallfahrtszeremonien stattfinden. Am Eingang steht das Haus der Pagen des Kardinals Bouillon, wo Erinnerungsstücke an M. M. Alacoque gezeigt werden. Im Diorama erfährt man einiges über das Leben der Heiligen.

Das Kloster von der Heimsuchung wurde 1626 in Paray-le-Monial gegründet, aber erst einige Jahre später an diesen Platz verlegt. Es gehört dem Orden der Heimsuchung an, der von Franz von Sales und J.-F. de Chantal 1610 in Annecy gegründet worden war. In der Kapelle aus dem 19. Jh. steht der Schrein mit den Gebeinen der hl. Marguerite-Marie (Öffnungszeiten, Maison des Pages: 20. Jan. bis Dez. tgl. 9.30 – 12.00, 14.00 – 18.30 Uhr, Diorama: April bis Nov. tgl. 8.00 – 19.00 Uhr).

Musée Hiéron

Frisch renoviert ist das Musée Hiéron, das sich der sakralen Kunst widmet. Sein Prunkstück ist ein kleines romanisches Tympanon aus dem Kloster von Anzy-le-Duc. Darauf erscheint Christus in einer Mandorla und darunter im Architrav sieht man Heilige und eine stillende Muttergottes. Erstaunlich für diese frühe Zeit ist die Plastizität des Reliefs (Öffnungszeiten: 21. März bis Dez. tgl. außer Mo. 10.00 – 12.00, 14.00 – 18.00, Juli, Aug. tgl. 11.00 – 18.00 Uhr).

Hôtel de Ville Rathaus

Das heutige Rathaus (Rue de la Paix) wurde 1525 – 1528 im Auftrag des Tuchmachers Pierre Jayet errichtet. Gegenüber erhob sich die Kirche St-Nicolas, von der jedoch nur noch der Glockenturm aus dem 16. Jh. erhalten blieb.

Musée Paul Charnoz

Das Museum des gleichnamigen Fliesenherstellers informiert über die Geschichte der Keramikherstellung (Avenue de la Gare; Öffnungszeiten: Juli / Aug. tgl. 14.30 – 18.30 Uhr).

Umgebung von Paray-le-Monial

★ **Brionnais**

Paray-le-Monial ist ein schöner Ausgangspunkt für eine Rundfahrt ins ►Brionnais.

Digoin

★ ◄ Aquädukt

In Digoin kann man sich ausgiebig mit dem längsten Fluss Frankreichs, der Loire, beschäftigen. Hauptattraktion der Stadt ist der Pont Canal, eine Kanalbrücke, auf der der Canal du Centre den Fluss überquert. Der Aquädukt ist 243 m lang und wurde in den 30er-Jahren des 19. Jh.s erbaut. Nur wenige Schritte entfernt informiert das ObservaLoire über die Bedeutung der Loire für den Menschen vom Fischfang über die frühe Schifffahrt bis hin zu ökologischen Fragen. Die Ausstellung ist teilweise interaktiv (Öffnungszeiten: Juli, Aug. tgl. 14.00 – 18.00, Mi. bis 19.30, März bis Juni, Sept. bis Nov. tgl. außer Di. 14.00 – 18.00 Uhr, www.obeservaloir.com).

◄ Centre de Documentation sur la Céramique

Im gleichen Gebäude wie das ebenfalls nahe gelegene Verkehrsbüro ist ein Keramikmuseum untergebracht. In Digoin sind seit 1874 Keramikunternehmen ansässig. Das Museum befasst sich mit der Keramik von der Römerzeit bis in unsere Tage (Führungen tgl. außer So. und feiertags Mai bis Sept. um 10.30, 14.30 und 16.00, Okt. bis April Mo. – Fr. um 10.30 und 14.30 Uhr).

Perrecy-les-Forges

◄ St-Pierre-et-St-Benoît

22 km nördlich von Paray-le-Monial liegt der kleine industriereiche Ort Perrecy-les-Forges (2200 Einwohner). Der Zusatz »les Forges« erinnert an eine 1634 von den Mönchen von Perrecy eingerichtete Schmiede (= Forge). Sehenswert ist er wegen seiner romanischen Kirche, die im 9. Jh. als Prioratskirche der Benediktiner-Abtei St-Benoît-sur-Loire errichtet wurde. Der Bau, dessen Langhaus z. T. noch auf die erste Hälfte des 11. Jh.s zurückgeht, erhielt im 12. Jh. eine Vorhalle und im 15. Jh. einen gotischen Chor. Das nördliche Seitenschiff wurde im 16. Jh. abgerissen, der südliche Querhausarm fiel der Französischen Revolution zum Opfer.

★ ◄ Vorhalle

Das Hauptinteresse gilt der Vorhalle (1120 – 1130). Damals wurde auch die Westwand des Langhauses erneuert, die ein figurengeschmücktes Säulenportal erhielt. Im Tympanon thront Christus in der Mandorla. Im Türsturz und den seitlichen Wandfeldern wird die Passion Christi erzählt. Da die Darstellung im Bogenfeld streng, die im Türsturz eher bewegt und erzählfreudig gehalten ist, wird vermutet, dass hier verschiedene Bildhauer am Werk waren.

Bourbon-Lancy

★ ◄ Altstadt

Der Name des Thermalstädtchens, wenige Kilometer oberhalb des Loire-Tals, ca. 35 km südlich von Decize, geht auf eine keltische Wassergottheit und einen gewissen Anceau oder Ancel zurück, der 1030 eine cluniazensische Priorei stiftete. Thermenreste und Statuen beweisen, dass die fünf 46 bis 58 °C heißen Quellen bereits zur gallo-römischen Zeit genutzt wurden. Der Ort hat keine herausragenden Sehenswürdigkeiten, er besticht wegen seines romantischen Gesamteindrucks. Hierzu tragen die Tour de l'Horloge, ein Stadttor aus dem

15. Jh. und malerische alte Häuser bei. Die Kirche auf dem höchsten Punkt in der Ortschaft wurde erst im 19. Jh. erbaut. Das Stadtmuseum in der romanischen Kirche St-Nazaire zeigt archäologische Funde sowie mittelalterliche und moderne Gemälde und Skulpturen (Öffnungszeiten: Juli, Aug. tgl. außer Di. 14.30 – 16.00 Uhr).

Signal de Mont ► Vom Signal de Mont (7 km nordwestlich; 469 m, Aufstieg ca. 30 Min.) genießt man einen schönen Blick.

★ Pontigny

14

Départements: Yonne
Einwohnerzahl: 800
Höhe: 115 m ü. d. M.

Wer nach einem Besuch im Kloster Fontenay die Weiterentwicklung der Zisterzienser-Architektur verfolgen möchte, muss Richtung Sens fahren, um in Pontigny die größte erhaltene Zisterzienserkirche des Landes zu sehen.

★ Notre-Dame de l'Assomption

Die Kirche von Pontigny stammt im Wesentlichen zwar ebenfalls aus dem 12. Jh., doch war die Mönchsgemeinschaft damals schon immens angewachsen und die Strenge der Bauvorschriften des hl. Bernhard zeigt bereits erste Auflösungserscheinungen.

Ein großartiges Zeugnis der Zisterzienser-Architektur: die Abteikirche in Pontigny

PONTIGNY ERLEBEN

AUSKUNFT

Office de Tourisme
22, Rue Paul-Desjardins
89230 Pontigny
Tel. 03 86 47 47 03
Fax 03 86 47 58 38
siehe auch: www.abbayedepontigny.eu

ÜBERNACHTEN

► Komfortabel

Les Tilleuls
3, Rue Décourtive
St-Florentin
Tel. 03 86 35 09 09
www.hotel-les-tilleuls.com
Kleines Hotel mit Garten und ruhigen Zimmern

► Günstig

Relais St-Vincent
14, Grande Rue
Ligny-le-Châtel
Tel. 03 86 47 53 38
www.relais-saint-vincent.fr
Schöne Zimmer in einem Haus aus dem 17. Jahrhundert. Das dazugehörende Restaurant hat eine Terrasse zum Hof und bietet mehrere günstige Menüs auf der Basis regionaler Küche.

Baugeschichte

Im Jahre 1114 gründete Hugo von Mâcon die Abtei Pontigny als zweites Tochterkloster der Zisterzienser von Cîteaux (nach La-Ferté-sur-Grosne). Das Kloster erhielt rasch Zulauf. Bis zur Mitte des 12. Jh.s waren von Pontigny aus bereits mehr als 30 Filialklöster gegründet worden. Dank der großzügigen Unterstützung von Thibault dem Großen, Graf der Champagne, entstand ab 1145 von Ost nach West eine **Klosterkirche in den Ausmaßen einer Kathedrale**. Nach Vollendung des Langhauses wurde zwischen 1185 und 1206 der jetzige Umgangschor hinzugefügt. Mehreren Bischöfen von Canterbury diente Pontigny als Zufluchtsort vor den Nachstellungen der englischen Könige, u. a. Thomas Beckett (1164 – 1166) und Stephen Langton (1208 – 1213); Edmond Rich kam 1240 nach Frankreich, er verstarb kurz darauf und wurde in der Abtei begraben. Durch seine wenig später erfolgte Heiligsprechung entwickelte sich Pontigny zum Wallfahrtsort. Im 16. Jh. wurde das Kloster verwüstet. Die in der Mitte des 17. Jh.s begonnenen Neu- und Umbauten dauerten bis zur Revolution an, in deren Verlauf die Abtei aufgehoben wurde. Die neueren Gebäude wurden zerstört, die alten als Steinbruch benutzt. Einzig die Klosterkirche entging diesem Schicksal.

Außenbau

Entsprechend der Bauauffassung der Zisterzienser ist der Außenbau der zweigeschossigen, lang gestreckten, mit Vorhalle 119 m langen Klosterkirche völlig schmucklos. Die Wände von Mittelschiff und Seitenschiffen werden nur durch den Wechsel von Fenstern und Strebepfeilern unterbrochen, einzig die Querhäuser besitzen ein Rosettenfenster im Obergeschoss. Aus dem Dach des Umgangschores steigen Strebebögen auf, die den Hochchor stützen.

Inneres Der ursprüngliche Raumeindruck, der hauptsächlich auf Einfachheit und Klarheit beruhte, wird durch Hinzufügungen des 17. und 18. Jh.s erheblich beeinträchtigt. Das Langhaus ist dreischiffig und besitzt einen zweigeschossigen Wandaufriss. Der Obergaden ist durchfenstert, was dem Bau eine große Helligkeit verschafft. Das Kreuzrippengewölbe im Mittelschiff trat wahrscheinlich gegen 1160/1170 an die Stelle des zunächst geplanten Kreuzgrat- oder Tonnengewölbes und gehört zu den ältesten Rippengewölben Burgunds. Da die Zisterzienser für die Aufstellung des Gestühls gerade Pfeilerflächen zum Mittelschiff hin bevorzugten, enden die Halbsäulen, die die Gewölbebögen aufnehmen, außer beim westlichsten Säulenpaar, ungefähr auf halber Pfeilerhöhe. An das siebenjochige Langhaus schließt sich das zwei Joche tiefe Querhaus an, das an drei Seiten mit je zwei rechteckigen Kapellen endet. Im linken Querhausarm befand sich ursprünglich die Treppe, die in den Schlafsaal der Mönche führte. Den Ostabschluss bildete in Pontigny ursprünglich ein kleiner Rechteckchor, wie er in Fontenay erhalten blieb. Er gilt als charakteristisch für die frühe Architektur der Zisterzienser, wurde aber durch den heute bestehenden Umgangschor mit Kapellenkranz ersetzt. Dieser gotische Bau, der Elemente der Kathedrale von Sens aufnimmt, sie jedoch vereinfacht, bleibt insofern typisch zisterziensisch, als er zwar mit seiner reicheren Gliederung gegen das romanische Querhaus absticht, verglichen mit gotischen Bauten der Zeit – ohne bunte Fenster und skulpturalem Bauschmuck – immer noch schmucklos bleibt. Die Baugewohnheit des Ordens, Kapellen nach außen mit einem geraden Abschluss zu versehen, fand auch hier bei den Chorkapellen Anwendung.

Umgebung von Pontigny

★ **Saint-Florentin** Die Altstadt von St-Florentin (6800 Einw.) liegt malerisch auf einem Hügel oberhalb des Canal de Bourgogne und des Zusammenflusses von Armançon und Armance, rund 10 km nördlich von Pontigny. Die Baugeschichte der gleichnamigen Pfarrkirche dauerte von 1367 bis zur Weihe im Jahre 1617. Auf teilweise alten Fundamenten wurde der Bau von Ost nach West aufgeführt. Vom Langhaus wurden nur noch zwei Joche errichtet, dann kam der Bau zum Erliegen. Erst im 19. Jh. wurde er mit der Vollendung der Westfassade fertiggestellt. Das Äußere von St-Florentin ist noch erheblich von der Gotik geprägt, nur die Fronten der beiden Querhäuser wurden Anfang des 17. Jh.s in reinem Renaissancestil errichtet. Die reiche Ausstattung stammt zum Großteil aus der Entstehungszeit. Der Lettner wurde im Jahre 1600 von einem Architekten aus Tonnerre geschaffen. Die Nikolaus-Kapelle auf der rechten Seite besitzt ein schönes Sterngewölbe und ein Grisaille-Fenster von 1539. Besondere Beachtung verdienen außerdem die Glasmalereien in den Chorkapellen und den Hochfenstern des Chores (16. Jh.), die Themen aus dem Neuen Testament und Heiligengeschichten darstellen.

★ Chorfenster ►

✶ Saint-Fargeau

E 6

Départements: Yonne **Einwohnerzahl:** 1900
Höhe: 193 m ü. d. M.

Ein Schloss »ohne Türen und Fenster« soll die Grande Demoiselle vorgefunden haben, als sie von ihrem Cousin, Ludwig XIV. nach Saint-Fargeau verbannt wurde. Ihre Umbauten lösten das Problem jedenfalls, und da der Bau die Revolution heil überstand, gibt es einiges zu sehen.

✶ Château St-Fargeau

Geschichte

Der heutige Bau steht an der Stelle einer gegen Ende des 10. Jh.s errichteten Burg der Bischöfe von Auxerre. Seit 1450 gehörte die Anlage Jacques Cœur, dem Finanzminister und Geldgeber Karls VII. Grundlegend umgestaltet wurde das Schloss jedoch erst unter einer späteren Besitzerin: In den 50er- und 60er-Jahren des 17. Jh.s lebte hier Anne-Marie-Louise d'Orléans, Tochter von Gaston d'Orléans und Kusine des Sonnenkönigs Ludwigs XIV., besser bekannt als La Grande Mademoiselle oder Mademoiselle de Montpensier. Sie hatte den Hof in Versailles wegen ihrer Beteiligung an der Fronde verlassen müssen, jener Oppositionsbewegung des französischen Hochadels gegen die Regentin Königin Anna und den Kardinal Mazarin, die den noch unmündigen Ludwig XIV. vertraten. Ein Ereignis, das dieser niemals vergessen wird, und das in seiner Regentschaft zum Bau von Versailles führte. In Mademoiselle de Montpensiers Auftrag wurden die Flügel zwischen den Ecktürmen erneuert und ein französischer Park angelegt. Die Pläne stammten von dem Pariser Architekten François Le Vau, der u. a. in Versailles gearbeitet hatte. Ein Brand zerstörte 1752 alle Dächer des Schlosses sowie große Teile des Inneren, die Le-Vau-Fassaden blieben jedoch erhalten. Während der Revolution gehörte das Schloss Louis-Michel Le Peletier de St-Fargeau. Er gilt als »erster Märtyrer der Revolution«, da er kurz nach seinem Votum für den Tod Ludwigs XVI. ermordet wurde. Das Schloss blieb dadurch von den üblichen Zerstörungen verschont. Zu Beginn des 19. Jh.s wurden die alten Wassergräben, die die Anlage bis dahin umgaben, zugeschüttet und der Park im Stil eines englischen Gartens umgestaltet. Seit 1979 befindet sich die Anlage in Privatbesitz, jedoch ist ein Teil des Gebäudes zu besichtigen (21. März bis 11. Nov. tgl. 10.00 – 12.00, 14.00 – 18.00, Juli, Aug. bis 19.00 Uhr, www.chateau-de-st-fargeau.com).

Baedeker TIPP

Son et Lumière

Personenreiche historische Spektakel werden im Park von Château St-Fargeau jedes Jahr im Juli und August an Freitag- und Samstagabenden veranstaltet (Dauer: ca. 1½ Std., 16 / 9 Euro).

SAINT-FARGEAU ERLEBEN

AUSKUNFT

Office de Tourisme
3, Place de la République
89170 Saint-Fargeau
Tel. / Fax 03 86 74 10 07, www.ccpf.fr

ÜBERNACHTEN / ESSEN

► **Komfortabel**

Hostellerie Blanche de Castille
17, Rue d'Orléans, Bléneau
Tel. 03 86 74 92 63, Fax 03 86 74 94 43
www.hotelblanchecastille.facite.com
Traditionsreiches Posthotel am Park

Le Petit St-Jean
Promenade du Grillon
Tel. 03 86 74 01 75, http://lepetitsaint jean.monsite-orange.fr
2-Sterne-Hotel mit Garten

ÜBERNACHTEN

► **Komfortabel / Luxus**

Les Grands Chênes
Les Berthes-Bailly (4,5 km südlich)
Tel. 03 86 74 04 05
www.hotel-de-puisaye.com
Stilvolles Haus in einem Park

Rundgang Grundriss des Baus ist ein unregelmäßiges Fünfeck. Das Eingangsportal wird von zwei mächtigen Türmen flankiert. Wirkte das Äußere vor allem wehrhaft, ist man über den eleganten Innenhof überrascht. Vier der fünf inneren Fassaden gehen auf die Umgestaltung durch Le Vau im 17. Jh. zurück (die Fassade rechts vom Eingang stammt von 1735). Blickfang ist ein pavillonartiger Bau zwischen den beiden Hauptflügeln. Eine elegante halbkreisförmige Treppe führt zu drei Arkadenöffnungen hinauf. Die hohen Laternen auf den Turmdächern gehen ebenfalls auf Le Vau zurück. Einen besonderen Reiz bringt die abwechselnde Verwendung von Natur- und Ziegelstein mit sich.

Obwohl bei dem Brand 1752 ein Großteil der originalen Einrichtung zerstört wurde, sind mittlerweile zahlreiche Innenräume wieder hergestellt und im Rahmen der Führung zu besichtigen. Mit Führung sind außerdem die rund 2 ha großen Dachstühle (17. / 19. Jh.) des Schlosses zugänglich.

La Ferme du Château Ein Bauernhof ca. 500 m vom Schloss entfernt vermittelt mit seinen Gerätschaften und Wohnräumen Einblick in die Landarbeit zu Beginn des 20. Jh.s. Für Kinder gibt es Tiere (Öffnungszeiten: Juli, Aug. tgl. 10.00 – 12.00, 14.00 – 18.00, April bis Juni und Sept. Sa., So., feiertags und in den Schulferien bis 17.00 Uhr).

Umgebung von Saint-Fargeau

St-Amand-en-Puisaye Ihre Tonerde und ihre großen Wälder haben die Puisaye zum Zentrum der Töpferei gemacht, die hier bereits im 14. Jh. bekannt war. Heute sind in der Gegend noch rund 30 Töpfer tätig, sowohl Handwerks- als auch Industriebetriebe.

Treigny

In der 16 km südöstlich gelegenen kleinen Ortschaft sind mehrere alte Herrensitze erhalten. Die Kirche St-Symphorien trägt aufgrund ihrer Größe den Beinamen »Cathédrale de la Puisaye«. Sie wurde im 15. und 16. Jh. in spätgotischem Stil errichtet.

Guédelon

Ein außergewöhnliches Unterfangen lässt sich in Guédelon in der Gemeinde Treigny verfolgen. Seit 1998 wird hier mit wissenschaftlicher Begleitung und einer großen Zahl Freiwilliger eine Burg ausschließlich mit den Techniken des 13. Jh.s gebaut. Initiator des Unternehmens, durch das 50 Arbeitsplätze geschaffen worden sind, ist der Besitzer des Schlosses von St-Fargeau. Der Bau schreitet voran und auch die Besucherzahlen geben dem Versuch Recht (geöffnet: Juli / Aug. tgl. 10.00 – 19.00, sonst tgl. außer Mi. Mitte März bis Juni 10.00 – 18.00, Sept. / Okt. bis 17.30 Uhr, die Handwerker machen Mittagspause; www.guedelon.org).

Château Ratilly

Etwas westlich außerhalb von Treigny liegt auf einem bewaldeten Hügel das Schloss Ratilly. Die von tiefen Wassergräben umgebene Anlage besteht aus vier um einen Hof herum angeordneten Flügeln mit Ecktürmen. Die ältesten Teile stammen aus dem 12./13. Jahrhundert. Im 17. Jh. wurden der Eingangstrakt erneuert, die Fenster vergrößert und die Zugbrücke durch eine feste Verbindung ersetzt. Während der Religionskriege fiel Ratilly in die Hände der Protestanten und war einer ihrer wichtigsten Stützpunkte (Öffnungszeiten: 15. Juni bis 15. Sept. tgl. 10.00 – 18.00, April bis 15. Juni und 15. Sept. bis Okt. Mo. – Fr. 10.00 – 12.00, 14.00 – 16.30, Sa., So. und Fei. 15.00 – 18.00 Uhr).

Rund 25 Jahre Bauzeit sind für den Bau der Burg in Guédelon vorgesehen.

Toucy Das Städtchen, 21 km nordöstlich von St-Fargeau, wird von der wehrhaften Kirche St-Pierre überragt. Diese besteht aus Teilen zweier Kirchen und bezieht außerdem Reste der ehemaligen Schloss- und Stadtmauer von Toucy ein. Der romanische Chor entstand Anfang des 12. Jh.s und wird durch eine Mauer von dem nach 1536 im Renaissance-Stil errichteten Langhaus getrennt. Die Westtürme waren Teil der Befestigung.

? WUSSTEN SIE SCHON ...?

- ... dass Pierre Larousse, den Französischlernenden durch sein Wörterbuch bekannt, 1817 in Toucy zur Welt kam? 1864 erschien der »Grand Dictionnaire universel du XIXième siècle« zum ersten Mal.

Saint-Saulge

H 9

Départements: Nièvre **Einwohnerzahl:** 1000
Höhe: 330 m ü. d. M.

Keine herausragenden Sehenwürdigkeiten, eher Erholung in der Natur bieten St-Saulge und der Morvan Nivernais mit Wäldern und Weiden, Bächen und Teichen.

Sehenswertes in St-Saulge und Umgebung

St-Martin Die Kirche entstand als Priorat des Klosters St-Martin in Autun und ist seit dem 10. Jh. belegt. Um die Mitte des 16. Jh.s wurde das Langhaus im spätgotischen Stil erneuert. Die Glasfenster der Seitenschiffe aus dem selben Jahrhundert sind die Hauptsehenswürdigkeit der Kirche. Chor und Krypta wurden 1780 übergründlich restauriert.

St-Révérien Die Kirche in dem kleinen Ort (12 km nördlich von St-Saulge) ist eine der bedeutendsten ländlichen Kirchen romanischen Stils im Nivernais, auch wenn von der ursprünglichen Anlage nur der Chor erhalten blieb. Sie wurde um die Mitte des 12. Jh.s als Prioratskirche der Cluniazenser errichtet. Der Chor besteht aus einem fast quadratischen Chorjoch, dem Chorhaupt und einem Umgang mit drei Radialkapellen (in der mittleren Freskenreste aus dem 16. Jh.). In den Kapellen befinden sich schöne figürliche Kapitelle. Einen guten Blick auf Dorf und Kirche hat man von der D 977 (Richtung Guipy/Corbigny).

Châtillon-en-Bazois Châtillon (14 km südöstlich) ist einer der wichtigsten Häfen der Freizeitschifffahrt in Burgund. Direkt am Canal du Nivernais erhebt sich das Schloss. Seine Existenz lässt sich bis ins 13. Jh. zurückverfolgen, in der Zwischenzeit wurden ständig Veränderungen an dem Bau vorgenommen (nur mit Führung zu besichtigen, 15. Juli bis Aug. tgl. außer Mo. um 14.30, 15.45, 17.00 und 18.15 Uhr).

SAINT-SAULGE ERLEBEN

AUSKUNFT

Office de Tourisme
2, Rue du Commerce
58330 Saint-Saulge
Tel. / Fax 03 86 58 25 74

ESSEN / ÜBERNACHTEN

► **Erschwinglich**
Les Légendes
6, Rue du Commerce
Tel. 03 86 58 27 67
Fax 03 86 58 57 47
Renovierte Poststation von 1811 mit hübschen Zimmern und guter Küche

Hôtel de l'Europe
7, Grande Rue
Corbigny
Tel. 03 86 20 06 40
www.hoteleuropelecepage.com
Hotel im Zentrum mit freundlichen Zimmern, Bistro und Restaurant

Prémery

Prémery, 17 km nordwestlich von St-Saulge, war einst Sommerresidenz der Bischöfe von Nevers. Von ihrem Schloss (14./16. Jh.) steht noch das erneuerte Corps de logis mit einem befestigten Portal aus dem 14. Jahrhundert. Die Kollegiatskirche St-Marcel (13. Jh.) ist außen sehr schlicht, verfügt jedoch über einen beeindruckenden Innenraum mit einer beachtenswerten Pietà (Ende 15. Jh.).

Corbigny

Die kleine Stadt, 25 km nordöstlich am Übergang zwischen Morvan und Nivernais am Flüsschen Anguison gelegen, ist für ihre Märkte bekannt. Obwohl Corbigny 1420 während der Auseinandersetzungen zwischen Armagnacs und Burgundern völlig zerstört wurde, bietet es heute ein reizvolles Stadtbild mit zahlreichen alten Häusern und Türmen sowie der spätgotischen Kirche St-Seine (1537 geweiht).

★ Saint-Seine-l'Abbaye

P 7

Départements: Côte-d'Or
Höhe: 451 m ü. d. M.
Einwohnerzahl: 400

Wen es von Dijon aus aufs Land zieht, der findet Richtung Nordwesten in der Gegend von St-Seine eine behäbige Landschaft zum Wandern oder Spazierengehen, einige wenig besuchte Sehenswürdigkeiten und ein paar hübsche Dörfer.

St-Seine l'Abbaye liegt malerisch in einer Talsenke. Die weithin sichtbare Kirche gehörte einst zu einer Benediktinerabtei, die durch ihre Gründung im 6. Jh. zu den ältesten Klöstern Burgunds zählt.

SAINT-SEINE-L'ABBAYE ERLEBEN

AUSKUNFT

Office de Tourisme
1, Place de l'Eglise
21440 St-Seine-l'Abbaye
Tel. / Fax 03 80 35 07 63
www.pays-seine-et-tilles-fr

ESSEN / ÜBERNACHTEN

► **Preiswert**

Hôtel-Restaurant de la Poste
17, Rue Carnot
Tel. 03 80 35 00 35
Fax 03 80 35 07 64
www.postesoleildor.fr
Freundliche ehemalige Postkutschenstation mit vielen Blumen um einen Hof, in dem man auch sitzen kann. Das Hotel selbst ist ein Altbau mit sehr unterschiedlichen Zimmern. Abends mit bodenständiger Küche.

Auberge Campagnarde
15, Rue Carnot
Tel. 03 80 35 01 46
Fax 03 80 35 17 81
Einfaches, aber ordentliches Logis de France mit solider Küche, ohne Raffinesse

★ Eglise St-Seine

Geschichte Mit dem Bau der Kirche wurde Anfang des 13. Jh.s begonnen. Vor ihrer Fertigstellung fiel sie jedoch einem Brand zum Opfer. Lediglich der Chor und der linke Querhausarm überstanden die Zerstörungen. Mit den Wiederherstellungsarbeiten wurde schließlich Ende des 14. Jh.s angefangen. Zunächst entstanden das rechte Querhaus und das um zwei Joche verkürzte Langhaus. Im Westen wurden der Fassade eine Vorhalle vorangestellt und der Dreiecksgiebel ausgeführt, der Nordturm folgte erst im 15. Jh. (Öffnungszeiten: April bis 15. Sept. tgl. 9.00 – 17.30, Juli, Aug. 8.00 – 18.30 Uhr).

Äußeres Die schmal und hoch konzipierte Westfassade blieb weitgehend schmucklos und wirkt durch die über Eck gestellten Strebepfeiler an den Türmen recht massiv. Das hohe Portal scheint dazwischen kaum Platz zu finden. Die Vorhalle ist rippengewölbt. Der Skulpturenschmuck des Langhausportals ging verloren, erhalten blieb jedoch der vegetabile Bauschmuck von erstaunlicher Naturnähe und künstlerischer Qualität (man beachte die Schnecken im Weinlaub!).

Inneres Trotz der zu Beginn des 15. Jh.s erfolgten Erneuerungsarbeiten wirkt der Innenraum im Großen und Ganzen frühgotisch. Das Langhaus besteht aus einem Mittelschiff mit nur zwei quadratischen Doppeljochen und zwei Seitenschiffen mit jeweils vier ebenfalls quadratischen Jochen. Der Chor besitzt ein dem Langhaus entsprechendes Chorjoch und einen rechteckigen Abschluss. Diese Grundrissgestaltung war in Burgund seit der zweiten Hälfte des 12. Jh.s beliebt. Für ihre Verbreitung sorgte u. a. der Zisterzienserorden. Die sechsteiligen Gewölbe im Mittelschiff und der damit verbundene Stützenwechsel von kantonierten Pfeilern und glatten, dünneren Säulen deuten eher auf Einflüsse aus der Ile de France. Die Laufgänge vor den Fenstern sind ein typisches Merkmal der burgundischen Gotik.

Ausstattung

Im linken Seitenschiff fanden zwei romanische Kapitelle Verwendung (Ende 11./Anfang 12. Jh.), die sich von den übrigen, frühgotischen Kapitellen deutlich abheben. Außerdem ist hier der Kopf der Madonna vom Mittelpfeiler des Westportals zu sehen. Im Querhaus sind Grabplatten von Äbten und Stiftern des 14. – 17. Jh.s aufgestellt. Das Chorgestühl in der Vierung stammt aus dem 18. Jahrhundert.
In den Jahren 1503/04 wurden die Chorschranken geschaffen. Die Außenwände sind mit mehr als zwanzig Bildern mit Texten geschmückt.

Umgebung von St-Seine-l'Abbaye

*** Seine-Quelle**

Die 776 km lange Seine entspringt 11 km nordwestlich auf dem Plateau von Langres in 471 m Höhe, unweit der Gemeinde St-Germain-Source-Seine. Wahrscheinlich verehrten bereits die Gallier hier eine Quellgottheit. Mit Sicherheit nachgewiesen ist die Existenz eines römischen Tempels. Außer Architekturfragmenten wurden zahlreiche Votivgaben an die Göttin Sequana gefunden, die im Archäologischen Museum in ► Dijon aufbewahrt werden. Das reizvoll in einem Waldgebiet gelegene (frei zugängliche) Gelände ist parkartig angelegt.

Die Hauptquelle der Seine wurde 1865 mit einer künstlichen Grotte gefasst.

Baulme-la-Roche Der 16 km südlich von St-Seine-l'Abbaye gelegene kleine Ort ist für seine Kalkfelsen bekannt, die gerne zum Klettern genutzt werden. Die imponierende Felswand gilt als die höchste des Dijonnais. In einer Höhle wurden Gräber aus dem Neolithikum gefunden und Wohnstätten, die auf die Bronzezeit zurückgehen.
Die Benediktiner aus St-Seine unterhielten in Baulme-la-Roche ein Priorat. Die ältesten erhaltenen Gebäude (Hauptgebäude, Kapelle und Taubenturm) stammen aus dem 16. Jahrhundert.

★ Saint-Thibault-en-Auxois

N 7

Départements: Côte d'Or
Höhe: 368 m ü. d. M.
Einwohnerzahl: 140

Auf einem Hügel oberhalb des Canal de Bourgogne liegt das Dorf St-Thibault. Was von weitem wie ein dicker Turm aussieht, entpuppt sich beim Näherkommen als Kirchenchor und ist eines der exquisitesten gotischen Bauwerke von Burgund.

★ Eglise St-Thibault

Geschichte Die Kirche war ursprünglich der Muttergottes geweiht und gehörte zu einem Priorat von St-Rigaud-en-Mâconnais. Als 1240 die Reliquien des heiligen Theobald hierher gebracht wurden, entwickelte sie sich zu einem beliebten Wallfahrtsziel. Um die Mitte des 13. Jh.s begann man mit dem Neubau einer Kirche, für die zahlreiche Stiftungen eingingen. Um 1270 muss die Kapelle des hl. Ägidius (St-Gilles) am nördlichen Querhaus entstanden sein, der Chor dürfte Ende des 13./Anfang des 14. Jh.s ausgeführt worden sein. Mit dem Kommende-System setzte auch in St-Thibault der Niedergang ein. Die schlecht instand gehaltene Kirche wurde 1691 durch einen Sturm, 1712 durch den Einsturz des Glockenturms zerstört: Erhalten blieben nur der Chor, die Chapelle St-Gilles und das nördliche Seitenportal (Öfnungszeiten: 15. März bis 15. Nov. tgl. 9.30 – 12.00, 14.00 – 18.00 Uhr).

Nördliches Seitenportal Das um 1240/50 entstandene Portal befand sich ursprünglich unter einer Vorhalle (seitliche Reste). Das Tympanon zeigt die von Engeln flankierte Marienkrönung, im Türsturz Tod und Himmelfahrt der Muttergottes. Die Trumeau-Skulptur stellt den hl. Theobald als Abt dar; bei den Gewändefiguren handelt es sich vermutlich um die Stifter Herzog Robert II. und dessen Sohn Hugo V. sowie Herzogin Agnes und Hugo von Arcy, Bischof von Autun. Stilistisch sind die massigen Figuren mit ihren etwas formelhaften Gesichtern mit der Reimser Kathedralplastik verwandt. Die hölzernen Türflügel gehen auf das Ende des 14. Jh.s zurück.

Inneres

Obwohl die Raumwirkung des Chores durch die fehlende Distanz stark beeinträchtigt wird, fasziniert dieser Bau immer noch durch seine bis an die Grenze des technisch Machbaren gesteigerte Höhe und Helligkeit. Die Wand ist zweischalig aufgebaut und verbirgt stabile Strebepfeiler, sodass auf äußere Strebebögen verzichtet werden konnte. Über einem Sockel erhebt sich ein erstes Fenstergeschoss, in dem die Blendarkaden der unteren Zone ihre Fortsetzung finden: Sie stehen samt dem Maßwerk frei, durch einen Laufgang von den Fenstern getrennt. Darüber folgen das dunkle Triforium und die Hochfenster, die fast ein Drittel der Gesamthöhe einnehmen. Um größtmögliche Helligkeit zu erreichen, ist die Wand weitgehend aufgelöst. Ohne eine horizontale Unterbrechung steigen die Dienste vom Boden bis zum Gewölbescheitel in 27 m Höhe auf.
Die Kirche verfügt über einige **sehenswerte Kunstwerke**. Am Hauptaltar (um 1330/50) zeigen Schnitzereien Szenen aus dem Leben des hl. Theobald. Die Mitte des oberen Registers nimmt die Kreuzigung Christi ein, darunter eine Darstellung des thronenden Theobald. Über dem Altar hängt ein großes Kruzifix (14. Jh.), auf der rechten Seite steht das Grabmal des Prioratsgründers (14. Jh.). Außer Reliquiaren sind noch eine Sitzfigur des hl. Theobald (im Chor, Anfang 15. Jh.) und eine Madonna mit Kind und einem Vogel (im Langhaus, 1320/30) von Interesse.

Umgebung von St-Thibault

Vitteaux

Das 7 km nordöstlich gelegene Dorf war einst Residenzort der Herzöge von Burgund. Mit einigen mittelalterlichen Wohnbauten bietet es ein schönes Ortsbild, von der ehemaligen Burg sind jedoch nur geringfügige Reste erhalten. Das interessanteste Gebäude ist die Maison Béline aus dem 13. Jh.; ebenfalls an der Hauptstraße stehen die alten Markthallen (13./14. Jh., im 17. Jh. wieder hergestellt). Auf dem Hügel erhebt sich die Kirche St-Germain, die auf eine Gründung des Jahres 1180 zurückgeht. Der beeindruckende Glockenturm stammt aus dem 12./13. Jh., das Rundbogenportal aus dem 13. Jh., die Türflügel sind spätgotisch (Öffnungszeiten: tgl. 9.00 – 18.00 Uhr).

★ Saulieu

M 8

Départements: Côte d'Or
Höhe: 545 m ü. d. M.
Einwohnerzahl: 3000

Wer einen Standort für Tagestouren in den ►Morvan sucht, sollte Saulieu in Erwägung ziehen. Der Ort am Übergang des Auxois in das wald- und seenreiche Gebirge ist für seine Gastronomie genauso berühmt wie für die Figurenkapitelle seiner Kirche.

SAULIEU ERLEBEN

AUSKUNFT

Office de Tourisme
24, Rue d'Argentine
21210 Saulieu
Tel. 03 80 64 00 21
Fax 03 80 64 21 96
www.saulieu.fr

ESSEN

► Fein und teuer
Le Relais Bemard Loiseau
Tel. 03 80 90 53 53
www.bernard-loiseau.com
Eine der großen Gourmet-Adressen. In exquisitem Rahmen wird gleichzeitig rustikale und raffinierte Küche geboten.

ÜBERNACHTEN

► Komfortabel
Hôtel de la Poste
1, Rue Grillot
Tel. 03 80 64 05 67
Fax 03 80 64 10 82
www.hotel-de-la-poste.fr
Hübsches Fachwerkhaus mit traditionell möblierten Zimmern. Bekanntes Restaurant

Geschichte Saulieu geht auf das römische Sidolocus zurück, eine kleine Handelsstadt an der Via Agrippa. Um 179 n. Chr. erlitten hier drei Christen das Martyrium, darunter der hl. Andoche. Vermutlich entstand zur Erinnerung zunächst eine Gedenkstätte. Seit dem 5. Jh. ist der Kult des hl. Andoche belegt. Als die ihm geweihte Kirche 731 von den Sarazenen zerstört wurde, soll Karl der Große den Wiederaufbau gefördert haben. Tatsächlich wurde bei Grabungen in den 1960er-Jahren eine große karolingische Kirche unter dem heutigen romanischen Bau nachgewiesen. Während des Hundertjährigen Krieges von den Engländern geplündert, scheint die Stadt erst im 17. Jh. wieder Bedeutung erlangt zu haben. Durch den Ausbau der wichtigen Nord-Süd-Verbindung, der Vorgängerin der heute stark befahrenen Nationalstraße (N 6) wurde Saulieu Poststation, wovon nicht nur seine Märkte und das Gewerbe profitierten, sondern auch die Gastronomie, deren Tradition heute noch auf hohem Niveau gepflegt wird.

✶ St-Andoche

Geschichte Auftraggeber der Kirche, die wohl zwischen 1125 und 1130 entstanden sein dürfte, war Etienne de Bagé, Bischof von Autun und Bauherr der dortigen Kathedrale St-Lazare. Bei der Plünderung Saulieus durch die Engländer 1360 wurde auch St-Andoche in Mitleidenschaft gezogen; der Chor wurde schwer beschädigt. Zu Beginn des 18. Jh.s wurde er samt dem Querhaus abgerissen und durch eine einfache und wesentlich kleinere Apsis ersetzt. Während der Restaurierung im 19. Jh. wurde die Westfassade vollständig erneuert. Von der romanischen Kirche blieb also nur das Langhaus erhalten.

St-Andoche Orientierung

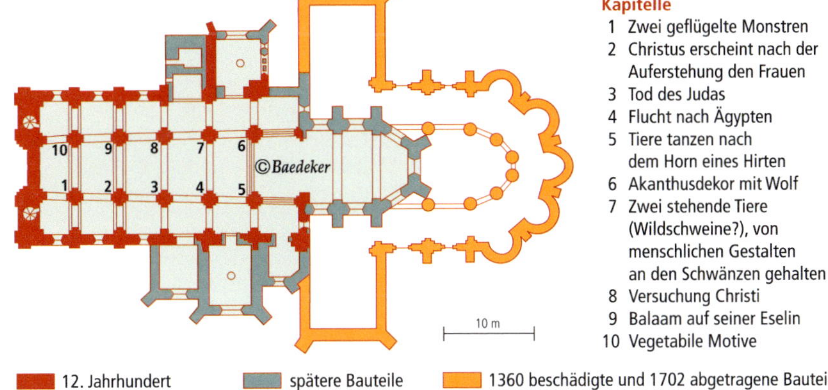

Inneres

Der Innenraum der dreischiffigen, sechsjochigen Kirche gilt als typisches Beispiel für cluniazensische Architektur: Über Spitzbogenarkaden befinden sich ein Blendtriforium und ein Obergaden mit einem Fenster pro Joch. Das Mittelschiff überwölbt die übliche Spitztonne, die Seitenschiffe tragen Kreuzgratgewölbe.

★★ Kapitelle

Die zu Recht bekannten Kapitelle von St-Andoche (52 von einst 80) sind in stilistischer Hinsicht der Endphase des nordburgundischen Figurenkapitells zuzurechnen. Sowohl in den dargestellten Themen als auch in der künstlerischen Leistung ist ein Zusammenhang mit den Arbeiten des Gislebertus in der Kathedrale von ► Autun offensichtlich. Wahrscheinlich sind die Kapitelle von Saulieu kurz nach jenen von Autun entstanden. Wie dort stammen auch in Saulieu nicht alle Arbeiten von einem Künstler. Dennoch ist im Ganzen eine stilistische Weiterentwicklung deutlich feststellbar; die Ereignisse werden drastischer dargestellt, **die Erzählweise erscheint zugespitzt**. Bei einigen Kapitellen wird hinter die Figuren eine eigene, vegetabile »Raumschicht« gelegt. Größere Räumlichkeit bedingt auch die Tatsache, dass in Saulieu die Kapitelle auf Halbsäulenvorlagen aufliegen und nicht wie in Autun auf flachen Pilastern.

Musée Pompon

Das im Pfarrhaus aus dem 17. Jh. untergebrachte Museum François Pompon zeigt gallo-römische Fundstücke, religiöse Skulpturen und Objekte zur Lokalgeschichte. Ein eigener Saal ist François Pompon (1855 – 1933; ► Dijon, Musée des Beaux-Arts) gewidmet, dem aus Saulieu gebürtigen Tierbildhauer (Öffnungszeiten: tgl. außer Mo.-nachmittag und Di. 10.00 – 12.30, 14.00 – 17.30, So. 10.30 – 12.00, 14.30 – 17.00 Uhr, Jan., Febr. geschlossen).

★★ Semur-en-Auxois

M/N 6/7

Départements: Côte d'Or **Einwohnerzahl:** 5000
Höhe: 286 m ü. d. M.

Das früher als uneinnehmbar geltende Semur liegt malerisch in einer Schleife des Armançon auf einem Felsrücken. Dicke Rundtürme und die zierlicheren Kirchtürme von Notre-Dame überragen das Gewirr der Dächer.

Sehenswertes in Semur

Befestigung An der schmalsten Stelle des Felsrückens stand die Burg, von der nach der Schleifung 1602 die vier Ecktürme erhalten blieben. Der stärkste ist die nordöstlich sich erhebende, vom Pont Joly aus gut sichtbare, 44 m hohe Tour de l'Orle d'Or. Im Innern beherbergt der Turm die Historische und Naturwissenschaftliche Gesellschaft von Semur und deren Sammlungen (geöffnet: Juli, Aug. tgl. außer Mo. 13.30 – 18.30 Uhr). Im Südostturm befand sich das Gefängnis.

Stadtmauer Durch die Rue des Remparts gelangt man auf die 1753 angelegte Promenade des Remparts. Von hier aus hat man einen sehr schönen Blick auf die Reste der Stadtmauer, den Armançon und die umgebenden Hügel.

Die gut erhaltene Stadtmauer von Semur umschließt ein intaktes Stadtbild.

Semur-en-Auxois Orientierung

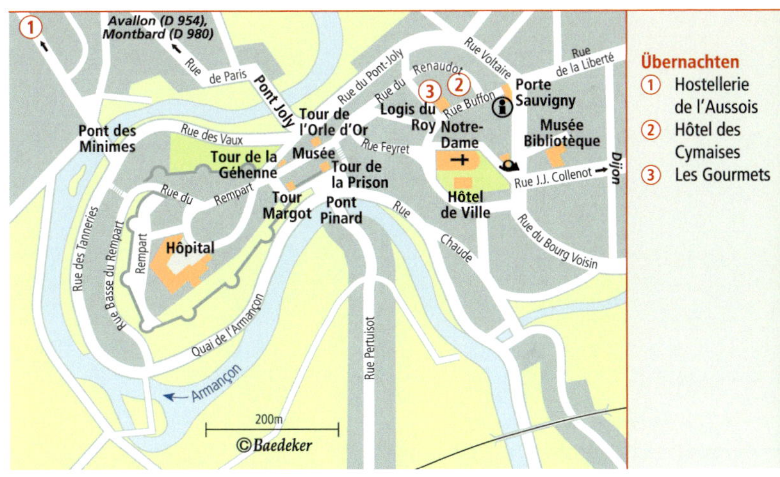

★ **Notre-Dame**

Mit dem Bau der ehemaligen Kollegiatskirche wurde 1225 begonnen. Anfang des 14. Jh.s errichtete man die Westjoche und die Vorhalle, die Langhauskapellen folgten im 15. und 16. Jahrhundert. Im 19. Jh. wurde die Kirche von Viollet-le-Duc gründlich restauriert.

Vor der Westfront von Notre-Dame öffnet sich die Vorhalle mit ihren drei hohen Bogenstellungen zum Platz hin. Ihr Dach ist begehbar und wird von einer Maßwerkbalustrade abgeschlossen. Seitlich stehen Aufbauten mit Dreiecksgiebeln. Dahinter ragt die Fassade der Kirche mit zwei schlanken Türmen hervor, in der Mitte ein weiterer Dreiecksgiebel. Die Stützen der Vorhalle wurden nachträglich mit Strebepfeilern versehen; in den Figurennischen befinden sich Statuen der vier Evangelisten. Im Gegensatz zum Westportal entging die Portalplastik am linken Querhaus, der sogenannten Porte des Bleds (nach den Äckern bezeichnet, die sich einst auf dieser Seite der Kirche befanden) den Zerstörungen der Französischen Revolution. Das um die Mitte des 13. Jh.s geschaffene **Tympanon** zeigt eine sehr lebendige Darstellung der Geschichte des hl. Thomas. Im obersten Register sieht man Christus mit zwei Engeln, darunter erscheint der auferstandene Christus dem ungläubigen Apostel. Es folgen Szenen aus Indien, wo Thomas missionierte.

Eintretende Besucher erwartet zunächst ein hoch proportioniertes Langhaus. Die Gewölbehöhe beträgt über 21 m bei einer Breite von nur 6,30 m. Der Höhenzug wird durch die ohne Unterbrechung aufsteigenden Dienste noch verstärkt. Der Chor orientiert sich an dem der Kathedrale von Auxerre. Hoch gestelzte Arkaden sitzen auf mächtigen runden Pfeilern auf. Darüber folgt das Triforium mit je zwei Dreipassbögen auf eleganten Säulen. Über den Kapitellen sind Köpfe unbekannter Bedeutung angebracht, die sich auch in anderen

SEMUR ERLEBEN

AUSKUNFT

Office de Tourisme
Place Gaveau
21140 Semur-en-Auxois
Tel. 03 80 97 05 96
Fax 03 80 97 08 85
www.ville-semur-en-auxois.fr

EVENTS

Frankreichs ältestes Pferderennen findet Ende Mai/Anfang Juli in Semur-en-Auxois statt.

BADEN

Lac de Pont
Der südlich der Stadt gelegene See bietet Bade- und Freizeitvergnügen.

ÜBERNACHTEN

► Luxus

① *Hostellerie de l'Aussois*
Route de Saulieu
Tel. 03 80 97 28 28
Fax 03 80 97 34 56
www.hostellerie.fr
Modernes Logis de France mit Pool

② *Hôtel des Cymaises*
7, Rue du Renaudot
Tel. 03 80 97 21 44
Fax 03 80 97 18 23
www.hotelcymaises.com
Das Hotel garni ist in einem Bürgerhaus mitten in der Altstadt untergebracht. Mit schönem Garten

► Günstig

③ *Les Gourmets*
4, Rue de Varennes
Tel. 03 80 97 09 41
Fax 03 80 917 95
Hübsches altes Haus, dass trotz seiner Lage mitten im Zentrum relativ ruhig ist.

gotischen Kirchen Burgunds finden. Als drittes Geschoss folgt der sehr hohe Lichtgaden. Die auf den Pfeilern um das Chorhaupt aufsetzenden Dienste vereinen sich hoch im Gewölbe in einem Schlussstein mit der Darstellung der Marienkrönung.
Die Kirche besitzt eine große Anzahl sehenswerter Ausstattungsstücke. Die interessantesten Kapellen befinden sich im (nördlichen) linken Seitenschiff. In der Lazarus-Kapelle mit einem Portal im Flamboyant-Stil steht eine um 1490 entstandene Grablegungsgruppe burgundischer Herkunft, die zu den bedeutendsten Werken dieser Art in Frankreich zählt. Die in schwere Gewänder gehüllten Figuren sind einander zugewandt, die Dramatik der Situation spiegelt sich weniger in ihren Gesichtern als in ihren Haltungen und Gebärden wider. Die nächsten Kapellen Richtung Chor sind mit Zunftfenstern aus der Mitte des 15. Jh.s versehen und zeigen das Arbeiten der Metzger und der Tuchmacher.

Städtisches Museum

Das Stadtmuseum ist im ehemaligen Dominikanerkloster untergebracht. Es zeigt geologische Sammlungen, Gemälde und Skulpturen. Die Bibliothek besitzt eine stattliche Anzahl mittelalterlicher Handschriften und früher Drucke (Rue Jean-Jacques-Collenot; Öffnungszeiten: April – Sept. tgl. außer Di. 14.00 – 18.00, sonst tgl. außer Di., Sa. und So. 14.00 – 18.00 Uhr; Führungen durch die Bibliothek nach Vereinbarung, Tel. 03 80 97 24 25).

Umgebung von Semur-en-Auxois

Epoisses

Rund 12 km westlich von Semur liegt das für seinen Weichkäse berühmte mittelalterliche Städtchen Epoisses (820 Einwohner). In der Ortsmitte steht, umgeben von einem kleinen Park, das Schloss. Im 12. Jh. erwarben die Herzöge von Burgund den Besitz, der seit merowingischer Zeit als königliche Residenz diente, im Tausch gegen Montbard. Das heutige Schloss geht größtenteils auf das 14. Jh. zurück, als die Burg zu einer unregelmäßig sechseckigen Anlage ausgebaut wurde, verstärkt durch sieben rechteckige Türme. Zwischen diesen befanden sich die eigentlichen Wohnflügel. Im 16. Jh. wurde die Anlage umgestaltet. Aus dieser Zeit stammen der brunnengeschmückte Ehrenhof sowie die Renaissancefassade des Schlosses.

Baedeker TIPP

Berühmter Stinker

Der Epoisses wurde Ende des 15. Jh.s angeblich von den Zisterziensern »erfunden«. Nach dem Zweiten Weltkrieg geriet er in Vergessenheit, bis der Vater des heutigen Käsereiinhabers 1954 mit Rezepten alter Bäuerinnen zu experimentieren begann. Heute produziert Berthaut jährlich 350 Tonnen Epoisses, und zwar auf die gleiche Herstellungsweise wie vor 200 Jahren (Frommagerie Berthaut, Place du Champ de Foire, www.fromagerie-berthaut.com).

Auf dem Gelände stehen außerdem ein **Taubenturm für rund 3000 Taubenpärchen** (16. Jh., innen eine kleine Dokumentation zur Geschichte von Epoisses), die Kirche St-Symphorien (12./13. Jh.) sowie ehemalige Wirtschaftsgebäude. (Außenbesichtigung immer möglich, Öffnungszeiten der im Stil des 17./18. Jh. eingerichteten Innenräume: Juli, Aug. tgl. außer Di. 10.00 – 12.00, 15.00 – 18.00 Uhr)

★★ Sens

F2

Départements: Yonne
Einwohnerzahl: 27 900
Höhe: 65 m ü. d. M.

Sens liegt am äußersten nördlichen Rand von Burgund, gehörte lange zur Champagne und ist auch heute in wirtschaftlicher Hinsicht eher zur Ile-de-France hin orientiert als nach Burgund.

Seit dem 8. Jh. kam den Erzbischöfen von Sens eine absolute Vorrangstellung im Land zu, die auch in architektonischer Hinsicht ihren Ausdruck fand. Sens' Kathedrale ist eines der eindrucksvollsten und originellesten Zeugnisse der frühen Gotik in Frankreich.

SENS ERLEBEN

AUSKUNFT

Office de Tourisme
Place Jean Jaurès
89100 Sens
Tel. 03 86 65 19 49
Fax 03 86 64 24 18
www.office-de-tourisme-sens.com

ESSEN

► Fein und teuer
Restaurant La Madeleine
1, Rue Alsace-Lorraine
Tel. 03 86 65 09 31
Mit Michelin-Sternen bedachte Küche von Patrick Gauthier

ÜBERNACHTEN

► Komfortabel
Hôtel de Paris et de la Poste
97, Rue de la République
Tel. 03 86 65 17 43
Fax 03 86 64 48 45
www.hotel-paris-poste.com
Traditionshaus, nettes Restaurant

► Günstig
Brennus
21, Rue des trois Croissants
Tel. 03 86 64 04 40, Fax 03 86 65 44 10
www.hotel-brennus-89.com
Zentral gelegenes Hotel Garni

Geschichte Bereits im 5. Jh. v. Chr. war die Gegend Hauptsitz der keltischen Senonen, die 390 v. Chr. in Italien einfielen (387/86 Eroberung Roms). Unter römischer Herrschaft entwickelte sich »Agedincum« zu einer wichtigen Provinzstadt. Der Verlauf der Ringstraße, die heute die Altstadt von Sens umgibt, entspricht in etwa dem Verlauf der gallo-römischen Stadtmauer. 395 bestimmten die Römer Sens zur Hauptstadt der Senonia, der IV. Lyonaiser Region. Im 4. Jh. wurde sie Sitz eines Bischofs, dem alsbald die Bistümer von Auxerre, Chartres, Orléans, Troyes, Paris, Meaux und Nevers unterstellt wurden. Seit dem 8. Jh. trugen die Erzbischöfe von Sens den Titel eines »Primas von Gallien und Germanien«. Zu ihren Aufgaben gehörten u. a. die Salbung der Könige und die Vermittlung zwischen König und dem Heiligen Stuhl. Lange Zeit waren die Bischöfe auch die weltlichen Herren der Stadt. Dem hl. Loup soll Sens seine Rettung vor den Truppen Attilas verdanken; Bischof Ebbon gelang es, 731 die Sarazenen abzuwehren. Bischof Evrard verteidigte die Stadt 886 gegen die Normannen. 1146 erhielt Sens vom König die Stadtrechte. Die mittelalterliche Blütezeit der Stadt endete mit dem Ausbruch des Hundertjährigen Krieges 1337. 1622 musste sie ihre religiöse Vorrangstellung an Paris abtreten.

★★ Cathédrale St-Etienne

In der Mitte der Altstadt erhebt sich die dem hl. Stephanus geweihte Kathedrale. Mit ihrem Bau wurde zur gleichen Zeit begonnen wie mit dem Chorneubau von St-Denis (unter Abt Suger) bei Paris, mit dem in der Kunstgeschichte der Beginn der Gotik angesetzt wird.

Baugeschichte

Unter Erzbischof Henri Sanglier wurde um 1140 an der Stelle dreier Vorgängerbauten mit der Errichtung von St-Etienne begonnen. Bereits 1164 nahm Papst Alexander III. die Weihe der Kirche vor, deren dreischiffiges Langhaus (ohne Querhaus) 1180 fertiggestellt war. Nach einem Stadtbrand 1184 sowie nach dem Einsturz des Südturms 1268 waren umfangreiche und langwierige Wiederherstellungsarbeiten nötig, die sich bis zum Ende des 14. Jh.s hinzogen. Bei dieser Gelegenheit wurden im Schiff und Chor die Obergadenfenster vergrößert und Kapellen am Langhaus eingerichtet. 1490 bis 1516 dauerte die nachträgliche Errichtung eines Querhauses nach den Plänen Martin de Chambiges. 1532 wurde schließlich der Südturm Tour de Pierre bis zu dem Arkadengeschoss aufgeführt und wenig später mit dem kleinen Türmchen bekrönt, das bereits die Renaissance ankündigt. Barocke Umgestaltungen des 18. Jh.s wurden im 19. Jh. teilweise wieder entfernt, erhalten blieben sie lediglich im Chorbereich (v. a. der Baldachinaltar des Pariser Architekten Servandoni von 1742 und das schmiedeeiserne Gitter von 1764). Während der Französischen Revolution wurde ein großer Teil der Kirchenausstattung und der Portalskulpturen sowie der Helm des Vierungsturmes zerstört.

Äußeres

Die im Westen gelegene Zweiturmfassade wird von vier mächtigen Strebepfeilern gegliedert. Mittlerer Teil und Südturm (78 m) wurden nach dem Turmeinsturz von 1268 verändert. Ihr ursprüngliches Aussehen ist am niemals vollendeten Nordturm (42 m) abzulesen. Obwohl der Skulpturenschmuck der drei Westportale während der Französischen Revolution schwer beschädigt wurde, geben die

St-Etienne *Orientierung*

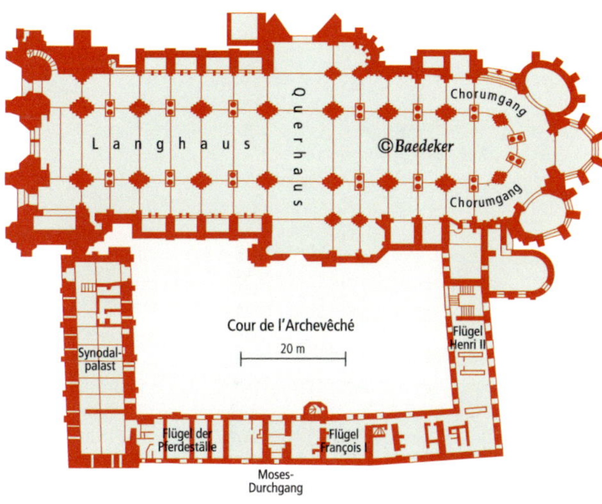

erhaltenen Teile ein wichtiges Zeugnis ab für die Entwicklung des gotischen Portals. Zum ersten Mal in der Geschichte des Figurenportals wurden in Sens nicht mehr gestufte, sondern schräg gestellte Gewände gebaut. Die Figuren erhalten dadurch mehr Raum und treten aus ihren Ecken heraus. Auch werden die Baldachine und Kapitelle im oberen Bereich des Gewändes, die bisher für jede Gestalt einzeln gearbeitet wurden, nun zu einem »Band« zusammengezogen, was zur Vereinheitlichung des Ganzen beiträgt.

? WUSSTEN SIE SCHON ...?

- ... dass Thomas Becket, Erzbischof von Canterbury, vor den Verfolgungen Heinrichs II. von England nach Burgund floh? Nach einem zweijährigen Aufenthalt im Zisterzienserkloster Pontigny lebte er von 1166 bis 1170 in der Bendiktinerabtei Ste-Colombe in Sens. Von dort aus kehrte er nach England zurück und wurde wenige Wochen später in der Kathedrale von Canterbury ermordet.

Den ältesten, noch der frühen Gotik zuzurechnenden Skulpturenschmuck besitzt das nördliche (linke) Seitenportal, das um 1185 entstanden ist. Wie am ganzen Westportal wurden auch hier die Gewändefiguren abgeschlagen. Sein gesamtes Bildprogramm ist Johannes dem Täufer gewidmet. Das Mittelportal entstand größtenteils um 1200, das Tympanon wurde gegen Ende des 13. Jh.s hochgotisch erneuert. Das Portal ist dem Kirchenpatron Stephanus vorbehalten, was bei vergleichbaren Fassaden selten der Fall ist. Zumeist findet sich an dieser zentralen Stelle ein Hinweis auf Christus und das Jüngste Gericht. In Sens wurde diese Thematik möglicherweise ursprünglich am Obergeschoss behandelt. Die Portalstatue des hl. Stephanus am Mittelpfeiler ist die einzige Gestalt auf Höhe der Gewände, die den Zerstörungen während der Revolution entging. Das südliche (rechte) Seitenportal, nach dem Einsturz des Turmes gegen Ende des 13. Jh.s erneuert, zeigt im Tympanon die Marienkrönung, im Türsturz Tod, Grablegung und Himmelfahrt Marias. Im Gewändesockel befinden sich Prophetenfiguren. Auf der Südfassade befindet sich das Moses-Portal (Ende 15. Jh.), die Nordfassade schmückt das spätgotische Abrahams-Portal (16. Jh.).

Inneres Der Innenraum von St-Etienne mutet auf den ersten Blick nicht ausgesprochen »gotisch« an: Ein im Verhältnis zu seiner Höhe relativ breites Mittelschiff wird von zwei niedrigen Seitenschiffen flankiert. Auf der Höhe des nachträglich hinzugefügten Querhauses befand sich ursprünglich nur eine kleine, nach Osten ausgerichtete Kapelle auf jeder Seite, wie sie nur im Norden erhalten blieb. Daran schließt sich der Umgangschor an, der anstelle der heutigen drei Kapellen zunächst nur eine Scheitelkapelle besaß. Der Wandaufriss ist dreigeschossig. Im Mittelschiff alternieren mächtige Pfeiler mit einem gekuppelten Säulenpaar. Die Kreuzrippengewölbe sind sechsteilig. Trotz dieser konservativ anmutenden Züge wurden in Sens auch Neuerungen eingeführt. Die Verminderung der Kapellenzahl, der dreiteilige Aufriss und das fehlende Querhaus führen zu einer Vereinheitlichung des ganzen Baues, wie er für die Gotik charakteristisch ist. Im Gegensatz zu Suger von St-Denis (► oben) strebte der Erzbischof von Sens möglicherweise einen bewusst »einfach« gehaltenen Bau an. Die Rundbögen in den Seitenschiffen müssen nicht unbedingt als romanisches Überbleibsel gewertet werden, sondern können auch als Möglichkeit begriffen werden, im Mittelschiff mit den Spitzbogen eine Steigerung zu erwirken. St-Etienne ist außerdem einer der ersten Sakralbauten mit der konsequenten Verwendung von Strebepfeilern und Strebebögen, die statisch gesehen erst den Wegfall des Emporengeschosses erlaubten.

Ausstattung

Trotz Revolutionszerstörungen verfügt die Kathedrale noch über einige bemerkenswerte Ausstattungsstücke. Hervorzuheben sind die Glasfenster: Die Scheiben des linken Chorumgangs (Ende 12./Anfang 13. Jh.) zeigen von Westen nach Osten die Geschichte des hl. Thomas Becket, des hl. Eustachius, des Verlorenen Sohnes und des Barmherzigen Samariters. In der Achsenkapelle sind Fenster vom Anfang des 13. Jh.s zu sehen. Die rechts angrenzende Kapelle schmücken Glasmalereien von Jean Cousin (16. Jh., Spross der bedeutendsten Künstlerfamilie von Sens; im zweiten Joch des rechten Seitenschiffes Fenster von seinem Vater). In den Kapellen des rechten Chorumgangs befinden sich Fragmente von Buntglasscheiben des 14. Jahrhunderts. Im Mittelschiff fand das Kenotaph für die Eltern des Erzbischofs Tristan de Salazar von 1515 Aufstellung. In einer linken Umgangskapelle verdient ein Steinrelief (12. Jh.) mit der Darstellung Thomas Beckets Interesse.

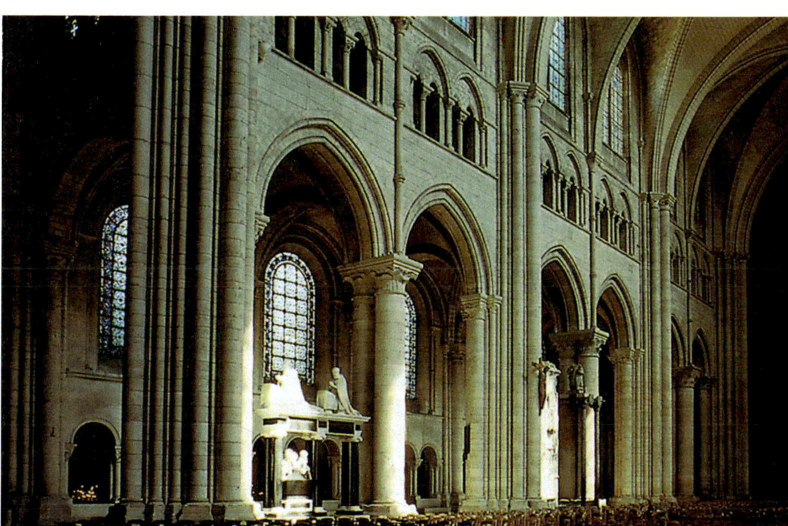

St-Etienne markiert den Übergang von der Spätromanik zur frühen Gotik.

Ancien Archevêché et Palais Synodal

Museum

An die Südseite der Kathedrale schließt sich der ehemalige Palast des Erzbischofs an. Seit seiner umfangreichen Renovierung beherbergt er alle Museumssammlungen von Sens.

Ältester Teil der ein halbes Rechteck bildenden Anlage ist der im Westen gelegene Synodalpalast. Er wurde 1230 – 1240 unter dem Erzbischof Gautier Cornut errichtet und diente sowohl der bischöflichen Gerichtsbarkeit als auch der Abhaltung von Synoden. Im 19. Jh. wurde er von Viollet-le-Duc restauriert.

Im Erdgeschoss befand sich einst das Gefängnis. Hier sind Graffiti ehemaliger Insassen (aus dem 14. Jh.) zu sehen. Prunkstück des Gebäudes ist das kreuzrippengewölbte Obergeschoss. Die Gewölbe liegen auf Pfeilern auf, die durch einen Laufgang von der im Westen und Süden fast völlig durchfensterten Wand getrennt sind. Der Synodalpalast wurde 1760 um den Flügel der Pferdeställe verlängert. Die sogenannte Moses-Passage trennt ihn vom Flügel François I, der 1520 bis 1530 unter dem Erzbischof Etienne Poncher errichtet wurde. Dieser zweigeschossige Bau lebt vom Kontrast zwischen den roten Ziegeln und dem hellen Haustein, der für Fenster und die gliedernden Elemente der Architektur verwendet wurde. Den östlichen Anschluss bildet der um 1550 unter Kardinal Louis de Bourbon ausgeführte Flügel Henri II. Dieser Trakt besaß unten ursprünglich eine offene Galerie, die jedoch schon früh der Einrichtung zusätzlicher Räume weichen musste.

> **! *Baedeker* TIPP**
>
> **Erholung im Grünen...**
>
> ... bietet der Parc du Moulin à Tan am südlichen Stadtrand von Sens mit Arboretum, Rosengarten, Tiergehegen und Gewächshaus (Eintritt ist frei, Öffnungszeiten: Park 8.00 bis Sonnenuntergang, Gewächshaus 14.30 – 17.30 Uhr).

Den Museumseingang erreicht man durch den Synodalpalast. Die Sammlungen sind chronologisch geordnet. Das Erdgeschoss des Flügels Franz I. ist der Vor- und Frühgeschichte gewidmet. Im Flügel Heinrich II. folgt die gallo-römische Epoche. Hier sind u. a. die Überreste der Thermenfassade von Agendicum/Sens aus dem 2. Jh. n. Chr. ausgestellt. Unter den übrigen Exponaten heben sich die Reste zweier Monumentalwerke aus dem 18. Jh. hervor. Zu Ehren des Kronprinzen Ludwig und seiner Frau Marie-Josephine von Sachsen wurde 1777 am Südende der heutigen Rue de la République die Porte Dauphine (Tor der Kronprinzessin; Entwurf von Charles Guillaumot) errichtet und 1883 wieder abgebaut.

★ Kirchenschatz ►

Die Gemäldesammlung umfasst Bestände vom 16. bis zum 20. Jahrhundert. Das Museum beherbergt auch den Kirchenschatz von St-Etienne, einen der umfangreichsten des Landes (Öffnungszeiten: tgl außer Di. Juli, Aug. tgl. 10.00 – 18.00, Juni, Sept. 10.00 bis 12.00, 14.00 – 18.00, Okt. bis Mai Mi., Sa. und So. 10.00 – 12.00, 14.00 – 18.00, Mo., Do., Fr. 14.00 – 18.00 Uhr).

Die gedeckte Markthalle (Marché couvert) gegenüber der Kathedrale stammt aus der 2. Hälfte des 19. Jh.s. Der Rest der im 19. Jh. niedergelegten Stadtmauer befindet sich nahe der Rue de la République am Boulevard du 14 Juillet. Die Unterbauten gehen ins 4. Jh. zurück, die oberen Teile sind mittelalterlich. Als **das schönste Wohnhaus von Sens** gilt die Maison d'Abraham an der Ecke Rue de la République/ Rue Jean-Cousin mit einer Wurzel-Jesse-Darstellung am Eckpfeiler (16. Jh.), es folgt die Maison du Pilier (16. Jh.). Das Kirchenschiff von St-Pierre-le-Rond (in einer Parallelstraße zur Rue Jean-Cousin) stammt aus dem 13. Jh. (wegen Restaurierung geschlossen).

Weitere Sehenswürdigkeiten

★ Tonnerre

K 4

Départements: Yonne
Einwohnerzahl: 6200
Höhe: 144 m ü. d. M.

In Tonnerre, einst einer wichtigen Handelsstadt im Norden Burgunds, steht eines der ältesten Hospize Frankreichs und Vorbild für das Hospital von Beaune.

Die Keimzelle des Ortes liegt auf dem Hügel oberhalb des heutigen Zentrums, wo bis ins 15. Jh. die Burg stand. Vom frühen Mittelalter bis zur Revolution war Tonnerre Hauptstadt der gleichnamigen Grafschaft. Während der Religionskriege fiel fast die gesamte Altstadt 1556 einem Brand zum Opfer.

★ Hôpital Notre-Dame des Fontenilles

Das Hospital von Tonnerre war eines der ersten Spitäler Frankreichs und Vorbild u. a. für das Hôtel-Dieu in ►Beaune (Avenue de l'Hôpital, geöffnet: April bis Sept. tgl. 9.30 – 12.00, 13.30 – 18.00, So., Fei. 10.00 – 12.30, 14.00 – 18.00, Okt. bis März Mi., So., Fei. geschl. und nur bis 17.30 Uhr).

! Baedeker TIPP

Fosse Dionne

Das prächtigste Waschhaus Burgunds ist in Tonnere unterhalb von St-Pierre zu finden. 1758 wurde die schon den Kelten heilige Karstquelle (rund 100 l/Sek.) architektonisch gefasst, die sumpfige Umgebung trockengelegt und das Gebäude errichtet. Auf dem Grund des Quelltopfs ist die Felsgalerie zu erkennen, die in das Kalkmassiv hinabführt.

TONNERRE ERLEBEN

AUSKUNFT

Office de Tourisme
Cellier Hôtel-Dieu
Place Marguerite de Bourgogne
89700 Tonnerre
Tel. 03 86 55 14 48
Fax 03 86 54 41 82
www.tonnerre.fr

ÜBERNACHTEN / ESSEN

► Komfortabel
L'Auberge de Bourgogne
Route de Dijon
Tel. 03 86 54 41 41, Fax 03 86 54 48 28
www.aubergedebourgogne.com
Neubau etwa 2 km außerhalb Tonnerres an der D 905 in Richtung Dijon gelegen

Geschichte Margarete von Burgund, Gräfin von Tonnerre, Herzogin von Anjou, Königin von Neapel und Sizilien, Königin von Jerusalem, beschloss 1293, nach dem Tod ihres Mannes Karl von Anjou, sich in ihre Hauptstadt zurückzuziehen und ein Hospital zu stiften. Bereits 1295 konnte ein päpstlicher Legat die Weihe vornehmen. Das Hospiz übernahm nicht nur die Pflege von Kranken und Armen, sondern bot auch Pilgern und Obdachlosen Unterkunft. 1308 wurde Margarete im Chor der Krankensaal-Kapelle begraben.

Von der Gründerin materiell reich ausgestattet, sanken die Einkünfte des Hospitals während des Hundertjährigen Krieges, doch blieb das Gebäude selbst von allen Zerstörungen, unter denen Tonnerre zu leiden hatte, verschont. Ab Mitte des 17. Jh.s ließ Graf François de Clermont entlang der Rue de l'Hôpital neue Bauten errichten, dafür wurde u. a. die ehemalige Vorhalle des Hospizes abgerissen. Der große Krankensaal selber diente von da an als Pfarrkirche. Während der Revolution wurde das Grab Margaretes zerstört und der Raum für verschiedene Zwecke genutzt. Der Krankensaal und die Kapelle blieben weitgehend erhalten. Heute finden hier kulturelle Veranstaltungen statt. Seit der Mitte des 19. Jh.s entstand im ehemaligen Garten des Hospitals ein großer Krankenhaus-Komplex, das Centre Hospitalier de Tonnerre.

Inneres Kern der Anlage ist der ohne die zerstörte Vorhalle heute noch 91 m lange, 18,20 m breite und bis zum Dachfirst 27,30 m hohe Krankensaal. An einer Schmalseite befindet sich eine fünfseitige Kapelle, die durch drei spitzbogige Arkaden optisch vom Krankensaal getrennt und von Seitenkapellen flankiert wird. Wie in dem später entstandenen Hospital von Beaune waren die Betten entlang der beiden Längswände aufgestellt. Als **architektonische Glanzleistung** gilt die hölzerne Rundtonne, die, aus kleinen Brettern zusammengesetzt, den gesamten Saal überspannt. Der Fußboden ist mit vielen Grabplatten ausgelegt, allein zwischen 1650 und 1798 sind über 1000 Bestattungen vermerkt. Saal und Kapelle sind heute Aufbewahrungsort bedeutender Kunstwerke. Stellvertretend sei die »Grablegung Christi« mit lebensgroßen Figuren genannt, die 1454 im Auftrag eines Kaufmanns aus Tonnerre von den Brüdern Michel und Georges de la Sonnette, Schülern von Claus Sluter, gearbeitet wurde.

Musée Marguerite de Bourgogne

In einem im 17. Jh. errichteten Anbau des Hospitals befindet sich ein sehenswertes Museum. Mit Originaldokumenten, Kunstwerken und einem Film wird hier die Geschichte des Hospitals von seiner Gründung bis zum Beginn des 20. Jh.s lebendig (Öffnungszeiten ► Hôpital Notre-Dame des Fontenilles S. 313).

Weitere Sehenswürdigkeiten

Unweit des Hospitals steht in der Rue des Fontenilles (Nr. 9, heutige Caisse d'Epargne) das Hôtel d'Uzès, eine beeindruckende Dreiflügelanlage aus dem 16. Jahrhundert.

Auf dem Hügel, der die Stadt überragt und auf dem sich einst die ersten Bewohner niedergelassen hatten, thront die ehemalige Kollegiatskirche St-Pierre. Sie wurde nach dem Stadtbrand unter Einbeziehung eines romanischen Portals an der Westfront sowie eines gotischen Chores (1300) neu erbaut.

Mit der Entstehung des neuen Stadtteils am Fuß des Hügels benötigte die Bevölkerung auch eine neue Pfarrkirche. Die Kirche, deren älteste Teile ins 13. Jh. zurückgehen, wurde im Lauf ihrer Geschichte mehrfach beschädigt, sodass der heute bestehende Bau nur wenig homogen und größtenteils erneuert ist. Zu den wenigen erhaltenen Partien gehören die Fassade und der 1628 gebaute Turm, die nach dem Stadtbrand errichtet wurden.

Grablegungsgruppe der Brüder de la Sonette: Nikodemus und Joseph von Arimathäa begraben Jesus; in der Mitte Maria und Maria Magdalena.

Umgebung von Tonnerre

✶✶ **Château Tanlay**

Das von alten Wassergräben umgebene Schloss Tanlay steht in einem Park, rund 10 km östlich von Tonnerre (Führungen: April bis 15. Nov. tgl. außer Di. 9.30 – 11.30, 14.15 – 17.15 Uhr; Tel. 03 86 / 75 70 61, E-Mail: tanlay@chateaux-france.com).

Das an der Grenze zwischen Burgund und der Champagne gelegene Tanlay war eine seit dem 13. Jh. befestigte Grundherrschaft und Burg. Louise de Montmorency erwarb den Besitz 1535 und vererbte ihn ihrem ältesten Sohn François d'Andelot. Er kämpfte während der Religionskriege mit seinen Brüdern auf Seiten der Protestanten, sein Onkel A. de Montmorency unterstützte dagegen den katholischen Herzog von Guise. Gegen 1555 ließ Andelot das heutige Gebäude errichten. Damals entstand der rechte Flügel des Hauptgebäudes mit seinen beiden Ecktürmen. Das sog. Kleine Schloss folgte 1558 bis 1610. Das Corps de Logis entstand unter dem neuen Besitzer Michel Particelli d'Hémery 1643 – 1648 nach Plänen des Architekten Le Muet.

Ein Höhepunkt der Feudalarchitektur in Burgund: Château Tanley

Das **Kleine Schloss** (Petit Château) wurde vermutlich von römischen Monumentaltoren beeinflusst. Der Durchgang war einst mit einer Zugbrücke versehen. Das Sockelgeschoss aus rustiziertem Quadermauerwerk erinnert an Florentiner Stadtpaläste. Das elegante Obergeschoss wurde erst 1610 ausgeführt. Durch das Tor gelangt man in den »Grünen Hof«, über eine Brücke und einen weiteren imposanten Vorbau zum Hauptschloss.

Das 1648 fertiggestellte **Große Schloss**, Grand Château oder Corps de logis genannt, wird von zwei Flügelbauten mit im Erdgeschoss offenen Arkaden umgeben. Mächtige runde Türme fassen die Flügel des Schlosses auf allen vier Seiten ein. Besonders eindrucksvoll ist die elf Fensterachsen lange Gartenfront, die zu den schönsten Fassaden des 17. Jh.s im ganzen Land gehört. Aufwendig ist auch die Dachkonstruktion mit den Lukarnen.

Inneres ► Da Tanlay von Revolutionszerstörungen verschont blieb, ist das Innere des Schlosses vergleichsweise gut erhalten. Die Besichtigung beginnt im Vestibül der Cäsaren, einer über Säulen gewölbten Halle, die nach acht Marmorbüsten römischer Kaiser benannt ist. Das Hauptinteresse gilt der Tour de Ligue. Im Kuppelsaal des Turmes befindet sich ein Deckengemälde (vor 1569), das dem Zeitgeschmack entsprechend das Tagesgeschehen in antikem Rahmen abhandelt. Die führenden Beteiligten an den Religionskriegen sind als Götter und Göttinnen des Olymp dargestellt. Der doppelköpfige Janus ist der französische König: Mit einem freundlichen Gesicht schaut er Richtung Katholiken (u. a. Diane de Poitiers, die Geliebte Heinrichs II., als Venus, Königin Katharina de Medici als Juno und der Herzog von Guise als Mars), mit einem böse blickenden zu den Protestanten (Admiral Coligny als Neptun und Schlossherr Andelot als Herkules). Stilistisch ist das Gemälde u. a. wegen der stark gelängten Proportionen der Figuren der sich an Primaticcio orientierenden Schule von Fontainebleau zuzurechnen.

Château de Maulnes

Einen ganz anderen Reiz besitzt Schloss Maulnes bei Cruzy-le-Chatel: Das fünfeckige Gebäude thront auf einem Hügel mit Blick auf den Forêt de Gland. Auftraggeber waren Antoine de Crussol, Herzog von Uzès, und seine Frau Louise de Clermont, Gräfin von Tonnerre. Baubeginn war 1566. Der überaus raffinierten und luxuriösen Anlage lagen Pläne von Philibert de l'Orme zugrunde, der auch am Louvre baute. Die Restraurierung von Maulnes ist noch in vollem Gange (Öffnungszeiten: April bis Nov. Sa., So., Fei. 14.30 – 17.30, Juli, Aug. tgl., www.maulnes.com; zum Schloss führt ein steiler Weg hinauf, man kann sich auch von einem kleinen Elektroauto abholen lassen).

★★ Tournus

Q 12

Départements: Saône-et-Loire **Einwohnerzahl:** 6700
Höhe: 193 m ü. d. M.

In der kleinen Stadt in der Mitte zwischen Chalon-sur-Saône und Mâcon steht eine der interessantesten und kühnsten romanischen Kirchen Frankreichs. Sowohl für die Architektur als auch die Skulptur waren die Baumeister von St-Philibert wegweisend.

Geschichte

Tournus geht auf eine Siedlung der gallischen Häduer zurück, die von den Römern ausgebaut und befestigt wurde. Keimzelle der später so berühmten Abtei von Tournus war das Grab des hl. Valerian, der 177 hier das Martyrium erlitten hatte und an dessen Grab bereits unter den Merowingern ein Kloster bestand. 875 unterstellte Karl der Kahle Kloster und Siedlung Mönchen aus Noirmoûtier (einer Insel an der Loire-Mündung), die durch ihre Flucht vor den Normannen heimatlos geworden waren. Letztlich verdrängte der Begründer dieser zugewanderten Klostergemeinschaft, Philibert (Gründer der Abtei von Jumièges), den hl. Valerian als Titelheiligen der Abtei. Ende des 9. Jh.s wurden sowohl die Kirche als auch das Castrum erneuert, jedoch hielt dem Ungarneinfall des Jahres 937

TOURNUS ERLEBEN

AUSKUNFT

Office de Tourisme
2, Place de l'Abbaye, 71700 Tournus
Tel. 03 85 27 00 20
www.tournugeois.fr

ESSEN / ÜBERNACHTEN

► Fein und teuer

Hôtel de Greuze
5 – 6, Place de l' Abbaye
Tel. 03 85 51 77 77, Fax 03 85 51 77 23
www.hotelgreuze.com
Stilvolles, renoviertes Haus gleich bei der Abtei. Geschmackvolle Zimmer und ein Spitzenrestaurant.

► Erschwinglich

Le Sauvage
15, Place du Champ-deMars
Tel. 03 85 51 14 45, Fax 03 85 32 10 27
www.hotel-le-sauvage.fr
Sehr gepflegtes Haus mit ebensolcher Küche, günstig gelegen

► Preiswert

De la Paix
9, Rue Jean Jaurès
Tel. 03 85 51 01 85, Fax 03 85 51 02 30
www.hotel-de-la-paix.fr
Familiengeführtes schlichtes Hotel im Stadtzentrum

nur die Burg stand; das Kloster wurde zerstört, und die Mönche wanderten in die Auvergne aus. Als sie vom Papst nach Tournus zurückbeordert wurden, begann die Blütezeit der mit eigenen Münz- und Fischereirechten ausgestatteten Abtei, der im 10., 11. und 12. Jh. zahlreiche Stiftungen gemacht wurden und der es immer gelang, ihre Unabhängigkeit gegen das nahe gelegene ►Cluny zu verteidigen. Im 15. Jh. wurde die Abtei Kommende, 1627 säkularisiert und in ein Kanonikerstift umgewandelt. Da die Kirche schon vor der Revolution Pfarrkirche war, entging sie dem Schicksal anderer Klosterkirchen, die als Staatseigentum meist an Spekulanten verkauft wurden.

✶✶ St-Philibert

Baugeschichte Zur Kirche gelangt man durch die Rue Albert Thibaudet, die zwei Rundtürme aus dem 11. Jh. flankieren. Sie gehörten einst zur Klostermauer (zwei weitere Türme rechter Hand, Rue des Tonneliers).

Die ehemalige Abteikirche besteht aus einer aufwendigen zweigeschossigen Vorhalle im Westen, einem dreischiffigen Langhaus mit ausladendem Querschiff sowie einem Umgangschor mit Kapellen. Um 950 entstand an der Stelle der 937 zerstörten Kirche ein Neubau, der bis auf die Krypta bei einem Stadtbrand 1007 oder 1008 zerstört wurde. Im weiteren Verlauf wurde zunächst eine im Westen gelegene Vorkirche erbaut, die auch als Teil des Schiffes geplant gewesen sein könnte. Im 11. Jh. errichtete man das Langhaus, das nach 1066 eingewölbt wurde. 1120 waren Chor und Vierung fertiggestellt, weshalb die Mönche Papst Calixt II. aus Cluny zur Weihe herbeiriefen. Als letzte romanische Bauteile folgten der nördliche Fassadenturm und der Vierungsturm (12. Jh.). Drei Seitenkapellen wurden im 14. Jh. errichtet, ansonsten blieb der Bau trotz Hugenottensturm (1562), der frühen Säkularisation des Klosters 1627 sowie der Französischen Revolution beinahe unverändert erhalten (geöffnet: tgl. 8.30 – 18.00, Mai bis Sept. bis 19.00 Uhr, www.chateau-de-pommard.com).

Äußeres

St-Philibert empfängt die Besucher mit seiner steil aufragenden, hochrechteckigen Fassade. Das Gesamtkonzept bildet eine wichtige Vorstufe zur später weiterentwickelten Zweiturmfassade, auch wenn die beiden niedrigen Türme die Front noch wenig auflockern (man hat sich den Nordturm ursprünglich wie den Südturm vorzustellen). Als Baumaterial dienten kleine, grob behauene Kalksteine und größere weiße Blöcke, die wohl von einem römischen Bauwerk stammten. Flache Mauerstreifen und Rundbogenfriese (lombardische Bögen) gliedern die Wandfläche; die hellen Quader, denen an dieser Stelle eine stabilisierende Funktion zukommt, markieren die Geschossteilung. Durch das Fehlen von Fenstern, an ihrer Stelle finden sich schmale Schießscharten, wirkt die Vorkirche wehrhaft. Im Gegensatz zur Fassade, die ganz in der Fläche bleibt, finden sich am Nordturm aus dem 12. Jh. plastische Elemente. Im Obergeschoss stehen Säulenfiguren (angeblich die hll. Valerian und Philibert), die zu den ältesten Skulpturen dieser Art gehören (►Wärmeraum, S. 321).

Inneres

Das dreischiffige und drei Joche lange Erdgeschoss des Narthex erscheint niedrig und düster. Massige Rundpfeiler trennen die einzelnen Joche voneinander, die im Mittelschiff kreuzgrat-, in den Seiten-

St-Philibert überragt die Dächer von Tournus.

St-Philibert Orientierung

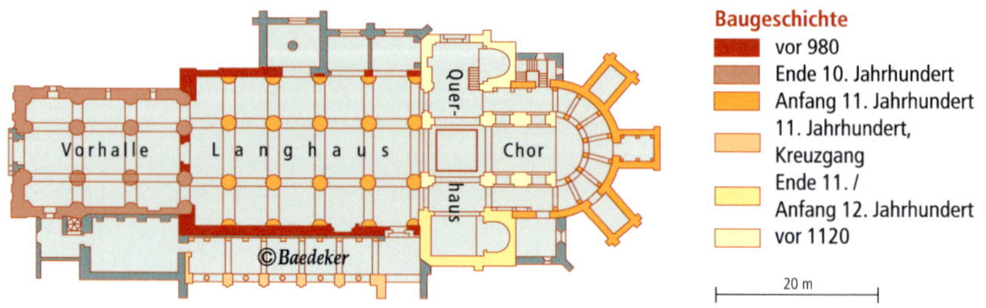

schiffen quertonnengewölbt sind. Diese Wölbformen gewährleisten für die entstehenden Schub- und Druckkräfte optimale Stabilität. Die Kapelle im Obergeschoss ist wie üblich dem hl. Michael geweiht, zu ihr führt eine Wendeltreppe hinauf.

Zur Kirche hin war die Michaelskapelle einst offen. Heute verstellt eine Orgel die breite, zum Mittelschiff führende Bogenstellung, den sogenannten Gerlanus-Bogen. Sein Skulpturenschmuck gehört zusammen mit den Kapitellen der Krypta von St-Bénigne (► Dijon) zu den ältesten Beispielen romanischer Bauplastik in ganz Frankreich. Auf einem der Reliefs ist die Darstellung eines stehenden Mannes mit einem Beil zu sehen, die nicht endgültig geklärte Inschrift daneben nennt einen »Abate Gerlanus«. Beides wird mit dem Baumeister der Vorhalle in Verbindung gebracht. Zwar wirken die Motive noch mehr in den Stein gekerbt als aus dem Stein herausgearbeitet und die Darstellungen eher unbeholfen, doch wurde in Tournus ein bedeutender Schritt zu einer organischen Verbindung von Architektur und Skulptur getan. Der Gerlanus-Bogen von St-Philibert gilt als wichtigste Vorstufe des später hoch entwickelten und weit verbreiteten romanischen Säulenportals.

Langhaus Das dreischiffige, fünfjochige Langhaus (Gesamtlänge 76 m) wirkt höher, als es in Wirklichkeit ist (18 m). Dies liegt u. a. an den schlanken und hohen Rundstützen, welche mehr als die Hälfte der gesamten Höhe des Mittelschiffs bestreiten, sowie an der weitgehenden optischen Aufhebung der Obergadenwand. Ursprünglich war das Mittelschiff wohl mit einer flachen Holzdecke oder einem offenen Dachstuhl gedeckt. Das später eingezogene Gewölbe in Form von Quertonnen war eine optimale statische und interessante ästhetische Lösung für das Problem der Einwölbung dieses Raumes, auch wenn diese Methode so gut wie keine Nachfolge gefunden hat (außer in Mont St-Vincent ► Le Creusot). Die sich in der Längsrichtung gegenseitig stützenden Tonnen leiten den Druck ihres Gewichtes über die Schwibbögen (Rundbögen, die wie kleine Brücken die Hochwände des Langhauses miteinander verbinden) auf die Pfeiler ab. Eine weitere Absicherung bieten die kreuzgratgewölbten Seitenschiffe. Im Gegensatz zu einer Einwölbung mit einer Längstonne, die statisch wahrscheinlich gar nicht durchführbar gewesen wäre, boten die Quertonnen darüber hinaus die Möglichkeit, die entlastete Obergadenwand mit Fenstern zu durchbrechen, was einen sehr hellen Innenraum ermöglichte.

Ostteile

Obwohl später entstanden, fehlt der Ostpartie von St-Philibert nicht nur die konstruktive Kühnheit des Langhauses, sondern auch dessen Großzügigkeit und Weiträumigkeit. An die Stelle der im Westen noch teilweise diffus belassenen Raumstruktur sind jedoch eine straffe Gliederung und plastische Durchbildung des Baukörpers getreten. An das Langhaus schließen sich ein ausladendes Querhaus mit Apsiden im Osten an, eine ausgeschiedene Vierung und ein Chor mit Umgang und rechteckigen Kapellen. Im Grundriss waren die im 12. Jh. errichteten Bauteile an ihre Vorgänger aus dem 10. Jh. gebunden.

Krypta

Zur Krypta gelangt man über den nördlichen (linken) Querhausarm. Sie dürfte noch aus dem 10. Jh. oder frühen 11. Jh. stammen und besteht aus einem dreischiffigen, zwei Joche tiefen zentralen Raum, der von einem Umgang mit drei rechteckigen Kapellen umgeben ist (in der südlichen Umgangskapelle romanische Freskenreste). Diese Anordnung wurde zuerst an der nicht mehr bestehenden Martinskirche in Tours entwickelt. St-Philibert gilt als das älteste erhaltene Beispiel für einen Umgangschor.

Ausstattung

Besonders hingewiesen sei auf die Madonna mit Kind im südlichen (rechten) Seitenschiff. Die Plastik aus Zedernholz stammt aus der zweiten Hälfte des 12. Jh.s und zeigt auvergnatische Einflüsse.

Klostergebäude

Von den Mönchsbauten blieben nur kleine Teile erhalten. Die bestehenden bzw. renovierten Gebäude beherbergen ein Studienzentrum für romanische Kunst, die Stadtbibliothek von Tournus und Geschäfte. Das ehemalige Refektorium (**Wärmeraum**; 13. Jh.) dient heute als Durchgang zum Kreuzgang. Hier fanden die am Nordturm der Fassade durch Kopien ersetzten Säulenfiguren und Kapitelle Aufstellung. Vom Kreuzgang blieb nur die nördliche Galerie aus dem 11. Jh. erhalten. Der an das Querhaus angrenzende Kapitelsaal entstand um 1250.

Weitere Sehenswürdigkeiten in Tournus

Musée Perrin-de-Puycousin

Das nach seinem Gründer benannte Volkskundemuseum (Place de l'Abbaye 8, nördlich von St-Philibert) dokumentiert Alltagsleben und Brauchtum im Mâconnais und der Bresse (zur Zeit geschlossen).

Hôtel-Dieu
Musée Greuze

Das im 18. Jh. erbaute ehemalige Hospital von Tournus mit Krankensälen und einer Apotheke mit Fayencen aus Nevers beherbergt das Musée Greuze, das dem 1725 in Tournus geborenen Maler Jean-Baptiste Greuze gewidmet ist. Außer seinen Werken umfassen die Sammlungen archäologische Funde (Bronzezeit, gallo-römische Objekte), mittelalterliche Skulpturen und Architekturfragmente sowie Kunstwerke von einheimischen Künstlern des 19. Jahrhunderts (Öffnungszeiten: April bis Okt. tgl. außer Di. 10.00 – 13.00 und 14.00 – 18.00 Uhr).

Alte Wohnhäuser In der Rue du Dr. Privey, der Rue de la République und der Rue du Midi stehen einige sehenswerte alte Wohnhäuser. Das 1774 bis 1778 erbaute Rathaus (Hôtel de Ville) entwarf der aus Chalon-sur-Saône stammende Architekt Gauthey. Die der hl. Magdalena geweihte Kirche in der Rue du Midi wurde im 12. Jh. auf dem Gelände des römischen Castrum errichtet und später mehrfach verändert. Erhalten sind das romanische Portal und der Vierungsturm.

Umgebung von Tournus

Farges-lès-Mâcon Der Einfluss von St-Philibert ist unübersehbar: Den Außenbau der Kirche St-Barthélemy in dem 9 km südlich gelegenen 200-Seelen-Dorf Farges-lès-Mâcon dominiert der Vierungsturm. Die Kirche wurde im 11. Jh. erbaut, das Westportal geht wahrscheinlich auf das frühe 12. Jh. zurück. Zwar blieb das Tympanon leer, doch setzen die drei umgebenden Archivolten auf einer Säule und einem Pilaster mit skulptierten Kapitellen auf. Die Bildhauerarbeit wirkt archaisch, wie eingekerbt, und beschränkt sich auf geometrische und vegetabile Motive.

Uchizy Das Dorf 11 km südlich von Tournus unterstand seit 878 der dortigen Abtei. Auch hier überragt ein viergeschossiger Vierungsturm (das letzte Geschoss wurde im 16. Jh. ergänzt) den Außenbau der dem hl. Petrus geweihten Kirche vom Ende des 11. Jahrhunderts.

★★ Vézelay

17

Départements: Yonne
Höhe: 302 m ü. d. M.
Einwohnerzahl: 500

Wie früher die Pilger strömen heute die Touristen auf den Hügel über der Cure zur Magdalenenkirche von Vézelay. Das riesige romanische Gotteshaus mit seinem berühmten Pfingstportal und einem der umfangreichsten Kapitellzyklen überhaupt zählt zu den Weltkulturdenkmälern der UNESCO.

Der lichtdurchflutete gotische Chor von St-Marie-Madeleine hat einen Umgang mit Kapellenkranz.

★★ Basilique Ste-Marie-Madeleine

Geschichte

Im Jahr 860 gründete Girart de Roussillon, Regent des burgundisch-provencalischen Königreiches, zusammen mit seiner Gemahlin Bertha im heutigen St-Père-sous-Vézelay ein Benediktinerinnen-Kloster, das kurz darauf von den Normannen zerstört wurde. Rasch wurde die Wiederherstellung des Klosters veranlasst, diesmal jedoch auf dem geschützteren Hügel von Vézelay und für Mönche. Bereits der Gründer hatte das den Aposteln Petrus und Paulus sowie Maria geweihte Kloster direkt dem Papst unterstellt. 878 konnte die neue Kirche geweiht werden. Um die Mitte des 11. Jh.s wurde Vézelay dem Kloster Cluny unterstellt. Überregionale Bedeutung erlangte es mit der **Verbreitung der »Legenda Aurea«**. Diese berichtet, dass Maria Magdalena nach ihrer Vertreibung aus Palästina mit einem Boot in Stes-Maries-de-la-Mer gelandet sei. Auf göttliches Geheiß verbrachte sie dreißig Jahre als Büßerin in einer Grotte (Ste-Baume) bei St-Maximin-la-Ste-Baume an der Côte-d'Azur. Ende des 9. Jh.s sollen ihre Gebeine im Auftrag des Klostergründers nach Vézelay gebracht worden sein. Einer der Gründe für die enorme Beliebtheit der Heiligen mag darin liegen, dass Maria Magdalena als Sünderin, der verziehen worden war, ein vorgelebtes und ideales Beispiel der ebenfalls nach Vergebung strebenden Pilgerbewegung war.

Baugeschichte Die karolingische Kirche wurde bald zu klein, folglich veranlasste Abt Artaud einen groß angelegten Neubau, der von Ost nach West aufgeführt wurde. Bereits 1104 konnten Chor und Vierung geweiht werden. Nach einer Brandkatastrophe am Vorabend eines großen Pilgertreffens vom 22. Juli 1120, bei dem über 1000 Pilger ums Leben kamen, begann Abt Renaud von Semur, Großneffe des Abtes Hugo von Cluny, mit dem Neubau der Kirche. Mit diesem wurde im Westen begonnen, um ihn im Osten an den noch unter Artaud erfolgten Bau anzuschließen. 1140 war das Langhaus fertiggestellt, der Narthex wurde in den folgenden zehn Jahren angefügt. Nach einem weiteren Brand wurde um 1185 an das romanische Kirchenschiff ein neuer gotischer Chor angebaut. Mitte des 13. Jh.s erhielt die Westfassade ein großes Lanzettfenster.

Im 12. Jh. erlebte Vézelay seine **Blütezeit**: Das Kloster gewann seine Unabhängigkeit von Cluny zurück; Bernhard von Clairvaux rief 1146 in Anwesenheit König Ludwigs VII. und dessen Frau Eleonore von Aquitanien zum Zweiten Kreuzzug auf; 1190 vereinigten Philippe Auguste und Richard Löwenherz hier ihre Truppen für den Dritten Kreuzzug. Auch Ludwig IX. der Heilige begab sich vor seinen Kreuzfahrten zur Madeleine. Während seines Konfliktes mit Heinrich II. von England fand Thomas Becket, Erzbischof von Canterbury, Zuflucht im Kloster von Vézelay. 1217 wurde hier die erste französische Niederlassung des Franziskanerordens gegründet. Dann jedoch setzte der Niedergang ein. Im Ste-Baume-Massiv wurden 1270 die angeblich echten Reliquien der hl. Magdalena gefunden. Im **Streit um die Echtheit der Reliquien** entschied Papst Bonifatius VIII. unter Druck des Hauses Anjou gegen die burgundischen Benediktiner. Vézelay verlor seine Bedeutung so rasch wieder, wie es sie erlangt hatte. 1537 wurde das Kloster säkularisiert und in ein Kanonikerstift umgewandelt, die Kirche Ste-Madeleine zur Pfarrkirche erklärt. Während der Französischen Revolution wurden »nur« die Skulpturen der Westfassade des Narthex abgeschlagen. Allerdings verfiel die Kirche in den folgenden Jahren.

Ihre Rettung im 19. Jh. geht auf die Initiative von Prosper Mérimée zurück, der 1834 Inspektor der historischen Bauwerke Frankreichs wurde. Die Restaurierung begann 1840 unter Leitung von Viollet-le-Duc (eine seiner ersten Arbeiten dieser Art). Seit 1876 ist Vézelay wieder Ziel von Wallfahrten.

Westfassade Auf dem Hügel angekommen, blickt man zunächst auf die Westfassade des Narthex der Madeleine. Von der geplanten Zweiturmfassade kam nur der Südturm zur Ausführung. Gegen 1250 wurde der Mittelteil der Fassade in gotischen Formen umgestaltet. Das zweite Geschoss erhielt zur Mitte hin ansteigende Lanzettfenster, um das Innere der Vorhalle besser auszuleuchten. Ein hoher, mit großen Figuren besetzter Spitzbogengiebel überragt die Fenstergruppe. Das Figurenprogramm ist hauptsächlich auf Magdalena zugeschnitten, die hier gleichrangig mit Maria als Fürbitterin neben

VÉZELAY ERLEBEN

AUSKUNFT

Office de Tourisme
12, Rue Saint-Etienne
89450 Vézelay
Tel. 03 86 33 23 69
Fax 03 86 33 34 00
www.vezelaytourisme.com

ESSEN

► Fein und teuer

L' Esperance
St-Père-sous-Vézelay
Route de Vézelay
Tel. 03 86 33 39 10
Marc Meneau ist einer der großen französischen Küchenchefs, das Ambiente ist entsprechend.

► Preiswert

Auberge de la Coquille
81 rue St-Pierre
Tel. 03 86 33 35 57
Rustikales Restaurant mit Crêperie zu günstigen Preisen. Man isst im Gewölbekeller an langen Holztischen. (Im Winter nur am Wochenende geöffnet.)

ÜBERNACHTEN

► Komfortabel

Hôtel de la Poste et du Lion d'Or
Place du Champ de Foire
Tel. 03 86 33 21 23
Fax 03 86 32 30 92
www.laposte-liondor.com
Traditionshotel mitten im Ort, große Terrasse, auf der auch serviert wird

Crispol
Fontette, St-Père-sous-Vézelay
Tel. 03 86 33 26 25
Fax 03 86 33 33 10
www.crispol.com
An der kleinen Straße von St-Père-sous-Vézelay Richtung Avallon hübsch auf dem Berg gelegen, schöne Sicht, gepflegte Anlage

► Günstig

Centre Ste-Madeleine
Rue St-Pierre
Tel. 03 86 33 22 14
centre.saintemadeleine@orange.fr
Das günstige Gästehaus wird von Franziskaner-Schwestern geführt und bietet zehn einfache Zimmer sowie einen Gemeinschaftsschlafsaal innerhalb der mittelalterlichen Gemäuer.

Hôtel-Restaurant des Grottes
5, Route Nationale 6
Arcy-sur-Cure
Tel. 03 86 81 91 47
Fax 03 86 81 96 84
www.hotel-des-grottes.com
Schlichtes Hotel an der Nationalstraße

Christus auftritt. Das heutige Tympanon des Mittelportals mit einer Darstellung des Jüngsten Gerichts stammt aus dem 19. Jh. von Viollet-le-Duc.

Narthex

Der Narthex wurde an das vollendete Langhaus angebaut. Über den Seitenschiffen und dem östlichen Mitteljoch befinden sich die Emporen. Eine Kapelle über dem Mittelportal ist dem hl. Michael geweiht.

Vorhalle Die Vorhalle, die in älteren Dokumenten auch als Galiläa (Ort des Durchgangs) bezeichnet wird, diente als Ausgangspunkt von Prozessionen, bot während des Gottesdienstes Platz für Taufanwärter und Büßer sowie eine Schlafgelegenheit für Pilger. Der Narthex von Vézelay ist der letzte geschlossene seiner Art. Er wurde nun von offenen Vorhallen wie in St-Père-sous-Vézelay abgelöst.

✶✶ Portalskulptur Von der Vorhalle führen drei skulptierte Eingangsportale in das Kircheninnere. Ihre wohl zwischen 1125 und 1130 entstandene Portalplastik gehört zu den größten bildhauerischen Leistungen der Romanik.

Das Tympanon des Hauptportals zeigt im Zentrum Christus, von dessen Händen Strahlen zu den Köpfen der ihn umgebenden Apostel ausgehen. Gemeint sind die Ausgießung des Heiligen Geistes und der Missionsauftrag an die Apostel. In diesem Zusammenhang ist die Abbildung der Völker der Erde (u. a. **Pygmäen, die mit Leitern auf Pferde steigen**) in den Kästchen rund um das Bogenfeld und im Türsturz zu verstehen. Eine kosmologische Dimension erhält das Ganze durch die Tierkreiszeichen und Monatsarbeiten, die die innere Archivolte schmücken – der allumfassende Anspruch der Kirche lässt sich kaum deutlicher formulieren. Am Mittelpfeiler befindet sich die Figur Johannes des Täufers mit dem Opferlamm. Er wird von Aposteln flankiert, die auch am Gewände dargestellt sind.

Selten ist das Thema des romanischen Tympanons am Hauptportal: Es schildert die Aussendung der Apostel an Pfingsten. Dargestellt sind auch die Völker der Erde.

Das südliche (rechte) Seitenportal ist der Kindheitsgeschichte Christi gewidmet und zeigt im unteren Register Verkündigung, Heimsuchung, Verkündigung an die Hirten und Geburt Christi, darüber die Anbetung der Könige. Das nördliche (linke) Seitenportal zeigt die Taten Christi nach seiner Auferstehung.
Die Kunstgeschichte hat in Vézelay mindestens **neun verschiedene Bildhauer** ausgemacht, deren Figuren sich bereits stärker vom Reliefgrund gelöst haben als noch in ►Autun. Stilistisch weisen die beiden seitlichen Tympana mit ihrem im Vergleich zum Hauptportal weniger bewegten Stil deutlich nach ►Cluny.

Langhaus

Beim Eintritt ins Langhaus überrascht dessen Länge. Der dreischiffige Innenraum ist bis zur Vierung 62 m, insgesamt 103 m lang. Klar sind die einzelnen zehn Joche voneinander abgesetzt, was durch die farbigen Gurtbögen aus gelbem und braunem Stein im Gewölbe – ein Enfluss aus dem Maurischen – noch unterstrichen wird. Der Wandaufriss ist zweigeschossig, seine Architektur weist damit nicht nach Cluny. Sie steht eher in der alten burgundischen Bautradition (► Anzy-le-Duc). Kreuzförmige Pfeiler mit halbrunden Vorlagen tragen über rundbogigen Arkaden die Hochwände. Die Dienste werden von einem mit Rosetten besetzten Gesims, das eine horizontale Gliederung bildet, unterbrochen. Kreuzgratgewölbe decken alle drei Schiffe. Diese in der burgundischen Romanik nicht allzu gebräuchliche Wölbform hat im Vergleich zur Tonne statische Vorteile. In Vézelay ermöglichte sie die großen Obergadenfenster und damit ein helleres Langhaus als in anderen Kirchen (►Autun).

✶✶ Kapitelle

Stolz der Magdalenenkirche sind ihre zumeist figürlichen Kapitelle, der zusammen mit denen der Vorkirche größte romanische Zyklus in Frankreich. Vergeblich suchte man bisher nach einem übergreifenden Programm, als dessen Autor Petrus Venerabilis, Prior von Vézelay und später Abt von Cluny, vermutet wird.
An der architektonisch bedeutsamen Stelle des Übergangs von Tragen und Lasten boten die Kapitelle Gelegenheit zur Beschäftigung mit den unterschiedlichsten Themen. Es finden sich viele alttestamentliche und einige neutestamentliche Motive, Heiligengeschichten, Darstellungen der antiken Mythologie, des Kampfes zwischen Tugend und Laster usw. In künstlerischer Hinsicht erreichen allerdings nur ganz wenige Kapitelle die Qualität derjenigen von ►Autun oder ►Saulieu oder auch die der Portalskulptur von Vézelay. Einige Kapitelle wurden im 19. Jh. überarbeitet oder ganz ausgewechselt.

Chor

Der frühgotische Chor erhebt sich über einer dreischiffigen Krypta und schließt mit dem Querhaus im Westen an das ältere Langhaus an. Sein Wandaufriss ist dreigeschossig mit Arkaden-, Triforiums- und Obergadenzone. Einige Unregelmäßigkeiten im Grundriss lassen die Schwierigkeiten ahnen, mit der die beiden Raumteile (evtl. unter Einbeziehung älterer Partien) verbunden wurden.

Von Bernhard von Clairvaux ging einen große Faszination aus. Er war die treibende Kraft hinter dem ersten Kreuzzug, der jedoch zum Debakel geriet.

KREUZRITTER UND PILGER

In Vézelay sammelten sich im 12. und 13. Jh. die Kreuzfahrerheere, um von hier aus ins Heilige Land aufzubrechen, außerdem war es Station für Pilger auf dem Jakobsweg nach Santiago de Compostela.

Auf schnaubenden Rossen trafen sie zu nächtlicher Stunde von weit her auf dem Ewigkeitshügel, der »colline éternelle« ein, die jungen französischen Ritter mit stolz geschwellter Brust in kiloschweren Kettenhemden mit Kurzschwert, Lanze und Schild. Zehntausende hatten sich in der Osternacht des Jahres 1146 in Vézelay versammelt, um am zweiten **Kreuzzug nach Jerusalem** teilzunehmen. Aufgerufen hatte Bernhard von Clairvaux, der mächtige Zisterzienserabt und charismatische Redner, der fürchtete, dass die heiligen christlichen Stätten wieder in die Hände der Araber fallen könnten. Für viele nachgeborene Adelssprösslinge, die keine Aussicht auf ein väterliches Erbe hatten, aber auch nichts anderes als »Rittersein« gelernt hatten, bot sich die Möglichkeit, unter dem Deckmantel christlicher Ideale Reichtümer zu sammeln oder ein kleines Herrschaftsgebiet im Orient als Belohnung zu bekommen.Längst sind die aufpeitschenden Worte des hl. Bernhard und das Echo der Kreuzritter »Gott will es« verklungen, aber das prächtige figurenreiche Mittelportal in der Vorhalle der ehemaligen Abteikirche Ste-Madeleine in Vézelay kündet noch immer vom Aussendungsgedanken der christlichen Lehre mit dem überlebensgroßen Christus, der seine Apostel, allerdings in friedlicher Absicht, zu den verschiedenen Völkern der Erde schickt. Nachdem 1187 Sultan Saladin Jerusalem zurückerobert hatte, folgte 1190 der Aufruf zum Dritten Kreuzzug, der ebenfalls von Vézelay aus startete, wo der französische König Philipp II. Augustus und der englische Herrscher Richard Löwenherz ihre Truppen vereinigten. Wie dem zweiten war auch dem dritten Kreuzzug ebensowenig Erfolg beschieden wie dem sechsten und siebten Kreuzzug unter König Ludwig IX. dem Heiligen, der 1248 und 1270 von Vézelay aus mit seiner Heerschar ins Heilige Land aufgebrochen war.

Pilgerziel Ste-Madeleine

Für die einfachen Pilger war die Ankunft auf dem »ewigen Hügel« nach anstrengenden Wandertagen ein Höhepunkt, denn wer »traurig hierher kommt, zieht glücklich und getröstet weiter«, heißt es in einer

Auch heute noch ist Vezelay ein Pilgerziel.

Chronik. In Vézelay konnten sich die Pilger, die man am Wanderstab, der Pelerine als Wetterschutz, am breitkrempigen Hut und an der Muschel als Trinkschale erkannte, von den Strapazen ihrer Reise erholen, bei den sterblichen Überresten der heiligen Maria Magdalena neue Kraft schöpfen und das wunderbare Gotteshaus bestaunen. Und von hier aus, einem von vier Sammelpunkten, zogen sie dann in Großgruppen weiter, die mehr Sicherheit boten auf dem nicht ungefährlichen Weg durch Südfrankreich und über die Pyrenäen zum Jakobsgrab.

Längst hatte sich auch die Kirchenbaukunst den Erfordernissen des **Pilgerwesens** angepasst. Um an möglichst vielen Altären Messen lesen zu können und den Gebetswunsch von Tausenden von Pilgern zu befriedigen, wurde in den romanischen Kirchen Burgunds früh der Chorumgang mit voneinander getrennten Radialkapellen angelegt (in Deutschland wurde der Umgangschor erst mit der Gotik zur Regel). Je mehr Altäre eine Kirche hatte, um so höher waren die Einnahmen. Gestiftete, d.h. bezahlte Messen für Lebende und Verstorbene waren am einträglichsten neben den üblichen persönlichen Opfergaben, den Gebühren für Taufe, Eheschließung und Begräbnis bis hin zu Stiftungen von liturgischem Gerät und sonstigen Kunstschätzen. Dass die prächtige Magdalenenkirche etwas im Widerspruch zu jener reuigen Sünderin stand, der viel verziehen wurde, weil sie viel geliebt hatte und in jahrzehntelanger Buße verharrte, kam den meisten wohl nicht in den Sinn. Die **heilige Maria Magdalena** hatte ihren besonderen heilsgeschichtlichen Rang als erste Zeugin der Auferstehung Christi. Zudem hielt sie die Erinnerung ans Heilige Land wach, denn sie wurde der Legende nach mit anderen Christen in einem Boot ausgesetzt, das von der Küste Palästinas ins Rhone-Delta getrieben wurde, wo Magdalena in Abgeschiedenheit und Buße bis zu ihrem Tod lebte. Nach Ausgrabung ihrer Gebeine gelangten diese im 9. Jh. nach Burgund in die Obhut der Benediktinermönche von Vézelay, die die Heil bringenden Reliquien gewinnträchtig für das aufkommende Pilgerwesen nutzten. Im Namen der Heiligen erhielt die Abtei Spenden, Stiftungen, Grundsteuern, Abgaben von Geldwechslern, von Herbergsvätern, von Kerzenmachern und Devotionalienhändlern. Nach der großen Blüte im 12. Jh. verebbte der Pilgerstrom ab 1270, nachdem in der Südprovence die »echten« Magdalenengebeine ans Licht gekommen waren, und durch politischen Druck vom Papst bestätigt wurden.

Basilique Ste-Madeleine Orientierung

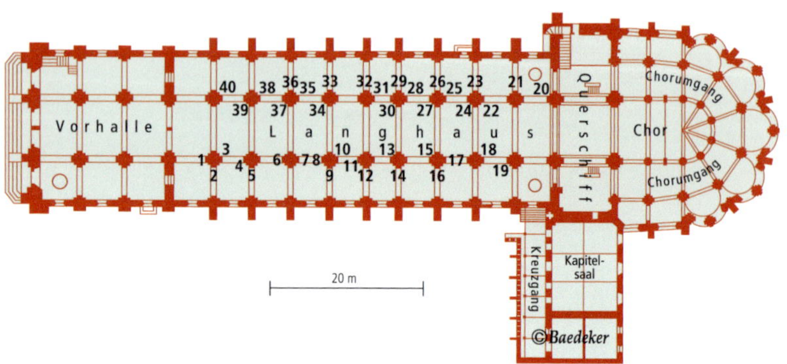

Figürliche Kapitelle im Langhaus
(nach F. Salet)

1 Kämpfende Fabelwesen
2 Entführung des Ganymed
3 Musizierende Tiere (Original im Museum)
4 Kampfszene
5 Ira und Luxuria
6 Jagd des hl. Eustachius
7 Tierkreiszeichen Waage und Zwillinge
8 Hl. Paulus und Moses an der Mühle
9 Tod des Reichen und des armen Lazarus
10 Lamech tötet Kain
11 Die vier Winde
12 David erlegt einen Löwen
13 Hl. Martin lässt einen von Heiden verehrten Baum fällen
14 Daniel in der Löwengrube
15 Jakob ringt mit dem Engel
16 Isaak segnet Jakob
17 Die Versuchung des hl. Benedikt
18 Daniel in der Löwengrube (wiederverwendet)
19 Löwen über Menschenköpfen (wiederverwendet)
20 Engel befreit Petrus aus dem Kerker
21 Der Sündenfall (wiederverwendet)
22 Teufel plagen den hl. Antonius
23 ?
24 Pickende Vögel
25 David lässt den Amalekiter töten
26 Die hl. Eugenia gibt sich zu erkennen
27 Begräbnis des hl. Paulus Eremita (Fragmente im Museum)
28 Der Würgeengel tötet den Sohn Pharaos
29 Moses und das goldene Kalb
30 Ein Dämon überfällt einen anderen
31 Zwei Elefanten
32 Joab tötet Absalom
33 David besiegt Goliath
34 Moses tötet den Ägypter
35 Sommer und Winter
36 Zwei Löwen und ein Vogel
37 Sirene (Kapitellfragment im Museum)
38 Triumph der Tugenden Laritas und Veritas über die ihnen feindlichen Laster
39 Weisheit und Leichtsinn (?)
40 ?

Krypta Vom südlichen (rechten) Querschiff gelangt man in die Krypta der karolingischen Kirche, die jedoch mehrfach entscheidend verändert wurde, mit einem modernen Schrein. Einst stand hier das Grab der Heiligen Magdalena, heute sind es nur noch deren Reliquien.

Kreuzgang, Kapitelsaal An das südliche Querhaus schließt sich der ehemalige Kapitelsaal aus dem letzten Viertel des 12. Jh.s an, vor den Viollet-le-Duc aus statischen Gründen den Kreuzgangsflügel gesetzt hat. Darüber liegt das Dormitorium (Schlafsaal), mit dem Kapitelsaal der einzige erhaltene Rest der während der Revolution zerstörten Klostergebäude. Hier ist heute ein kleines Museum untergebracht, das Originalskulpturen aus der Kirche zeigt (Öffnungszeiten: Juli und Aug. tgl. sonst Sa., So. und Fei. 14.00 – 18.00 Uhr).

Weitere Sehenswürdigkeiten

Von der hinter dem Chor gelegenen Terrasse du Château genießt man einen schönen Blick in das Tal der Cure. Lohnend ist auch ein Spaziergang durch das kleine Städtchen, welches sein altes Ortsbild erhalten hat, u. a. eine noch rund 2 km lange Stadtmauer (Remparts) aus dem 12. Jahrhundert.Das Wohnhaus des Schriftstellers Romain Rolland (1866 – 1944) beherbergt das **Musée Zervos** mit Kunst des 20. Jh.s (Öffnungszeiten: 15. März – 15. Nov. tgl. außer Di. 10.00 bis 18.00 Uhr, im Juli, Aug. kein Ruhetag, www.musee-zervos.com).

Umgebung von Vézelay

Saint-Père-sous-Vézelay

St-Père-sous-Vézelay (350 Einw.), unterhalb des lang gestreckten Wallfahrtshügels von Vézelay gelegen, ist Gründungsort der Abtei von Vézelay, und seine Kirche Notre-Dame ein **Meisterwerk der burgundischen Gotik**.

✶ ◄ Notre-Dame

Mit ihrem Bau wurde 1240 begonnen. Zunächst entstand das Langhaus mit dem hohen Giebel und dem dreigeschossigen, 50 m hohen und schön dekorierten Glockenturm (der zweite Turm der geplanten Doppelturmfassade kam nicht mehr zur Ausführung). Zwischen 1270 und 1290 wurde der Narthex hinzugefügt (im 19. Jh. durch Viollet-le-Duc restauriert) und Anfang des 14. Jh.s der Chor. Die Vorhalle mit ihrem begehbaren Dach ist dreischiffig, zwei Joche tief, und im Verhältnis zur Kirche wirkt sie sehr weit. Das mittlere der drei spitzbogigen Säulenportale zeigt interessanten Figurenschmuck. Im Bogenfeld ist auf sehr originelle Weise eine Darstellung des Jüngsten Gerichts platziert. Auf der Rückseite eines Portalpfeilers befindet sich ein Relief mit den Stiftern des Klosters in St-Père, Girart de Roussillon und seine Gemahlin Bertha. Über dem Narthex erhebt sich der hohe Figurengiebel, der dem Vorbild der Kirche Ste-Madeleine in Vézelay folgt. Er zeigt in der Mitte Christus, der von zwei Engeln gekrönt wird, flankiert von Maria, Magdalena, Aposteln und Evangelisten. Der Innenraum ist gegliedert in ein dreischiffiges Langhaus und die im 14. Jh. erweiterte Choranlage, bestehend aus einem Umgang und fünf Kapellen. Die erste Kapelle auf jeder Seite ist über rechteckigem Grundriss errichtet, was den Eindruck eines Querhauses erweckt. Das kreuzrippengewölbte Langhaus zeigt noch Reste von Stützenwechsel und hat, wie der Chor, einen zweigeschossigen Aufriss. Die Laufgänge vor den Fenstern des Obergadens, die Kopfkonsolen und die konsequente zweischalige Gestaltung der Wand gelten als typische Merkmale der burgundischen Gotik.

Musée Archéologique Régional

Das Archäologische Museum im ehemaligen Pfarrhaus aus dem 17. Jh., rechts der Kirche, zeigt vorgeschichtliche Funde aus der Region, gallo-römische, merowingische und mittelalterliche Objekte (Öffnungszeiten: April bis Nov. tgl. 10.00 – 12.30, 13.30 – 18.30 Uhr).

Fontaines-Salées

Der Ort, 2 km südlich, verfügt über chlor- und sodahaltige Mineralquellen, die seit vorgeschichtlicher Zeit genutzt wurden. Grabungen brachten keltische und gallo-römische Fundamente sowie eine Nekropole der Urnenfelderkultur (ca. 900/800 v. Chr.) ans Tageslicht. Zur Sicherung des staatlichen Salzmonopols wurde im 15. Jh. die Zuschüttung der salzhaltigen Quellen verfügt, doch soll noch im 18. Jh. schwunghafter Schwarzhandel betrieben worden sein (Öffnungszeiten: oben ►Archäologisches Museum).

✶ Pierre-Perthuis

Das malerische kleine Dorf, 4 km südlich oberhalb der Cure gelegen, besitzt zwei Brücken. Die ältere wurde um 1770 gebaut, 1874 fügte man die zweite, 33 m hohe Brücke hinzu. Von einer aus dem 12. Jh. stammenden Burg blieben nur geringfügige Reste erhalten. 3 km nördlich von Pierre-Perthuis befindet sich der »durchbrochene Stein« (Petrapertusa), auf den die Ortsbezeichnung zurückgeht (beschilderte Zufahrt auf der D 353 in Richtung Précy-le-Moult).

Bazoches

Der kleine, 13 km südlich von Vézelay gelegene Ort wurde durch den Marschall von Vauban bekannt (► Berühmte Persönlichkeiten), der 1675 das Schloss kaufte, dessen Existenz sich bis ins 12. Jh. zurückverfolgen lässt. Vauban ließ Schloss und Wirtschaftsgebäude modernisieren. Die Zugbrücke wurde durch eine feste Brücke ersetzt, das Portal mit großen Quadern eingefasst. Obwohl die Fenster nachträglich vergrößert wurden, wirkt der Bau noch heute sehr wehrhaft (Schloss geöffnet: Juli, Aug. 9.30 – 18.00, Mitte März bis Juni und Sept. 9.30 – 12.00, 14.15 bis 18.00, Okt. bis 11.11. bis 17.00 Uhr, www.chateau-bazoches.com). In der kleinen Dorfkirche der Ortschaft ist Vauban bestattet; sein Herz wurde 1808 in den Invalidendom nach Paris überführt.

! Baedeker TIPP

Mehr als ein schöner Spaziergang

Der schattige Waldweg von den Grotten d'Arcy entlang am Ufer der Cure ist nicht nur ein schöner Spazierweg, er ist auch historisch interessant. Die Felsüberhänge und Grotten wurden seit der Altsteinzeit genutzt; ein in der Nähe gelegener Steinbruch lieferte in merowingischer Zeit vor allem Steine für Sarkophage.

✶ Cure-Tal

Die 112 km lange Cure, Nebenfluss der Yonne, gehört in ihrem Abschnitt zwischen Vézelay und Auxerre zu den landschaftlichen Höhepunkten in Niederburgund. Hier schlängelt sie sich durch schattige Wälder und an hübschen Dörfern vorbei. Zwischen St-Moré und Arcy-sur-Cure hat sie in Jahrmillionen einen Doppelmäander in das Kalkmassiv gegraben, dabei entstanden auch zahlreiche Höhlen und Galerien. Heute überragen hier die Hänge das Tal um rund 100 m.

✶ Grottes d'Arcy

Rund 2 km südlich der Ortschaft befinden sich die Höhlen von Arcy, ein 5 bis 6 km langes Netz von unterirdischen Sälen und Gängen mit schönen Stalaktit- und Stalagmitgebilden und einem unterirdischen See. Hier und in den anderen Höhlen entlang des Ufers der Cure wurden Funde gemacht, die eine Besiedlung des Ortes von der Mittleren Altsteinzeit (vor etwa 100 000 Jahren) bis ins frühe

Das Cure-Tal zwischen Vézelay und Auxerre gehört zu den landschaftlichen Höhepunkten in Niederburgund.

Mittelalter belegen. Das Höhlensystem ist mit Führung zu besichtigen, die Grande Grotte mit Felsbildern ist nur auf Anfrage zugänglich (Öffnungszeiten: Juli und Aug. 10.00 – 17.30, April bis Juni und Sept. bis 11. Nov. 10.00 – 12.00, 14.00 – 17.00 Uhr, Tel. 03 86 81 90 63, www.grottes-arcy.net).

Arcy-sur-Cure, Le Chastenay

Am südlichen Ortsende von Arcy-sur-Cure steht Schloss Chastenay. Der interessanteste Teil der sich in Privatbesitz befindenden Anlage stammt aus dem 14. Jh., der linke Flügel aus dem 18. Jahrhundert. Etwas flussaufwärts liegt Arcy, ein hübscher Ort mit engen Gassen und alten Häusern an beiden Ufern der Cure (Besichtigung mit Führung: Juli / Aug. tgl. um 10.30, 12.30, 14.30, 18.00 Uhr, im Mai und Juni nur Sa. und So.).

GLOSSAR

Apsis (griech. = Bogenrundung) Altarnische(n) am äußersten Ende des Chores oder der Seitenschiffe über ursprünglich halbrundem, später auch polygonalem oder rechteckigem Grundriss.
Architrav Waagerechter Steinbalken über Säulen, Pfeilern oder Pilastern.
Archivolte Ausgebildete Stirnseite eines Bogens; auch der Bogenlauf über einem romanischen oder gotischen Portal.
Arkade (lat. = Bogen) Auf Säulen oder Pfeilern ruhender Bogen; auch die Bezeichnung für einen Bogengang.
Atrium Innen gelegener Hof, meist von Säulen umschlossen. Auch die Bezeichnung des Vorhofes christlicher Basiliken.
Baldachin Ursprünglich ein kostbarer Stoff, dann der daraus gefertigte Prunkhimmel über einem Thron oder Bischofsstuhl. In Stein oder aus Holz umgesetzt als Auszeichnung über einem Altar, einem Grabmal, über Figuren an gotischen Strebepfeilern oder Kirchenportalen.
Basilika (griech. = Königshalle) Für den christlichen Kirchenbau aus der Antike übernommene Hallenform (abgeleitet von römischen Markt- oder Gerichtsstätten) mit mindestens drei nebeneinander angeordneten Schiffen, die sich in Höhe und Breite unterscheiden, wobei das Mittelschiff über die Seitenschiffe aufsteigt und im Licht- oder Obergaden durchfenstert ist; senkrecht zu Langhaus und Chor kann zwischen beiden das schiffähnliche Querhaus liegen; wo Langhaus und Querhaus sich kreuzen, entsteht die Vierung.
Basis Der ausladende, meist profilierte Fuß einer Säule oder eines Pfeilers, um den Druck der Stütze auf eine größere Grundfläche zu verteilen.
Beffroi Frei stehender oder mit dem Rathaus verbundener Glockenturm, sonst gleichbedeutend mit Bergfried (Hauptturm der mittelalterlichen Burg).
Beletage Das architektonisch hervorgehobene Hauptgeschoss eines Profangebäudes.
Bifore Zweibogiges Fenster (Trifore = dreibogiges Fenster usw.)
Biforium Doppelte Arkade; meist werden zwei kleine Bögen von einem großen Bogen überfangen.
Bosse Der sichtbare Teil eines Quaders im Wand- oder Mauergefüge.
Bündelpfeiler In der gotischen Baukunst ein Kernpfeiler mit ringsherum gruppierten kleinen und großen Dreiviertelsäulen; in der Hochgotik wird diese Gruppierung so verdichtet, dass der Kernpfeiler unsichtbar wird.
Castrum Befestigter Platz; Standlager römischer Truppen.
Chor (griech. = Tanzplatz) In der Sakralarchitektur ehemals Raum für den Chorgesang der Kleriker, seit dem 15. Jh. allgemeine Bezeichnung für den Altarraum.
Chorumgang Um den Chor herumgeführter, ein- oder mehrschiffiger Raumteil.
Confessio Das unter dem Hochaltar einer Kirche angelegte Grab eines Märtyrers, des Kirchengründers oder des Titelheiligen; die Vorform der mittelalterlichen Krypta.
Corps de logis Hauptgebäude eines Schlosses, oft mit reicherer Fassadenzier als die Seitenflügel oder Pavillons.

Cour d'honneur Der von drei Flügeln eines Schlosses gebildete Ehrenhof.

Dienste Lange, dünne Viertel- bis Dreiviertelsäulchen. Häufig in Bündeln, die die Gewölberippen und die Quer- und Längsgurte stützen.

Donjon (lat. dominare = beherrschen) Bewohnbarer Hauptturm der mittelalterlichen Burg in Frankreich.

Empore In der kirchlichen Baukunst ein tribühnenartiger Einbau, der zum Kirchenraum geöffnet ist.

Fiale Gotische Zierform (schlankes Türmchen) als Bekrönung des Strebepfeilers (►Strebewerk).

Flamboyant Stilbegriff für die französische Spätgotik; abgeleitet von dem flammenförmigen Maßwerk.

Fresko Malerei auf noch feuchtem Wand- oder Deckenplatz, die mit dem Putz trocknet und anbindet.

Fries Meist waagerechter Streifen mit ornamentalen oder figürlichen Darstellungen für Schmuck, Gliederung oder Abschluss einer Wand.

Gaden, Fenstergaden, Obergaden Obergeschoss einer architektonischen Wandgliederung, v. a. der überhöhte und durchfensterte Teil des Mittelschiffes in einer Basilika.

Galiläa Narthex, Vorhalle einer Basilika, wo sich die Heiden (sogenannte Galiläer) aufhalten durften.

Gesims Architekturelemente in Streifenform, das waagerecht aus einer Mauer vorspringt und der Horizontalgliederung der Architektur dient.

Gewände Schräge Schnittfläche eines Fensters oder Portals in der Mauer (rechtwinkliger Einschnitt: Laibung).

Gewölbe Gerundete Raumüberdeckung, die aus einzelnen, keilförmig zwischen feste Widerlage verspannten Steinen besteht. Grundlegende Form ist das Tonnengewölbe (Querschnitt entspricht teils einem Halbkreis, teils einem Spitzbogen). Das Kreuzgratgewölbe entsteht durch Addition von vier Kappen, die von diagonalen Durchdringungsbögen (Grate) getrennt werden. In der Gotik treten an die Stelle der Grate profilierte Rippen (= Kreuzrippengewölbe).

Grisaille In grauen Farben ausgeführte Malerei (Graumalerei).

Gurtbogen Quer zur Längsachse eines Gewölbes laufender Verstärkungsbogen, der auch die Unterteilung in Joche verstärkt.

Hallenkirche Eine mehr-, meist dreischiffige Kirche, deren Gewölbekämpfer in gleicher Höhe liegen. Meist mit einheitlichem Satteldach, bisweilen ein solches über jedem Schiff. Das Mittelschiff empfängt sein Licht indirekt von den Fenstern der Seitenschiffe (nicht wie bei der Basilika direkt durch einen eigenen Fenstergaden).

Joch Am antiken Tempel der Säulenabstand von Mittelachse zu Mittelachse; im Sakralbau Gewölbeeinheit innerhalb einer Folge solcher Einheiten (franz.: travée).

Kämpfer Vorspringende Platte auf Pfeilern oder Säulen, auf der Gewölbe oder Bögen aufliegen.

Kannelure Die senkrechte Kehle in Säulen oder Pilastern.

Kapitell Pfeiler- oder Säulenkopf, Zwischenglied zwischen Stütze und Last, häufig reich ornamentiert.

Kapitelsaal Profaner Raum eines Klosters, in der Regel an der Ostseite des Kreuzgangs gelegen, in dem Besprechungen und Lesungen (Kapitel) sowie außerliturgische Feste abgehalten wurden.
Kappe Das durch Grate (►Gewölbe) oder Rippen ausgesonderte Teilstücke eines Gewölbes.
Kassette Vertieftes, oft verziertes Feld in einer Decke oder Bogenlaibung.
Kathedrale Von der Kathedra (= Sitz oder Thron des Bischofs) abgeleitete Bezeichnung der Bischofskirche.
Kenotaph (griech. = leeres Grab) Grabdenkmal für einen Toten, der jedoch an einer anderen Stelle beigesetzt wurde.
Kommende Bezeichnung einer kirchlichen Pfründe, deren Inhaber nur das Einkommen bezieht, ohne das Kirchenamt zu verwalten.
Konsole Ein aus der Mauer hervorragender Stein zum Tragen von Bögen, Gesimsen, Figuren, Architraven etc.
Krypta Unterkirche, aus der Confessio entstanden. Im 10. Jh. entwickelt sich die Hallenkrypta unter dem Chor, dessen Bogen durch die Krypta über das Niveau der Schiffe emporgehoben wird. Die Begründung ist im Reliquienkult des frühen und hohen Mittelalters zu suchen.
Laibungsbogen Innerer Abschlussbogen über einer Fenster- oder Portalnische.
Lanzettfenster Von schmalen hohen Spitzbögen eingefasstes Fenster.
Lettner Die anstelle der Chorschranken zwischen dem Chor und dem Mittelschiff eingezogene Trennwand.
Lisene Senkrechter flacher Mauerstreifen ohne Basis und Kapitell zur Gliederung einer Mauerfläche.
Loggia Gewölbte Bogenhalle oder -gang.
Lombardische Bänder Baudekor, bestehend aus rhythmisch gesetzten Lisenen, die mittels Blendbögen miteinander verbunden sind und somit der Mauer ein Relief verleihen.
Lukarne Dachfenster mit geschosshohem Ausbau an der Hausflucht.
Mandorla (ital. = Mandel) Heiligenschein, der in Form einer Mandel die ganze Figur umschließt.
Maßwerk Das geometrisch gemessene Bauornament der Gotik.
Narthex Portalvorbau, Vorhalle einer Kirche, ►Galiläa.
Obergaden ►Gaden.
Oppidum Befestigte Siedlung; von den Römern geschaffener Begriff für keltische Fluchtburgen und Städte.
Oratorium In frühchristlicher Zeit Bezeichnung für alle Sakralbauten, später für eine kleine Kapelle, Betraum oder Chorempore.
Pfeiler Architektonisches Stützglied aus Mauerwerk, rechteckig oder rund.
Piano nobile Hauptgeschoss eines Gebäudes.
Pilaster Flache, entsprechend einer Säule proportionierte Wandvorlage (an Außen- oder Innenwand) mit Basis und Kapitell, antiker Abkunft. Im Mittelalter zugunsten der Lisene zurücktretend; v. a. wichtiges Wandgliederungselement der Renaissance, des Barock oder des Klassizismus.
Pleurant »Weinender«, Klagefigur an Grabmälern.
Polychromie Viel- oder Mehrfarbigkeit.

Portal Repräsentativer, durch Größe oder Schmuck hervorgehobener Eingang; v. a. im Kirchenbau der Romanik und Gotik sowie im Profanbau der Renaissance und des Barock.
Priorei Von einer Abtei abhängiges Kloster, geleitet von Prior oder Priorin.
Quader Regelmäßig behauener Werkstein. Der an der Vorderseite nur roh bearbeitete Steinblock wird Bossen- oder Buckelquader und ein derartiges Mauerwerk Rustika genannt. Hat die Ansichtseite die Form eines geschliffenen Diamanten, spricht man von einem Diamantquader. Ein Quader mit polsterförmig ausgebildeter Bosse nennt man Polsterquader. Rustikamauerwerk wurde seit der Antike für Wehrbauten verwendet; die ital. Renaissance entdeckte Rustika, Diamant- und Polsterquader zur Fassadengliederung.
Radialkapelle Chorkapelle, die zusammen mit anderen einen Kapellenkranz um den Chorgang bildet.
Register Horizontaler Bildstreifen, z. B. eines Altars, eines Tympanons, eines Fensters.
Reliquiar Behälter zur Aufbewahrung der Überreste (Reliquien) eines Heiligen.
Rippe Tragendes Konstruktionsteil einer Decke, beim Gewölbe bilden die Rippen das Gerüst für die nichttragenden Flächen. In der Spätzeit des Gewölbebaus wurde die Rippe zur Dekoration.
Risalit (lat. = Vorsprung) Vorspringender Teil einer Fassade.
Rosette Dekorativ vereinfachte Blütenform als Ornamentmotiv, das sowohl flach als auch plastisch vorkommt.
Rotunde Kleiner Rundbau oder ein runder Raum innerhalb eines größeren Bauwerkes.
Rundbogenfries Fries aus kleinen, aneinandergereihten Rundbogen als Abschluss romanischer Wände.
Sarkophag Meist kunstvoll verzierter Sarg aus Stein, Ton, Holz oder Metall.
Säulenportal Portal, in dessen abgestufte Öffnung Säulen eingestellt sind.
Schlussstein Der oberste und zuletzt eingesetzte Stein eines Bogens oder Kreuzrippengewölbes, häufig ornamental verziert.
Schwibbogen Ein zwischen zwei Mauern gespannter, frei schwebender Bogen.
Spolie (lat. = Beute) Werkstück einer Architektur, das aus einem älteren in einen jüngeren Bau übertragen (wiederverwendet) wurde.
Staffelchor Chor mit parallel, nicht radial angeordneten Apsiden.
Stele (griech. = Säule) Pfeiler oder aufgestellte Platte aus Stein in unterschiedlicher Verwendung, z. B. als Grabstele.
Strebewerk In der gotischen Architektur das System aus Strebepfeilern und -bögen zur statischen Verankerung von Wänden und zur Ableitung des Gewölbeschubs.
Stützenwechsel Der rhythmische Wechsel von Säule und Pfeiler oder von zwei Säulen und Pfeiler bei den Mittelschiffwänden der romanischen Basilika.
Stufenportal Portal der romanischen und gotischen Baukunst, bei dem die Mauer abgestuft zurücktritt. In diese Abstufungen wurden häufig Säulen gesetzt.
Sturz Der waagerechte obere Abschluss einer Tür oder eines Fensters.
Tambour Zylinderförmiger Unterbau einer Kuppel mit Fenstern zur Belichtung des Kuppelraumes.

Tapisserie Wandteppich.
Triforium Ein in Bogenstellungen sich öffnender Laufgang unter der Fensterzone eines Kirchenraumes. Blendtriforien haben keinen dahinter liegenden Laufgang.
Triptychon Dreiflügeliger Altar.
Trumeau Fensterpfeiler, Türpfosten eines Portals.
Tumba Rechteckiges Grabdenkmal.
Tympanon (griech. = Handpauke) Rundbogiges Feld über dem Türsturz eines Kirchenportals, meist mit Skulpturen geschmückt.
Vierung Die Durchdringung von Langhaus und Querhaus in einer Basilika.
Vierungsturm Turm über der Vierung.
Vorlage Form, die einer Wand oder Stütze zu Gliederungszwecken vorgelegt ist.
Westwerk Westabschluss einiger karolingischer, ottonischer und romanischer Kirchen, der im Untergeschoss eine Vorhalle für die Kirche bildet, im Obergeschoss eine nach innen geöffnete Kapelle oder Empore aufnimmt. Die Bedeutung des Westwerks ist nicht ganz aufgeklärt, seine Verwendung als Kaisersitz, Taufkapelle und Pfarrkirche ist erwiesen.
Zentralbau Im Gegensatz zum Langbau der Basilika ein Bau mit einem oder mehreren um einen Punkt angelegten Räumen über rundem, ovalen oder polygonalem Grundriss.
Ziborium Tabernakel; auf Säulen ruhender Aufbau über einem Altar.
Zwerggalerie In der Außenmauer ausgesparter Laufgang mit kleiner Bogenstellung und zierlichen Säulen.
Zwickel Dreiseitig begrenztes Flächenstück, z. B. zwischen zwei Bögen einer Arkade.

REGISTER

VERZEICHNIS DER KARTEN & GRAFISCHEN DARSTELLUNGEN

BILDNACHWEIS

Ancy-le-Franc, France/Lauros/Giraudon/ The Bridgeman Art Library S. 129
AKG S. 38, 58, 60, 328
AKG/Erich Lessing S. 36, 64
AKG/Hervé Champollion S. 253
AKG/Michael Zapf S. 210
Baedeker Archiv S. 6
Bilderberg/Hans-Joachim Ellenbrock S. 14 links unten
Dumont Bildarchiv/Rainer Kiedrowski S. 14, 16, 20, 28, 29, 68/69, 78, 83, 94, 100, 117 rechts, 119 rechts oben, 121 rechts, 121 links oben, 121 links unten, 174, 187, 204, 215, 221, 223, 329, 235, 290, 313, 326, U4
Huber/Riccardo Spila S. 258
IFA S. 112/113
IFA/Vahl S. 256
Interfoto S. 66
Interfoto/Archiv Friedrich S. 40
laif S. 3 rechts, 5 unten, 76
laif/Hemispheres S. 4, 5 oben, 12, 32, 107, U2
laif/Hoa-Qui S. 7, 9, 13 links oben, 15, 157, 160, 172, U3
laif/Le Figaro Magazin S. 14 links oben
laif/TOP S. 13 rechts, 257 rechts
look S. 10/11
look/Karl Johaentges S. 80
Mauritius/Photononstop S. 319
Meyer-Ciolek, Ulrich/Feess, Susanne S. 6 links, 63, 119 rechts unten, 122/123, 127, 132, 134, 139, 141, 145, 150, 158, 159 links unten, 159 links oben, 163, 199, 200, 201 rechts oben, 212, 237, 242, 257 links oben, 265, 285, 295, 299, 315, 323
Mülle S. 55
picture-alliance/Bildagentur Huber/F. Damm S. 13 links unten
picture-alliance/Bildagentur Huber/ Riccardo Spila S. 26
Picture Alliance/M. Eising S. 240
Picture Alliance/Rumpenhorst S. 69
Delon, R. S. 125
Schleicher/Schliebitz S. 161, 159 rechts oben, 159 unten Mitte, 202, 252, 257 links unten
Schleicher S. 1, 3 links, 11, 14 rechts, 44, 47, 50, 57, 67, 113, 115 links, 115 rechts, 117 links, 119 unten, 123, 129, 136, 140, 167, 179, 185, 201 links, 201 rechts Mitte, 201 rechts unten, 228, 261, 277, 304, 311, 316
Wrba S. 249, 333

Titelbild: dpa-Report/O. Boitet – Clos de Vougeot, berühmter Weinberg an der Côte d'Or

IMPRESSUM

Ausstattung:
142 Abbildungen, 42 Karten und grafische Darstellungen, eine große Reisekarte
Text:
Susanne Feess mit Beiträgen von Achim Bourmer, Gabriele Gaßmann, Anja Schliebitz und Reinhard Strüber
Bearbeitung:
Baedeker Redaktion (Anja Schliebitz)
Kartografie:
Christoph Gallus, Hohberg; Falk Verlag, Ostfildern (Reisekarte)
3D-Illustrationen:
jangled nerves, Stuttgart
Gestalterisches Konzept:
independent Medien-Design, München (Kathrin Schemel)

Sprachführer in Zusammenarbeit mit Ernst Klett Sprachen GmbH, Stuttgart, Redaktion PONS Wörterbücher

Chefredaktion:
Rainer Eisenschmid, Baedeker Ostfildern

8. Auflage 2011

Anzeigenvermarktung:
MAIRDUMONT MEDIA
Tel. 0049 711 4502 333
Fax 0049 711 4502 1012
media@mairdumont.com
http://media.mairdumont.com

Printed in China
Gedruckt auf 100% chlorfrei gebleichtem Papier

atmosfair

nachdenken • klimabewusst reisen
atmosfair

Reisen bereichert und verbindet Menschen und Kulturen. Jedoch wer reist, erzeugt auch CO_2. Dabei trägt der Flugverkehr mit bis zu 10% zur globalen Erwärmung bei. Wer das Klima schützen will, sollte sich somit nach Möglichkeit für die schonendere Reiseform entscheiden (wie z. B. die Bahn). Wenn keine Alternative zum Fliegen besteht, kann man mit atmosfair handeln und klimafördernde Projekte unterstützen.
atmosfair ist eine gemeinnützige Klimaschutzorganisation unter der Schirmherrschaft von Klaus Töpfer. Die Idee: Flugpassagiere spenden einen kilometerabhängigen Beitrag für die von ihnen verursachten Emissionen und finanzieren damit Projekte in Entwicklungsländern, die dort den Ausstoß von Klimagasen verringern helfen. Dazu berechnet man mit dem Emissionsrechner auf **www.atmosfair.de** wieviel CO_2 der Flug produziert und was es kostet, eine vergleichbare Menge Klimagase einzusparen (z.B. Berlin – London – Berlin 13 Euro). atmosfair garantiert die sorgfältige Verwendung Ihres Beitrags. Auch der Karl Baedeker Verlag fliegt mit *atmosfair*. Unterstützen auch Sie unser Klima. Alle Informationen dazu auf www.atmosfair.de.

BAEDEKER VERLAGSPROGRAMM

- Ägypten
- Algarve
- Allgäu
- Amsterdam
- Andalusien
- Argentinien
- Athen
- Australien
- Australien • Osten
- Bali
- Baltikum
- Barcelona
- Bayerischer Wald
- Belgien
- Berlin • Potsdam
- Bodensee
- Brasilien
- Bretagne
- Brüssel
- Budapest
- Bulgarien
- Burgund
- Chicago • Große Seen
- China
- Costa Blanca
- Costa Brava
- Dänemark
- Deutsche Nordseeküste
- Deutschland
- Deutschland • Osten
- Djerba • Südtunesien
- Dominik. Republik
- Dresden
- Dubai • VAE
- Elba
- Elsass • Vogesen
- Finnland
- Florenz
- Florida
- Franken
- Frankfurt am Main
- Frankreich
- Frankreich • Norden
- Fuerteventura
- Gardasee
- Golf von Neapel
- Gomera
- Gran Canaria
- Griechenland
- Griechische Inseln
- Großbritannien
- Hamburg
- Harz
- Hongkong • Macao
- Indien
- Irland
- Island
- Israel
- Istanbul
- Istrien • Kvarner Bucht
- Italien
- Italien • Norden
- Italien • Süden
- Italienische Adria
- Italienische Riviera
- Japan
- Jordanien
- Kalifornien
- Kanada • Osten
- Kanada • Westen
- Kanalinseln
- Kapstadt • Garden Route
- Kenia
- Köln
- Kopenhagen
- Korfu • Ionische Inseln
- Korsika
- Kos
- Kreta
- Kroatische Adriaküste • Dalmatien
- Kuba
- La Palma
- Lanzarote
- Leipzig • Halle
- Lissabon
- Loire
- London
- Madeira
- Madrid
- Malediven
- Mallorca
- Malta • Gozo • Comino
- Marokko
- Mecklenburg-Vorpommern
- Menorca
- Mexiko
- Moskau
- München

- Namibia
- Neuseeland
- New York
- Niederlande
- Norwegen
- Oberbayern
- Oberital. Seen • Lombardei • Mailand
- Österreich
- Paris
- Peking
- Piemont
- Polen
- Polnische Ostseeküste • Danzig • Masuren
- Portugal
- Prag
- Provence • Côte d'Azur
- Rhodos
- Rom
- Rügen • Hiddensee
- Ruhrgebiet
- Rumänien
- Russland (Europäischer Teil)
- Sachsen
- Salzburger Land
- St. Petersburg
- Sardinien
- Schottland
- Schwäbische Alb
- Schwarzwald
- Schweden
- Schweiz
- Sizilien
- Skandinavien
- Slowenien
- Spanien
- Spanien • Norden • Jakobsweg
- Sri Lanka
- Stuttgart
- Südafrika
- Südengland
- Südschweden • Stockholm
- Südtirol
- Sylt
- Teneriffa
- Tessin
- Thailand
- Thüringen
- Toskana
- Tschechien
- Tunesien
- Türkei
- Türkische Mittelmeerküste
- Umbrien
- Ungarn
- USA
- USA • Nordosten
- USA • Nordwesten
- USA • Südwesten
- Usedom
- Venedig
- Vietnam
- Weimar
- Wien
- Zürich
- Zypern

BAEDEKER ENGLISH

- Andalusia
- Austria
- Bali
- Barcelona
- Berlin
- Brazil
- Budapest
- Cape Town • Garden Route
- China
- Cologne
- Dresden
- Dubai
- Egypt
- Florence
- Florida
- France
- Gran Canaria
- Greece
- Iceland
- India
- Ireland
- Italy
- Japan
- London
- Mexico
- Morocco
- New York
- Norway
- Paris
- Portugal
- Prague
- Rome
- South Africa
- Spain
- Thailand
- Tuscany
- Venice
- Vienna
- Vietnam

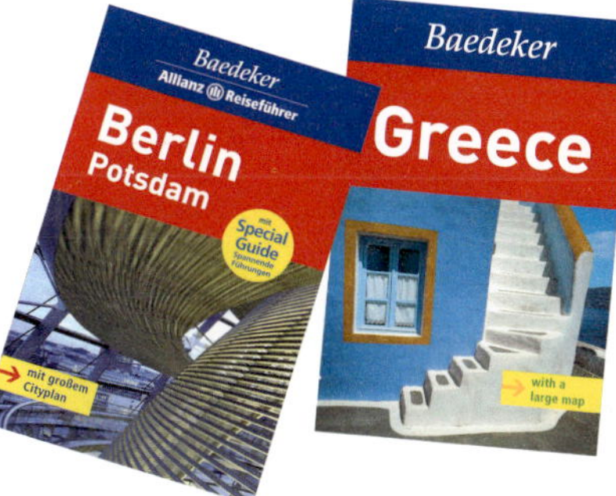

LIEBE LESERINNEN, LIEBE LESER,

ein herzliches Dankeschön, dass Sie sich für einen Baedeker Allianz Reiseführer entschieden haben. Er wird Sie zuverlässig auf Ihrer Reise begleiten und Sie nicht im Stich lassen.
Natürlich beschreibt er die wichtigen Sehenswürdigkeiten, aber er empfiehlt auch nette Restaurants und Cafés, dazu Hotels für den großen und kleinen Geldbeutel, gibt Tipps für Ausflüge und für vieles mehr, was eine Reise zum Erlebnis macht. Dafür haben die Redaktion und unsere Autorin Susanne Feess Sorge getragen. Sie sind für Sie regelmäßig nach Burgund gereist und haben all ihre Erkenntnisse in diesen Reiseführer gepackt.

Trotzdem: Die Erfahrung zeigt, dass Fehler und Änderungen nach Drucklegung, für die der Verlag keine Haftung übernehmen kann, nicht ausgeschlossen werden können. Für Kritik, Berichtigungen und Verbesserungsvorschläge sind wir Ihnen außerordentlich dankbar. Schreiben Sie uns, mailen Sie uns oder rufen Sie an:

▶ **Verlag Karl Baedeker GmbH**
Redaktion
Postfach 3162
D-73751 Ostfildern
Tel. (0711) 4502-262, Fax -343
E-Mail: info@baedeker.com

Besuchen Sie uns auch im Internet unter www. baedeker.com. Hier finden Sie jeden Monat den aktuellen Reisetipp der Redaktion und das gesamte Verlagsprogramm. Hier können Sie auch lesen, wer Karl Baedeker war und wie er seinen ersten Reiseführer geschrieben hat. Mit seinen über 180 Jahren ist der Karl Baedeker Verlag der älteste Reiseführer-Verlag der Welt.

www.baedeker.com

ZU GEWINNEN: STADTREISE NACH LONDON

Unter allen Einsendungen verlost der Verlag am Jahresende – unter Ausschluss des Rechtswegs – eine Städtekurzreise für zwei Personen nach London.
Freuen Sie sich auf ein spannendes Wochenende in London. Natürlich ist ein Baedeker Allianz Reiseführer London auch dabei!